成中英文集

第六卷

世纪之交的抉择

Choice at Cross of Centuries

论中西哲学的会通与融合

On Interpenetration and Integration
of Chinese and Western Philosophy

成中英 著

中国人民大学出版社

·北京·

总　序

2006 年，湖北人民出版社出版了我的四卷本文集。在此四卷本文集中，我整合了获得博士学位后所写的一些中文著作。彼时是吾之哲学体系化的酝酿期，是吾之哲学体系化的第一阶段。为充实此四卷本文集，为将更多应收入的文章放进去，如部分英文著作，就有了出版十卷本文集的构想。整理十卷本得到了私淑于我的学生奚刘琴博士的帮助。奚刘琴博士帮助编辑了八本，加上我的两本英文著作的译稿，一起构成了现在所看到的十卷本。

通过这个十卷本，我回顾自己思想的发展性和完整性，有下面两个感想：第一，我的思想在不断发展中，思考面向繁多复杂，对很多问题都有自己的看法，但时间有限，没办法加以发挥。另外，我在海外教学四十余年，有很多发表过的和未发表的英文著述，由于种种原因目前还无法全部翻译，所以这十卷本未能包含我绝大部分英文著作。第二，我的思想近年来有很大的整合性发展，我努力想把自己的思想整合为一个更完整的整体。尽管还没有达到我的理想，但这些整合性的发展使我对中国哲学未来的发展有莫大的信心，这一信念见诸我在 2015 年写的《中国哲学再创造的个人宣言》一文。在这篇文章中，我这样说：

我个人对中国哲学再发展的宏图与愿景具有充分的理由和信心，或可名此为哲学自信。基于我的哲学心路历程建立的哲学自信，我提出下列个人宣言：

（1）中国哲学是人类精神传承与世界哲学发展最根本、最重要的成分之一。

（2）中国哲学的发展体现出，也透视出人类多元核心价值的开放统一性格。

（3）中国哲学与西方哲学或其他重要哲学与宗教必须形成一个相互依存的本体诠释圆环。

（4）中国哲学在其根源与已发展的基础上必须发展成为更为完善的本、体、知、用、行体系。

（5）中国哲学的发展关系着人类存亡的命运以及人类生命共同体与和平世界的

建立使命。①

这个十卷本文集体现了我将自身思想加以体系化的第二阶段之发展。其与四卷本相异之处在于：

第一，十卷本的系统性相当完整，是迄今为止我的学术论著出版规模最为全面的一次，收录了最能代表我思想的各类中文论著，特别是我近十年来发表的论文，包括一部分重要英文论著的中文译稿。因此，本次出版更好地补充了四卷本文集一些衍生的意念，体现出我自己的哲学已更为系统化、一贯化。从四卷本到十卷本，不仅是量的增加，而且是质的系统呈现。

第二，十卷本收入了两部能够代表我学术成就的英文著作的译稿——《皮尔士和刘易斯的归纳理论》与《儒家与新儒家哲学的新向度》，这是有异于四卷本的一大特点，能够使读者对我的英文著作有所了解。

第三，一些个别新论述，包括美学论述及对其他问题的新认识，都被整合了进来。这些整合工作是由奚刘琴博士帮助我完成的。

十卷本文集的出版是我思想的一个里程碑，为以后的整合奠定了基础，同时作为一个比较完整的文献，使我的思想有更好的发展，并与过去的思想有更好的融合。这一过程，我名之为超融，即超越的融合。我希望在今后发展出更多超融的工夫，便于以后的学术研究，促使中国哲学进一步发展。这是我最大的宏愿，希望中国哲学有新的发展和再创造，并能够再辉煌，尤其在今天的世界里面不断地发挥影响，促进中国的发展，促进世界文化的发展与和平。

这个十卷本亦在更广泛的基础上彰显了我哲学体系的规模、结构和内涵，表达了我的思想发展过程，从中能够看到我的重要思想如中国逻辑学的发展、儒学思想的发展、中国管理哲学的发展、中国本体诠释学的发展、中国形而上学的发展、中国政治哲学的发展、知识论的发展、伦理学的发展、美学的发展，其中也提出了很多问题，这是中国哲学当前需要面对和审视的，是对当代中国哲学的一种促进、推动和激励，希望引申出更好的未来。

一、深契西方哲学

我从 1985 年在北京大学哲学系讲学时，就抱定一个宗旨，即古典的中国哲学和现代的西方哲学应能够建立一个彼此理解的关系。自 1965 年起，我即开始在美国讲授中国哲学，亦讲西方当代哲学，遂能有此判断。我做这样的努力，就是要把中国哲学从历史的含义激活成为现代的含义，使它能够在知识论、方法论、本体论的观照之下进行一种真

---

① 成中英：《中国哲学再创造的个人宣言》，见潘德荣、施永敏主编：《中国哲学再创造：成中英先生八秩寿庆论文集》，8 页，上海，上海交通大学出版社，2015。

理的意识、现实的所指。当然，我注意到过去有些学者喜欢将西方古典哲学与中国哲学对照，将古希腊哲学与儒家哲学甚至道家哲学对照。但我觉得实际上这是远远不够的，我们的后期中国哲学，从宋明到近现代，实际上也不一定要和西方古典流派对比。若能有针对性地用力，最终我们或许可以有一个全方位的现代对古典、中国现代对西方古典、中国古典对西方现代之对比，并把这个意义展开——这是三言两语无法做到的。欲达致于兹，必须先了解一套诠释的理论、诠释的哲学。

1985 年之际，我已在北京大学哲学系讲诠释学的概念和方法。我们这一代学人注意到一个清楚的事实：西方哲学的发展在于理论和方法的交相利用。理论的发展需要方法的意识，方法的意识又是理论逐渐发展的基础。理论的重要性在于它能够说明现象，能够更进一步地说明现象中有生的发展之可能性。方法意识是一个指导原则，而且比较具体地告诉我们应该怎样去形成一个整合理念，它有一种逻辑的内涵，是程序、概念的集合。当然，理论和方法在某种意义上是一而二、二而一的，是一个整体。从认识的过程来讲，这是一个方法；从对象来说，这是一种理论。由此观之，西方哲学基本上是从对自然哲学的关注、观察，发展到苏格拉底之"内省"的、对人心理价值观的看法。苏格拉底致力于所谓的"诘问"，以此把人的思想挖掘出来。他看到人的灵魂里面包含着一些隐秘的真理，所以他考察一个奴隶的小孩能否认识几何的真理，此即苏格拉底的"内部启蒙法"。到了柏拉图，提出了"理念世界"之逻辑界定法，形成了将现象与真实一分为二的分野，这样就更有利于掌握真实之为何物。柏拉图之后，就是亚里士多德之观察与推论结合的定义法。到中世纪，是一种权威信仰的方法；其后期，乃有皮尔士所说的形上学之概念和范畴构建法。到近代，最主要的就是笛卡儿的怀疑方法、斯宾诺莎的公理规范法、莱布尼茨的逻辑可能性创建法。至康德，形成了本质概念批判的方法。于黑格尔处，则有"正反合"的辩证法。"正反合"特别有意义之处在于，在"正""反""合"里面，"反"把"正"取消掉了，呈现出一个和过去几乎没有关系的新层次，谓之超验，超越出来。在此以后，最大的改变，就德国学者而言，即是胡塞尔的现象括除法，然后便是海德格尔的内省体验法。这之后，伽达默尔的哲学诠释则是非方法的方法，见其《真理与方法》。最后，是导向后现代主义的德里达之所谓"解构方法"。这些方法的引进，即是理论的引进；理论的引进，也带有新的方法。两者相互为因为果——这实际上是一种"能指"与"所指"间的关系。

英国哲学的传统是以洛克哲学作为基础，探求一种印象，有联想法、建构法。尔后休谟持怀疑主义，完全走向心理经验的印象主义建构法、上帝直觉认知的方法。到近代，随着科学的发展，乃有逻辑失真论的意义鉴定法，要消除形上学、伦理学甚至美学，只能按科学方法、逻辑方法——这是意义的保证，超过此方法则没有意义。这是很极端的。其后，奎因即重新建构，讲"经验的世界"，尤其谓是语言在表达经验，重构科学的知识，通过语言分析和逻辑分析来构建科学真理。总而言之，如今的西方哲学方法愈来愈复杂。

二、反思中国哲学

方法对于理论有其重要性。其实，西方哲学的一大要点就是欲寻求方法之突破，而方法往往要求一种逻辑对思想形式之规范，以及对此种思想形式达到目标之规范，比如胡塞尔的现象法要求"括除"，形式上就要排除联想领域的心理印象，此后方能达到真实存在之显露。任何方法皆同此理，最重要的是外在之规定，以达致对象化的真理目标。问题是，我们的经验往往不能完全排除，不能完全为一个规定好的目标重建，故必须永远寻找新的方法来创造新的理论。新的理论有时而穷，所以必须反复重新规范目的、起点与过程间的关系。

中国哲学重视人在整体感受与对外在世界之观察时所形成的内在之整体真实直观。所谓"真实"，是基于观察而感受、反之而再观察所形成的自然之"真实"，以现有的经验为主体、为要点。其从不排斥现实的经验，而是要从现实的经验当中体验出观察的成果，以去摸索、掌握感受之意义，并形诸文字。这种文字不一定是最精确的，但相对于语境和经验而言，它具有一定的内涵，且因为此内涵是针对现实所呈现出来的现象，故可以没有界限，也可以引申到达无尽，故中国的终极概念均可以被深化、广化，也可以被显身成道家之"太极""无极"，儒家之"本心""本体"，佛家之"菩提""大圆镜智"——此皆是从内在显身到外在的理念。此处所说的是中国化后受儒、道之影响的佛教，其呈现的终极理念，与儒、道的终极理念在逻辑上具有一致性，即其均既无尽、终极而又可说明现象，不把本体和现象看作真实画等的关系，而是将其看作舍远取近、幻中作幻之经验。在这样的传统中，其重点在于以开放的心态来掌握真实，其方法为在观察、感受、沉思等心灵活动中以及在深化、广化过程中整合、融合我们的经验，使它形成对真实世界的观照、投射，引发出创造性活动。在这个思维内，方法已经消融于本体的思维之中，这和西方之方法独立于理论对象真实之外形成明显的对照。

故我认为，中国哲学若要让哲学思想者表达、传播、沟通人与人心灵中之意义，就必须强调大家内在之概念具有沟通性，具有指向的对象性，必须要有方法学以达致此。方法学的重要性在于把已经获得的经验、要融合的经验，用清晰明白的概念（至少）在形式上说得相当清楚；同时，也能将其各层次、步骤、方面、范畴、范围、过程说清楚。当然，兹方法系基于本体思想本身的超融性、丰富性。此方法可以是分析的、逻辑的、语言的、语义的，但必须要能把错综复杂的关系说清楚，说明其包含性和开放性。在这个意义上，方法的提出并不一定要影响到本体的思想。但吾人并不能因为方法消除在本体的体悟、经验中，就忘记方法的重要性。尤其在人类生活实践已非常频繁、交错的今天，现实中有多种不同的生活之功能性活动，故而要把我们重视的概念与所对应的实际生活之界域疏导得足够清楚。这就是一种基本的本体诠释。此基本的本体诠释，亦即"对本体的诠释"，就是基于分析的、系统的方法，强调分析、系统、概念，并且将本体之概念逻辑地、清楚地表达出来。比如孔子的心性之学，我们固然可以引经据典而论其概念之内涵，但为了说明斯者，还应该深化出孔子对生命之体验为何。唯有在生活的了解中才能掌握孔子之语的内涵，否则其一贯之道就无从彰显。我对早期儒家哲学的认识，即在于对《论语》《大学》《中庸》《孟子》《荀子》《易传》等文本进行深度的解读，以掌握其最深刻的、真实呈现的真善美经验与价值规范。表达出的语言结构还须符合系统性、层次性、整体性、发展性，尤其既重其根源，又重其从根源到系统之间的发展过程。此即对本体发生过程之研究，即诠释本体之进程（onto-generative approach）。之所以称本体是方法，是因为它包含着一种为方法而呈现出来的形式。而它又是本体，所谓"即体即用""工夫所至即是本体"。此处"工夫"指进一步深刻地掌握本体经验，到深处去融合、甄定各种差异，以回应现实的需要，以进行更细腻的表达。故我认为，"工夫"是对本体的"工夫"，不等于"方法"，也不等于"应用"。

　　在本体学里，我们通过工夫来深化本体，此之谓"即工夫即本体"。而如果能深刻地掌握本体学，也能有工夫。因此，工夫是人的心性活动过程之实质体验。而心性又是很复杂的概念，涉及朱子以后的性体情用、感体知用、心体思用、意体志用之整合。斯更开拓出心灵所整体感受到的真实内涵，更能呈现出吾人所能体验的真实。①　夫心智者，既可用以掌握性情，又能面对外在的世界，乃将性情与外在宇宙世界进行整合。这种工夫，可谓之"涵养"。此"涵养"是整体的，酝酿在心中，既不离开对外在世界的观察，也不离开内心的活动。苟将"涵养"与"格物穷理"对照观之，则"格物穷理"更是一种对象化的认知活动，而"涵养"则是将此认知感受加以整合与内在体验之举。需要特别强调的是，过去未能把"涵养"说得很清楚，故吾人作此深度分析，加以经验的认识。进一步地，我们可以对人之存在的自我同一性有所认识。心智是整合性情与宇宙现象的认知活动，开拓了性情和世界共存之终极认识、真实显露。故"工夫所至即是本体"，而此之谓"本体"，系假设我们能真正掌握之。若我们真正掌握了本体之真实感，那么就可以据此进行新知识活动、进行观察。但本体与工夫的密切关联并不代表斯是方法或应用，我所提到的中国传统思考当中，一方面要强调"本体""工夫"之关系是整体的、内在的，另一方面还要强调更外在化的概念分析、逻辑分析、语言分析——此即方法。这些其实也被包含在整体思维活动之中。我认为中国哲学需要进行方法的革新。要建立方法之意识，以帮助我们更好地将传统本体哲学彰显出来，使别人能参与、能认知。不一定能取代别人的真实，但至少能让传统被更好地认识。故曰中国哲学需要方法。

---

　　①　蔡清《四书蒙引》："意与情不同。意者心之发，情者性之动。情出于性，随感而应，无意者也；意则吾心之所欲也，视情为著力矣。心之所之谓之志，心之所念谓之怀，心之所思谓之虑，心之所欲谓之欲，此类在学者随所在而辨别之，然亦有通用者。"

三、揭橥本体诠释

我在上文中提到西方之方法，斯是一种辩证的过程，方法、理论相互超越而产生新的方法、理论。在科学理论方面，其化出了自然主义的知识论；在心灵整合方面，则化出了历史主义之心灵哲学、诠释哲学。此二者有对立的一面，以伽达默尔为代表的内在心灵主义论者要把科学知识、方法也纳入诠释体系里面，奎因、哈贝马斯则分别想把心灵哲学、社会哲学纳入基于概念的理论建设中。西方的这些哲学活动重在表达中的概念之建造、整合，而对终极的本体性之真实缺乏深入的探讨。其长期处在二元论、宗教哲学之上帝论的架构中，故难以深入思考"本体"之类问题，而陷入理论与方法的辩证发展、冲突中。在这个意义上，它们很需要一种本体的深化之革新，恰似中国需要一种方法扩大的革新一样。这是因为，西方与中国的传统只有在此转向中才能更好地融合。并不是说完成这种转向就必须要放弃原来的历史经验或哲学思考，而是要建立一个平台、一个层面，以更好地说明人类共同的经验、找到一种共同的语言，通过彼此沟通，形成一个更能解决问题、取消矛盾冲突的生活世界。以上这些是我在1985年到1995年间所进行的基本思考，思考结果就是本体诠释学。兹在我别的著作中已多有谈及，此处仅是说明其发展之过程。

在这之前，我在从哈佛大学到夏威夷大学执教将近十年的过程当中，于西方哲学方面也做了很多研究。我有一个很鲜明的立场：想确立一个真实的自然世界和一个真实的人生世界。这也许是当时我作为一位具有中国哲学背景之年轻思考者的基本倾向。面对西方那些怀疑论者，我首先是无动于衷，然后是进一步思考其所以怀疑，最后，我的倾向总在于化解此怀疑，而重新建立一种信念，来肯定真实性、生命性。这是一个中国的出发点。在这个意义上，我是非常中国哲学的。在我的根本经验上面，有中国哲学强烈的真实论、生命论、发展论、根源论、理想论之思想。在西方哲学方面，我其实很重视西方的知识论基础问题，为了要强调基础的重要性，我在大学里一直重视康德和休谟的辩论，举例来说，我在写作博士论文时，就进一步用逻辑的辩论来说明知识经验之可能，说明归纳法的有效性。当然，我的这个论证是一个逻辑论证，到今天依然具有其逻辑与科学之价值。面对一个变化多端、内容复杂的世界，我们要理出一个秩序，就必须先凝练出基本的概念，如对事物的质、量、模式之认识，这样我们才能认识具有真实性的世界。我们不能只把世界看成约化的，更不能仅将之看成一个平面物质。在长期的观察与经验当中，显然可以认为：物质世界之上有一生命世界，再上则有一心灵世界。物质世界即是我们看到的万事万物。生命世界是我们对动植物之生长、遗传、再生现象的认识，动植物均有这样的生命周期，在进化论之基础上可以见其变化，而《易传》亦固有"品物流形"之说；我们亦能观察、感觉、思考自身之生命世界。这种思考与感觉是否如笛卡儿所说需要上帝来保证呢？我认为不需要，因为我们整体的思维呈现出相互一致、前后贯穿之整体性，我们对非抽象的具体整体性之认识，使吾生之真实具有高度的必然性。或问：这个世界是否建立在一个虚幻的"空"上？是否处在魔鬼设计的圈套中？或谓生命本就是无常多变的，生死变幻，瞬息而化。但我们也看到，生命之生生不已者前仆后继，如长江后浪推前浪一般。或曰宇宙在科学上有极限，会因"熵"而熄灭——兹前提在于假设宇宙是封闭的。但今人尚无法证明宇宙之封闭性，恰恰相反，其变化性启发我们视之为一个发展的、开放的宇宙。我们假如心胸更开阔一点，就能进行基本的、长期的观察，一如当年中国先哲观天察地而认识到生命之变动不居、生生不息。斯则是真实论之基础。虽有品类参差，我们亦能感受到这种参差，故能在此基础上掌握个别事物之集体性存在特征，由此推演出未来事物、更大领域内事物之相应。

　　我们不能离开生命观察而单独谈逻辑，所以在成为一个抽象的"世界"概念之前，世界是真实存在的，故据此能从哲学上了解生死关系之可能性推理。诚然，这种推理有主观性，是主观认识之抽象平衡，但在有其他反证来否定这种认识的现象性、规范性之前，它依然是可以被初步接受的。因此，我提到，归纳逻辑需要在大数原则之下、在真实世界之下、在真实论之基础上取得证明，这是我当初的重要论证。我认为，传统乃至近代科学之知识论，多是基于归纳法来认识知识，而不是基于知识来认识归纳法，这是一个倒置。我们若一定要说得更深刻一点，则此二者系相互为用，会形成一个动态的、平衡的关系。归纳法支持知识，知识支持归纳法，由是形成了知识的可能性，我们的世界在这样的保证下，是一个真实的世界。故曰，我的哲学体系既结合了西方哲学之所长，又为西方哲学开辟了一条重要的路线。在这个意义上，我的本体诠释学是一个结合逻辑推理的知识哲学。

　　另外，正如休谟所关心的，人类的道德价值、社会价值有没有客观性？故而我们会问：人的存在及人存在之现象有没有客观性？在西方，人们还是很强调人性的，柏拉图、亚里士多德、康德、黑格尔均有这样的对人性之认识。但他们认识的深度远不如中国，故在康德之前，休谟对人性之"知"的能力，对人能否建立道德而产生终极之价值观、行为观乃至宗教哲学，保有高度的警惕与怀疑。在某个意义上讲，休谟也许受到启蒙时代所传之中国儒家哲学的影响，认为人是基于感情、感觉的生物，所以虽然在知识上无法建立真实性，但基于本能的感情与感觉，我们可以产生对人之关怀，我们的感觉往往能够透过一种"同情"的机制来感受他人。当然，主观感情投射的基础何在，休谟并没有对此加以说明。但他认为人存在一种对正义的感知、知觉（sense of justice），我们的正义感使我们基于自己能感受到他人，而观察他人复能反思自己，在"观察他人"与"感受自己"、"观察自己"与"感受他人"间产生呼应，在真实世界的归纳与演绎中建立人之价值的一般性、普遍性，从而获得真实的根本。故必须假设人性拥有这样的能力，即观、感、知、整合、思维，亦即谓人能做此种兼内外经验为一的综合判断。有意思的是，在道德哲学处，休谟反而是真实论的；在科学哲学、自然哲学处，他又是怀疑论的。而观西方哲学，直到康德才能对此有所补充，以回答休谟的怀疑论。我很早就接触并研究康德，早在华盛顿大学攻读硕士时就接触到康德的《判断力批判》（第三批判），在哈佛大学时接触到其《纯粹理性批判》（第一批判）、《实践理性批判》（第二批判）。从"第三批判"开始着手有一个好处，因为康德在其中说明了人有先行决定的判断能力，即直观的判断能力。此判断能力并非缘于某种现实的需要或某种先存的概念，而是直觉观察所呈现出来的情感上之喜悦或目的性认知，它具有内在普遍性；当然，前提是假设"人同此心，心同此理"。但康德对人性的认识，一方面比较形式化、结构化，另一方面比较缺少一种活动的内涵。康德之人性的哲学和中国的心性哲学有相当大的差异，据此形成的道德哲学也有相当大的差异。但正如我一再强调的，我几乎可以证明：康德受到了儒家的影响，主张人之理性的自主性，以此作为道德哲学的基础，从而避开了宗教之"他律"的要求。西方伦理学往往离不开上帝的指令，但可以说康德在西方近代哲学中最早提出人具有自主理性。此自主理性表现在人的自由意志可为自己的行为立法，把道德看作一种内在普遍的道德律，据此道德律以决定行为之充分理由、必要理由。我对康德哲学之述备矣，于此便不再细说。

2006 年，我在《中国哲学季刊》出版了一期专刊，即谓《康德哲学与儒家的关系》，我有一篇论文说明此观点不仅是理论的，而且是历史的。2009 年，香港浸会大学举办了"康德在亚洲学术研讨会"，我在会上作为主讲，特别强调了康德道德哲学和儒家哲学的相同与相异，尤其强调其相异部分，以说明康德没有充分认识到"仁爱"之普遍的价值性、基础性、必要性，他只要求人"自爱"，而没有强调人必然去关切他人，这与儒家有相当的不同。这也表明，他的人性论基本上是理性主义的，是以自我为中心的，与儒家把理性看成人性的一部分，将人的情性、感性、悟性、知性结合为一体的人性论不一样。基于复杂的人性对人之普遍关怀能力的需要，儒家强调"仁义"的重要性，康德亦与此不同。当时我即指出，这一基本差异反映在康德哲学中"完全责任"和"不完全责任"的分别上。以上既是我对康德的批评，同时亦是希望儒家能补充康德，甚至建立新的伦理学，兹遂变成我本体哲学中的一个重要部分。这也说明，我在面对西方哲学时，引申出了我对中国哲学之本体性的新肯定。我们可以发现西方哲学的问题性和缺陷性，但中国哲学中潜存着一种能发之作用，不但在中西沟通上能本体地补足西方（相应地，西方的方法意识、语言意识亦更好地补足了中国），且在此补充发展中也形成了我对世界哲学、整体哲学的认识。我的哲学在自然、宇宙、本体、形而上方面走向了一种动态的而又生态的真实（dynamic and vital reality），在道德哲学方面则走向了强调人性的真实、发展之可能和整体的道德哲学。整体的本体宇宙哲学、整体的道德伦理哲学能更好地展开我对西方哲学的认识。

此外，我于 1959 年到 1963 年在哈佛大学攻读博士学位期间，从事西方哲学研究，对逻辑、知识论、本体学都有一些基本的表达，斯亦成为我的思想基础。我有一个本质上属于中国经验的传统，即对真实和生命的体验，故我对真实性所包含的价值性之坚持是有根源的。在对西方哲学所做的观察下，我亦重新审察中国哲学，正如我在具中国哲学之前理解的背景下审察西方哲学的发展潜力及其面对之困境。同样，在西方哲学之方法意识、问题意识的要求下微观中国哲学，可以发现其表达之不完备性、意念之模糊性、用法之含蓄性、建构之被动接受性，从一开始就是现象学的、建构论的。比如其特别要找寻一个理论的建构，异乎柏拉图、亚里士多德、康德、黑格尔；其对生命的体验产生了一些不断强化、延伸的终极之知识概念，其逻辑是一种扩充的逻辑，而不是一种"正反合"的超越逻辑。关于这方面的逻辑思维，我曾将其表达为"和谐辩证法"，其表达的逻辑思维不是否定并超越、创新，而是在否定中看到新的、差异的真实，再看如何将此新的真实和原有的真实融合起来，形成一个更新的事件。故，兹是五段式的，而非三段式的。三段式的"正反合"变成五段式，则是 a→-a→b→a+b→c。黑格尔的辩证逻辑与五段式不同，省掉了 b 与 a+b，而谓系 a→-a→c。我曾著文专门讨论过此五段式之问题。

总而言之，对西方哲学的认识使我更好地认识了中国哲学，对中国哲学的认识亦使我更好地认识了西方哲学。据西方哲学而观察中国哲学，可知中国哲学的优点在于其本体学，缺点在于其方法学；据中国哲学而观察西方哲学，可知西方哲学的优点在于其方法学，缺点在于其本体学。本体学能否在其二元结构基础上更好地考虑到一种整体的结构，尚未得到一个最根本的回答。我想，以后中西哲学应相互激荡、彼此互补，在不消除对方之前提下形成对西哲之本体、中哲之方法的革新。唯其如此，才能平等地认识彼此，通过对彼此的欣赏产生彼此间的共感、共识，使概念、行为、观念、价值的矛盾之问题得到解决。

四、建构理论体系

基于我对中国哲学之追求本体性所包含的根源性、发展性、体系性（即本体创生过程）之认识，我提出了本体诠释学。本体诠释学建立在本体学之基础上。夫本体学，即把"存有"的概念扩大为"本体"的概念，此即我所谓吾人之本体学不能用存有论（ontology）来替代，而应包含存有论；西方应认识到"存有"变成"本体"的可能性——怀特海已有此种认知。在此基础上，我才逐渐发展出一套更完整的中国哲学体系。对于这一体系，我简述如下：

1. 本体学。直接面对"本""体"之整体结构。完全从经验的反思、经验的观察、经验的自我认知及经验的不断整合，形成一有丰富经验之内涵，其至少应包含本、体、知、用、行五种活动。吾人可以把"性情"当作人的本体，把"心智"当作知之活动所致，然后再以"用行"来表达本体的实践。

2. 本体诠释学。夫诠释学，即在反思当中找寻意义，在整体中找寻部分的意义，在部分中整合整体的意义。它运用概念、理念，并讲究逻辑之一贯，以归纳、演绎、组合、建造。斯是一种理解、表达，故当然重视语言之结构、寻求语言之意义。其目标是：使我能自我认知，使他人亦能认知——兹体现了一种沟通性、共通性之需要。在此意义上，诠释学即知识学，是知识的一种展开。而我将其整合称为本体诠释学。简单地说，本体诠释学包含自然主义外在化之科学知识论——这是诠释之基层。因为宇宙开放、发展、具多层次，故可据之而有生命哲学的语言，以表达一种生命的体验——生之为生、生生之为生生的体验。对于此"生生"精神，我们有心灵、心理、心性之经验，以保证欲望、欲念和意志都在人的整体里面实现，这是一个心性结构，也在诠释学之范围里面。若谓之前所言关乎如何组成宇宙，此处则关乎如何组成自我。再一个层次：这些心灵、心性、心理活动怎样创造出一个价值活动，产生对真实、道德价值、审美、和谐、正义的认识？这样就变成了一种价值哲学。此价值哲学在我们的行为层面上又变成了一套伦理学——斯是一种规范性之基础，即其能化成一套标准，以规范行为，并导向一种道德哲学。这就是我所说的整体伦理哲学。

3. 整体伦理哲学。我在其建构当中，以德性主义为主，从德性伦理延伸至责任伦理和权利伦理，在此二者之基础上，说明功利主义的可能性与发展性之基础。权利和责任必须要以德性作为基础，功利必须要以权利和责任为基础。任何一个行为必然要求是有德的，必须要满足责任的需要，必须要维护个人的权利，在满足了权利和责任之后，才能谈功利——这样功利才不会影响到人的基本价值。现在的功利主义，最大的问题就是漠视了责任主义，漠视了权利意识，更漠视了根源性的德性意识。这就是我对伦理学的重建，其涵盖中西，具有普遍性的世界意识。

4. 管理哲学。现代化、工业化社会的生活具有组织性、集体性，虽然这并不否定个人存在权利之重要，但是人的基本权利还是要整合成群体，人终究离不开社会，社会也离不开个别之利益的、非利益的群体性组织。利益的群体必须有非利益的道德作为基础。在这种情况下，我们需要一套管理哲学。我对管理哲学的定义是：管理是群体的、外在的伦理，正像伦理是个人的、内在的管理。在此基础上，我科学化了中国的管理，也赋予伦理一种管理之框架。伦理是一种管理，管理亦是一种伦理，重点均在建立秩序、维护秩序。在这种意义上，我们才能谈政治的架构、法律的架构。管理其实涵盖着一种道德和法律的意识。我在写《"德""法"互补》这篇长文时，强调了康德哲学、孟子哲学、荀子哲学的相互关系。最近我在北京大学做了题为"中国政治哲学探源"的学术系列讲座，共十一讲。讲座中，我特别强调了一个自己长期坚持的观点，即孔子所曰"道之以政，齐之以刑"与"道之以德，齐之以礼"是一种立体结构，此二者非但不是彼此排除的，而且是相互整合的。也就是说，我们对他人和社会应有"德"与"礼"之结构，但维护"德"与"礼"则需要"政"与"刑"之结构，唯其如此，乃能达致一个更好的组织。我在即将出版的书里对此亦有新的发挥。

5. 本体美学。在对本体学的认识基础上，我发展出了一套本体美学。在人的观感之下，本体性、本体宇宙、本体生命在感觉上本身就具备一种快乐，能给人带来一种欣喜；当它出现问题，它就变成一种痛苦；当它被扭曲，它就变成一种伤害。所以，本体美学就是说我们要维护我们在本体体验中的整体性、自然性，让它能呈现出一种自然的快乐。一切美好的东西都可能具有这样的特性，一个真实的美便反映出一种本体的存在，而本体的存在又同样反映出真实的美。这样的美也导向一种善的行为、真的认识。所以，美是"在"和"真"的起点，另外也可以说，知道本体的美需要善之人性的基础、真之宇宙的基础。这也可以说是一种本体诠释之循环。美具有启发性。美代表一种理想、一种最根本的认识。

以上就是我的哲学之基本内涵。

需要说明的是，本文集的结构及主要内容如下：

第一、二卷题名为《本体诠释学》（一）、（二），主要从"何为本体诠释学""本体诠释学与东西方哲学"两方面收录了我的相关学术论文22篇，又从"《易经》与本体诠释学""本体诠释学与中西会通"两方面收录学术论文19篇。作为十卷本的首卷，还收录了我的"人生哲思"4篇，以帮助读者更好地理解我的思想发展历程。

第三卷收录了我的一部重要著作《儒家哲学的本体重建》，汇集包括代序在内的与儒学相关的文章19篇。

第四卷着重阐述我的儒学思想，由"古典儒家研究""新儒学与新新儒学""儒家精神论""儒家的现代转化"四部分组成，共收录论文32篇。

第五卷题名为《儒家与新儒家哲学的新向度》，收录了我写于不同时期的21篇论文，涉及中国哲学的向度、儒家的向度、新儒家的维度。

第六卷首先收录了我分论和比较中西哲学的专著：《世纪之交的抉择——论中西哲学的会通与融合》，还收录了另外6篇重要文章，内容涉及我在中西哲学的会通与融合方面的思考。

第七卷题名为《中国哲学与世界哲学》，既是对有关内容的补充与深化，亦表达了我的思想中中国化的根源、特质与世界化的指向、眼光。主要内容涉及中国哲学的特性、西方哲学的特性、中西哲学比较、中国哲学与世界哲学，共24篇文章。

第八卷内容是我的管理哲学思想的重要呈现，主要收录了我的专著《C理论：中国管理哲学》。除此之外，本卷附录部分还收录了关于C管理理论的2篇重要论文。C理论的创立与发展，对中国管理学的发展乃至世界宏观管理学都具有重要的借鉴意义。

第九卷主题为"伦理与美学"，主要收录我在伦理学与美学方面的重要文章，涉及中国伦理精神、伦理现代化、本体美学，以求将我的伦理学与道德哲学以及"本体美学"思想展示给读者。

第十卷题名为《皮尔士和刘易斯的归纳理论》，是我在哈佛大学博士论文的基础上撰写而成的，主要探讨归纳法能否得到逻辑证明的问题。

当然，即便这次的十卷本也未能涵盖我的所有著述，比如 2010 年我的《本体学与本体诠释学》30 万字之手稿、部分英文著述，乃至正在写作的著述。这些尚未得到整合的思想，有待在第三阶段被纳入整个体系中。

最后，这次十卷本出版，有太多人需要感谢，首先要衷心感谢中国人民大学原副校长冯俊博士对我出版此十卷本文集的支持。其次要特别感谢淮阴师范学院奚刘琴博士为我收集及整合大量的论文，并进行编纂。可以说，没有她的时间投入，这个工程不可能顺利完成。最后，我要十分感谢中国人民大学出版社杨宗元编审的精心安排与鼓励以及相关责任编辑的认真努力，他们在不同阶段提供了不同的订正帮助。

目　录

引　子*

　　随着中西方哲学与文化交流的日益扩大，随着中西哲学会通与融合进程的加快，不仅中国的学者，而且海外致力于中国学术研究的学者，都在关注着同一个课题，那就是：正确地评估中国哲学的过去，掌握中国哲学的现在，并开拓中国哲学的未来。亦即以古见今。但同时又必须知己知彼，既借西方以了解东方，又使西方能了解东方，从而走出一条通向"世界哲学"的道路。

　　然而，若把"世界哲学"当作人类对世界所做的理性思考的话，那么，现在的"世界哲学"并非是一个具有完整内涵和内在关联的系统，而只是分布于地球上各个地区、各个民族的哲学的一种集合而已。

　　因此，真正的统一的"世界哲学"至今还没有形成。我们的目标，就是要建立一个各部分相互联系、相互影响的体系，即理想的、能呈现整体秩序的整体哲学。这也是人类走向整体的一个前提。

　　"世界哲学"是与世界意识紧密相连的。随着科学技术的发展，"世界哲学"作为一个完整的世界观，在20世纪现阶段已初见端倪。

　　人类所关心的整体哲学，要求每一个民族都对它有所贡献。当然，这并不是说，每一个民族都应放弃自己的传统。事实上，这也是不可能的。因为，每一个民族的思维方式、语言、文化生活的经验，以及人际关系的体验等，都有自己的特性。不仅如此，每一个民族要想对"世界哲学"有所贡献，就必须发展自己传统中的优秀的东西。每一种传统哲学都像一棵树，它根植于自己的历史意识之中，有自己内在的活力。如果各民族的传统哲学不从内在生命的发展着眼，那么，它就无法吸收外部的营养，就无法保存自身，当然，也就不可能对"世界哲学"有所贡献。

　　中国哲学和文化如要真正吸收西方哲学的长处，就必须立足于中国哲学生命的源头。这里有三种含义：

---

　　* "引子"至"后记"，录自《世纪之交的抉择——论中西哲学的会通与融合》，上海，上海知识出版社，1991。

第一，打破目前哲学的架构，回到根本。这是因为，现有的哲学架构束缚了哲学的发展，因此，必须打破这些框架，去寻找背后所隐藏的生命力量。从中国哲学来看，无论是先秦、两汉、隋唐，还是宋、元、明、清，每一种新哲学的出现，总是仿佛向原始出发点的复归。因此，今天的中国哲学工作者必须对原始出发点进行思考。我们认为，中国哲学的原始出发点是《易经》哲学。儒家、道家、法家、兵家及大乘佛学等，无一不是直接地或间接地受其影响。故而，要把握中国哲学的特色，就不能不对《易经》哲学重新进行认真的研究。

第二，只有回到原始出发点，在更高、更广的平面上和更深的基础上展望未来，才能开拓出新的世界哲学，形成新的理论架构。否则，就如同面对一个万花筒而无所适从。

第三，中国哲学必须去迎接许多外来哲学的挑战。我们应站在怎样的立场上来对待当代西方哲学呢？我觉得，首先，应当充分地去了解它；其次，应当认真地去评估它；再次，应当大胆地去吸取它。唯有这样，才能使西方哲学成为中国哲学发展的养料和条件，而不仅仅是将它作为一种咨询的事实材料而已。而在这中间，了解当代西方哲学的最新发展，更是摆在大陆许多研究中国哲学和文化的学者面前的一项迫在眉睫的首要任务。

第一章　当代西方哲学的最新发展

第一节　当代西方哲学发展的大势

如果我们以开放的眼光，以世界意识来看问题，那么就可以发现，今天我们所面临的时代，与19世纪末十分相似。也许，所有的世纪末都具有大同小异的地方，因此，通过了解从19世纪末到20世纪末西方哲学的发展大势，或许可以帮助我们把握中国哲学和世界哲学的未来。

一、世纪之交的哲学变局

当代西方哲学的发展，离不开科学的发展；而科学的新突破，又有赖于新数学的产生。因此，要研究这一世纪西方哲学的变局，首先要从数学谈起。

从科学知识的发展来看，数学可说是一种具有创造性的活动。它与作为纯理性的反省程序的逻辑不一样，属于一种理智建构的创造。如果说逻辑是形式主义的，那么，数学则是直觉主义的。

科学的发展往往是用既成的数学和逻辑来说明它，而整个科学的发展，是指向新数学和新逻辑的产生的。比如，某种物理学要成为科学家所接受的主导物理学，那么，它的架构必须具备两个基本条件：理论论证方面的完整和实证支持方面的完整。但是，把现有的数学和逻辑作为科学架构的标准，往往会造成一种现象，即科学被现存的数学和逻辑架构所束缚。一门新的物理科学必须开始于一种新的数学的创造，完成于一种新的逻辑的诞生。这是由于，一个建立在实证基础上的科学理论，不能决定经验世界的多样性和开放性，而只能面对它。因而，要把握一种新的现象，就是要把握其内在的数理与逻辑结构，并在此基础上再反省出一套逻辑架构。这才是现代科学进步的真正根据。基于此，我们可以认为，物理科学的发展是一个从经验到数学到逻辑，再由逻辑到数学到经验的双向过程：

经验⇌数学⇌逻辑

在 19 世纪，西方科学家已有了一套完整的数学，即欧几里得几何学和亚里士多德逻辑学，以及一个完整的科学，即古典物理学。古典物理学严密地规定和限制了经验现象。在这种情况下，自然就出现了不能被古典物理学所解释的新的经验现象，其中包括爱因斯坦关于光现象的新经验和关于量子现象的新经验。这两种现象是无法用古典数学和古典逻辑来说明的。爱因斯坦只能用非欧几何学来说明它；如果当时没有非欧几何学，那么，爱因斯坦就必须发明一种新的数学。量子论也只能用非亚里士多德逻辑学才能说明。总之，由于新数学的产生，科学的发展才在 19 世纪末出现了新的突破。

再从哲学的发展来看，柏拉图、笛卡儿、康德、黑格尔这四位哲学家各成系统，构成了西方哲学的主要流向。

自 19 世纪末以来，西方哲学面临着二元论的内在矛盾与多元系统的外在冲突的双重困境。很多早期的源头都从这里发生作用，因而发展到了一种要求各个不同的系统非相互会通才能解决问题的局面。超越理念（柏拉图）、心物二元（笛卡儿）、知识架构（康德）、精神本质（黑格尔），这四种哲学面临着一个多元并存的大汇合。再加上基于实证方法和理论思考而产生的科学、高度发展的科学技术，以及由此导致的社会变迁，新的多元哲学便应运而生。

那么，当代西方哲学是如何把握这种多元流向的呢？必须指出的是，西方哲学可说是从一开始就有知识的取向，希腊人素来就对知识理性执着地追求。知识理性与方法意识密切相连，于是就从求知导致对方法的寻求。一方面，方法产生了新的知识系统；另一方面，知识系统又反过来限制了方法的运用。当知识限制了方法时，就应对方法进行反思，设法创造出新的方法。因此，西方哲学中的方法意识非常强，每一个哲学家都以方法的鉴定开始其哲学思考。例如，苏格拉底的哲学以一种定义的方法来鉴定各种概念；柏拉图把这种方法发展为超越辩证法，把辩证法看作理念的发展；笛卡儿提出了怀疑的方法；康德主张批评的方法；黑格尔强调精神主体展开的辩证方法。由此可见，整个西方哲学的一个鲜明特色，就是对方法的寻求。因此，近代哲学的突破，必然首先是方法上的突破。

现代西方哲学的三个开创者提出了三种崭新的方法，即胡塞尔（Edmund Husserl）的现象学方法、摩尔（G. E. Moore）的语言分析方法和皮尔士（C. S. Peirce）的实用主义方法。胡塞尔的哲学是针对康德的，他要求解决知识的本质与形式问题，即知识是如何建构的，经验与理性到底有什么作用。摩尔的学说是针对黑格尔的，他要解决的是主观与客观有无差别，以及怎样来把握其本质上的差异问题。皮尔士的学说是针对笛卡儿的，他面临的是经验主义和理性主义如何调和的问题。他反对笛卡儿关于"知识的起点是怀疑"的观点，认为知识不可能有一个绝对基础，知识的起点应是大家都能信任的经验和思考方式。这显然是把常识的方法引入哲学。

　　由于以上三种新的方法都有局限性，于是，从现代这三位哲学家的方法出发，又各自引发出三种哲学方法：摩尔的语言分析方法，引发了罗素（Bertrand Russell）的逻辑分析方法、维特根斯坦（Ludwig Wittgenstein）的逻辑语言的分析与语用分析的方法和奥斯汀（J. Austin）的语言行为条件的分析方法。在皮尔士以后，詹姆斯（William James）把皮尔士的方法转换成一种重视主体经验的实证方法，杜威（John Dewey）进而把皮尔士的方法扩大到伦理学的重建、教育哲学的重建和逻辑方法的重建。到刘易斯（C. I. Lewis），则发展成为意志、概念和经验三项相互决定的实用主义方法。至于胡塞尔的现象学方法，则刺激了弗雷格（G. Frege）的"纯谓建构"、庞蒂（Merleau-Ponty）的"身体知觉"和海德格尔（M. Heidegger）的"存有体悟"等方法。

　　这里，我们不妨来比较一下西方哲学方法与中国哲学方法的区别。从总体来看，西方哲学方法的核心是"理性"的建构方法。理性本身是求分的，经常"援理以释性"，往往知分而不知合。而中国哲学却正好相反，是一种"性理"的方法，即"举性以见理"，求合的倾向比求分的倾向要强烈得多。当代西方哲学的最大特点就是多元性，这是理性的要求，当然也与文化积淀有关系。

　　以上是 19 世纪末到 20 世纪初哲学发展的大势。在起点上，我们用胡塞尔、摩尔、皮尔士这三位哲学家来说明。在现代西方哲学中也有四个代表，即逻辑和分析哲学家奎因（W. V. Quine），他采用的是逻辑建构的方法；后期结构主义哲学家德里达（J. Derrida），他批评了逻辑建构的方法，而提出了解构的方法；再一个是法兰克福学派的新康德主义和新马克思主义思想家哈贝马斯（J. Habermas），他提出了批判理论与沟通理论的方法；最后一个是一般语言概念分析论者斯特劳森（F. Strawson），他以对自然语言的逻辑分析，来描述世界存在的结构。

　　这些新哲学的出现，都是以方法为突破的工具；而所有的方法，又可分为两类：一类是分析理性，一类是形上理性。以下分别对此加以说明。

二、对分析理性和形上理性的反思

　　所谓分析，就是对一组概念和命题的构成内涵进行解析，以求得明晰的理解。从这一点来看，不论是胡塞尔、摩尔，还是皮尔士，他们都是以分析作为研究的出发点。

　　因此，就广义而言，强调分析，这并不是分析哲学才特有的。分析是理性作用的一部分，"分析理性"可以说是一个重复，而整个西方哲学都具有分析的倾向。分析哲学和非分析哲学的区别就在于，非分析哲学是将分析作为手段，而不是目的，分析是为了建构；而分析哲学却认为，建构不是哲学家的事，而是科学家的任务；哲学的任务是对知识的内涵和结构进行逻辑的分析和语言的分析；分析是为破而破，即打破现存的哲学体系，以配合科学的进展；理性则是指建构一个与真实世界相符合的概念系统的能力。

　　这样，理性就具有三个要素：（1）建构性，即通过具体经验，提出一个概念或一个观点。（2）一致性，即是对概念秩序的构造，其构建的系统必须具有内在的一致性。（3）相应性，即系统与外部世界的相应。总之，分析是指在确立一个系统的单元基础上具有作用，理性则指要建立一个系统来说明世界、控制世界，并具有预测的功能。

对分析理性的反思的结论是：理性建构系统的自我局限和自相矛盾必然导向理性的多元化。由于理性建构的局限性与其指称一般化的相互矛盾，分析理性便揭露了"吊诡"（paradoxes），即概念的内在矛盾。各门学科都有"吊诡"，如数论中的"序数吊诡"，逻辑学上的"罗素吊诡"，语意学上的"真理述词吊诡"，伦理学上的"囚犯吊诡"等等。这一现象意味着，理性在许多（也许所有）建构中都具有局限性。因此，必须打破原先的系统，走向多元化；必须把理性看作一个不断建造又不断超越的开放活动，而不能把它看成一个凝固不变的结果。由此便引出了"形上理性的批评"。

关于形上理性，我们不妨来看一下胡塞尔的现象学。胡塞尔把以自然界的知觉来建构世界的方法撇在一边，而用纯理性的意识来建构一个本质化的现象世界。这种超越自然、反观自我、理智地构造世界的方法，就是现象学的方法。具体来说，现象是人人都能直接觉察到的，但要构造世界，却需要靠理智。有了理智，内外就显得分明，外在的对象也就变成了思想的本质对象。例如，当我看到一棵树时，我的感觉理智是："我看到了一棵树"，现象经验使语言指称化了，外在的"树"就成了思想的本质对象。

这个过程，实际上就是把感觉抽象概括成为一个具有意义的概念，然后再把概念本质化，成为一个具有指称作用的语言结构。这就是以理智为主，以自然为客。

这种方法本想解决理智世界和自然世界的对立，但实际上仍然没有摆脱笛卡儿的二元论。这是为什么呢？海德格尔对此作了说明。他认为，西方哲学都是以理性思考的结果来代替理性思考的过程，西方传统哲学是一个封闭的系统。这个系统是以七个形上理性的概念，作为思考的起点：（1）实体（ousia），（2）自然（physis），（3）生命力（en-teleicheia），（4）本质（esse），（5）心灵（nous），（6）理性（logos），（7）意向（eidos）。把起点作为过程来看，这是对单元的认识；把单元合在一起，找出整体的存在形象，这就是形上理性。上述七个概念是一种洞见，但在时间上又成为后来哲学发展的障碍。这七个概念是西方形上理性的代表，其基本逻辑则是假设了实证论的逻辑思考。逻辑思考的最大特色是把现象与本体对立起来，认为现象是变动的，是由感觉来把握的；而本体或本质是不动的，是由思想来把握的。这便导致了主体与客体的对立，产生了形上理性的矛盾。要克服这一矛盾必须建立新的形上学。于是，海德格尔提出，以"存有"（sein）概念作为形上理性的初始概念。这个"存有"更多地涉及人的存在，即所谓"人存"（dasein）；而它本身却不固定在一个系统中，这就与中国道家和《易传》中讲的"道"相接近。

以上，我们分析了"分析理性"和"形上理性"的差异。那么，分析理性和形上理性又如何走向综合呢？于是就产生了哲学诠释学。哲学诠释学是当前欧美的一种新的学说，它把意义、价值、知识、经验都交叉在一起，加以思考，提出新的方法定位，从而使英美哲学和欧洲哲学更为接近。同时，它似乎也有一种力量，使欧美哲学与中国哲学接近。其原因就在于，哲学诠释学比以往任何一种西方哲学方法更与中国哲学有相通之处。

三、理性的发展过程

在传统西方哲学中，柏拉图、笛卡儿、康德和黑格尔是最重要的代表。他们的哲学发展的历史，实际上就是方法的突破的历史。到了 19 世纪末和 20 世纪初，哲学又有了新的发展：胡塞尔、摩尔和皮尔士这三位重要的哲学家分别提出了新的哲学方法。但总的来说，他们仍然在努力回答以往哲学家所提出的问题。

柏拉图提出的是理念定位的问题，即思考的对象如何定位。这种理念包括价值理念、知识理念，以及形而上学的本体理念。而胡塞尔、摩尔、皮尔士也都想把握理念是如何可能的这个问题。

笛卡儿提出的是主观与客观的关系问题，即关于主体认知的能力与客观所知对象是如何分化、分辨、界定、对立和联系的问题，而 19 世纪末以来的现代哲学家，也想用新的方法来解决如何使主客分立或一体的问题。

康德提出的是知识的定基或基础的问题。他虽然有自己的一套理解范畴，但就整个知识的发生与发展来看，这一问题并没有解决，仍然是 20 世纪的基本问题。

黑格尔提出的是关于本体存在是什么的问题，即终极本体是精神，还是物质？是绝对的，还是相对的？是整体的，还是部分的？这些问题不仅没有被黑格尔从根本上加以解决，而且至今仍然是哲学的主要难题。

20 世纪哲学的精神就表现为：运用新的哲学方法，正视以上四个重大的哲学问题，并求其解决。现代哲学家似乎都在一个更新的方法网络中，试图重新界定问题和解决问题。胡塞尔走向现象学的方法，并倾向解决柏拉图的问题；摩尔走向语言的逻辑分析方法，倾向于解决笛卡儿和康德提出的问题。

因而，20 世纪哲学的发展，大致可以归为"九家十说"：实用主义（pragmatism）、现象学派（phenomenology）、现象主义学派（phenomenalism）、逻辑实证论（logical positivism）、一般语言分析（ordinary language analysis）、存在主义学派（existentialism）、过程哲学（process philosophy）、新实在主义学派（new realism）、结构主义（structuralism）、新学院派（new-scholasticism，即新托马斯主义）。这些学说大约活动于 1900 年至 1970 年之间，分布在欧洲的德国、法国以及英国和美国。它们在德国与法国既有相互沟通的地方，也有不同的地方；在英国与美国既有共同的基础，也有不同的发展。这是现代西方哲学初期的分野。

对于这一发展，可以通过理性的分析方式，对其中最重要的几种学说加以说明和诠释。首先论述现象学，以海德格尔的"存有"哲学为主；其次论述逻辑实证论，以奎因的分析哲学和语言哲学为主；再次论述过程哲学，以怀特海哲学为核心的现代新形上学和新神学为主（过程哲学在整个现代西方哲学的发展中，有着极其重要的地位）；最后论述结构主义，以目前最有影响的法国哲学家德里达所代表的解构主义（deconstructionism）为主。另外，还将提及流行于英美的后期维特根斯坦的语言分析哲学，以及德国法兰克福学派哈贝马斯的批判的社会理论。以上这些都是当今具有很大影响、充满活力的哲学学派。

现代哲学要求方法的突破，由此来解决传统哲学所存在的问题。西方哲学发展到 20世纪，出现了许多困境。这是由上述四个重大的哲学问题的交互作用而引起的。许多当代的哲学家均以某一问题为起点，发展一套方法，来涵盖其他问题。例如，胡塞尔以理念定位作为根本，结合主客分界来解决问题。哈贝马斯则将康德、马克思和实用主义的科学哲学结合起来，以建立自己的批判理论。德国哲学家原来看不起美国哲学家，而哈贝马斯则是德国哲学家中第一个重视美国哲学的人。他把皮尔士的科学理论引入自己的批判思考之中，形成了沟通理论来解决问题。这也是美国哲学与欧洲哲学的沟通。目前，西方哲学各门各派都有分亦有合。为了解决问题，往往要结合不同的哲学体系来加以考虑。所以，20 世纪哲学的交流性加强了，这一点在美国和欧洲都很明显。

这里要指出一个有趣的现象。在 19 世纪之前，德、法哲学被视为理性主义，而英、美哲学则被视为经验主义。1930 年后，当英国的逻辑实证论受到冲击而消失之后，海德格尔哲学便发展成为最有影响的流派，从而引起诠释哲学的发展，使原来强调理性主义的德国和法国，趋向于所谓的形而上学的经验主义，将人的整体经验和历史经验作为思考对象。而英、美哲学反而走向科学哲学的分析主义，用分析哲学的观点作为解决科学哲学、语言哲学、知识哲学问题的方法。因而，英、美哲学反而强调理性分析，而德、法哲学则强调整体经验。如此，在 20 世纪中，存在着经验主义和理性主义的相互易位，趋向于更高层次上的交流和沟通：英、美受德、法影响，德、法又受英、美影响，这些就是哲学诠释学兴起的特殊环境。

另外一个现象是：1960 年以后，上述五位哲学家所代表的哲学潮流，开始与东方哲学相互影响，特别是与中国哲学（道家）发生相互诠释的关系。海德格尔的"存有"观念，常常可以用来阐释道家的观念，他的哲学又常常是道家哲学诠释的对象；后期维特根斯坦认为，语言的意义来源于生活方式，而生活方式的多元化，又决定了意义的多元化。这就将哲学与文化行为联系了起来，打破了柏拉图以来的超验主义，使伦理与宗教更具有世俗化、实用化的意义；早期的维特根斯坦认定，在逻辑和科学真理之外，还有一些真理是不能用语言来表达的，因而指向了一个超悟的境界，这是类似于禅宗哲学的诠解；怀特海的过程哲学与中国的《易经》以及道家哲学也有一致的方面；哈贝马斯强调行为沟通、理性调节和人际协调，这与中国儒家哲学重视务实性与社会性也有类似；

甚至有的学者还认定，德里达的解构论与庄子的多元相对主义的观点也有相似之处，虽然德里达自己或许并没有意识到这一点。

总之，当代哲学的趋势是中西互诠和互释。这是一种比较的方法。它先求其异，后求其同，再彼此互相解释，最后趋向一个整体哲学的观念和系统。中西哲学的这种互通性，是与科技文化的世界化彼此呼应的。由此可以肯定，当代西方哲学的"九家十说"的基本潮流，也必然是中西哲学互诠，趋向于一体多元。

四、多元理性的建立

多元理性不是人为地建立的，而是有着内在的根据、客观的规律、经验的基础和知识智慧的需求。具体而言，就是：

第一，理性的自身发展要求理性的多元化。

西方哲学的起点是理性。理性有一内在的逻辑辩证法，这就是主体自我与客观世界的分离。这种主、客之间的分离，能使主体更好地实现自我、满足自我、发展自我。否则，主体就不能意识到自己作为一个个体的存在。

这种自我意识和主体意识，要求对客观世界有一主、客的分辨，这是人类心理的实际发展过程。而主体对客观世界的分辨，既是基于客观的要求，又是基于主体进一步发展和实现自我潜力的要求。因而，主观和客观的分离，以及人的认识活动，是出于主体自由的需要；在个体意识上就表现为：认识到有一外在世界的存在，分辨出什么是主体自我，什么是客观外在。这既是理性存在的内在发展过程，也是主、客体之间的一种界定。由此，主体自我便获得了自由。主、客体之间的界定导向知识，而知识是主体与客体分化的结果，同时，也是分别的主体把握分别的客体的开端。这样，主体的自我发展进一步成为可能。故可以说，知识是主观和客观的媒介，人类通过知识来判断、解释和预测外界的变化，以满足自我，把握客观世界。知识的基本形式是"假设条件→结论后果"，即"如果……那么……"，它的先假设条件是什么，所得出结论就是什么，亦即判断在何种条件下会发生何种事件。

在西方古典哲学中，当对主体和客观分辨界定之后，就尽量使主体不参与客观世界，而以知识作为媒介来把握客观世界，并通过对客观世界的把握，来作为实现自由的基础。但是，当科学主义发展到这一阶段时，这种客观主义思想也会把主体自我当成客观对象，从而成为一种化约主义（reductionism，又可解释为"还原论"）的思想方法。古典物理学比较成功地把握了局部的物理世界，成为完整的或相对完整的认识；而科学主义是要把知识体系作为模型，反过来再说明主观自我。这样，主观自我也就成了客观对象。

我们从英语的"思想"（thought）与"思维"（thinking）二词的差异，便能看到这一区别。思维过程是 thinking，而作为思维活动的成果是 thought，它是思维的成品。所以，化约首先是把一切都看成"客观化"的东西。概念的客观化方式就是把过程看成结构，把运动变化的东西看成静止的状态。这种思想方法有点像结构主义。结构主义认为，人类的活动——文化、宗教、信仰——都有一个概念化的结构内涵。结构既是一种方法，又是一种成品，它用一套方法来把握现象的结构；即使是一个很复杂的现象，也可以用一套结构方法赋予它以概念化的意义，再投射到不同层次的思想平面上。同时，结构也可以进一步化约，即概念化和形式化，就是把客观世界的某一层次的一套概念定位，变成生理现象、心理现象和物理化学现象，把主观心灵化约成具有物质内涵的现象。例如，在西方古典科学哲学中，把心灵当作大脑，把人的思想当作脑波。这样，过程就变成了结构，心灵就成了大脑活动状态。

西方古典理性主义就是这样，把客观世界当作具有规律、可以把握、可以规划的世界，以为这个世界会使我们获得自由。但是，这种想法得到的结果却是相反的。因为，我们总是用客观的方法来看主观世界，本来是要通过追求客观世界，来达到主体的一个目标；而现在则反过来，把主体自由的可能性限制了，把主体化约为客体的一部分：人的心灵是大脑，大脑是物质现象。这样，就把客观性运用到主体上，这就限制了主体原来的自由。

于是，理性主义就走向了理性决定论。这就必然引起人类心灵深处的反对：人不仅要求意志自由，而且还要求发展自我。

当然，面对这一情况，还有另一种作法，即不把"客观"用于"主观"：人们固然可尽量地运用知识体系来把握客观世界，但却不对主体现象仅仅作一种物化的分析；虽然，在理论上，我们可以把社会现象物质条件化，使心理现象生物化、物理化，但实际上，却认定人的行为仍有意志决策的自由，人也是权力意志的主宰。而这种自由性、主宰性，就不是物质条件所能解释殆尽的。这一认定就是机体主义的立场。

与此相反的是，基于机械理性的机械主义，它把人的世界看成是机械体，把所有的活动规律化，认为人们可通过一套完整的机械知识，来说明和把握世界，使其成为完全可以预测的机械系统。机械理性基于自己的发展要求，产生了知识界面，并走向理性机械化的知识系统。它一方面压制了主体的个性自由，另一方面也不能很好地说明生命现象和生理现象。现代的生物科学就是尝试用无机现象来说明有机现象，用机械现象来说明机体现象。然而，这是不可能的。生态现象、生命现象都是机体性的，而不是机械性的，这两者完全不同。因为机械系统是原子论的，而机体系统则是系统论的。基于机体系统具有变化发展的性质，并具有内在动力这一点，机械理性必须走向机体理性。由此可见，理性的发展之所以走向多元，是由于它在追求、掌握世界之后，本身受到了限制。这也就可以说明，现代西方哲学家为何要探究不同的逻辑体系和科学体系。

1905 年，爱因斯坦提出了狭义相对论。1915 年，他又提出广义相对论。1930 年，又出现量子力学。这种新科学，代表了人们对不同世界体系的认识。对外界的认识越多，理性的能力也就越完备；理性不是死板的，而是发展的，它是相应于外在世界而产生的一种知识体系。由于理性本身具有建构性、一致性、相应性的特征，因而就导向了多元化的境地。

总之，理性有一种内在的辩证的力量。当它在自身发展和应用的过程中受到种种限制的时候，便酝酿着突破。这也是方法论突破的根本原因。由于系统界定的限制和主体客化的限制要求方法的突破，因而就使理性不得不走向多元化。西方哲学（从苏格拉底哲学到现代西方哲学）就是在不同方法的更替下，以理性的不同面貌展开的。

第二，经验发展的多向度要求理性的多元化。

理性是经验的结晶。但对于人类来说，经验种类是不同的，它的范围大小无法限制，它的内涵规律也大不相同，它的背景又不尽一致，它的意义也不相等同，它的组合更是千差万别。人们先经验一件事，再经验另一件事；如果次序更换一下，所得的结论就可能不同。所以，经验是具有多角度、多向度的一个过程，任何人都不能对之做封闭的限制。

由于理性原是经验的结晶，所以，理性的思考分析也就无法闭门造车，限制于经验的某一点。否则，理性就陷入机械化，最终必然与经验发生矛盾。哥德尔（Gödel）的"不完全定律"就是一个例子。该定律指出，一个包含数论（可视为等同于可扩展的经验）的体系，如果是完全的话，那么就必然是矛盾的。若要使它不矛盾，就必须维持该体系的开放性和不完全性。由于经验发展是多元化的，所以，通过经验知识把握的理性的发展，也应该是多元化的。科学的发展是开放理性的发展过程。它是一个不断建构和解构的开放系统。从牛顿的机械力学到爱因斯坦的相对论这一发展过程，就充分说明了这一点。

同时，在这一过程中，有整体参与的现象：在一个整体性的系统中，个体与整体、部分与全体都有关联；整体可以参与个体，个体也可涵摄整体。正如当前大脑研究对脑细胞的发现表明：当某一部分脑细胞受损伤之后，另一部分脑细胞仍有可能获得已受损伤的脑细胞的功能。这就是整体参与的现象，也就是全息化的现象。在专门化的脑细胞中，既有专门化的功能，也有一般化的功能。所以，受损伤脑细胞的功能仍然可以得到补偿。广而言之，任何理性科学的发展都显示了整体参与或全息化的现象，亦即任何特殊化的科学都涵摄了一般科学。

总之，由于经验是多向性的，而理性又是基于经验发展的，所以，理性也必然是多元化的结构。

第三，人类功能的分化需要理性的多元化。

一般来讲，理性是人的一种思考能力，是通过对真理的追求而获得知识的程序和过程。理性要建立的知识和真理是相对真实的观念。理性的一致性要求理性观念的和谐；理性的相应性则要求观念是对应于客观世界的；理性的建构性则要求建立一个系统、一套观念。所以，理性又是一个建构的过程，它要用建构的观念来系统地解释、说明和预测客观世界。正如上节所指出的，理性由于不同的需要，便有不同的分化。我们可以用下图来表示这种理性的分化。

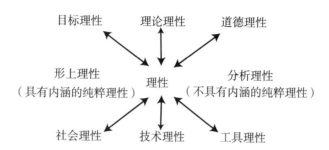

（1）形上理性。它希望建立一个整体系统，对无形的最后的真实世界做出整体的说明。这种理性，虽然仍然基于经验，却不以具体经验作为最终目标，而是以理念作为一般经验的最高抽象化，来对世界加以一般的说明。所以，形上理性可说是具有内涵的纯粹理性。康德认为，这种理念由于不受经验的限制，因而是空洞的，各人可以自想一套，自认为是真理和价值。但我们认为，一个理念的形成并非完全脱离经验，也就是说，并非纯为先验，它只是一般经验的高度抽象而已。至于如何运用这一理念来对世界做一般性的说明，则有赖于个人的理智认定，但这也决不可以完全脱离经验。胡塞尔也认为，形上理性并没有因其形上而丧失它的重要地位。因为，它仍有辨析和开拓的功能。如果把它同其他的理性配合起来运用，则更具有整合和奠基的功用。所以，如果我们不把形上理性看作终点，而把它看作起点，那么，它还是有方法上和实质上的双重意义的。

（2）分析理性。它是与形上理性相对应的，不具有内涵的逻辑理性。它不是就实质的世界作纯理念性的认知建构，而是对已知的理念、观念作形式的分析。数学中的数原来是形上理性的，属于抽象思维的范围；而逻辑却要把数重新界定为更普遍的类观念，使其更能做分析的工作。这就是分析理性的特征：分析是求得普遍特征，是还原到最后的单元。

很明显，形上理性和分析理性之间存在着一种紧张的关系。一方面，形上理性要把分析理性规划为形上思维的工具；另一方面，分析理性又要把形上理性化约为分析工具。实际上，二者中的任何一方都不能脱离另一方而存在。

（3）理论理性和技术理性。它是对客观对象进行专业化的科学研究，从而导向建构理论体系的目的。理论理性相应于一个被界定的客观世界，一方面接受经验的检验，另一方面也指出经验的关联，然后把成功的理论用在发展科学技术上，以求达到检验和利用自然的目标。这种用理论来发展技术的思考，就成为技术理性。不同层次的理性既有分别，又紧密相依：没有适当的技术理性，也就没有坚实的理论理性；光有技术理性而没有理论理性，技术自然也就无法深入地发展；技术理性是应用科学，理论理性则是理论科学，二者缺一不可。

（4）目标理性和工具理性。目标理性是价值理性，其思考的方面是认定价值，使其成为理性界定的对象。它导向目标界定和价值界定。而相对于目标和价值，又产生了方法和工具的概念。决定方法和工具，也是理性发展的方面，故名之工具理性。理性可以界定方法和工具，并为目标和价值服务，方法和工具是相对于已定的价值目标而定的。

（5）社会理性与道德理性。理性运用于人生问题上，就有实践理性（道德理性）与社会理性之别。人在社会中按照社会的需要以及社会的标准，来选择正确的行为；又正确地判断行为并加以抉择，这些是属于社会理性的范围。而道德理性则是以认识责任为目标。这是相对于一个深度的人生的价值理想而揭橥的。人在社会中都具有普遍的责任，这也同时显示了人实现自我及完善自我的一般目的。这种对于在人与人关系网络中个人责任和目的的认识，包含了实践的要求。这就是道德理性或实践理性。它以人为目标，以人性为内涵，在人与人之间建立起长远的道德关系。

伦理是针对社会道德而言的人际关系。它是以认识道德行为的自我实现的价值为目标的，关系到社会的整体发展和目标追求。因而，道德与伦理是有区别的。

从上面的分析可见，理性的功能是多向的、多元的，不能用一个理性来代替另一个理性，既不能用分析理性来代替形上理性，也不能用理论理性来代替技术理性。总之，社会及个人功能的多元化，是理性多元化的基础。由于人类社会和文化的多元发展，以及人类功能的多元发展，便需要多元理性的发展，而不能专断于一个点、一条线、一个面，更不能限制于某一特定的阶层。这种多元的理性世界可借用胡塞尔的"生活世界"（Lebenswelt）这一概念来加以说明。

"生活世界"是与机械化的古典物理世界相对立的，它是人们靠经验所直接感受到和看到的活生生的世界。因为，它把文化、生命、价值和目标都融合在一起，形成了一个多向度的世界。面对这个世界，理性自然不可能囿于一端和一面，而必须向真实的生活世界学习。

第四，人类知识的分化表明理性的多元化。

在科学知识的发展中，有一个整体一致的发展倾向。我们可以用下图来表示。

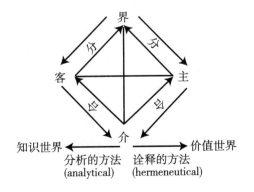

人类知识基于理性的内在要求，主体与客体的分化和对立是必然的现象。它是理性内在的辩证发展。然而，主客体之间的分化、对立，则产生出一个分界。

但问题并不在于分界的存在，而是在于能否使存在的分界也能变成新知识发展的媒介。哈贝马斯对"沟通理性"（rationality of communication）特别作了说明。他认为，理性有多种运用，可以有不同的分化，但沟通理性不表示主体与客体的分化就是隔绝和信息断绝；分化是二元，但二元又可以合为一体。因为二元可以相互沟通。哈贝马斯的这一思想，显然是受到了海德格尔的影响。海德格尔也把主、客看成一体。

一个整体性的主体的自我实现，要求主、客分别。这种分别，更能帮助主体个体化，并能实现主体的超越，从而实现完整。这样，整体就是二元一体的。在二元之间，有一个平衡，有一个沟通。沟通理性强调：理性本身就能使彼此沟通。这种沟通理性既排除了个人的利益、兴趣、偏见等个别因素，也排除了意识形态。因为，意识形态的僵化闭锁也是阻碍沟通的原因。所以，只有通过平心静气地以理论理，通过各自反省而走向沟通，才能达到真正以理解作为本体的和谐境界。

从上图中可以看出，从客体中追求知识、为人所用的过程，是一个分析的过程；分析的方法导向的是知识世界；而把知识和人的价值观点结合起来作解释的过程就是诠释，它导向的是价值的世界。

从认识史来看，知识开始于形而上学，再分化为对自然的认识和对人的认识。对自然的认识是自然理性，而对人的认识则是人文理性。

一般理性所关注的"存有"层面，可用海德格尔的图来表示：

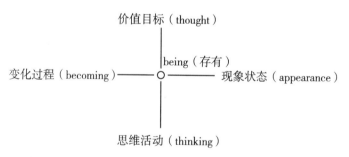

图的中心是"存有"，"存有"的一个层面是"现象"，"现象"是表象，它属于"理论理性"的范围。"存有"的另一层面是"变化"，变化是过程，它属于形上理性的范围。思维的层次属于分析理性的范围，而价值的层次（包括价值目标）则属于价值理性的范围（包括目标价值与工具价值）。"存有"不是"存在"（seinde）。"存在"是现在的"有"，它不包括时间整体；而"存有"则是无所不包的时间整体，它是取之不尽、用之不竭的，犹如道家哲学中的"道"那样。"存有"可以实现为"人存"、"亲在"（dasein），是现象、过程、思维价值在人身上所达到的统一。

在上图中，海德格尔用以表示其思想的方式是很特殊的。中国哲学比较强调用图形来表达重要的理念及其关系；希腊哲学则缺乏这种讲究；而分析哲学更反对用图形来表达理论。有些科学哲学家故意矫揉造作，避免图形化。我认为，这是哲学贫困化的表现。分析哲学也往往是贫困化的，刻意不用图形语言。而中文本身就具有世界图像开拓的意义。因为，它的语义系统是基于形象来表示事物的。英语则是用抽象的声音代替事物，因而是非图像化的，但并非是反图像化的。这两种语言类型的特质，都是人类所需要的。人类的语言和人类的思考，一方面是抽象导向的，另一方面是具象导向的，因而，代表抽象导向的英语系统和代表具象导向的中文系统，都是理想的世界语言所不可或缺的部分。人类今后的语言，也应当是东（中）西（英）语言并用的。

在此，我们还要对以自然和人文为对象的形上理性作一些补充的说明。这一理性的自然对象可分为物理的和生物的两个部分。这一分法是基于两条原则：一是依据层面的差别，来分辨大系统与小系统、宏观与微观（物理学就是宏观的大系统，而化学则是微观的小系统）；二是依据理想与现实的差别，来分辨理论理性与应用理性。牛顿力学描写的是理想的物理现象，认为静者恒静，动者恒动。目前对超导体的研究，也是在理想状态下对事物现象的描述。但在实际的情况下，我们则要考虑和分析在理想状态之外的实际适用条件。这两个原则运用到社会人文现象，就有个人和社会的区别，这是形上理性的另一层次。而在个人中，又有个人心理、精神以及伦理的差别，个人伦理是指个人应该如何去建立一个有价值的社会人格。

以上对形上理性的对象的划分，可看作规范性的，具有理想的结构。以往的社会科学有一偏向，即把生物现象解释成物理现象或物理过程，使社会科学成为物理科学的附加成分。这一倾向，受到当代许多哲学家的批判和反对。如德里达、后期维特根斯坦、胡塞尔、海德格尔等，都有强烈的反化约主义思想，认为不能用化约方法来解释社会现象，而应用"呈现"（emergence，也可译为"突生""突现"）来说明社会现象。20世纪中期的哲学倾向于多元理性和反化约主义，甚至分析哲学家也是如此。奎因对卡尔纳普（Rudolf Carnap）的批判，后期维特根斯坦对早期维特根斯坦哲学的纠正，都是哲学从化约主义走向呈现系统论的实例。

因而，我们可以说，当代西方哲学家强调方法的多元、理性的多元和层次的多元，这是一个不容争辩的事实。总之，从知识的归划来看，人类知识的多元化已清楚地显示了人类理性的多元的发展，为人类文化的"后现代化"提供一个功能与方法的，以及"生活世界"的观念基础。

以下，我们用图表来显示知识的多元分化和知识的层级归划的各个方面：

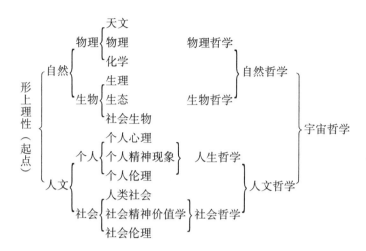

从中，我们可以发现，所谓多元理性，是把系统、结构和过程结合在一起，这是现代哲学的一个重大特征。

现代哲学是随着科学的发展而发展起来的哲学，它必须同科学发生关系。这种关系有两个方面：其一，把握知识划分的体系及其设准，从哲学立场对此体系及设准加以整体的组合、反省和阐明。科学是讲分门别类的知识，而哲学则是对分门别类的知识体系作一个整体的说明和陈述，它具有整合作用，即从部分理念导向整体理念。其二，哲学不同于知识。当理性知识化以后，必然要趋向一个价值目标。它要把客观的知识与主体的价值联系起来，并基于文化、经济、历史和生活的需要而做出一个系统的、完整的诠释，这就成为现代哲学的诠释化。诠释是对知识作相应于价值和知识的整体性解释，也是基于某一价值观点来做解释；是把知识当成整体价值，以评价其是否适应人的需要。简而言之，走向价值就是走向诠释，走向知识就是走向分析：所谓分析导向知识，也可以说，由于对知识的要求，才有分析方法；所谓诠释依持价值，也可以说，有了对价值的需求，才有诠释的方法。所以，以形上理性作为起点，走向分门别类的知识体系，再加上主体和客体的界定、沟通理性的发展，产生相应不同的理性知识、建立理性的多元化，从而演变为多彩多姿的当代哲学，这是当代世界哲学的流向。

无论是英美哲学，还是欧洲哲学，都体现了诠释化倾向。只是英美哲学强调微观知识的哲学诠释，如语言哲学、科学哲学、数理哲学等等；而欧洲哲学则强调宏观知识的哲学诠释化，如宇宙哲学、人文哲学、道德哲学，偏向人文整体化。但隐约之间，欧洲哲学和英美哲学都相应于同一个知识架构来作分析和诠释。现代哲学无法脱离知识架构，只有在知识架构中，它才能被诠释说明，才具有意义。

这就形成了现代西方哲学的"九家十说"。这些派别构成了一个呈现出多元理性的整体理性。在这种整体理性中，结构与过程实现了互融。再者，这一体多元的理性本身，也是通过结构和过程的互融而产生的；过程是动的，而结构是静的。然而，理性本身既是结构，又是过程；但它同时既不只是结构，也不只是过程，而是结构中有过程，过程中有结构。所以，在结构产生过程、过程产生结构时，有一分为二、合二为一的理性功能。它们通过分合的过程，而形成了大系统的统一。

五、西方哲学向何处去?

在理性的多元化发展过程中，呈现出真实世界的多重结构及其有机的互助相辅的关系。我们可以用下图来表示:

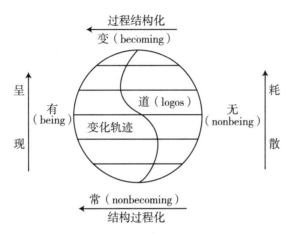

这一图形表示过程与结构呈现与交融现象，也就是回答了西方哲学向何处去这一问题。西方哲学的走向与东方哲学的走向，在最后的极限上是一致的。也就是说，它们趋向于多元合一和多元理性的一体化，也就是趋向整体理性。这一方向包含了过程和结构的互相影响、互相决定和互相认知。

处于图中心的是整体理性彰显的整体真实——道，即是整体理性"逻各斯"（logos）。整体真实的道，一方面，可以从"有"到"无"；另一方面，也可以从"无"到"有"，这表现为结构过程化。它一方面从整体结构的"有"，过程化为整体解构的"无"；另一方面，整体真实的道既可以从"变"到"常"，也可以从"常"到"变"，这是过程结构化。所谓过程结构化，是指从某一层面一些条件的结合中呈现出较高的层面，如从基本粒子的结合呈现出原子，从原子的结合呈现出分子，从物质体呈现出生物体，从生物体呈现出人。这是在"常"与"变"之间上升下降。但在每一层面上，又可以使结构过程化，从"有"向"无"变化，正如人由生向死变化。总之，每一层面既可以上升，也可以下降，如人死后变成生物，这里就有相互作用。正如海德格尔说的，这是"存有"水平线的隐显。

整个理性可以像上图所示，向上下左右不断地变化；而理性也表现这一变化的轨迹。因而，存在着关于"有"的理性，关于"无"的理性，关于"变"的理性，关于"不变"的理性。事实上，每一理性都是相应于某一"存有"层面来做说明的。所以，整个过程既可以结构过程化，也可以过程结构化；整个"存有"既可以是理性化，整个理性也可以是"存有"化。这可说是包含了整个西方哲学在内的世界哲学的大致趋向。

第二节　分析哲学的方法意涵

从整体而言，现代西方哲学是分析性的。但分析哲学所谓的"分析"，则具有特殊的意义。

分析哲学的目的是通过分析，把哲学的功用加以发挥，使哲学能够对知识和真理有所贡献。

"分析"是基于两方面的原因而来的。一方面，早期西方哲学本身存在着许多问题，这些问题一直都未获得圆满的解答。因而，现代西方哲学家决心重新了解问题的意义，这样，"分析"就成为重新了解及评估问题的途径。另一方面，分析哲学可代表哲学家解决问题的一种方法意识的再觉醒。20世纪初，相对论、量子力学等新的科学纷纷建立。从1905年到1930年，整个物理科学取得了前所未有的突破，新的知识体系推翻并取代了古典的知识体系。当新科学建立之后，西方哲学家便认为，哲学的功用只在于：（1）对科学语言的阐明和澄清；（2）使科学语言进一步系统化和知识化。这表明，新科学的发展引起了对知识系统的特质的说明而新逻辑的发明也提供了说明系统化的知识的工具。

一、现代逻辑的分析方法

从中世纪以后，西方哲学就一直有建立数学和逻辑的关系的愿望，这是一种理性主义的愿望。这个工作从17至19世纪一直都在断断续续地进行。

主要是因为，传统逻辑（即亚里士多德逻辑）仅仅是针对人的思想规律作一规划，以此代表思想的形式推理，但是，这种形式推理与数学推理之间到底是一种什么关系？两者可否联系在一起？到底是用数学推理来说明形式推理，还是用形式推理来说明数学推理？这些问题至今仍然悬而未决。

这里，提出了两个要求：

第一，应对人类思想，以及这个思想所借以表示的语言媒介，做出新的认识。所以，19世纪所出版的关于传统逻辑的书，一开始就对语言作分析，对语言所代表的思想内涵结构作分析；并且认定，语言的存在主要是为了表达一个思想；而这个思想的基本单元就是命题，命题虽是思想单元，却不一定是语言的意义单元，基于对语言媒体的事实分析，人们又发现，语言里的词是意义的基本单元。这样，可能就有两个出发点，一个是以词为代表的意义基本单元，另一个是以命题为代表的思想基本单元。如何用语言结构及其意义单元来表达思想结构及其命题单元，也就成为形式逻辑推理发展的一个新方向。这也是自古典的形式逻辑产生以来所追求的基本课题。

第二，不能忽视西方对于数学的研究，笛卡儿首先提出了分析几何，在牛顿和莱布尼茨之后，分析数学又发展起来，即用分析的方法，或者说，用微积分的方法，来使时间、空间、数量等函数精确化。这既对数本身的概念展开了一个新的认识，又引发了对数的更进一层的探讨：什么是数？数如何从一个自然序列变为一个更复杂的组合？亦即：一个自然数如何变成合理数？一个合理数如何变成非合理数？然后又如何向更高的层次、更大的范围推广？这些问题也导向了对数的根本结构以及数的根本界定的研究。

我们认为，数学和逻辑的双重发展，犹如一项竞赛，胜负就在于，谁先将对方予以融合和解释。如果数学发展得快，那就可以把逻辑数学化，或数理化；反之，如果逻辑发展得快，那就会把数学结构变成形式语言结构。

在 18 世纪，数学发展得比较快，布尔代数把真理函数推理变成了代数的一部分。但到了 19 世纪末期，即与胡塞尔同时，德国数学家弗雷格（Frege）却想把数变成一个形式推理。他想重新界定数，把数的推理变成"类"的推理，把数学建立在一个比较完整的形式逻辑的基础上。所以，我们可以说，在 19 世纪末，西方思想界的一个重要突破，即是对数的界定：把数看成"类"，然后把数学变成"类"的理论。这个"类"，我们今天一般叫作"集合"（set）。数理逻辑的集合论，也就是对数的分析。

我们不禁要问，这个分析为什么会和逻辑发生关系呢？那是因为，有关数的命题本身，就可以看成是有关"集合"的命题，一个集合必定有许多成员或元素，这些元素属于这个"集合"；一个"集合"如果只有一个元素，那就叫一个元素的集合；如果有两个元素，那就叫两个元素的集合。因之，"1"就是所有一个元素的集合的总集合，那就是对"1"的界定；"2"就是所有两个元素的集合的总集合，其他的数依此类推。这样，我们就能对数的整个内涵予以界定。

当然，我们也应注意到，原来的数概念是基于直观。在康德看来，"1""2""3"都只是对时间过程中发生的事件的一种计数。从计数中产生数，这是一种时间直观。在逻辑界定之后，数就变成了"集合"或"类"，便可以界定。作为界定对象，便经过理性思考，而将直观对象形式化或理性化。这是对理性思考的一个最好说明。把一个观念界定化或外延化，就是一个"类"或"集合"的含义。一个类或集合是某一概念或其符号所表示、所指涉的那些元素，是具有一定性质的。比如说，x 具有的性质，这个"类"或"集合"就可界定为 $F(x) = x\varepsilon a$，"εa"是属于"a"这个"类"或"集合"的。但"εa"乃成为一个述词，作为述词的"εa"是用来说明 x 的性质，x 属于这个"类"的意义，就是 x 有这个性质。所以，可以将它写成这样一个式子：$F(x) = x\varepsilon a$。"εa"在传统逻辑中，可称为命题述词，当然，这个命题是一个命题函数，加上量词就可以说这是一个命题。由此可见，命题与集合或"类"观念的关系。这也可说是形式逻辑与数论的关系。

我们可想象一个"类"，这个"类"包含所有不属于它自己的类。请问：这个

"类"是属于它自己，还是不属于它自己呢？假如是属于它自己，那么它就同时不属于它自己；反之，如果是"类"的观念，那么它就属于它自己。这就是揭露"类"观念的缺陷的逻辑悖论。这个悖论的矛盾是由罗素发现的，所以叫作"罗素悖论"。当时，弗雷格已发表了他的说明数的意义和数的逻辑基础的《算术原理》一书。由于罗素对"类"的观念有所怀疑，才把"类"的问题提了出来。为了解决"类"的观念问题，罗素以后的有些逻辑学家都把"类"看成不属于任何"集合"的最后的集合，而把一般"集合"看成可以属于其他"集合"的集合。"类"和"集合"有这样一个区别，为了避免"类"的观念带来的悖论，在一般基本的逻辑书中，大都用"集合"词来讨论"类"的性质。

形式逻辑和数理逻辑的区别，造成了数学基础的哲学中的两个派别：一派是继承康德的说法，认为数学是直观的，是建构的；主张在直观的数的序列中去发现数的性质，而不是把直观的数加以逻辑的界定和逻辑的建构。这是数学直观主义。另一派是从弗雷格到罗素和怀特海发展而来。他们把数看成一个经过界定手续后形成的集合论的建构，因而把数学还原到包含数的逻辑定义的集合论，并要求建立一个公理论形式的逻辑系统。这即是逻辑主义。这两个数学哲学派别一直在争辩。可以说，今天的数学哲学并没有真正地、完全地解决这个问题。我们之所以提出这个问题，是为了强调分析哲学开始是和数学的逻辑化有关系，数学的逻辑化过程为形式逻辑分析提供了基础。形式逻辑可以经过界定来对任何一个概念作一审算和澄清。所以，"分析"在一开始就是指界定和建构。

基于以上所述，一个语言的命题可以变成一个集合论命题，一个集合论命题也可以发展为语言命题。但我们必须指出，这中间有一个逻辑上的层次差异。在第一个层次，只有命题真值的问题，这叫真值函数命题逻辑。在这个层次，命题还没有被分解，比如说，"张三个子高""李四个子矮"，这些个别命题本身就是一个意义单元。这些命题间的关系是真假值的函数关系。假如 p 真 q 假，p 和 q 联合起来是真还是假等等。这些关系属于命题逻辑的范围。但这只是分析的第一步。在这一步的分析中，命题只有真假值，而不必理会这些命题本身的意义。要考虑命题本身的内在意义，就要深入到述词逻辑（谓词逻辑）内部。传统逻辑即亚里士多德逻辑基本上是述词逻辑的一部分。在逻辑史上，最先提出命题逻辑的是斯多葛学派。命题逻辑一直到布尔代数的出现，才发展得比较完整。述词逻辑包括三段论推理，它基本上是把一个命题分析为述词与主词的关系。

主词和述词有什么差别呢？主词是有所指的，而述词是对这个主词所代表的对象作一种限制的描述。但这个限制并非独立于主词之外，也就是说，述词并不提示一个外在的所指。这就是所谓本质和性质的差别，或实体与性质的差别。性质不能离开实体而存在。但现在有一种有趣的现象，就是在引进集合论之后，可以发现，主词所代表的实体、本质是独立存在的，但它的性质却不是独立存在的。类、集合是独立存在的。以苹果为例，当我们说这个苹果是红的，红并不独立于苹果而存在，红是苹果的一个性质。但如果说，苹果是红的类中的一个分子、一个元素，那么我们说的那个红的"类"和"集合"，就是独立存在的。所以，类的逻辑和述词逻辑对存在的层次的了解是不一样的。它们虽然可以有一个全等式关系和一个真理函数的全等关系，但全等并不是一般的"同一"。

弗雷格认为，一个述词是一个函数，而个体只是述词函数中变数的值。反过来，每一个函数也都是一个述词。由此，我们经过了一个界定，就把数学的观念和语言的观念结合在一起。但一个述词（红的、大的、小的等）并不是一个完整的意义，它必然依附在一个实体的有所指的词上。假如这个词真的有所指的话，那么，原来的那个变数就是量化的词。量化的意义即是在一个函数条件的要求下能够个体化，只有个体化的存在物才能以数计。所以，存在就是一种个体化的结果。若要表示它，就可以用量词。如"所有的玫瑰都是红的"，这是一个普遍命题或一般命题；"某些玫瑰花是红的"，这是选择命题或特殊命题。"所有"，是指对象本身没有任何限制，能包括一切。普通语言的述词，只是表达一个并非必然存在的具体事物的命题函数；而集合论的命题则表达了二级或二级以上存在的函数；除了第一级存在物之外，还有第一级存在物的集合。这些"集合"有很多类，可用 α、β 来表达。它们都是因量化而具有存在的意义。上述恒等式"（x）$Fx \equiv x\varepsilon a$"就表示了存在的真理有不同的层次。但奎因的"存在论的承诺"（ontological commitment）却有不同的说法，因为，即使一个命题是真的，被相信的那个对象也可能有不同的情形：一个只需要低层级的存在，而另一个还需要更高一级的存在。

在述词逻辑之外，还有集合逻辑。一般述词只讲低层级存在的个体，而集合逻辑则把述词转化成为一个集合。在一般情况下，我们承认有一个高于初级存在的"类"的存在，或"集合"的存在；当然也可以提出更高的"类"的存在，以至无穷。我们可以说，这个"集合"又是另外一个"集合"中的一分子。因为，它可被其他"集合"所包含，于是就形成了无穷层次的集合逻辑。整个宇宙是无穷的，个别东西是众多的，一个"类"又被另一个"类"所包含，所以，同一个东西又被看成"类"的无穷重叠和无穷延伸。这种延伸就是数的延伸，所有的数基本上都是一个"集合"的不断延伸。这就是现代逻辑主义的观点。

现代逻辑主义认为，逻辑就是从命题逻辑到述词逻辑，再到集合逻辑，以至更高级的集合逻辑。而以奎因为代表的比较保守的观点则认为，最好是以命题逻辑和述词逻辑作为标准逻辑；既然"集合"超出命题及述词以外，那么，我们就把集合逻辑看成一种非标准的逻辑，一种延伸逻辑，即数学。这是奎因与罗素不同的地方。因为罗素基于弗雷格对数学的基本看法，认为数学都是逻辑，甚至还竭力把述词逻辑转化为集合逻辑。

　　奎因的保守态度有一个重要的观点，即认为我们应该尽可能地以语言为标准，而不要以数学为标准。所谓以语言为标准，就是说，我们应尽量考虑以命题逻辑或真值函数逻辑、述词逻辑作为标准逻辑，只有到万不得已之时，才把集合逻辑引出来。这种引进是一个层次的改变，因为它是一个存在论的飞跃，它代表了一个存在论的承诺。奎因认为，这个承诺越单纯越好。例如，当我们说，"这是一个苹果"时，我们为什么不把它看成指向无数单元素集合的总集合，而把它看成一个单纯的苹果呢？这是因为，假如我们把它看成一个单纯的苹果，那么我们就遵循了一个简单的原则，这个原则是任何科学理论和逻辑分析的建构在方法上的要求。它使我们的宇宙观越简单越好，因而就有走向反对多元逻辑和模态逻辑的倾向。

　　从逻辑上看，逻辑分析也有不同的倾向。有的逻辑分析倾向于"存在论的承诺"越丰富越好。因为"存在论的承诺"越丰富，它就越能表达意义的复杂性和整体内涵。但奎因的逻辑分析却转向了另一个角度，即把"存在论的承诺"变得越简单、越直接就越好。这是两种不同的逻辑分析方法，导致了两种不同的宇宙观。在科学哲学中，奎因倾向于工具主义，而英国哲学家波普尔（K. Popper）则倾向于实在主义。我们可以从文化的背景与心灵的特质来观察这种差异。因为文化与心灵有不同的思想取向。取向即是肯定复杂的现象。譬如现象学认为，宇宙的存在可以是无穷的，这便回到了胡塞尔的传统。胡塞尔要建立一个以现象为基础的世界，充满"存在"的丰富性的宇宙；而奎因的分析哲学是以逻辑和实用为基调，要把"存在论的承诺"减到最少。这是两种不同的思想倾向，两个不同的分析哲学学派。但它们的区分除此以外，还有另外的标准。

　　现代逻辑提供了一个对语言进行逻辑分析的工具。所谓逻辑分析，就是指对直观的意义加以逻辑界定，并在此基础上进行建构，就是把不同的界定再组合起来，从而使它的意义更明晰化、系统化。因此，分析过程主要有以下几个步骤：直观→界定→建构→系统化。我们对数的分解就是反映这个过程的最好的模型。我们直观自然数列1，2，…把数建构成一个集合，这个集合再经过一种公理系统的建构遂变成数论，数论又变成集合论。有关数的特点，都变成了数的有关集合的特性；这个建构的合理化、系统化，又变成了集合论的推演。将这个思想表达得最为清楚的是罗素和怀特海写的《数学原理》。

　　逻辑分析就是这样被运用于数学的重建。这是一个理性的重建过程，也体现了分析的意义。分析哲学基本上就是要求我们对直观的概念、意义、语言作一种理性的重建，即把直观的对象重新建构，使之系统化。

　　那么，将这种方法运用在语言上，会有什么结果呢？奎因主张把逻辑分析方法运用于语言。他对语言的重新理解，是基于对整个语言建构的了解。他认为，逻辑建构应尽可能地限制在命题逻辑和述词逻辑上面，尽可能地不指涉集合逻辑；甚至，集合逻辑也应尽可能地融化到述词逻辑上面。这就是他对简化原则的应用。他主张，要减少对存在论的承诺，从而走向自然主义的科学知识系统。自然主义的科学知识系统是命题分析和逻辑分析的最终目标。但奎因的自然主义的知识系统，又与其他科学哲学家，包括逻辑实证论的科学哲学家大不相同，它是以机体主义或整体主义为背景，从而具有 20 世纪整体主义的倾向。这一方面是分析哲学，另一方面又将机体主义运用到知识系统和语言分析上面。这是受了怀特海影响的结果。因为奎因是怀特海的学生，尽管他想避开怀特海的形上学，然而事实上，却仍然是怀特海的某些方面的重现。

将逻辑分析运用在语言上的典型例子是描述论（即罗素的"摹状词理论"）。奎因又进一步加以扩展，运用于对所有的专有名词的分析上。描述论在中文中较难表达，但在英语中有不定冠词"a"和定冠词"the"的区别。如"an apple"与"the apple"存在着差别。当你说"苹果是红的"，你究竟是指"一个苹果是红的"，还是指"这个苹果是红的"，或是指"所有的苹果都是红的"，这些区别在中文语句中并不明显。当然，从语用上讲，还是可以区分的。因为在中文中没有冠词，它是由一个具体的语义来决定的；而英语则用一个明显的符号对此作了区别，当用"the"时，是指这个唯一独有的苹果，而不是另外的苹果；而当你说一个苹果时，可以指某一个苹果，也可以指任何一个苹果，其所指没有独特性。

那么，如何用逻辑来表达这个对象的独特性呢？在英语中，是靠"the"这个字眼，而在中文中，则不用这个字眼，所以更为隐蔽。这表明：语用是在一定的语法结构和语义环境之下的语言表达，即是语法在一定情况之下表达一个具体语义。所以，语用是语法加上固定的语义，在特殊的环境中而产生的，亦即："语法+意义=语义""语义+环境=语用"。语用所包含的变数可能有这三种。环境又是指什么？它是根本不容统一化的，它具有很强烈的变动性，包含有主观因素和客观因素。而对于每一个语言环境，我们将再作另一种语义的描述，这自然是另一种语用。

总之，语用是最灵活的。有时，我们用它来检查语义。例如，我们可以用"the"这个冠词，也可以不用"the"这个冠词，来表达是这个苹果，而不是那个苹果。这是第一层意思。第二层意思是，我们是用一个语法符号，来表达这个苹果与另一个苹果的差异。

但是，这个语法的逻辑结构是什么，这是分析哲学所要阐明的。分析哲学家是把语法和语义明显化为一串符号，所以描述论的目的，是使这串符号成为逻辑结构。

我们知道，中国现在没有皇帝。如果我们说："当今中国的皇帝是高个子"，这句话是真，还是假呢？回答是：既不是真的，也不是假的。这句话的问题就在于，它断定了一个根本不存在的对象——"当今中国的皇帝"。从表面上看，"中国的皇帝是高个子"没有牵涉到存在不存在这个问题，只是说高个子，而"存在或不存在"这个选择则是一个"存在论的承诺"的问题。

所以，只有把一个似乎是看不出存在的问题，变成一串逻辑符号，才能确定它的存在论承诺是什么。分析一个句子，并显示它的"存在论的承诺"的内容，这对于我们是否做出"存在论的承诺"的选择，是有很大帮助的。逻辑分析具有一种本体论的选择能力，而不只是显露出一个语言的逻辑结构。同时，它也能帮助我们对这个语言包含或所引起的"存在论的承诺"的认识，做出一个选择。

二、奎因的逻辑实用主义

奎因把这种描述的例子用在所有的专有名词上。例如叫某人为"张三"，张三就是专用名词。专用名词是怎样为某人或某物取名（naming）？名（name）又是什么？这就涉及逻辑分析的问题。

有一种说法是：名是一种约定俗成。你可以约定张三为"张三"，以后人们就一直叫张三为"张三"。李四之名为"李四"，也是如此。就是说，你叫什么名字完全是一种自由决定，只要大家同意或习惯这样叫，就可以了。

另一种看法则认为，叫张三为"张三"，是因为张三有"张三"的特征，否则，为什么不叫他"李四"呢？所以，每个名不管是多么专门化，当它被采用以后，就会获得意义。当然，这种意义也可能是先行发生的。比如，你可能先看到这个人，产生了他个子高的感觉，这样，就可以把任何名赋予这一感觉，并名他为高。如果这个人不高，你也就不名他为高了。

一般来说，我们对所名的对象，往往有一个先入为主的认识，因而就较少给女性起一个男性的名字，或者给男性起一个女性的名字。对一个瘦弱、小巧的少女，如果给她取名为"钢铁"，那就很不相称；而对于一个高大、强壮的男运动员，如果给他取名为"美丽"，那也令人愕然。这种情形就是预先取名。名从经验中获得的意义是不一样的。如果你先认识了张三，他是一个运动员，因此一讲到张三的名字，你就想到了运动员这一称谓。在美国，许多黑人喜欢给自己取名华盛顿，虽然在历史中，华盛顿是姓而不是名，但从实际的语用中，它却逐渐被赋予了新的意义：凡是遇到名叫华盛顿的人，人们就想到此人是黑人，形成了名字与事物的某种意义的转移现象。基于以上"名从主人"这一点，我们认为，所有的专有名词都可以述词化，都代表某人某物所具有的某种性质。

由此我们也可以得出一个结论：一个人与一个物的存在，都是不同性质的组合，因而可以"化约"为不同性质的组合；一个人的名只代表该人的特性，以及这个人的指涉。这样，所有的具体事物都变成了可名的性质；而对具体事物取名，则代表了对一个具体事物的存在的肯定和认知；"名"亦即具体事物的特殊化、突出化的表示，它具有存在论和认识论的意义；"名"是一组性质，以及对某个特殊个体的认定，这个个体实质上是个变项，它被名为专有名词，只是表示它是唯一的存在。

事实上，根据奎因的述词化的分析，所有述词语句都是述词加变项。这些变项可以依述词的分类而分类：这个变项是人，那个变项是马。称其为人，是因为某些东西具有人的特性；称其为马，是因为某些东西具有马的特性。变项便统一或约束于意义相互涵摄或相互关联的述词之中。

这一情形也正如荀子在《正名篇》中所指出："缘天官。凡同类同情者，其天官之意物也同，故比方之疑似而通。是所以共其约名以相期也。……然后随而命之，同则同之，异则异之。单足以喻则单，单不足以喻则兼；单与兼无所相避则共，虽共，不为害矣。知异实者之异名也，故使异实者莫不异名也，不可乱也，犹使同实者莫不同名也。……名无固宜，约之以命，约定俗成谓之宜，异于约则谓之不宜。名无固实，约之以命实，约定俗成，谓之实名。"

基于以上的分析，世界上只有特殊的个体加上不同种类的述词。整个的人类语言，就是一个可以用于特殊事物或一般事物的述词系统。因此，为了达到某种功能目的，人类语言在原则上都可以重建，亦即重新确定述词系统。这就是一个走向专业化的理想语言的过程。人类的不同语言的差异只是在语义、语法、语用上，基于不同的历史文化背景所表现的大同小异。但在逻辑结构上，经过逻辑工具的逻辑分析，人类的语言都无差异。我们又可用语言来还原或表现文化背景的不同，并显现逻辑结构的相同。另外，语言可指称和表示外物，但外物本身并没有固定的名称，也就是"名无固实"。人类基于经验而引进了不同组合的述词，以述词的结构来决定人类对事物的认识。如果把这套述词重建，也就意味着人类知识体系的重建；如果重建了人类知识的体系，也就能重建人类的语言。

这两方面就是奎因哲学的重点所在。但奎因的理性重建，即语言重建和知识重建，并不像有些哲学家那样极端。如卡尔纳普认为，自然语言根本是不科学的，不能表达世界结构；世界结构必须用一套精密的逻辑语言来表达，因而我们必须创建一套新的逻辑语言；再者，我们的科学知识已发展到很系统的境地，因而我们也必须创建不同的科学语言来显示科学世界。这些，也是早期维特根斯坦在其所著《逻辑哲学论》一书中的观点。

另一个主张语言的理性重建的哲学家是古德曼（Nelson Goodman）。他就现象论的原始概念，用"意义包含逻辑"（mereology）来重建我们认识的客观世界。这些理想主义的哲学家都要求发展科学语言，并用科学语言来改造自然语言。值得指出的是：我们是用自然语言来了解世界的。也就是说，我们是用自然语言来对世界结构进行认识，因而产生了科学语言。如果再用科学语言来改进自然语言，使得自然语言越来越清晰和精确，那么，自然语言也就不成为自然语言了。

相反的意见是：自然语言是无法超越、无法代替的。它有很大的用处，即使我们所表达的意义更灵活、更有弹性；如果太精确化、太精密化，我们就无法使用我们的自然语言。因为，我们所生活的世界不是很科学的世界，而是一个充满变动性、连续性、含混性而不需精密的机械性决定的世界。太精密了，反而会使生活不方便，并且受约束。

可以举一个例子来说明：一个旅馆的门是电脑控制的，开门的方法是要一丝不苟地依照密码左右转动，只有达到相当的精密度，才能把门打开；如果在紧要的时刻，这种精密度就会造成一种禁锢。所以，过分的精密不一定就是好，它往往与生活的灵活性和模糊性相矛盾。自然语言是生活语言，对精密性有极大的容忍性，这对于具有连续性的生活目标是好的。正如科学语言对科学知识与科学技术的目标是好的一样。譬如发射火箭，一分一秒、一丝一毫都不能有误差；但生活中却不存在这个问题。以奥斯汀为代表的语言分析哲学就主张不把自然语言变成科学语言。他的分析方法是以自然语言内含的性质为规则，而不是以逻辑为规则。

奎因虽然没有要求把自然语言变成一套形式化的理想语言，但他却要求以逻辑、知识作为使自然语言意义彰显、明晰化的工具，以为这样，就能够比较实际地掌握语言的多种功能。奎因走的是一条中庸之道，而不赞成卡尔纳普的极端主张，并不认为自然语言一定要变成科学语言。可是，他认为，通过逻辑结构，可以将自然语言所没有显示出的意义显示出来；并在某些情况下，帮助我们对世界有较深刻及系统的了解；同时，也能促进我们对相应的外在世界做出行为上的选择。可见，他是以语言的多种用途来立论的。

就以上所述，我们可以看出当代英美哲学中存在着三种逻辑分析：第一种是极端的科学的机械主义，以卡尔纳普为代表；第二种是以自然语言为中心的生活语言的非逻辑分析，以奥斯汀为代表；第三种则是机体主义的多种用途分析，以奎因为代表。这三种逻辑分析最后都向奎因的机体主义发展。奎因企图把逻辑分析的语言重建转化为知识上的自然主义的科学体系，以便为整个科学哲学确立一个新的定向。

与语言发生关系的，有心灵、知识和世界这三个方面。心灵显露为一种经验，经验指的是感觉和直观，感觉是通过感官而产生的一种经验，而直观则是通过理智思想的经验。那么，世界是否可以用语言来表达呢？回答是：语言可以通过科学来建立知识，并通过知识来表达世界。从这个观点来看，理想语言是指通过科学知识重建并改造后所形成的语言，基于这种语言，心灵被规范为心理科学的经验对象，甚至消失在物理主义的化约词汇中了。心灵和语言是相联系的，但却不可能有一个独立于语言之外的心灵。当然，这又产生了以下一系列哲学问题：语言世界是否可归结为理想语言世界？语言世界是否一定能把握心灵世界？我们能否将语言和心灵分开？

有一种说法认为，语言不可能完全把握心灵，这以波普尔为代表。波普尔认为有三个世界：第一世界是客观世界，即物理学所决定的世界；第二世界是内在感受或理性直观的世界；第三世界是符号世界，即知识或概念的世界。这三个世界互相并列。但他相信，知识应该影响和改造语言，科学应该把自然语言通过科学知识而改变成一套科学语言。这也是卡尔纳普同意的。但卡尔纳普却不相信有独立的心灵世界。

后期维特根斯坦也认为，没有一个独立于语言之外的心灵世界。但不否认有所谓的

"私有语言"（private language）。语言是公开的，如果一个人心里想象有一个符号，别人并不知道，那么，这个符号就是非公开的，我们也就无法确定这一符号是否代表了可以沟通意义的语言。语言又是一种工具，是沟通的媒介，它具有行为的意义。假如心灵世界有自己私有的心灵语言的话，那么，语言世界与心灵世界就是分开的。这样，尽管早期维特根斯坦在其《逻辑哲学论》中表现了心灵与价值活动的非语言性或超语言性，故反而可以被认为在某一个意义上肯定了心灵独立的存在；但是，作为语言分析哲学家的后期维特根斯坦，则从语言意义的沟通性分析来反对"私有语言"的存在。

与卡尔纳普及后期维特根斯坦相反，胡塞尔却认为，有独立的心灵世界的存在。他认为，心灵能包含许多东西，包括矛盾。例如，金的山、圆的三角形，虽然谁也没看到过，但我们可以想象出，这些东西完全独立于语言知识之外。这是胡塞尔现象学分析的特点。但胡塞尔仍然主张将知识与语言结合在一起，主张理智的重建，把现象学的分析用于分析语言，将语言变成现象学的语言。这是对语言的一种新的看法。

从语言分析的功能来看，语言分析显然有多种可能性。我们可以把握语言的功能，把语言的多种可能性合而为一。合一的方法之一，就是把心灵世界看成语言世界，把语言世界看成知识世界，把知识世界看成世界本身。从某种意义上说，世界包含在知识之中，知识包含在语言之中，语言又包含在心灵之中。这也许就是科学所追求的一个目标。科学追求的就是科学知识的完全的统一，而不管在心灵之外是否还有不能表达的一方面，也不管在知识语言之外是否还有不知道的东西。但是在目前，我们还不能断言，科学是否可以把世界的结构完全纳入到知识的结构中去。因此，我们提出这个架构，以说明不同的个别语言分析的多样性、可能性和限制性。

从不同的语言分析中，可以看出不同的知识架构。卡尔纳普认为，知识是创造世界的工具，知识还可以改造世界。康德却认为，知识已经掌握了世界，古典物理学已把世界认识清楚了，在知识体系之外，不能有别的世界存在。奎因认为，把语言和知识联系得愈紧愈好，但不是所有的语言都是知识性的。例如逻辑知识，它是用来对语言作重建，以达到说明知识的目标。在他看来，语言是一种生活的需要，这是一种实用主义观点。因此，奎因建立的基本上是实用主义的哲学体系。

奎因哲学有三个来源：一是怀特海的过程哲学，二是罗素的逻辑主义，三是皮尔士的实用主义。奎因主张，所有的科学架构都是由经验决定的，但哪些经验是相干的，哪些经验是有用的，却是相对于目标而言的。"用"也有两种：一种是经验之用，另一种是价值之用。有用就是真理，经验可以带给我们理论架构。但对理论架构的取舍，则要看科学家的科学目标。因为，选择理论的最后标准是看理论对实际的依持和适用。比如在设计工程时，不需要去考虑相对论的光速问题；但是太空旅行时，则要考虑这一点。我们在一般生活中，还是采用托勒密式的理论。人类总是根据个别的用途，来决定自己对理论的需求；理论只是一个工具。这便是工具主义与实在主义的差别。

奎因既是工具主义者、实用主义者，又是一个机体主义的工具主义者和实用主义者的整体论者。如果要讲知识结构和语言结构的不同，那么只能说，语言有多种作用和用途，有的是知识性的，有的是存在性的。只有当我们要了解语言的知识结构时，才需要通过逻辑，使语言的知识结构显明，或按科学知识的需要，为了科学的目的而把语言变成理想语言。在一般情况下，我们必须把语言看成具有多种用途的，并把语言分析看成有多种可能。

奎因的机体主义理论，决定了他所代表的那种多功能、多目标的分析哲学，这是一种"逻辑实用主义"。这一学说，使他成为 20 世纪西方哲学中具有典范性的人物。同时，奎因在文化上也沟通了欧洲和英美，把欧洲哲学中的理性主义传统融入英美哲学的经验主义传统之中。

奎因曾留学维也纳，虽受到维也纳学派的影响，但他不仅没有接受逻辑实证主义，反而加以批判，并在批判的基础上发展出自己的一套逻辑分析方法以及机体主义、实用主义和自然知识论等思想。他尤其看重自然科学的发展，把它看作知识论的发展，并否认有其他的知识论。自康德以后，西方哲学肯定了所谓知识论的研究范围。何谓知识论？即是指对知识的条件、知识的构成成分、知识的有效性，以及知识的范围的探讨。奎因却认为，这些都属于语言科学哲学范围，因而以科学哲学取而代之。在他看来，真正的知识论就是对知识的经验和理论发展的理解，就是对科学的知识发展的理解，在科学之外没有其他的知识论。这就否定了传统哲学中的知识论。

奎因认为，真正的知识论就是科学哲学。这一观点极富时代意义，成为 20 世纪整个分析哲学的一个重要内涵。就这一观点而言，分析哲学有两层意思：一是指分析方法，二是指为自然科学所提供的有关知识的架构分析。这个观点既不同于英国哲学家波普尔的分析哲学（因为波普尔主张有所谓的第三世界、第二世界、第一世界的差异），也不同于卡尔纳普的分析哲学（因为卡尔纳普是原始逻辑实证论者，认为分析哲学就是科学语言的重建，也就是要把科学知识变成一套形式的逻辑系统，并要求把人类的自然语言变成理想语言——以知识和逻辑为标准的理想语言）。总之，无论是波普尔的观念世界，还是卡尔纳普的形式主义，对于奎因而言，都是"过犹不及"的两个极端。但他们重视严谨性、完整性、系统性的知识结构，这一点却为奎因所赞同。

因此，我们研究分析哲学，应该把一般的分析方法与个别哲学家的知识眼光，以及相关的知识体系作一分辨。这一点非常重要。因为在知识体系上，尤其在本体论上，分析哲学又可分为工具主义和实在主义两派。

奎因可说是工具主义的代表，许多其他的分析哲学家，包括波普尔、费格尔在内都可被看成实在主义者、逻辑主义者。他们不强调实用，而强调经验的不可化约性。分析哲学家中最突出的代表是罗素。他具有极大的综合性。他对"经验是什么"的问题，有较多的说明。所谓经验，是已经给予的，不能改变的，而且是无法描摹的。这就是说，我所看到的世界上的颜色、所听到的世界上的声音，都是我无法抗拒的感觉对象所构成的经验；我们必须在已经给予的基础上，去建造我们的知识理论。但奎因不认为有固定的"已给予者"。他认为，"给予"也是语言所决定的，没有一样东西是固定的，一切都是达到理论目标的工具；不仅科学知识是达到目标的一种工具，而且逻辑系统也是达到目标的一种工具。这是机体论的整体观，是逻辑实用主义的一个特征。

实在论都认为有"已给予者"，并且认为，理论本身是有"存在论的承诺"的，亦即有存在论意义的；而逻辑实用论则认为，"给予"是有约理论，并是一种外在的有约理论，它是一个架构，可能有，也可能没有，所以叫"建构"（construction）。

总结以上所述，逻辑分析哲学至少可以分辨出三种不同类型，或三个不同的阶段。早期罗素的"逻辑原子论"和早期维特根斯坦的《逻辑哲学论》，以及艾耶尔（Ayer）的《逻辑真理与语言》，是第一阶段的代表。第二阶段的逻辑分析哲学，是要在逻辑原子基础上建立一概念世界，来反映世界结构。这也就是卡尔纳普的《世界的逻辑结构》和古德曼的《现象的结构》所表述的思想。奎因属于第三阶段，出现在 20 世纪 50 年代以后。他提出了逻辑实用主义思想。逻辑分析哲学的这三个阶段可用下图作一总的表示：

$$
\text{逻辑分析哲学}
\begin{cases}
\text{实用主义的}
\begin{cases}
\text{工具主义的——奎因} \\
\text{观念主义的——刘易斯}
\end{cases} \\
\text{实证主义的}
\begin{cases}
\text{现象主义的——卡尔纳普} \\
\text{实在主义的——波普尔}
\end{cases}
\end{cases}
$$

三、非逻辑分析的语言哲学

这种哲学在 20 世纪 30 年代就很有影响，其代表人物是奥斯汀。

奥斯汀的思想源于摩尔。摩尔反对黑格尔主义，认为黑格尔把"能知"和"所知"混为一谈。在他看来，能知不等于所知，所知不等于能知，两者之间有逻辑上的差异。基于这种了解，他认为，我们的语言包含有两方面的意义：一是指我们心中的图像，二是指外在的对象；一方面是主观的，另一方面是客观的；既代表意义，又代表对象。

意义、符号与对象的关系，可以用两种方式来表达：

第一种方式是：

$$
\text{用法（use）}
\begin{cases}
\qquad\quad \text{符号（symbol）} \\
\qquad\qquad\swarrow\qquad\searrow \\
\text{意义（meaning）}\quad\text{对象（reference）}
\end{cases}
\text{意义（meaning）}
$$

第二种方式是：

第二种方式表示解释者、符号与对象三者间的关系，显示出并非符号自己就可取代意义。事实上，正如皮尔士指出，意义的解释是无穷的，一个逻辑符号具有无穷可能的解释性。一个符号的意义与对象的关系是由人的需求所决定的。因此，摩尔认为，我们的日常语言已包含了对世界的认识，也包含了对事物认识的衡量标准。比如，我说这里有一只"手"，并未说手是由绝对精神决定的，也没有说这只手不存在。我说这句话，就是指手是存在的，是外在于我的，它是一个外在事物。语言都包含着它的所指和意义，因此，不能把意义、符号、对象三者混为一谈。在我们的自然语言的用法里面，就包含了分别，例如外与内的分别，以及所知与能知的分别。

摩尔用这一点来反对黑格尔是很有力的（黑格尔曾说，手是绝对精神的表现）。当说这里有一只手，只是表明手是外在于我的，而没有理由去怀疑它的存在是否可能。只要在正常情况下说这句话，就表明我相信这只手是存在的，相信这只手是外在的。不仅相信，而且知道。语言中"知道"一词是一个符号，说明心中相信。这既表达了一种主观感觉，也说明了一个过程。它完全凭语言和常识就可获得。我当然也对这是手还只是跟手一样的东西这一点表示怀疑。但在这种情况下，我不会怀疑：如果它是一幅画或一个机器人，那么我就说，这是画中的手或机器手。这在语言中就已做了分辨。但倘若我说，这里有一只手，就表明这只手是存在的，或者表明我知道这只手，而这是确凿无疑的。用语的确定性和认定性是语言自身所规定的。我们的世界既是一个语言规定的世界，也是一个必须经过语言检验的世界。这是每个人都可根据其经验和正常的头脑就可确定的，既不需要科学来鉴定，也不需要经过哲学家的怀疑、批判的过程来认定。许多对世界的理解都在语言中展现。这一理论包含了对非形式逻辑分析哲学、语言内在的充足性和完整性的认识。

一种传统的语言是经过一个历史的过程而慢慢地发展形成的。它既包含了传统的世界观、宇宙观、人生观，也包含了传统对人、对事、对物，以及对传统自身的认识。在这个传统的语言所反映的社会环境之外，有些现象的表达是可怀疑的，但该语言已决定的东西却是牢靠的，并且可作为标准。总之，一种传统的生活语言是检验的标准，因为我们是用生活语言来研究和探讨问题的。而科学语言只是自然语言的一种特殊的用法而已，是基于某种目标而作的理性的语言，其基础仍然是生活语言。生活语言永远是日常语言、主体语言或后设语言（meta-language）。

当然，后设语言亦不十分切合现代英语的用法。它既叫起点语言、客体语言，也叫对象语言，也可说是终点语言。先有主体语言，然后才能建立对象语言、终点语言。譬如，一个只懂中文的人要学习英语，首先须将英语翻译成中文，通过中文去掌握英语。只有当他完全掌握了英语，把它内化成自己的语言的一部分，形成了双语化体系，才能把作为起点语言的中文完全转换成作为终点语言的英语。

后设语言是历史地发展起来的，它根植于历史经验和生活经验之中。对象语言是基于某种目标所形成的特殊语言，这种语言可在主体语言的基础上发展出来。例如，要知道"质量"这个词的意义，就首先要知道何谓质、何谓量，以及英语中作为物体重量的本质的"质量"（mass）一词的意义。这种本质甚至可用某种量化的单位来表示。"mass"一词很早就存在了，但科学中的"质量"一词则是在"mass"这一原型上引申出来的科学意义，亦即从一个物体引申出一个关于质量的观念。我们可以概括地说，物理学的语言是基于一套生活语言或者日常语言而发展起来的；生活语言不仅是本质的生活目标，而且是任何特殊化、专门化、知识化语言的基础；科学语言是无法独立于生活语言之外的。

摩尔学派的一个基本主张，就是希望就生活目标来说明语言的意义。后期维特根斯坦就提出了"use is meaning"（"用即意义"）的重要思想。生活中的语言用法，取决于有什么样的生活形态，就会有什么样的生活语言的用法。这种生活语言的用法同时也决定了人们的意识，人们无法脱离"生活形态"或如胡塞尔所说的"生命世界"。生活形态即是"生命世界"的形态，每个人都有自己的生命世界。既然语言是"生命形态"所决定的，那么，真正的语言就是生活语言，它代表了一种传统、一个社会或一个社区的人的共同生命世界的表达和沟通方式。因而，语言中的一个词如不按约定俗成的用法去用，就不能达意，不能沟通。生活语言也可以说是为了人与人之间的沟通，为了达到生活的目标，为了使人们能够组合起来、发展起来，这也就是生活语言的"用"。对于生活来说，生活语言的逻辑分析并不重要，逻辑分析只是为了科学知识的"用"，而生活中的"用"，还须看生活。就生活的"用"来了解语言，才是真正的分析。这一分析自然就是非逻辑性的分析。

生活语言之"用"的规则，在某些情况下叫"用法规则"（rules of use）。它不一定是语法规则，但语法却是一组起码的规则。"吃我"与"我吃"是不一样的（在有些语言中却可能一样）。在中文里，"吃我"是我被吃的意思，"我吃"是我吃东西的意思。翻译成英语后，语法变了，其意义就不一样。还有一些语句不仅涉及语法规则，而且涉及特殊情况下的应用规则。比如，不能将"请坐下"说成是"谢谢你坐"，否则，听者就不知所云；英语的"借"有两个词，"borrow"和"lend"，前者是借东西给我，后者是借东西给他人。如果不注意它的不同用法，就可能把"你把东西借给我"变成"我把东西借给你"。这里的"用"与处境有关，必须搞清是什么样的处境，要表达什么样的意思。用法规则既包含着语法规则，也包含着语义规则。语义规则是字典中表达的一些固定意义，但这些用法，在不同场合中又有一些规则来决定它究竟如何用。所以，语言是一个灵活的系统，对一种语言的语用规则的了解，包含了语法和语用。这种方法就叫作非逻辑分析的分析方法。

语言使用的过程可看作一套游戏。体育运动也是一套游戏、一套行为规则；运动员不能违反这些规则，否则就算犯规。语言也一样。如果违反了语言规则，人们就不能互相沟通，就会导致误解，甚至造成不幸事件。因此，使用语言应该考虑到时间、空间、人物、事件、关系、对象、目标等因素。生活的实际环境是构成语言之"用"的条件，所以，语言的运用就是生活游戏。

非逻辑的语言分析是基于生活的各种不同条件和变化所作的一种语言分析。它既能解释一些思想上的问题，也能解释一些生活上的问题。这种主张就叫作非逻辑分析的分析哲学。

上述有关基于生活形态的语言游戏的说法，是后期维特根斯坦在其《哲学探索》这一著作中提出的。维氏甚至认为，他的哲学分析方法能够解除传统哲学（包括形上学）的难题，而将形上学取消。因为许多形上学问题都是由于不遵照日常生活语言的用法而引起的，并产生了一种语言混乱。如"天下有鬼"这句话，究竟是否"有鬼"？对此必须作分析：在何种情况下可用"有鬼"这个词，在何种情况下则不可以用。传统形上学的唯心论或唯物论命题，也都可以经过这种语用分析而得到定位，这就形成后期维特根斯坦的分析哲学一大派别。他的追随者威斯顿（J. T. D. Wisdom）甚至认为，日常语言的分析可作心理治疗之用。最后，维特根斯坦得出的结论是：所有形上学和心理疑惑问题都是语言上的"用"的问题。假使我们对语用加以了解，就自然可消除许多争论和烦恼，甚至可最终取消哲学这一行业。所以，哲学就是一种心理治疗——一种通过语言分析的心理治疗。

非逻辑的分析哲学在今天的英美哲学界中非常流行。虽然其包含的成分十分复杂，但仍以奥斯汀和后期维特根斯坦的思想为主要代表。这种分析哲学最后导致建立一套生活世界的观念。由于它承认生活语言的多元性、多重性、灵活性，所以，对沟通中西哲学非常重要。由此看来，任何语言都有其内在的有效性。既然承认人在不同的生活、文化和历史环境里可以有不同的语言规则，那么，不同的哲学就代表着不同的生活语言的发展，从而也就成为生活形态和价值观念的反映。这就表明，不能用西方哲学来代替东方哲学，当然也不可以用东方哲学去代替西方哲学。东西方哲学都各自包含着一套生活语言的归纳或演绎。所以，解决了语言用法的问题，对东西方两种哲学特色的认定，有很大的意义。

这里，不妨简单地提一下语言学学派。这一学派在 20 世纪 60 年代曾非常流行。它既不理会生活语言的语义分析，也不接受奎因哲学的语义分析，并拒斥卡尔纳普那一套极端的、彻底的逻辑建构主义。这一学派的代表乔姆斯基（N. Chomsky）认为，人类语言的语法在深度层面上都是一样的，但随着历史环境和生活的需要，才慢慢地变成表面上不同的语法、语义和语音。乔氏试图把这种深层语法变成普遍语法。他认为，层次越深，就越一般化；层次愈表面，就愈特殊化；一切语言的语法的最深层是无差别的；一种语言由一般语法到特殊语法，再到语义和语言的形成，差别便逐渐发生。这一学派侧重的是语法分析、语义分析和语用分析。

语法一开始都是对有关句子结构的单纯的规定，譬如有关主词和述词的规定。为了表达的需要，语法也发展了许多转换规则，如将动词主动句变为动词被动句的规则。这些规则显示了语言本身的结构，甚至显示了人类心灵中与生俱来的观念架构，包含了一种深度的知识架构。于是，乔氏的语法分析就走向笛卡儿的"内在理念"的学说。乔氏认为，人的心灵都有一个内在的理念结构，它是人生来就有的；起初人也许并不自觉，但通过经验，慢慢地就能自我认知，形成不同的语法。从这个角度来了解哲学，就自然认为，哲学有一个起点和基础，即是从心灵到语言，从语言到知识，再从知识到世界。要认识世界，最好回到心灵，找到心灵的一般语法基础，进而扩大经验，发展语义和语音，然后再使之专业化，建立知识系统。

综上所述，语言哲学分析可分为一般语言分析、语法语言分析、逻辑语言分析、逻辑语言建构分析。这四者就是英美分析哲学的流派，其中，在美国最为流行的是奎因的非逻辑的语言学派。但奎因的分析哲学与后期维特根斯坦的语用分析，以及乔氏的语法分析，往往形成三足鼎立的局面。

四、奎因的机体主义

奎因的分析哲学是一种机体哲学。

他肯定逻辑架构有一指称"x"，但"x"并非固定体；由于我们对"x"的经验，便会产生不同的知识系统——A、B、C、D等，对"x"的整个描述，就形成了多元的语言系统；在这些语言系统中，哪一个系统最好呢？这要看它们的"用"如何，"用"的范围越广就越好；另外，还要看它们的简单性如何，系统越简单就越好，这是由于存在的负担越轻越好。

因之，对于众多的科学理论的选择标准的考虑是实用主义的。由于爱因斯坦的相对论比牛顿力学的适用范围大，因此，我们就取前者。当然，最根本的原因在于爱因斯坦的相对论简化了物理学。再如，我们今天持太阳中心论，而不持地球中心论，这是为什么？为什么我们从托勒密走向哥白尼？这是因为，太阳中心论比地球中心论更简化了天文学知识。今天也许还有一些科学家认为，托勒密的天文学说是能够成立的，但它对太阳系的描述需要用很多的架构来解释。用日常经验来描述天体运动，如果以太阳为不动的中心，那么对其他天体运动的描述就比较简单。现在，我们按照简单性原则，选择一个太阳坐标系统来描述宇宙，而随着宇宙知识的增加，我们自然可以采取其他新的坐标中心，这完全是为了方便。根据工具论的观点，我们没有理由断定哪一个空间一定是宇宙的中心。如此无边无际的宇宙，哪一个是中心呢？庄子就有"彼亦一是非，此亦一是非"之说。他认为，每一处都是中心，也都不是中心；每个中心点的确定，即坐标系的定位，都是由实用目标来决定的。

奎因认为，一个理论系统的组成是多层次的。他从语言的性质来认定，一个理论系统最中心的是逻辑语言，中间是理论语言，外层是经验语言。经验语言显示"感料"（sensedate），如物体的颜色、形状、大小，以及其他具体的感官经验，如"鸟鸣"等经验语言也显示现象，以及其他自然界的事物。理论语言也有很多层次，如波义耳定律是一个经验定律，属于低层次的理论命题，但牛顿的 $F = ma$，即万有引力定律，就属于高层次的命题。再如爱因斯坦理想中的统一场论，其涵盖性和抽象性就更高。除此以外，还有许多命题。如日常生活中的转换律"$A > B$，$B > C$，则 $A > C$"是一个逻辑命题的例证，它在任何时候都是真的。理论命题包括逻辑命题，经验命题包括理论命题。但是，经验语言或经验命题与理论语言或理论命题之间，有一种相互影响、相互决定的关系。今天的经验是一回事，而明天的经验则是另一回事。世界是在变动之中，经验的范围也在扩大之中，只是小范围的律则不能解释大范围的事件。譬如，天文学观测到有超级行星正在爆炸，你却说那是假象，那么，你有没有比天文学更广泛的理论基础呢？你的理论能否解释天文学观测到的爆炸现象呢？为此，我们就必须制定一个判断的标准。

经验通过理论，也与逻辑发生相互作用。新科学的发现有可能导致逻辑规则的改变。如量子论的建立就影响到了两值逻辑。量子论的"不确定定律"显示：如果你确定一粒子的运动速度，那么，你就不能确定该粒子在时空中的具体位置；反之，如果你确定一粒子在时空中的位置，你就不能确定该粒子的运动速度。这种不能决定的值是否也是一个值呢？按照整体主义的理论，整个系统都是相关的，牵一发而动全局。因之，我们既可以坚持经验否定理论，也可以坚持理论否定逻辑。我们的总目标是求得整体知识系统。真理值的平衡性，既有融合性，又有简单性。按照这个原则来决定命题的取舍和真理值，就是一种整体主义的理论，这既是一种以实用为目的的自然哲学，也是一种以自然哲学为标准的知识论。这一哲学虽有其科学的事实作为基础，但古典机械主义的科学家都不能接受。这是由于，他们认定一种逻辑，而不能接受多种逻辑的可能性；他们认为，任何理论命题都为经验所改变，唯独逻辑命题是永恒不变的真理，而世界也永远具有一个决定性的结构。

很明显，奎因的科学哲学是反古典机械主义的机体主义的一个例证。奎因的机体主义最后得出两个结论：第一个结论是取消传统逻辑中综合命题和分析命题的区别。综合命题和分析命题之间的区别，从莱布尼茨一直到康德都认为是存在的。而奎因则认为，综合命题与分析命题的区别只是程度上的差别，既没有绝对的分析命题，也没有绝对的综合命题。这种区分只是为了方便，是对语言分析所作的一种方便决定。在这种了解下，牛顿力学的第二定律公式：$F = ma$，可看作为了从观念上说明力是什么，因而又是一个定义。所以，定义就是定律，定律就是定义；定义是分析命题，而定律则是综合命题。在物理学上还有许多这样的例子。这说明了综合命题和分析命题可以相互转化和相对决定。

奎因的第二个结论是把感料和物体、感料语言和物体语言统合起来。这既是针对50~60年代的现象主义的，同时也是对康德以来的知识论作的一个批判。康德认为，有独立的知识论。知识论是怎么来的呢？他认为，是出于对知识本身的架构的分析：知识是从感性到理性，先有感料然后经过先验范畴的内在规范才有理性知识，也就是说，先有感料，然后才有知识主体的知识建构。罗素也表示了类似的观点。但机体主义者奎因则认为，这种观点是不能成立的。因为感料语言可以导致物体语言，在说明什么是感料之时，我们早已假设了物体语言，不但如此，我们并在方法学上假设了可以用感料语言来做物体语言的分析。奎因认为，感料物体、科学理论和存在对象都包括在整体经验之中，因而，感料语言、物体语言以及理论语言都是结合在一起的，我们只是为了不同的需要，才把整个经验区别并分析成不同的部分。奎因的结论是：不存在传统的知识论，而只存在科学知识系统和对它的解释。

最后，奎因的分析哲学还有一个更重要的结论，即奎因主张的"语言意义和语言翻译意义的不定论"。"意义不定"（indeterminancy of meaning）的了解，又引出一个"本体论相对性"（ontological relativity）的了解。简单地说，意义是和真理值联系在一起的，有意义才有真理值；意义本身由于受"本体论相对性"的影响，其每个个体论的命题的意义都是不确定的，因为，还要看整体的系统及其整体的应用如何。一个命题犹如一个人，可以扮演不同的角色：在单位里是领导，在课堂里是学生，在家庭里是家属。不同的角色就有不同的意义。同样，命题的意义也可扮演不同的角色。至于一个命题指称的本体对象是什么，则有不同的说法。康德提出"物自体"说，但他认为，并没有固定的本体对象存在。奎因的本体论相对性的说法更进一步认为，本体对象不仅不存在，而且只是一个语言不定其所指的对象，其性质只是人用语言所作的一种规定而已；不同的语言代表了不同的本体对象，即不同的对象规定。所以，语言的意义和语言翻译的意义从来不是绝对的。没有一个翻译像照镜子那样是真正的、最后的翻译，任何翻译都是整体的概念对一个不定特性的对象的一种再规定。奎因并用翻译的实例说明了"本体论相对性"的"意义不定"和"所指不定"的理论。这是他最重要的一个创见。

奎因的三个哲学结论当然引起了当代西方某些哲学家的反对。有的哲学家反对他有关分析命题与综合命题不能绝对分开之说，有的哲学家反对他把感料与物体统一起来之说，有的哲学家则反对他的"意义不定"和本体"所指不定"之说。

奎因作为一个分析哲学家，对分析哲学的发展起了决定性的作用。同时，他的哲学也开创了一条比较容易诠释和重建中国哲学的理论通道。

第三节　从诠释学到本体诠释学

诠释学是一项范围很大、涉及面很广的新的重要的学术研究，也是目前西方哲学、西方思潮中的一种新的发展。那么，它是如何产生的？它经历了哪些发展阶段？它的理论特征如何？这些，正是我们要加以讨论的。

一、诠释学产生的理论背景

在西方哲学界，诠释学被许多学者看作与知识哲学相对立、在方法上与分析哲学相对立的一种新哲学。

自康德以来，许多从事知识论研究的哲学家都看重知识，并不以诠释为然。当代分析哲学家也不热衷于诠释学。他们认为，诠释学不能够解决哲学问题。但是，这种情况目前正在逐渐改变。例如，法国哲学家德里达是后结构主义者，但他的著作可以被看成诠释学的一部分。他的解释学注重结构的解除，以及回归到变化的原点，因而被看作一种对哲学问题的解决方法或化除方法。

1970 年以前，英美的许多哲学家并不欢迎诠释学，当然更不接受诠释学理论，大多数哲学家都持批评态度。因而诠释学反而成为文学系、艺术系及社会科学各科系的宠儿。但从 1970 年以后，这种倾向开始逐渐改变，在许多哲学会议上，哲学家对诠释学的兴趣都在加强。诠释哲学家德里达的影响也从文学批评界扩大到哲学界。美国哲学界对待诠释学的态度也逐渐转变。例如，海德格尔原先曾受到排斥，20 世纪 60 年代，其哲学被人们认为是神秘主义，是一种使语言深奥晦涩的德国思考。因为英美哲学家要求哲学思考必须具备分析清晰、论证充分的特性。而这两点，海德格尔哲学和德里达哲学都不具备。因此，过去许多美国哲学家对海德格尔哲学采取了不了解而先批评的态度，把海德格尔哲学及其追随者看成分析哲学的敌人。

到了 70 年代，分析哲学对自身的看法以及对哲学的要求正在改变。早在 1963 年，英国哲学家路易斯编著的一本叫《清晰并不够》（*Clarity Is Not Enough*）的论文集，在序言中曾明确表示："只是清晰还不够。"这表明，西方哲学家对分析哲学有一种新的认识和省思。确实，追求概念的清晰、系统条理的分明、精确和论证的充分，这是分析哲学的特色。但是，这些并不能真正把握人生和道德的深刻价值、意义和真理。

为了清晰，人们往往会走向化约主义。化约主义就是以下一个层次的事物和概念，来说明上一个层次的事物及概念。例如，把心的状态归结为物的状态。70 年代，分析哲学家往往这样做，在他们那里，心"被看成"脑的一部分，心的状态被归结为物的状态（至少是脑的活动）而认为与脑合一。当然，这样并没有能真正解决心脑的关系问题。最近，美国哲学界有一本新书《心的再发现》，作者是约翰·塞尔（John Searle）。他提出，心可以变成脑，脑可以电脑化。那么，心是否可以电脑化？心是否可以为电脑所代替？如果答案是肯定的话，那么，这就将和哥德尔的不完全性定理相冲突。人脑是一个自我修身器，本身具有意向性；而电脑则需要人来设计程式和规范，它不能不用程式规范来思考和解决一切问题。突破一定的程式规范，这是人脑的发挥，这好似创造某种方法，其内在系统有着一种作用。但是，电脑本身不能突破程式。当然，也有人认为，人脑终究能够实现电脑化。在他们看来，第七、第八代电脑也许可以创造性地解决问题。这里，问题的关键在于，能否用一个机械系统来代替生机系统。

以上说明每一个时代都有新思想的出现和新哲学的产生。哲学的发展不能停留在固定的一个点或一个面上。因此，在 60 年代，清晰性被认为是英美分析哲学家的特征。到了 70 年代，才有人真正了解到，哲学仅有清晰性还不够，还需要"深刻性"。但有人认为，"清晰性"与"深刻性"是一对矛盾，两者不能相容：要深刻就无法清晰，要清晰就无法深刻。英美哲学又认为，欧洲哲学看起来很深刻，其实很晦涩。而欧洲哲学家（例如海德格尔）则认为，分析哲学看起来很清晰，其实一点也不深刻。这种情形就好像罗素与怀特海的争论一样。怀特海写了《过程与实在》一书。这本书晦涩不清，使人难以读懂。为此，罗素批评此书是"混乱"。面对罗素的批评，怀特海回敬道："浅薄！"因此，从这一争论中我们可以看到，深刻性往往流于晦涩，清晰性往往流于浅薄。如何才能使理论既深刻又清晰，这是哲学家面临的挑战，也是诠释学哲学所追求的理想境界。

从深刻走向清晰，从清晰走向深刻，这两种并行的潮流如何整合，这是现代西方哲学面临的一个内在问题。在这个潮流中，英美哲学家和欧洲哲学家应该互相理解对方的观点。经验与理性应该相互结合，逻辑与形上学应该相互承认对方的地位。这是现代国际文化环境必然导致的结果。在这种环境中，哲学家之间相互交流的机会日益增多。随着学术的交流，自然能够起到相互影响、相互沟通的作用。这也是现代人在相互沟通的情况下可以预见的成果。所以，到了 80 年代，西方出现了新的哲学趋向，即使是分析哲学家，也谈些深刻的哲学问题，把分析看作了解深刻思想的手段。深刻的哲学也能肯定语言分析的重要性，这是很自然的事。这一趋向正是诠释学思想发展的潮流。在这个意义下，诠释学代表了重视相互融合、相互沟通和重新组合的思想方式。当然，要真正做到这一点，还必须花更大努力。

在美国，明显地从事这种努力的是罗蒂（R. Rorty）教授。他是从分析哲学逐渐走向诠释哲学的。在他的专著《哲学与自然之镜》中，立场还是比较保守的，还处于把诠释学看成和分析哲学相对立的观点的阶段。他区分了两种哲学态度，一是知识论的，二是诠释学的。他认为，知识论经过后期分析哲学［包括奎因和塞拉斯（W. S. Sellars）］的批评，已经互解，没有独立的知识论，而只有自然科学化的知识体系。

科学是关于自然的知识体系，而科学方法则是求知的方法。按照奎因的观点，知识都是相互联系的，没有所谓的先验命题，先验命题也是与经验命题密切联系在一起的。哲学命题要么是整个系统的一部分，要么就是没有任何地位；如果它是整个知识系统的一部分，那么也就可以得到修改和补充。如此，康德知识哲学的命题也都可在整个知识系统中得到修改。这样，知识论丧失了独立的地位。知识论的思想被看成19世纪的历史陈迹，哲学的知识也被认为是不可能的；哲学命题没有知识性，只有科学的知识才有知识性。那么，哲学是什么呢？它只是一种启蒙心灵的实践性的思想活动，它导引人们的心灵更能从事知识的探索、创造、证实和组合。简言之，哲学只是一种启蒙性、教育性的工作。它并不是一面镜子，它不能反映世界。哲学只有实践和改造的意味，而没有本体论的意味，因为没有与之相应的真实东西存在。也就是说，在哲学中，不能谈真理的问题，而只能谈效用的问题。以上就是罗蒂把哲学看成诠释学的观点。

罗蒂的说法有一定的意义，也有一定的合理性。因为分析哲学到了20世纪70年代，的确需要自我批判。但总的来说，他的观点基本上仍然是美国哲学的观点。他把诠释学解释成为实用主义，并对实用主义加以发展。当然，他讲的实用主义仍然是以杜威为依据的。为此，他在美国哲学界中大力提倡杜威哲学。自50年代到70年代，杜威一直不受重视。从严格的逻辑分析看，杜威虽然写了许多书，但却缺乏清晰明白的表达。他提出了许多意见，但却没有确切的论证。在60至70年代期间，美国的所有哲学杂志几乎都集中讨论两个问题，一是语言的翻译性问题，二是心物同一问题。前一问题是奎因提出的，故以奎因为主；后一问题是逻辑实证论者及科学哲学家提出的，故以科学哲学为主。这些表明，分析哲学向何处去这一课题变得尖锐起来。罗蒂提出要打破知识论，打破分析哲学的闭塞性，并要找出一种新的方法来突破分析哲学。他认为，80年代西方哲学的趋势即是分析哲学本身的突破。从这一点讲，罗蒂的看法是有重要意义的。

如何寻找一种新方法来突破分析哲学呢？许多美国哲学家开始向东方探索，但更多地是向欧洲探索。因而，欧洲哲学的发展吸引了罗蒂，这是不足为奇的。现代的文化环境提供了欧美哲学之间交流的条件。何况，分析哲学本身也遇到了停滞闭锁的危机。哲学家要求方法论上的突破和世界观上的突破，这是极其自然的事。罗蒂认为，知识论已被打破了，同时一切构架也被打破了。我们同意罗蒂对分析哲学及知识论的批判，但不同意他新阐发的诠释学观点。

这主要有三个方面的考虑。第一，罗蒂对奎因的观点进行了发挥。其实，奎因并没有完全把哲学知识论和自然科学合而为一，奎因在《自然化的知识论》这一纪念杜威的专题论文中，并未否认知识论必须自然化。杜威是反对康德的，事实上，所有的实用主义者都反对康德。只在先验主义架构下谈论知识，认为知识是变动的、多元的，是理性的多元分化。在这种情况下，知识论是帮助认知系统的设计。帮助知识发展并不一定等同知识。因而，我们还可以谈知识论。罗蒂的结论有点言过其实。因为，知识论并不是完全没有意义的，问题是在什么条件下、哪一层次上谈论它。多元的知识应该具有多方面的特性，不仅要多方面地说明世界的结构和主体认知条件的结构，而且还要说明两方面之间的关系，并指出知识结构和语言结构、心灵结构、价值结构的相应与互动关系。奎因倾向于把本体思考纳入逻辑，维特根斯坦倾向于把心灵思考变成语言。以上涉及的各项关系的说明，还是可以成为知识论考虑的对象，因为我们不能说，知识论作为知识系统的重新组合的工作已完全丧失它的地位。当然，这似乎是条走向康德的路。事实上，我们可以接受实用主义的看法即决定知识体系的不只是经验和理论，而且还有人的价值目标。因此，人类可以有多种的知识范畴。按照奎因的观点，相对于一个整体经验，有不同的整体知识系统存在的可能，某知识体系作为知识的表象，既取决于人们对知识系统的评价，也取决于知识范畴体系范围的大小、知识结构内部的平衡和简化，当然，也取决于人类的功能目标和审美要求。这是我们和罗蒂的分歧点之一。

我们和罗蒂第二个分歧点在于，不认为欧洲哲学只具有教育、开放、启蒙心灵的作用。罗蒂的观点代表了西方一分为二的思考习惯，即是"分化对立"的思考习惯。按照这种思考习惯，欧洲哲学具有教化的意义，英美哲学则具有知识论的意义。我们认为，不能否认知识论的教化作用，不能说，欧洲的"深刻而不清晰的"哲学只有开放心灵的作用，而没有实际认知的意义。客观地讲，不论从胡塞尔、海德格尔、伽达默尔、哈贝马斯及后期维特根斯坦立言，还是从当今欧洲许多哲学家着眼，他们的著作和思想都不只是具有开放心智的作用。譬如，维特根斯坦就对语言的内涵和内部结构作知识性的说明。就连影响了英美分析哲学的后期维特根斯坦也不全是知识性的或开启心灵性的。海德格尔哲学的目标也不仅在于开启心灵，而且要通过破除传统形上学的固执成见来显露比较灵活的本体的存在。总的说来，欧洲哲学不仅具有开启心智的作用，而且还具有呈现真实存在的积极的认知意义。

我们和罗蒂第三个分歧点在于，不赞成在罗蒂身上所存在的那种西方哲学家知分不知合的痼癖。这一点与对诠释学的理解相关。我们要问，知识论与诠释学难道只能对立吗？我们难道不可以把两者看成一个整体思辨过程中的两个方面？为什么不能把这分离的两种功用和结构看成更大结构的两个方向度？这里，我们要指出，中国哲学的基本智慧在于能合。当然，中国哲学往往是知合不知分，由于这种过分的合一，以至于走向"尚同"，走向同一主义。罗蒂只是把欧洲哲学和英美哲学看成对立而不知两者的相融。知分不知合与知合不知分，同是哲学发展的两大障碍，而本体诠释学正是基于一个更大的整体系统，来包容差异，沟通差异。这一系统能容得下众多的子系统。它不消除对立面，不消除差异，而是把对立双方变成相互补充、相互影响、相互推动的两个方面。这两个方面并相互诠释、相互沟通。这是诠释学的目标。罗蒂没能看到两者兼取的逻辑。我们认为，相对于知分不知合来说，两者兼取则高明得多。

谈到这里，要提到人类的三种思维方式。一是两者兼取（Both-and）的思维方式，二是两者取其一（Either-or）的思维方式，三是两者皆不取（Neither-nor）的思维方式。

第三种思维方式基本上是印度哲学的思维方式。以此作为一种比照，中国哲学更具有调和作用。我们可以用《易经》哲学作为典型例子和模型，来对中国哲学思想方式加以说明。《易经》是包含差异性的大系统，它的哲学思维方式能够为世界哲学提供极重要的贡献。这是我们对回到中国哲学本身，尤其是回到中国哲学的本体论与思维方式的起点或原点，亦即《易经》哲学的起点或原点的想法。回到中国哲学的起点或原点，这是有着重大的时代意义的。

二、诠释学的历史发展过程

诠释学（Hermeneutics）有一个历史发展的过程和线索。"诠释"（Hermeneuein）本是希腊语的一个概念，指的是信息传递和解说。"诠释"一词在希腊文中是作为动词，由此而产生"Hermes"一词，意为"信息之神""信息的传递者"。在英语中，"Hermes"又作"水星"解。水星轨道有不确定性，这恰好符合信息的一个重要特点：信息本身不具有规则性，是一个大数现象，只就特殊环境和条件取得特殊的意义。也就是说，信息是需要人们就不同的环境而随时加以说明的，因而，它便因时、因地具有不同的意义。

在中世纪，诠释学用在对《圣经》的解释和理解上。这种理解离不开神学精神，目的是使不同的人在不同程度上达到对上帝的信仰。因此，诠释学具有对理解目标、理解层次和理解对象等因素的考虑。为了实现人们对上帝的信仰，就必须因人、因时、因地施教。

也有人将诠释学称为解释学。在希腊语中，"诠释"一词具有说明、解释和理解三个意义。在今天，诠释的过程也被认为具有这三个阶段和三种作用。将希腊语中"诠释"的含义展开为诠释学的三个阶段，这是法国哲学家利科（Paul Ricoeur）的贡献。①他曾写下《解释的矛盾》一书，对诠释学做了这样的规定。所谓"说明"，就是用一已知的思想和现象来规范和说明未知的或不熟悉的思想和现象。"说明"同时还包含有找出一个现象存在的条件的意思。

那么，要"说明"什么呢？如果我们把语言文字看成说明解释的对象而名为文辞（text），那么名为文辞的对象是否只限于语言文字或图像呢？回答是：不一定。我们所说的对象，还包括形象、事件、过程、人、社会、国家、状态、哲学系统、艺术品等。因此，严格地说，不能把对象局限在语言文字或图像上。一般把语言文字等看成是说明的对象，因为最先引起人们解释的是语言文字。对象的确很重要，一旦确立了对象，我们就可以把现实的语言文字事件化，把事件语言文字化。

---

① 此处要指出："诠释学"是较"解释学"更能表达"Hermeneutics"的意义，"Hermeneutics"要求理解后语言表达之全，故指诠释而非指解释。

　　解释是从语言文字的表象意义之外或表象意义之后找出它们深刻的意义，而不是把语言看成死板的结晶。任何语言文字的创造和运用都有它一定的观点和目标，语言文字表象后面的意义包含着这些观点和目标。至少，一个解释说明的过程就是要找出隐藏的观点和目标，抓住作者的心灵，抓住背后的角度和目标，从而建立理解所要达到的深度。例如，我们往往要说出一段文字的弦外之音，甚至一些包含着我们并不一定知道的意义的话，语言符号并不能完全一致地、固定地表达意义，解释就是要达到对这些弦外之音的把握，由此进入理解。理解和知道是有区别的，知道某一事物并不等于理解这一事物；"知道"是相应于某一客观对象而言，"理解"则是针对客观对象的意义的掌握而言。例如，我们知道某人的出生、工作、学历，但我们不一定完全理解这个人。理解是具有动态方向和整体的掌握，是具有价值整体方向的认识，是对客观外界事物有一种主体性的认定和接受，是主体性对客体性的一种掌握，一种能规范出一套新的行为方式的掌握。因此，诠释应是整体性的理解，是从说明到解释，再到理解的过程。但是，一般来说，诠释有时只是做到说明、解释和理解中的一种。

　　我们以毕加索的名画《格尔尼卡》为例。这是陈列在法国巴黎现代画博物馆中的一幅油画。要了解这幅画，就必须首先了解毕加索的外界条件环境、个人的处境，这些都是作画的先决条件。对这种条件的掌握，就叫作说明。再进一步，在这种条件下作的画，是否已达到整体结构的完整、意义的完整和表现的形象的完整呢？这便属于解释的范围。诠释就是这样来了解画的整体性，来了解和说明这幅画是否达到了原来的目标。理解是处于批评者的角度，包含有批评的意思。它要问的是：这幅画对我有什么意义。用观察者、解释者和对象交流所产生的整体观念，来寻找作者动机之外的意向，这就是理解。例如，如果我们从弗洛伊德（Freud）的眼光看达·芬奇的名画《蒙娜丽莎》，就会分析画的动机，以某种心理学的观点去分析达·芬奇，并评价该画。这种分析和评价可能会改变作者的原意。

　　可见，说明、解释和理解三者的出发点是不一样的，是三个不同的层次。以上我们对画的分析方式，自然也可运用于对其他艺术和文学的分析。例如，《飘》和《日瓦戈医生》这两部影片刻画了两场不同时代的战争，它们都可以经过说明、解释和理解三个阶段及诠释过程，从而使我们获得对战争的完整而不同的理解。

　　诠释学发展的第一阶段是"本文诠释学"（Textual Hermeneutics），它局限于对重要文献本文的诠释，这叫作"Exigesis"，相当于中国人讲的训诂。"Hermeneutics"最早的含义就是指这种 Exigesis。

　　诠释学的第二阶段的代表是施莱尔马赫（F. Schleiermacher）。他把诠释学扩大成为解释宗教经验、美感经验的学问。同时，他也提到了所谓"诠释圆环"（Hermeneutic circle）的观念。这一观念有人翻译成"诠释循环"。在我看来，将"circle"一词翻译成"圆环"，能更好地表明诠释学具有结构性和过程性。在我们注意到施莱尔马赫关于"诠释圆环"这一观念之前，已经注意到了汉语的特点。汉语具有"诠释圆环"的现象，我们称之为部分和整体相互决定原则。汉语一方面具有独立性的意义，另一方面将每个单一的汉字与另外的汉字组合起来就取得新的意义。我们可以说，汉语字义有一种相互渗入性。英语是象声词，声音固然是具体的，但声音之间的相连则难以决定它们之间意义的相互关系。从汉语字义的相互渗入性可以发现，对整体的直观和理解会引起对部分的澄清，再从部分的澄清引起整体性的展现，并可循环不止。部分和整体相互决定，并逐渐走向一个整体结构系统，这和笛卡儿的部分单向决定整体原则正相反。笛卡儿试图寻找最终的简单元素，然后以这些元素去构造整体。但问题在于，我们无法找到笛卡儿所谓的最简单元素，也无法直观其为何物，更不能由此构造整体。事实上，整体和部分是在一个动态的过程中相互弥补和相互决定的。

在这种整体中，整体和部分相互定位，处于不断的循环中，显现出更完整的结构，或完成理想的结构。例如，在读一篇文章时，只有在逐渐阅读文章的过程中，才能把握文章的内在结构和整体。这就说明："诠释圆环"是从部分寻找整体、决定整体；又从整体寻找部分、决定部分。由部分和整体关系来决定"诠释圆环"，这中间没有任何真正的起点。所以，不能把部分看作绝对的、死板的起点。美国哲学家皮尔士早在 20 世纪初就提出这一点。因此，他说："We are in the middle of things"（我们处于事物的中间）。这正好说明部分和整体之间的"诠释圆环"关系。我们可用下图来表示这一动态的诠释圆环关系。图中 P 代表部分，T 代表整体。图中 P1 与 T1 相互决定，P1 可以作为起点，但 T1 也可以成为起点。

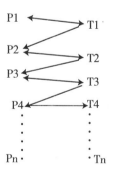

这种相互决定是一种辩证的关系，整体和部分、结构和过程，都是相互决定的；结构和过程都相互完整化，结构带来过程，过程带来结构，无穷发展；过程都是辩证的，结构要否定自己以达到更精确的部分化和更完整的整体化，最后达到整体和部分动态的平衡。当然，这种平衡不是绝对的平衡，因为过程永远是开放的。当部分与整体达到一种相对于人的目标和需要的相对平衡时，我们就会适可而止。然而，达到这种相对平衡，并不意味着已实现了理论上的完整性。整体与部分还可以相互决定，从这一整体发展到另一整体，达到一个更完整的系统结构。这也就是德里达的"延宕差异化"观点。

怀特海也认为，任何东西都在变动中，没有一样东西是完成的。黑格尔把绝对观念看作哲学的顶点，这等于是自我否定，即把自我限制于一个终点，因为限制他物也就是限制自我；反过来，限制自我也就是限制他物。这种有关过程哲学以及"诠释圆环"所包含的整体结构和部分结构、整体过程与部分过程相互影响和相互决定的思想，是可以和《易经》的机体哲学相互印证的。

"诠释圆环"在施莱尔马赫那里，被用来解释宗教经验和美感经验。他把自己的经验投射到宇宙中，借以认识宇宙，并由此来反证自我承担整体人生的意义。他把自己的部分经验当作宗教经验，在自我与宇宙之间建立交流与沟通关系，以加强部分经验以承受人生。宗教经验如果没有"诠释圆环"，那就不能成其为宗教经验。同样，一个美感经验也是部分和整体相互影响和扩大的结果，是读者和作者心灵交流的结果，是一种移情感化的作用。它们表现了双方相互影响、相互决定的关系。

这种"诠释圆环"具有本体性。尤其它与《易经》哲学、朱子哲学和中国文化相呼应。我们称之为"本体诠释圆环"（Onto-Hermeneutics Circle）。这一观念是我们对中国哲学研究的结果。研究中国哲学，首先要了解古人的意思，也就是要了解古人思考问题的目标和出发点，借以掌握古人的思想的历史性，再从历史性开拓出现代性。必须注意的是：在历史和现代、外在和内在、古代和现代之间，有一种"诠释圆环"的作用。知识本身并不一定要局限在康德的范畴内。应该说，范畴具有自我决定的主体性，在本体论中实现范畴化，以达到自我结构的呈现。因此，问题在于，如何掌握自我结构来显示真实的宇宙世界。我们以自己的主观性、主体性和自我意义的展开来与世界的客观性、客体性和世界意识相互循环、相互影响，以产生更完整的整体结构。这一整体结构就把"诠释圆环"加以本体化了。因此，真正的方法论是本体论，本体可看成结构；而真正的本体论是方法论，方法可看成过程。在一般人看来，方法是死板的，但在我们看来，方法是自我实现、自我修正、自我调节的活动。

在方法实现的过程中，有一种节奏性、阶段性、辩证性的活动。在过程中有结论，这是本体：本体既是一整体结构，也是一动态的系统结构；方法是达到系统结构的过程。正如跑步是方法，健康是结果，是本体，健康的根源是跑步；方法是部分，本体是整体。拿中国哲学来说，方法与本体是动和静的关系。本体相对于方法是静，方法相对于本体是动。再者，方法是显，本体是隐。一显一隐，一动一静，过程和结构互融，部分和整体互动。本体诠释学（Onto-Hermeneutics）的方法包含了重建现代哲学的新方法。本体诠释学不仅要解释已经存在的本体思想，而且要开辟新的本体世界。就像用诠释学来解释历史性和艺术性一样，它不但要说明历史事件和艺术品的发生条件，而且还赋予历史和艺术以新的意义。这种诠释本身即是本体的活动，诠释同时也把本体和方法、真理和方法统一起来。方法是一个辩证的过程，同时也是一个真理呈现的过程。为了找到本体论，就必须不断地打破方法论。这是我们关于本体诠释学的一个重要观点。

让我们再进一步考察诠释学的历史发展。施莱尔马赫的思想影响到黑格尔，促使黑格尔把哲学看成方法论，造成本体和方法的分离。这种思想方式一直影响到海德格尔。在这个过程中，诠释哲学基本上被看成方法。例如，黑格尔的辩证法就可以看成一个"诠释圆环"，而辩证法也就成为"诠释圆环"的一个特例。黑格尔讲，三段论辩证法过于死板，其实，他的这一思想受到亚里士多德的影响，同时也受到19世纪机械哲学的影响。相对于机械哲学而言，中国哲学则是机体哲学。较早的《易经》哲学就是典型完整的机体哲学。它的思想模式将对世界哲学的创造和发展做出重大的贡献。西方哲学家都倾向把诠释学看成方法学，而没有看成本体学。我们基于对中国哲学的研究和反省，乃提出把方法学看成本体学的本体诠释学的理论，以统一方法学和本体学。

诠释学发展第三阶段的代表是狄尔泰。他把诠释学应用到人文科学上。人文科学包括哲学和历史学。按照狄尔泰的观点，人文科学和自然科学在本质上是有差异的。因而，了解文化和生命与了解自然和物质是有区别的。他认为，康德的《纯粹理性批判》掌握了对自然世界认识的框架，此即自然科学的架构。但是，人文科学是否可以成为科学？历史是否能成为科学？为此，狄尔泰模仿康德的《纯粹理性批判》写下了《历史理性批判》一书。在该书中，他讨论了如何掌握历史知识的问题。他提出了理性的多元性理论。尽管有人认为，最好用自然科学的方法来掌握历史，也就是用自然科学的实证方法，通过文物的考证，进行历史的鉴定工作，但狄尔泰却认为，文化是一种活动，是一个具有内在结构的过程。因此，不能用自然科学的实证方法来了解历史和文化。狄尔泰提出了一种新的方法——生命科学的直观与体验方法。他提出了"生命""价值"等范畴，认为不能像康德那样，把认识范畴局限在《纯粹理性批判》中的十二个范畴之内。范畴是开放式的，其中包括"体验""目的""目的性""体验性""价值性""历史性""时间性""意义性""自主性""相应性"等一系列范畴。他更一再强调，"直接体验"范畴和诠释学有关。为了说明任何一种文化现象，必须有内在的直观体验，以观察整体结构。他又认为，"体验"和"经验"不一样：对生命活动的掌握是体验，对外在事物的认识则是经验。"观照"和"观察"也不一样：观照是基于生命现象来体验生命现象的整体性，它强调生命系统的独立性和动态性；而观察却是基于冷酷的事实，来认知事物的状态。

在狄尔泰以后，诠释学的发展有如下的情况。意大利哲学家贝蒂（Betti）把诠释学的四大原则规范出来，引起了伽达默尔的反对，而哈贝马斯又站出来批评伽达默尔。这种事发生在六七十年代，构成了诠释学上的两大辩论。最后，德里达则对贝蒂、伽达默尔和哈贝马斯都做了批评，他要用解构的方法取消结构。

从总的过程看，狄尔泰把诠释学扩大到对人文科学的解释，而海德格尔、伽达默尔和哈贝马斯则把诠释学引进到整个哲学，包括形上学。事实上，从康德以后，整个科学哲学也出现了一种理论倾向，即逐渐把诠释引进科学哲学，不仅将诠释作为批评和发展社会科学的方法，而且也作为解释自然科学理论和历史发展的方法。这一现象也是与后期维特根斯坦对生活语言的分析哲学的扩大运用相配合的。

不管逻辑分析哲学家的批评如何，这种情况显示了诠释学发展过程中方法和范围的扩大和深化。把诠释学同时看成本体论和方法论，这就是本体诠释学。本体诠释学本身既是一种本体哲学，同时也是一种方法哲学，更是一种分析和综合的重建（再建构）的方法。它作为哲学建构的方法，包含了哲学分析与其他思维性活动，具有重建和实现世界哲学目标的潜力。

三、当代诠释学的两大争论

在狄尔泰以后，对诠释学有重大影响的是海德格尔。但对于狄尔泰所提出的人文科学到底有没有独立的方法这个问题做出回答，并有重要贡献的有两位哲学家，一是德国哲学家卡西勒（E. Cassirer），二是意大利哲学家贝蒂。他们的观点，尤其是贝蒂的观点，引起了伽达默尔的反对，而伽达默尔的观点又引起了哈贝马斯的批评，这就是当代诠释学的两大争论。

卡西勒是著名的新康德派哲学家。第二次世界大战以后，他到美国耶鲁大学教书，主要研究文化哲学。他认为，人的一切文化活动，包括神话、宗教、语言、历史、科学，都有各自的内在逻辑。尔后，他又发展出一套"象征形式"的哲学。他认为，人文科学（包括哲学、宗教、文学、语言）就是人的精神通过不同媒介的投射；而这一投射过程是有一定形式的，人的精神活动通过一些媒介而成为一种创作。这种创作的最早形式，就是语言创作，它体现了人类的精神发展的多元化。同时，创作又有通过一般形式而达到沟通的要求，希望与创作者之外的他人引起共鸣和了解。所以，分别的创作也具有一种潜在的一般性。如果要了解某种语言中的文学作品，就必须把读者精神的自我，投向语言的范畴；再把语言范畴中所包含的精神意义，转化为自我精神的活动，使他人与自我相互契合。这样，文学语言就成为人文精神的一种直接的表达方式，人的心灵就可以从特殊性转变成普遍性，也可以从普遍性走向特殊性。换言之，普遍性的精神形式不自觉地表现为语言，这个语言再表现为哲学的语言、文学的语言甚至是科学的语言。在这个意义上，就很难将科学看成人文活动的一部分，虽然科学也可以被看成超脱人文精神的一种知识活动。

一切文化都是具有普遍形式的精神活动的表现。基于此，可以将特殊性与普遍性看成一件事的两面，也可以说，是一件事的内容与形式两面。人的理解的基础就在于，掌握特殊性，以达到普遍性，掌握普遍性以达到特殊性；特殊性就成为包含普遍性的特殊性，普遍性就成为具有特殊性的普遍性。这就是所谓的人文科学的逻辑，就是从不自觉的特殊性到不自觉的普遍性；再从自觉的特殊性到自觉的普遍性，这也是一种沟通逻辑。哈贝马斯的沟通理论无疑也包含了这种沟通逻辑，把人文精神活动看成一个沟通媒体，使人与人的理解成为可能，也使人与人和谐相处成为可能。这也是具有普遍性的人文范畴之所由来。所谓诠释学，就是对人文范畴所决定的，以及决定人文范畴的精神活动的一种方法透视及重建。

贝蒂是意大利现代哲学家。他完全是从客体化的诠释学的立场来了解人文科学。他认为，人文哲学有各种形式的作品，他在《作为精神科学的一般方法的诠释学》一文中提出，诠释学就是人文科学的一般方法论，即从方法论角度，把诠释学定位为人文科学的一般方法论。

方法论的概念，在两方面体现为一种很重要的思维方式。方法论就是从理性的角度来规范经验、人类认识的范围和对象，是一套理性规范法则。当然，逻辑是最普遍化的理性规范法则。但由于认识对象各有不同的特性，因而，不同的对象就有不同的方法论。方法论不仅有规范的作用，而且还有开拓的作用。所以，西方哲学就是一种方法上不断突破的研究，它从一开始就要求用主体的自我来掌握客观世界。但是，对客观世界的掌握，又必须通过主体的自我的分化来达到，目的是要实现主体的自由。主体分化后，还必须有一种能够显示世界结构的途径，这种途径即是方法。所以，方法是一种开拓，它具有开拓世界结构的意义。由于每一种方法都是逐步由自我所规定的，方法本身是有限的，因而，方法一方面是限制，另一方面则是开拓。在它所限制的范围内去开拓，也就是掌握概念的范畴化。事实上，范畴本身就兼有限制和开拓的作用。每一种方法都是范畴结构的体现，不管是笛卡儿哲学、康德哲学、黑格尔哲学，还是马克思哲学、奎因哲学，都是在不断地开拓和限制范畴结构。当限制超过开拓时，必须要有所突破，这就是回到方法，以找寻新方法；回到范畴，以找寻新范畴。方法的提出，成了在这个知识发展中或哲学思考发展中的一个必然的程序，而作为这个必然程序的方法，也就是掌握客观世界结构的一个途径了。

当我们视方法为联系主观世界与客观世界的途径之时，我们就必须假设主客观仍然是分离的。这是笛卡儿导向科学的看法。当我们视方法为对客观世界的一种建构之时，我们就必须假设，客观世界在本质上不可知，或本身并无内在的结构。这是康德导向奎因的一条路。如果我们把客体或最后真实的本体包含在方法之中，使之成为方法的一个部分，那么，我们就已选择了现代德国哲学家海德格尔及伽达默尔之路了。可以说，在现代西方形上学中，主体和本体的参与才变得更突出，也更为重要。贝蒂对方法的理解是从主体参与入手，从而走向客体化的建构主义。他不是走主体参与路线，而是把人和现象看成人的主体参与，经过主体投入再加以了解，这就是作为人文科学方法学的诠释学的意义。诠释就是主体投入人文现象和人文作品，以了解人文现象和人文作品。如何去把握语言所包含的人文意义，这就是诠释学应用的一个方面。这使诠释学不仅是对人文作品的诠释，而且也成为对不同语言系统的诠释。

在贝蒂看来，诠释学的主要目的和对象是人文科学，或称之为精神科学。人文科学包含语言学、哲学、历史学、宗教、艺术（包含艺术理论和文艺创作品）。作为人文科学方法论的诠释学包含以下原则：自主原则；整体原则；实现原则；和谐原则。要掌握一个外在的已经成为精神价值的活动，主体的自我就必须诠释它、了解它。这就要遵守上述四个原则。这四个原则规范了人文世界为何被认识、被开拓、被接受、被理解，但同时也限制了可以开拓的方向，以及可以理解的条件。这就是所谓的诠释。人文现象基本上是人的主体性具有"意义形式"的表现。任何基本现象都具有"意义形式"。问题是如何去掌握"意义形式"所包含的意义。这个"意义形式"就是主观心灵的客观形式，也就是主观心灵投射到外在媒介上的客体化存在，从而变成了可以理解的意义。所以，意义的来源就是心灵。所谓"形式"，往往是从历史传统发展而来的。"形式"具有两个意义：它是由媒介所决定的；它是由已经存在的客观媒介加上主观心灵的意义表达所决定的。贝蒂强调要掌握外在对象的内在意义，即主观心灵所赋予的意义，通过一个相契合的形式来表达的意义。

在贝蒂的四个原则中，第一、第二个原则建立了对客观的"意义形式"的了解。第三、第四个原则规范了自我为何实现对外在世界的了解，这个外在世界表现为一套"意义形式"，因而具有特殊性的内涵，即意义。这个意义是另一心灵所投射出来的，但却隐含在其"意义形式"之中。譬如，柏拉图的著作和毕加索的绘画，都表现着隐含意义的客体化的"意义形式"，其本身意义的创作过程正是诠释学所讨论的，这就是对创作的了解。英美当代人文心理学对此有所讨论，但却并不显著，尤其是对诠释方法的讨论更少。应当看到，创造一个对象与诠释一个对象之间，是有重要联系的，对创造性本身的了解可以被看作对主观心灵的客体化的诠释过程。

这个客体化的诠释过程可以从三个角度来了解，即创造的条件、创造的动机以及创造的目标和效果。目标与动机不是完全同一的。目标有理想性质，而动机则包含个人的特殊情况。再者，有些效果是不能预测的，意想的效果不一定能发生；而有些效果则是非意想的。换言之，效果不一定能与目标看齐。一个很好的例子是韦伯（Max Weber）提供的。他认为，西方资本主义的兴起，是清教徒创造的结果。清教徒遵循他们所信仰的理论，努力工作，勤俭创业，并要征服自然，控制世界。他们的目标只基于上帝的信仰。只有这种清教徒的生活方式和价值观念，才导致了资本主义的产生。这是外在世界的环境条件，加上主观的行为方式和价值观念而产生的效果，而不只是目标和动机所决定的。

下面我们将分别讨论贝蒂的诠释四原则：

1. 自主原则。他认定，作品是独立于创作者和诠释者心灵之外的，人的心灵活动是意义的源泉，但作品作为对象是独立于个人的，不能完全由创作者个人来说明，而必须就作品所包含和反映的条件来说明。另一方面，个别作品所包含的意义也是相当重要的，它是决定一部作品的价值的重要因素。换言之，作品是自立的，既独立于创作者，也独立于诠释者的意念。因为它具有各项因素决定的意义形式。这既是它的独立性的来源，也是反对化约主义的根据所在。

我们不能把一件作品只看成物理对象，决不可以用机械条件来表现它，而应看作人的活动的结晶。把机体性的作品只看成决定于物质条件，这就妨碍了作品的自主性。一个作品并不只是由构成它的物质条件所组成，一个大脑系统也不等于组成大脑的脑细胞的总和，就像人不等于个别的生理和物理条件的总和一样。人的整体性和机体性不能由此来说明。人独立为人以后，就成为一个自主的系统；掌握意义就是掌握意义的自主性，也就是掌握意义的整体性和机体性。由此引申开去，对作品的整体了解就是对自主性的了解，对自主性的掌握就是对整体性的直观；掌握了自主性，就是掌握了自主性的每一个部分。部分与整体在有自主性的"意义形式"的关照之下融合一体。自主性就是对一个"意义形式"的认识，"意义形式"就是形式具有特殊的意义，或者意义具有特殊的形式。意义决定了形式，形式也决定了意义。因此，了解整体的"意义形式"，就是对它的每一个部分以及每一个部分与其他部分相互的关联获得了解。但要做到这一点，则又要对意义形式的自主性获得了解。

2. 整体原则。我们在对自主性作判断时，拥有一个直观。同样，我们在研究外在对象、分辨一个系统和另一个系统时，也拥有一个直观。所谓直观，就是通过人的经验，从整体的和机体的观点来看事物，而不是从逻辑的分析关系或机械的因果关系来看事物。这个具有机体性质的整体就是诠释的对象。所以，对诠释学来讲，这种整体的认识论，不是间接地而是直接地去掌握世界的结构。诠释学在其意向上即已包含了这样一种认识论。诠释的需要就是从认识外在世界的意义的意向而引起的，所以，不能说诠释学完全没有知识论的性质，它是比较自由地运用心灵来发展知识的过程，是不断地引进范畴的活动，而不是自动局限的观念活动。认识范畴是在了解过程中显示出来的，而不是像康德那样先验地规范出来的；而诠释是把对外在的了解和认知当作一种创作活动、一种高度精神活动的过程。所谓掌握一个对象，就是整体地去认知一个对象，也就是去体现对象的整体性。

3. 实现原则。如果一个主观的心灵要了解一个客观的对象，就一定要通过直观去认知它的整体性的架构。这需要主观自我去逐步体验认知客观网络关系中的主体意义，并"实现"这个意义；这个"意义"最初一定显示于语言。所以，最起码的要求是去认识表现意义的语言。当然，一切对象既可以用语言作媒体，也可以不用语言为媒体。在后一种情况下，我们应该掌握媒体本身的特征。

此外，正如伽达默尔所认为的，自主是自我决定的，实现不可能只是客观的事。按贝蒂所言，实现是一种客观的实现。举例来说，如果我们能掌握康德的语言，那么，我们就能掌握康德所表达的"意义形式"所包含的意义。但是，伽达默尔指出，这个实现是不可能的，一定会受到语言的限制和历史的限制。这说明，传统是不可能完全超越的。① 传统通过语言工具对诠释者的立场有所限制，这就导致了作品解释中的多样性。奎因的意义不定论也可说是在这个意义上说的。这一点也导致了想达到的目的不一定能达到。要实现理解，就必须掌握语言，否则，就不可能把诠释者的主观的心灵活动投射到自主的客观对象上。在这一点上，边际条件很重要。所谓边际条件，就是指诠释者的存在条件和历史背景自其传统之所由来。

4. 和谐原则。即使诠释者的立场不与作者的立场相悖，诠释者也应尽量给作者以最大的信任。如果诠释者总是把自己的意见摆在前面，就不可能达到理解；而诠释的目标是沟通和理解。这就要求诠释者先撇开自己的立场，尽可能排除先入之见。这与现象学的"存而不论"的方法有类似之处。只有让主体心灵与客体对象有同感作用，诠释的结果才能对外在世界有透彻的了解。

贝蒂认为，以上四个原则如果掌握得好，就能重建主体心灵，达到与人文精神的客体对象（作品）进行沟通和融合的目的。

1963 年，伽达默尔写了《真理与方法》一书，采取了与贝蒂对立的立场。值得注意的是，当代西方哲学诠释学的对立有一个发展的线索，在此不妨揭橥出来，以帮助我们做出整体的了解。

在这几个诠释学代表人物中，贝蒂的背景是康德，伽达默尔的背景是海德格尔，哈贝马斯的背景则是康德和马克思。这三个人代表了诠释学的发展主流。后来出现了德里达。德里达属于解构主义系统，但是，也可假设德里达与哈贝马斯是对立的。在这中间的整体背景是柏拉图、笛卡儿、康德、黑格尔、海德格尔、实用主义者。在此，我们可以发现历史发展的趋势。在西方人看来，历史是直线型向前发展的，而中国人则认为，历史是一圆环。但事实上，历史的发展既非直线，也非圆环，而是非线性地向前发展，甚至有量子论的跳跃；历史必须通过哲学的本体论来了解。

这也是诠释学发展的重要原因之一。在发展线索中，上述现代西方哲学家却相互影响。只有看到这一点，我们才能达到整体性的了解。海德格尔就影响了贝蒂和伽达默尔，尤以后者为甚。因此，要了解伽达默尔，就必须先了解海德格尔。海德格尔认为，"存有"（Being）分化为客体（Object）和主体（Subject），两者都包含时间性的存在，

---

① 要把作者的特殊性转换为自己的特殊性，这样才能了解作者。卡西勒认为，这种特殊性之所以能转换，是由人文精神的内在普遍性所决定的。但是，这种转换自然就造成了差异，我们应该允许这种差异。

即任何一个存在都有时间性，都是本体运动的结果。在整体的时间之中，being 分化为主客个体。

主体心灵对客体对象的理解，也涉及时间关系，所以，历史性的表现就在于此。

主体心灵对客观对象的理解就有时间的差距。一个对象对另一个对象的理解，可以在其所属的体系中进行。所以，任何了解都是一种具有时间性体系的评价；没有绝对的客观性的认识，认识只不过是主体对客体的相对的一面之见。伽达默尔推演说，所有的了解都是本体论的，都是本体呈现。由此，伽达默尔认为，既不可能有真正客观的理解，也不可能有真正主观的和谐，理解如果是存有及和谐，则都是相对于主体而言的。因此，伽达默尔把贝蒂所谓理解的四大原则的次序倒了过来，认为第四原则是第三原则的条件，第三原则是第二原则的条件，第二原则是第一原则的条件。这就是贝蒂和伽达默尔的争论。贝蒂认为，外在世界是一个自主体，整体性可以造成主体认识心灵实现的可能，主体性可以放弃自己的立场，掌握客观。然而，伽达默尔却认为，这是不可能的，了解是把自己的心灵投射于外在客体之中；一个作品的作者的意识并不重要，重要的是我们如何看待作者意识。例如，我们对孔子思想的了解不在于孔子如何思想，而在于代表孔子思想的作品如何为我们所理解。

伽氏的思想可表达如下：

理解的本体性→理解的时间性→理解的历史性→理解的语言性→理解的现实性

伽达默尔的《真理与方法》一书中更详细地阐述了有关诠释学的两个重要观点：

第一，方法与真理是对立的。伽达默尔主张真理而否定方法。他认为，了解限制了真理。他批评了传统的形上学，认为这是用方法来建立形上学真理。

第二，传统是不可逾越的。伽达默尔认为，任何理解都有偏见，因为偏见在本质上是不可避免的；任何语言和方法都有偏见，传统是不可摆脱的，正如语言也不可摆脱一样；自觉的偏见可以消除，但不自觉的偏见则不可能消除；任何了解都带有传统的偏见，所以偏见是合法的；本体（Being）与人存（Dasein）都具有时间性，具有时间性就是具有历史性，也就受到传统的限制。这样也就产生了如何提出新观点，如何融化传统，以产生新的传统这个使人困惑的问题。历史性能否作为未来建构的基础呢？未来建构能否超脱历史的网络呢？伽达默尔对这些问题的回答是肯定的。他认为，融化传统是可能的，诠释的重要性就在于此。

伽达默尔认为，传统可以有内部对话，传统通过"本文"（Text，也可译为"文本"）这一具有意义形式的文字来表达；本文即语言化的价值和思想，它永远需要解释意义的活动；而传统则是一个结构化的过程和过程化的结构，它具有时间性，并永远是活的东西。所以，"本文"与解释永远是一个互动的过程。这就产生了问题和回答的动态关系。解释的过程是提出问题的过程，"本文"则是回答的过程，文字是在时间网络中被决定的，在回答与问题的动态关系中，新的传统开展出来，因而也造成传统内部的协调关系，这就说明，回答问题的运动是新观念的移植的过程，新观念完全不必要脱离旧传统。事实上，这种脱离也不可能。传统必须进行内部转换，以求得到新貌。

总而言之，根据海德格尔的时间整体运动，伽达默尔的传统内部创新之说可图示如下：

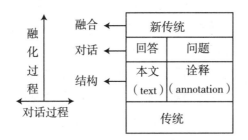

伽达默尔的"传统调整"说与奎因的知识整体论有所呼应。奎因认为，知识是一艘在大海中航行的船，它不可能作整体的重建，而只能在内部逐步作局部的调整。这一说法与伽达默尔所谓的传统能更新之说有类似之处。伽达默尔的这种思想，遭到了贝蒂的反驳，但更重要的反驳和批评，则来自德国的现代社会学家、哲学家哈贝马斯。

哈贝马斯是基于自己的批判理论来批判伽达默尔的。哈贝马斯立论的出发点是：传统不等于理性。他认为，传统是权威，权威与理性互动，但决不相等。在他看来，伽达默尔所持的"传统重于一切"的观点，不但没有脱离传统的权威主义，而且还建立了一种新的权威主义。因为，权威就代表着一种新的权威主义，代表着一种利益，而所有的利益都是部分性的、阶段性的；基于"本文"所建立的权威，反而为伽达默尔用来维护"本文"；理性的目的就在于消除权威与偏见，而并非取消个体利益条件，以建立理性的构造。哈贝马斯要建立主客体的理性平等，创造出一个"理想对话处境"，以便完全把知识与意识形态分开。纯粹的知识决不夹杂丝毫的意识形态的成分。哈贝马斯写了《沟通行为》的巨著，来论述他的这些观点。他的诠释学可以叫作沟通理论的诠释学或批评的诠释学。这与贝蒂的诠释方法论、伽达默尔的哲学诠释学大相径庭。哈贝马斯以沟通理论作为诠释的条件，尽量取消不利于沟通的条件，如利益、偏见、意识形态等等，以达到在沟通基础上的诠释理解。可以说，哈贝马斯的理论融合了皮尔士的实用主义和分析哲学的分析观点。

为了建立沟通理论，哈贝马斯提出了三个步骤，这就是：

（1）取消意识形态。　　正
（2）建立科学知识。　　反
（3）产生批评洞见。　　合

显然，哈贝马斯引进了弗洛伊德的心理分析理论，认为诠释既是应变，也是创新；

是整体与部分的互释；最后的诠释也就如朱熹所谓的心灵"豁然贯通"。由此可见，在哈贝马斯看来，历史性的障碍可以取消，通过沟通理性，完全可以达到主客体的相互沟通。

对于哈贝马斯的这种批评，伽达默尔认为，这是一种不可能真正实现的理想，因为历史与权威根本不可能被取消。

我们认为，西方诠释哲学发展到今天的最新阶段，乃德里达的解构主义。德里达的解构主义还在不断变动和发展中。但是，它对很多当代哲学家都产生了启发作用。德里达认为，所有的系统都是自相矛盾，都有内在的限制，任何系统都应经过一个解构转换的过程；在这个过程中，没有任何"本文"的意义是最终固定的，所有事件都是变动符号，都是不定本体的本体；没有绝对的意义，没有绝对的规则。于是，德里达提出了他的基本概念"Difference"（不定差异的差异自化），来说明分化发展的自然与必然。这与奎因的意义不定论有所呼应。德里达的意义分化论和奎因的意义不定论，反映了欧洲大陆哲学与英美哲学在诠释学上可能的互动。这就回到了上述理性的多元化问题。当代西方哲学正在走向历史多元化及本体多元化。

四、本体诠释学要义

本体诠释学主张方法与本体的结合。这一结合是深度的结合和多层次的结合。我们可以图示如下：

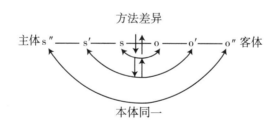

S 和 O 为何从方法差异走向本体同一？这是因为，方法差异是从时间性概括出来的，而本体同一则是从整体的本体中显露而来的，时间的发展也可看作一个整体，历史性和时间性也就是一个整体系统，显示本体的常与变、有与无的转化。在图中，这种转化是由点到线、由线到面、由部分到整体。在这个过程中，整体性越来越显著。在整体性的呈现过程中，更多的方法被提出，方法既是建立在主客体之间的一种对立和紧张，也是建立在主客体之间的一种差异和同一。由于潜在本体意识的提高，方法本身永远要不断地自我突破。在这个意义上，我们可以说，方法意识是显性的本体论，本体意识则是隐性的方法论；本体诠释学通过本体将方法规范化，又通过方法将本体条理化。

本体诠释学划分为意义和意识的本体、原则、制度、运作四个层次。在不同的层次上可以有不同的方法意识和本体意识。贝蒂的四个原则可看作运作层次上的方法意识，但这四个原则在不同的层次上也可以有不同的次序关系。这完全依具体情况而定。所以，本体诠释学显示的是相对性的整体系统的建立，这是在时间过程中进行的。此外，本体诠释学有整体定位、应变创新的发展要求。新的方法论的提出应导致本体论的建立，而本体论的建立则相应于新的方法和方法论的建立。这就彰显了本体与方法的互动。

现代西方哲学的几个重大流派都可看作本体诠释学的应用。我们可以将这些重大的变迁图示如下：

现象化（现象学）→结构化（结构主义）→过程化（过程哲学）→语言化（日常语言分析）→逻辑检验化（逻辑分析）→理论化（科学哲学）→效果化（实用主义）→目标（批判理论）

这里也体现出了本体运作化的八个程序。诠释把外在"本文"现象化，然后找寻其内在的结构和发展过程；再把"本文"建构成一套语言，经过逻辑分析，寻其内在意义，转化为整体系统；最后再经过效果检验，以求达到目标，回归到对"本文"现象的掌握。

在此，我们可以看到，现代西方哲学的每一流派都可以说是构成了本体诠释过程，并是本体诠释体系中的一个部分。这些流派结合起来，便成为一个诠释整体和诠释过程，可名之为"本体诠释圆环"。本体诠释学我们可用来起整合作用。当代西方哲学的作用于此显而易见。

最后，值得指出的是，本体诠释学的看法是根植于中国哲学观念之中，尤其是根植于强调整体作用的《易经》哲学之中的。

第二章　当代美国哲学及中国哲学在美国

第一节　美国哲学的发展及其未来

对中国多数的青年来说，关于美国的社会、政治、经济、科学的情况，可能知道得比较多，而对美国的哲学却了解甚少。甚至还有人认为，当代美国哲学只有实用主义一种，当代美国哲学家只有杜威一人。这实在是一种误解。因此，我以为，在论述当代西方哲学的同时，似还有必要介绍一下当代美国哲学的发展，这二者是不可分割的。

一、物质文化与精神文化

任何一个民族发展成一个社会，建立成一个国家，都有其物质文化与精神文化的表现和成就。美国在整个人类史上虽是一个新兴的国家，然而，其物质文化的成就不但蔚为大观，而且凌驾于世界各国之上。究其原因，也不能完全归功于美国资源之丰盛、社会之安定及科技之高度发展等物质与社会因素。如果美国人没有其立国之精神，及其所依持的历史文化传统；没有对时代精神的把握和对未来的憧憬、设计，以及对价值的意识和对人、社会、世界各方面关系的完整的认识，那么，也就不可能达到如此高度的物质文化创造。

我们首先必须肯定，任何一个物质文明的创造都有其精神力量作为后盾，作为原动力。如果一个国家要维持其高度的物质文化，就不能不维持其精神文化的动力，不能不维持其创造的意志和创造的智慧，不能不维持其对价值的意识，以及其统合过去和未来的一贯的思想能力。如果一个国家还想推广发扬物质文化的创造，那就更应在精神文化的领域中做出更大的创造；不仅在其历史文化的传统中发挥潜力，而且还应当穷其心志，开辟新的文化理想和境界。这是因为，物质文化的创造不是一朝一夕之事，更不是举手之劳的易事，在其创造过程中，会不断地出现新的问题需要加以克服。因此，没有统合一致的文化意识及意志力，也就不能发挥排除万难的力量。

由此，我们至少可以得出两个重要的结论：第一，物质文化是以精神文化为动力和基础的，绝不可能离开精神文化而存在，故物质文化也可说是精神文化的象征。只见一个国家的物质文化，而不去探究其背后所看不见的精神文化，就如同只见一个人的外形，而不察其意志、心智一样，自然就无法了解一国、一人之全貌。第二，精神文化必须在物质文化的创造及发扬与充实上，得以表现和实现。如果一种精神文化完全脱离物质文化的创造与表现，那么，它本身究竟能否存在都成了一个问题。孤立绝缘的精神文化不但悬空而成为虚无缥缈，而且与人生和社会完全脱离而流入枯寂死亡之境地。犹如一幅绝妙的画，若不表现在一些点和线上面（不管那些点和线是多么简单，却不能不存在；中西绘画之区别不在于点和线之有无，而在于点和线与空间的配合，以及对点和线之功能的了解与运用，是象征，抑或为写实），则其所谓绝妙，只不过是一个不可捉摸的概念而已。由此可见，精神文化不能完全抽象地存在。

然而，尽管精神文化是以物质文化为其表现之媒介，以及实现之目的，却仍有其相对独立的活动范围，其自身不仅不受物质文化的束缚及限制，而且能开拓新的物质文化的境界，克服物质文化所表现的缺陷，或其阻碍生活的困难。精神文化在一定的历史和社会的条件下，进行开天辟地的创造工作，不仅成为物质文化源源不断的动力，而且使其生命绵延下去，发展开来，与其他的精神文化交相融通，切磋刺激，形成更大的活力，泽及更大的人群，引发更大的精神成就。精神文化的这种自新及创造活动，就是哲学。

由此可见，哲学与物质文化的关系是十分密切的。如果不自文化整体着眼，如果不深究物质文化的深度、广度及其背后的活力，我们就不能深刻认识精神文化的高明、伟大，也就更无从体会哲学作为精神文化的自发与自新活动之重要性了。一个文化的死亡就是其精神生命的死亡，正如同一个人体的死亡就是其心志灵明的死亡一样，不但创造力没有了，就连自己创造的文化成果也都成为时空的附属品，而被其他物质因素所取代、所腐蚀了。

美国人最喜欢谈论"美国人的生活方式""美国人的梦想"。要了解美国人这两个复杂的观念，绝对不能只从美国的物质文化着眼。因为，美国人的生活方式和美国人的梦想有其复杂的内容，它是脱离不了美国人的精神文化和价值系统的。美国人的生活方式反映美国的历史文化传统，这种生活方式所讲究的"工作时工作，娱乐时娱乐""认真地工作，认真地娱乐"，都是美国文化所肯定的。这些并不是物质文明的产物。相反，物质文明的发展，似乎更是美国人生活方式的产物。所谓"美国人的梦想"是指美国人自建国以来对自由平等所寄予的期望。他们期望在宪法保障的自由平等制度下，实现富足康乐、无忧无虑的生活。美国人常常用"他的美国梦实现了"这句话，来形容一个移居美国的人获得了安定、富足、自由的生活。显然，这种"美国梦"的观念也包含了一套对人性的理解与对人生的憧憬。因此，我们要掌握美国文化的精华，便不能不对代表美国精神文明的哲学，特别加以留意了。

美国建国至今已二百多年，但其哲学思潮和文化却可上溯于欧洲的古希腊和近代的理性宗教哲学，并继承了启蒙时代以来英国的经验主义。直到 18 世纪，它才成为融合美国这个民族的力量。杰斐逊（T. Jefferson）所草拟的《独立宣言》，可说是代表了美国心灵的自觉，奠定了美国的政治思想基础，美国的革命就是实现这种理想的行动。

至 19 世纪，美国的学术逐渐发达，哲学的研究也逐渐推陈出新，创发了代表美国思想核心的实用主义。实用主义广泛流行后，产生了多方面的意义，因而经常引起不必要的误解。从理论上讲，实用主义是一种知识论上的原则，要求知识观念符合于经验，认为没有经验内容的观念是没有意义的。这个由实证主义创始者皮尔士提出的原则，是基于他对科学方法与观念形成的了解，借以表明科学知识与玄学及偏见在性质上的迥异。经过詹姆斯和杜威的推广延伸，实用主义亦应用于宗教信仰、伦理学、政治及教育方面，认为只有实用价值的宗教规范原则才有存在的价值。詹姆斯以个人为价值裁决的标准，但杜威却偏重以社会群体功利为价值裁决的心理经验的标准。以上这几位是美国近代思想的中坚，自然可以用来作为美国精神文化的证明。但我们要了解美国精神文明的潜力，当然不能仅仅停留在几个哲学家的哲学系统上面。

美国是一个多彩多姿的国家，不仅兼容并蓄了不同种族的移民，而且容纳了许多不同流派的哲学传统。这一点是值得我们大书特书的。美国哲学固然以实用主义为主流，但这个主流却并未垄断一切。相反，在这个主流之外，还有不少的分流和支流在哲学界发生激烈的影响和作用。譬如怀特海的机体主义哲学，虽然同样是以近代科学思想为基础发展起来的形上学，却超越于实用主义之外，用以说明宇宙存在的创造性、时间之流的创造性和创造性之本体与本质。怀氏的思想就深深影响了美国的宗教哲学及神学。最近生物科学的发展，以及对东方哲学所产生的普遍兴趣，更促进了人们对怀氏哲学的重视和研究，大有逐渐取代传统形上学的趋势。至于刘易斯的唯心主义及理想主义，当代欧洲的存在主义，以及当代的东方哲学，都在目前美国哲学中占有重要地位。这些事实说明，美国哲学是极其错综复杂、范围广大的。因此，我们不能把它仅仅限制在一个狭小的学派当中。

二、美国哲学孕育于美国文化

美国哲学孕育于美国精神文化的几个方面：（1）争取独立的精神；（2）包罗万象、熔于一炉的精神；（3）重视科学成果和科学理论的精神。这三者之中最有成就的，自然要属第三方面了。就这方面的成就来看，美国哲学走的不是纯经验主义的路，因而也不尽同于英国哲学的传统；同时，它也不是走纯理性主义的路，因之也不尽同于欧洲大陆哲学的传统。美国哲学的理想是融合这两大传统。美国哲学家是否做到了这种融合，尚不无疑问，但这种尝试的确已经开始。实用主义便是这种尝试的一个成果。

　　美国哲学从事融合欧、英哲学传统的努力，也并非漫无章法。它在开始时，是以英国经验主义为起点或为基础，但向上延伸或扩展到某一程度时，就不能不修正或改变其起点和基础的观念。这是因为，任何真正的融合，必须是首尾相呼应、前后相贯串的连续有机体。一个起点的观念，或一个基础的观念，在整个体系完成之时，也就获得了新的意义或受到全体的影响。例如，1910 年的实用主义与 1930 年的实证主义结合后，一方面改变了当初皮尔士所发展出来的经验观念，以及詹姆斯或杜威所发展出来的实用观念；另一方面也改变了维也纳学派，以及中期罗素所主张的逻辑原子主义的基本科学观。这便是一个很好的证明。

　　在这种融合的过程中，甚至在莱布尼茨以来的知识论及形上学中，所作有关解析命题与综合命题的分别也一笔勾销了。这是奎因所谓的对经验主义的一个教条的取消。另一个经验主义的教条——"经验是散漫原子型的感官资料所组成"，也为奎因所取消。有趣的是，取消这两个所谓经验主义教条的理由及根据，是对知识体系全体一贯有机体的认识。这种认识既否认理论知识和经验知识之间存在的鸿沟，也不承认笛卡儿的知识基础论——"知识是以感觉资料为绝对有效的证据及基础的上层建筑物"。奎因的这种认识，一方面反映了科学本身的进展是趋向整体有机的统一，另一方面也反映了奎因受益于怀特海对科学及形上学所作的有机建树的努力。奎因不同于怀氏的一点是：他把近代逻辑当作一种工具，来进行和证明他对经验主义教条的批判。他进而又把逻辑当作重建本体论的一个基准，因之，也就赋予空洞的逻辑形式系统以形上学的意义。

　　以上所述近五十年来美国知识哲学向综合方面发展的梗概，显示了美国哲学具有很大的创造性，而不只是机械性的调配而已。同时也显示：哲学不管在哪个地方生根发育，都必须有内在的感受和不断的奋发开拓精神才行。

　　许多对美国哲学了解不深的人，往往鉴于美国文化的工业化和美国历史的短暂，就断言美国哲学肤浅、无深度。这是不公平的结论。哲学自然根植于文化。美国文化是从欧洲文化而来，因之，其历史的短暂，并不代表其文化的粗浅无根。再说，一种悠久长远的文化，固然有其根深蒂固的思想传统，但也不能否认，欧洲长远的历史传统，也往往对新思想的创造构成一种障碍和窒息。欧洲的历史更是充满了纷争的因子，往往形成混乱和独断的局面。因此，近代哲学的开始，不能不在黑暗时代结束和文艺复兴推动之后。懂得这一点，有助于我们认清文化及哲学不能仅仅保存过去的传统，而且要以大智大勇来创造未来，即突破艰困的当前时代，把过去的文化推向一个新的高峰。

　　美国哲学虽然缺少悠久历史的熏陶，但相对地说，也没有"过去"的束缚。因而，更有利于向前探索，发挥新的观点，接受新的经验，提出新的理想。这种创新的潜力，正是美国哲学之所长，由此也促使美国哲学走向融合不同传统的方向。美国哲学不是指向过去的哲学，而是向前瞻望的哲学；不是局限一格的哲学，而是兼容并蓄的哲学。从这个角度，我们才能看到美国哲学之所长，从而对美国哲学有一公允的评价。

三、美国哲学的发展趋向

就目前美国哲学发展的趋势来看，美国哲学具有融合东西方哲学的可能。这不仅是由于美国哲学较少传统教条的限制，以及实用主义较能接受广泛经验的提示，而且也是由于美国文化本身正处于一个融合东西文化的关头。这表现在美国人逐渐了解到：世界的和平与安定，有赖于东西方文化问题的同时解决。美国人决不能只从重欧的立场或孤立主义的立场来面对世界，美国人或西方人也决不能以其文化的自我中心来忽视及蔑视东方文化和东方人精神生命所寄予的文化价值。东方的不安定也就是世界的不安定。进而言之，中国人的问题不能解决，世界就没有和平与安定可言；尊重东方与了解东方，也就是人类历史从小世界走到大世界的发展。这种发展自然不容许一个小世界的闭关自守，或妄自尊大，或坐井观天。再者，在美国文化内，目前已产生一种对东方文化的渴求，即在物质文化飞跃的基础上，寻求精神的安顿和空间。这是近代文明在工业和科学发展下必然发生的现象。过分的物质科学发展，造成人类精神和心灵的贫困、心灵空间的紧缩和消失。但人类文化既不能用物质来取代精神价值，也不能用物质空间来取代精神的领域。尽管人类上天入地，无孔不入，但精神的空虚却更加沉重。速度和拥挤、机械和工技，只能使人陷入孤独迷失之中，而产生更多的癌症、心脏病以及精神衰弱。就表面来看，这是美国社会的特征。但我们不一定要把这种现象看作美国人所专有的。这是工业和科学过度发展的征象。我们自己的社会尚未达到这种过度的发展，我们的文化也许能够涵容这种过度发展产生的渣滓，而使之消化无毒，但我们却无法否认，科技过度的发展，会引起精神空间的萎缩和心灵的贫乏，带来新的社会问题。也许科学本身可以进一步发展来解决其所带来的困难及问题，但却无法消除其本质上对精神生活的局限。也许我们要改变对科学的认识——科学对文化整体、对历史传统、对其他文化活动及价值的相关性，以及在人类个人及全体生活中的地位，才能把科学知识发挥到恰到好处，而无过与不及。这也是净化科学的观念和科学本体的文化含义。

美国哲学似乎已有了这种自觉。在过去 20 年中尤其看得出一个明显的倾向：就是重视及肯定东方哲学，并大力研究。这在近十年的美国学术界的出版物中更是昭然若揭。20 世纪 50 年代以来，夏威夷大学提倡东西哲学，召开了六次东西方哲学家会议。随后东西文化中心成立，《东西哲学》杂志出版，都表现出美国哲学界的容量，及对东西方文化融合的努力。现在美国七百多所大学的哲学系都开有中印哲学、比较哲学课程，与 20 年前绝无仅有的局面相比较，这种发展真令人振奋。

综上所述，我们可以归纳出美国哲学的几个重要特征：（1）美国哲学有创新的潜力，这种潜力方兴未艾。假以时日，定可开拓出光辉的境域。（2）美国哲学有综合及融合的精神，这反映出美国为一民族大熔炉的社会和文化局面。这种综合可分成三个方面：融合欧英传统，融合过去美国本身的文化和社会经验，融合东西方的文化传统。

（3）美国哲学强烈地反映了近代工业文明和科学知识的进度，以及与科学的密切连锁的关系。可以说，它既接受了科学知识系统很大的影响，又以其融合精神以及开拓的意志反过来影响了科学本身的发展，尤其是对科学在人类文明发展中的地位和角色，作了一番批评性的估价。

这三点说明，美国哲学具备很大的潜力，这个潜力虽然尚未发挥到最高峰，更多的努力尚待开始，更多的困难尚待克服；但美国的文化及哲学滋衍到美国哲学的园地里，使其开花结果，造成新文化及新哲学的开拓，这也是我们从事哲学思考时不能不顾及的人类文化问题。

下面，我们就美国哲学各重要方面所提供和发展出来的一些问题及理论要点，作一较具体的说明和评价。

四、形上学与本体问题

近三十年来，美国哲学给一般人的印象是以分析哲学取胜。当代逻辑上的成就以及分析哲学中的最佳论文，毫无疑问地都集中于美国。但我们也不可因之而漠视美国哲学中的形上学思想。形上学在美国虽不似一般分析哲学那样甚嚣尘上，但也从未失其据点。

美国形上学最完备的体系是怀特海建立的机体哲学。怀氏虽出生于英国，且因出版与罗素合著的《数学原理》一书而颇具盛名，但其形上学著作之完成，当在他移居美国、执教于哈佛大学之后。1929 年，他出版了《过程与实在》一书，即被视为自新黑格尔学派布拉德雷（Bradley）后第一个形上学哲学家。近来，人们更认为他是西方哲学中最后一个大的形上学哲学家。怀氏之书当时并未为学者所了解和接受，但自该书发表后迄今，除了《机体哲学》一书获得学者重视外，其影响还深及神学、宗教哲学和美学领域。在加州克利蒙大学中建立了过程研究中心，专门从事怀氏哲学之研究和发展，出版物尤为可观。

要了解怀氏的形上学，就不能不了解怀氏的形上学之观念。怀氏认为，形上学面对真实所持的理论，是以最普遍的观念来说明最具体的事实和经验。因之，怀氏认定，真实不仅可以说明，而且可以用普遍的观念来说明；具体事物及经验含有普遍性，正如普遍性含有具体性一样；具体和普遍之合一是形上学最重要的条件。但要发现具体事物的普遍性，形上学哲学家不仅要贯注于具体经验，而且要深思冥想，用自由生动的想象创造普遍深入的观念，用以解释说明并显示一切丰富的经验，以及一切宇宙内的事物。自这个观点而言，形上学可说是理性的创造物。但形上学既不是诗［如桑塔亚那（George Santayana）所说］，也不是独断的理性建筑。形上学的有效及真理来自：（1）经验的约束。（2）逻辑的约束。换言之，形上学观念一方面是以证明经验具体物为目的，另一方面其本身必须具备逻辑一致性。因之，形上学的建立不但是可能的，而且是必然的。怀氏称之为思辨哲学。

下面是对怀氏哲学体系的简单解剖：

$$形上学 \longrightarrow 想象 \nwarrow\searrow 逻辑 \atop (思辨) \quad \swarrow\nearrow 经验$$

这里，我们无法深究怀氏形上学之内涵，但可指出，怀氏形上学对实在的认识具备了几个重要特质：（1）实在是创造变动不居的整体过程，而非静止不变的实体或原子；（2）真实事物都是事件的有机结合，它们充满了创造的潜力；（3）宇宙的创造是日新不已、生生不息的；（4）事物之间彼此相属相关，关系之存在是创造的枢纽；（5）创造之源无穷无尽，创造之目的是以丰富的新奇和秩序来实现具体的世界。基于这个形上学架构，怀氏把宗教、哲学、美学及知识论均熔于一炉，提出新见，尤其在宗教哲学方面，怀氏的形上实在观念开辟出一创造性的宗教观。宗教是人追求创造实体的一种价值创造的努力。基于此，不但世界上各种宗教均具有宗教性，而且还表现为这种创造的努力。即使是形上学系统，也具备了宗教性的意义。

我们还可以指出怀氏形上学之两大含义：（1）形上学并非基于与科学精神相反的立场立论。反之，他一方面对传统机械主义科学作了批评，另一方面又提供了创造新的科学理论的基础。（2）他的形上学中的观念是与生物科学及宇宙创化论相互发明的。他提出的对"单纯位置"及"具体性误置"的批评原则，都对科学知识之推展具有醍醐灌顶的方法学意义。当前科学之发展，尤其在生物科学方面，已显示出宇宙绝非机械主义及唯物论所可涵盖。因此，怀氏之形上学在科学上也有应用的价值。

最后要提到有关怀氏的一点是：他的哲学提供了沟通中国哲学和西方哲学的一座桥梁。他打破了笛卡儿以来在西方哲学中根深蒂固的心物二元论、理性和经验绝缘之论，以及轻视时间及发展性的经验的成见。这些都是与中国哲学的精神不谋而合的。

不久以前在美国科罗拉多召开的中国哲学与怀特海哲学会议，充分显示了中国哲学中的形上学、知识论、美学、宗教哲学等与怀氏哲学可相互发明、相互辉映。怀氏哲学用近代语言把古典的中国哲学带入了20世纪。

在西方哲学的传统中，怀氏的形上学还有一个重要的贡献。他的本体观念是透过康德知识论之局限，而指向古典的形上学。他的形上学建设性地证明康德关于科学及理性对形上学的批判是有时代性的、有局限的，显然，形上学的建立并非不可能，形上学建立也不一定与科学知识相抵触；相反，形上学具有融合科学知识和发展科学理论的创造力量。它代表了人类不可限量的一种创造力。这一点也可说是接近中国《易经》传统之理论。建造思辨的形上学的怀氏和德国的哲学家海德格尔，同属超越康德哲学回到希腊哲学的大师。但怀氏亦能接受科学洗礼，其贡献是无可估量的。

美国哲学中尚有其他形上学的发展，如杜威的自然主义、蒂利希（Paul Tillich）的存在主义的神学，以及波普尔的世界假设观、刘易斯的承继康德传统的知识观、桑塔亚那的四境界观、刘易斯的唯心论等都值得进一步讨论。

五、语言与逻辑问题

20 世纪中期哲学的最大特征，是对语言性质批评的自觉，以及对语言与实在的关系之探讨。语言性质的自觉，以及对语言与实在关系之探讨，并非一件偶然的事。西方传统哲学自柏拉图、苏格拉底以来，就在讨论语言与概念或真实的关系等问题。但这类问题并没有成为哲学的核心，或成为哲学家最关心之事。

但是，20 世纪的哲学家却逐渐把语言当作问题的核心，是由于三大因素：（1）20世纪哲学家受科学影响，追求极大的精密性，因之，对表现概念及意义的语言也就敏察起来。（2）20 世纪哲学家面临逻辑方法论的考验，追求普遍性可传播的真理与知识。如果此项理想难以达到，那就应当用理性来加以说明。（3）20 世纪哲学有更强烈的传播意义。由于哲学这一行业相对普遍化，哲学为了发挥其真理和评价知识的功能，于是就对语言这一传播工具发生极大兴趣。尤其是鉴于人类语言之差异，如何以不同的语言来表达同一真理，不同的语言是否可以表达同一真理，以及如何把一个语言中的真理和意义转移到另一个语言，这些都是具有哲学意味的课题。在 19 世纪也许还有人认为德文是表达创造哲学的最佳语言，但 20 世纪的哲学家却不允许作此偏颇无据的论断。

人类创造了语言，也创造了哲学。更重要的是人类的创造性，而不仅是人类创造出来的成果。语言是一种人类创造自我的表现，也是表现人类创造性的工具。但如果不认清语言的人性表现性及工具性；如果不认清人类创造性最终是主，语言最终是客；如果不认清人当以已创造的方式及成果来做更大创造之契机和阶梯；如果不认清人可以在语言的应用中超越语言，那么，语言则将成为人类创造性的阻碍和限制。语言应当成为生动的创造力，而不应只是创造力的桎梏。人若不驾驭语言而为语言所驾驭，那么，语言就会成为佛家所称的文字业、语言障了。20 世纪的哲学是要求了解这语言障之何以为障，同时追求语言所开拓出来的意义主体和显示出来的客观实在。语言介于客观世界与主体认识之间，既可以显真，也可以蔽真，其重要性于此可见了。下图显示人的存在与语言、客体与主体之间的关系。

美国哲学毫无疑问是以语言问题为核心的典型哲学。一般所谓的英美分析派也是以语言的用法及所指的问题开始，以分析语言求其意义及所指的真相的问题之解决。分析哲学大致可以分为两派：一派以近代逻辑为语言的典型，另一派以普遍的语言为裁定意义的标准。前者可称为形式主义的分析哲学，后者则可称为反形式主义或非形式主义的分析哲学。

形式主义的分析哲学最重要的代表是卡尔纳普，非形式主义的分析哲学的最重要的代表是马可姆（Malcolm）和包斯瓦（Bowswa）。他们都是后期维特根斯坦的忠实信徒。这两派分析哲学都透过对语言的分析或建造，来解决并取消传统之形上学问题。因此，不论我们同意或不同意他们的看法，他们都提供了许多知识及意义模型。但形上学并未因此而取消或消失。这就表明，形上学不能通过分析哲学的语言分析及形式建造来解决，尤其不能通过断然无系统的、无全体性的语言分析来建造。这种尝试是与形上学的要求完全相反的。分析哲学因之也可说是，先否定形上学存在，然后再用语言分析来证明。这对形上学是不公平的。

但分析哲学作为英美哲学的中坚，也许正反映了在工业社会中，人类已丧失经验的全体性，而不得不在分析的过程中获得自我肯定的满足。分析哲学虽然有其面临的问题，但却把哲学带入清晰的概念境界。也只有经过分析哲学这一哲学发展阶段，当代人才能够认清个别性概念的极限和语言意义的边界，重新发现一个完整的存在。从这个角度看，我们也可以肯定分析哲学之积极意义，并对新形上学的重建和人类本质的发现，做出一番贡献。

在分析哲学中，还有两项重要的贡献：（1）分析哲学认为，逻辑结构不仅与意义结构有关，而且与我们经验的客观实在有密切关系。这种关系是相互决定的：不仅逻辑结构决定意义和实在，而且意义和实在也决定逻辑模型。这个观点，一方面导致我们对知识相对性和存在相对性的认识；另一方面也导致对不同体系逻辑之创造，这种现象也许更清楚地反映出本体实在的多层次的相因相应、相依互融之特质。（2）分析哲学之形式主义，引起了近代语言学的革命。1950 年乔姆斯基发表《语法结构》这一论文，提供了转型文法、深度结构的观念，使人们对语言的特殊性与普遍性都有了进一步的了解。乔氏以后的著述，更使美国哲学中之经验主义注意到先验理性范畴对了解人的语言及其存在的重要！

六、知识与真理问题

在近代美国哲学中，最完整和最精密的知识体系，是由哈佛大学哲学教授刘易斯所建立的。刘易斯于 1929 年出版《心灵和世界秩序》一书，即奠定了美国观念实用主义哲学之基础。这一哲学是以知识论为出发点的。1946 年，刘氏在出版《知识与价值判断的分析》一书中，进一步提出了分析意义的模式和命题真理的规则，然后对经验命题之可证实性和可反驳性做了理论的考察，并从可能率立场提出了证实知识及建立真理的理论。刘氏并将其知识论的观点运用于价值问题与善恶判断问题上面，建立了自然主义价值论与伦理学。

值得注意的是，刘氏最早的兴趣在于数理逻辑。他与朗福特（Longford）合著《符号逻辑概述》（*A. Survey of Symbolic Logic*），批评了罗素《数学原理》（*Principia Mathematica*）中的"物质蕴涵"（Material Implication），提出了"严格蕴涵"（Strict Implication）的观念，从而创立了模态逻辑。由逻辑走向知识论，这是刘氏哲学生涯的跃进；而由知识论再走向伦理学，则代表了他的成熟。他把抽象的理论投入切实的价值问题中，显示出他是一个不平凡的哲学家。刘氏迄今仍然颇具影响力，其知识论大为学者所称道。

刘氏认为，知识乃由下列三大因素所构成：已被给予的经验资料、先验观念以及人们为实用目的所建立的观念系统，或人们对它的解释以及个别观念之建立与修正。刘氏所谓的"经验资料"有几个重要特征：（1）它具有存在的普遍性，是我们感觉的具体对象；（2）它不能为语言或观念所描述，因之，具有现象学中排除一切观念之现象的性质；（3）它是绝对确实可信的，故为知识的确实性的坚实基础；（4）一切知识必须基于这些不可描述的感觉对象。

由于刘氏深信知识必须有一永恒不变、确实可信的基础，故可说，他继承了笛卡儿的知识的基础主义的传统。关于知识的观念成分，刘氏则继承了康德的范畴主义知识之传统。但刘氏不同于康德的是：他不认为先验范畴是固定的、一成不变的、超越于人的意志之上的。他的先验观念是指人类理性的自由之创造，创造是为了达到实用及实践的目的。先验观念因之也无固定之体系和范围，它是因知识的进步而改变。也就是说，知识的进步是由这种先验观念的可变性所赐予的。刘氏特别提出他的先验观，认为是补18世纪康德之短。但刘氏虽受康德的影响，却鉴于近代科学的进展方式，修正了康德哲学。从刘氏知识论重视意志决定之实用成分这一点，可以看到进化论对美国哲学的影响。这种影响可见于皮尔士、杜威及詹姆斯的著作。可见，美国之实用主义的形上学，是以进化论为起点的。

刘氏的知识论虽然结构严谨而完整，却不可避免地遭到两项批评：第一，他所谓的经验资料，真的是一成不变、超越言论、具有绝对确实特性的实在吗？这种实在本身如何被认识即成了一大哲学问题。故有人称他的纯经验资料观念是一种神话。第二，先验的观念真的是由意志任意选择的吗？意志如何来决定理性？这乃一形上学问题。

有趣的是，虽然刘氏遭到了这些批评，但是，在他的影响下，美国哲学中的知识论，却向体系中的两端——绝对经验与先验观念——分头发展了。怀疑先验观念的哲学家讲求如何用绝对经验来建造知识，或再把已确定的知识还原于经验的基础上，以求确定其有效性。此类哲学家名为现象主义者（Phenomenalists）。他们是在西方哲学中对怀疑主义的反对者。怀疑主义构成了对已存在的知识之威胁，因此，他们的任务是解除怀疑主义的威胁。我们认为，只要怀疑主义存在，那么，知识论的基础主义，如现象主义，就将永远占据一个重要地位。

知识论的另一分支的发展与此相反。他们并不重视经验资料，他们认为，知识论的产生在于不断地、推陈出新地创建先验观念。他们认为先验观念愈多愈好；只要先验观念经得起经验的考验，那么，在其未被经验否定之前，就一般都有效。他们关于"知识有效性"的标准，是观念的丰富性与开展性。这种看法首先由 30 年代英国的史蒂芬·波普尔（Stephen Popper）提出，以后在美国逐渐地发展开来，并形成一大学派。科学史家托马斯·库恩（Thomas Kuhn）并由此观点提出，科学理论是革命式的进展，而非连锁式之演进。当代著名的科学哲学家保罗·费耶阿本德（Paul Feyerabend）又创立了"无绝对经验"之说。他以为，每一理论本身决定了经验为何物，经验不能脱离理论而存在，而不是说，理论不能脱离经验而存在。他主张人们应当凭想象去发展理论观念，想象愈多，就愈能促进科学进步。科学知识甚至不必去考虑以经验为其基础。他又著《反对方法》一书，畅论不必讲究方法，此乃理论及知识创建之起点和目的。这种科学知识论上的浪漫主义，正好与笛卡儿的基础主义形成强烈鲜明的对照。

由上简论，我们可见美国哲学中之知识论既显示了知识论本身的分裂，又显示了人类步入 20 世纪中期所面临的知识问题之困扰。先验观念为重乎？绝对经验为重乎？如果要两者统合，那么统合之基础何在？过程又如何？我们不能只满足于历史上对这些问题的解答。每一时代都有其当前的问题，需要借助于我们当今的知识来解决。在我们看来，美国哲学中之知识论代表了近代人所面临的危机，因而具备了强烈的时代性。

为了解决知识论的分裂问题，当代许多哲学家几乎一股风地致力于知识观念之解决和分析。什么是知识？我们能否给予知识以一定的定义？对此，至今为止，哲学家们都没有做出确切的解说。

美国哲学家所作的有关知识观念的分析，导致了知识与真理的关系问题。著名哲学家齐索姆（Roderick Chisholm）采取"知识是真实合理的信仰"之定义。真实谓其符合实事，合理谓其具备证据支持。但问题在于，我们确定知识，以及知道我们所称的知识（可诉诸命题代表者）是否具备并符合事实的证据。对真实的确定，需要假设知识，但知识却以真实之确定为前提，二者相互循环。至于证据问题，则又涉及感官资料的问题了。上述知识论的分裂，又将成为一件不可避免之事。

但此项对知识观念与界说之讨论，无可讳言，有一个好处，就是把真理问题完全衬托出来，使我们对它的重视较知识问题更甚，使之变为更迫切的哲学问题。知识论之讨论所引起的分裂表明，知识问题的解决，有待于真理问题的解决，使我们万万不能忽略真理问题之种种。真理是一种价值，也是一种事实，乃与人之价值体验及形上学本体论密切连成一片。在这种认识下，后期海德格尔的著作《论真理之本质》（1943）、《同一与差异》（1957）以及《时间与存在》（1962）［注意此非海氏早期（1927—1928）的著作《存在与时间》］，已引起了美国哲学家的重视。对于哲学的新发展，我们将拭目以待。

七、价值与正义问题

当代美国哲学对价值问题的研究和发展，不仅多彩多姿，而且做出了极大的贡献。但这种贡献是经过迂回曲折而完成的。大致说来，美国价值哲学在实用主义及科技知识的影响下，自早期宗教性超越主义或黑格尔精神主义，走向科学性的自然主义。杜威在伦理学上的两大学说，充分显示了这种自然主义的观点。

杜威认为，善不是绝对的观念，而是对相对于具体情况的实际需要的理想的满足；善之认识及实现，必须依据科学知识。当我们有了更多的知识，就可以认清更高的善是什么，善因之也完全可以从经验立场上来了解。伦理学或道德哲学上之善也应当作如是解释。杜威认为，道德价值世界与自然界之间，可以通过科学知识而得到沟通。这种看法显然是以人作为纯自然的存在：只要人获得知识和对自然事务之完善的了解，他就能够决定善。杜威更提出"手段、方法和目的、目标为一连续体"之学说。两者之关系是相互决定。我们决不能把它们分为两极，以致造成理论上的困难。杜威的价值观和伦理学显然是有实际意义的。事实上，他已把自己的学说应用到社会及政治教育问题上，对民主政治和教育问题各提出了有意义的见解。杜威这种自然主义规范式的伦理学和价值哲学，是美国哲学的一大特征。

自杜威之后，美国伦理学发展成为一套分析哲学。更确切地说，美国伦理学成为一套后设伦理学（Meta-Ethics），把决定实际善的问题，转移到决定语言用法及意义的知识概念分析上去了。这种转向有几个重要意义：这不仅是伦理学受到分析哲学的影响，而被吸收到伦理学语言的分析活动中去；而且是代表了一种对当前伦理价值问题的退让，一种在急速社会变迁下，由于价值问题复杂化引起的怀疑主义和不安情绪。这也是由于人类在工业社会和科学的发展的压力下所面临的极大的困惑。不仅像堕胎、移植器官、教育问题、老年问题、少年问题、教士婚嫁问题等引起了价值内涵的混乱及提出价值标准的选择问题，就连何为生和何为死，生之权利和死之权利，也都成了医学上、法律上聚讼纷纭的难题。哲学家不但能运用过去的价值体系和标准来获得对问题的解决，而且感受到理论的困难，以及对传统理解的困难，因之，不得不收起规范性的价值考察，而走入后设的语言探讨了。价值理论必须以形上学为基础，只有以认识论为依傍，才能发挥其影响和作用。20 世纪的形上学和认识论都处于重建阶段；因之，对价值哲学本身，首先要作理性的自我批评，才能创建一个积极完整的体系。

从以上两个方面来看，我们固然可以指出后设价值学及后设伦理学的退缩不前，落后于时代；但我们也能肯定其积极的意义，取其所长，向前跃进。事实上，美国哲学的确显示了这种后设价值学及后设伦理学的跃进现象。近年来，哲学家已逐渐由后设的价值语言分析，走向实质价值规范及理论的建立了。这种透过价值语言分析及批判的价值哲学，具有一股充沛的活力，对时代的问题更能把握，且更有指导并影响实际生活的潜能。

新的价值哲学的涌现，尤其表现在政治和法律哲学的创建上。这种创建工作见之于哈佛大学教授约翰·罗尔斯（John Rawls）的空前巨著《正义论》，该书于 1971 年由哈佛大学出版，到1973 年，仅仅两年中即有五版问世。此书引起美国政治学界、法律学界及哲学界普遍的讨论，并被视为 20 世纪以来最重要的政治哲学著作。

罗氏的学说有极大的广度和深度，并有极大的实践性。他熔西方政治哲学传统中的亚里士多德、康德、卢梭以及洛克的学说于一炉，标榜另一种专重个人自由权利和社会福利的契约论。最重要的是，他明确地提出了两项说明"正义"标准的原则：第一，每一个人均应有与其他人相等的自由人权。这种自由人权，以不妨碍他人的自由人权为最大极限。第二，社会及经济上的不平等安排，基于下列两因素而决定：（1）它们能合理地断定为增进社会上每个人之福利者；（2）它们当通过社会上的地位及职位表现出来，而这些地位及职位，必须对社会上所有的人公开。前者显然与密尔（J. S. Mill）的自由原则同调，后者则是契约化的平等原则。

罗氏的贡献在于对这两个原则（他称作正义原则）之论据、效果以及实用性，都作了通盘的考虑。虽然他提出的观念仍有许多困难，但却无疑地重建了政治哲学之价值观，给美国民主制度及社会伦理学提供一个有力的基础。罗氏对西方人本主义及人权思想加以肯定，并向前推进一步，这是值得赞扬的。

如果说，罗氏的政治哲学是倾向中国的儒家，那么晚于罗氏著作另一政治哲学佳著，则有道家的倾向。

1974 年，罗氏的同僚，罗伯特·诺齐克（Robert Noziak）出版了《无政府、国家与乌托邦》一书。在该书中，他批评了罗氏的平等主义，以及政府的权利来源和极限的学说，并从正面提出了最少政府权力的学说。他认为，人都有与生俱来的对生命、健康、自由与财产的权利。政府的存在只是保证这些权利而已，政府只有消灭之功能，而无积极的效用。因此，他认为，财富的分配和社会的措施，都没有道德的必然性。因为政府权力的来源，乃个人权利的转让，个人若不愿意转让其合法得来的财富，那么，政府就无权将其为重新分配之用。总之，政府及社会的制度，必须受制于个人的权利，而不得僭越。

诺氏的上述政治理论，显然发挥了保守的自由主义思想。但在目前美国社会及美国联邦政府权力高涨，而又面临道德危机的关头，该项学说可说是一帖清凉剂。即使不时地发挥上述影响，至少也揭示社会价值问题的症结。

上述两种政治哲学的创建，反映了美国实际价值哲学的活力。但这种活力还未发展到顶峰。因为还有许多价值哲学的难题，并未获得答案。就以政治学中的价值问题而言，罗氏及诺氏亦只注目于正义与法律的形式基础，而未面临人性其他的需要和特质。人的价值来源，除正义的目的和动机以外，尚有其他的德性体验。儒家学说中的"仁"

或"仁政"概念与基督教中的"爱"和"正直"概念，如何取得协调和统一，则是更深一层的价值问题，有待于美国哲学家更进一层的发展。在这项更进一层的发展过程中，我们当然不能忽视近三十年来，美国宗教伦理学及神学的贡献。

八、当代美国哲学的意义和地位

以上我们对当代美国哲学之发展作了一个简要的分析和评估。当然，美国哲学固然有其特征，但也有其普遍性，因为其所面临的问题本身，就有普遍性。美国哲学之所以是美国的，是由于它既是在美国文化、社会和传统历史中发生，同时又是由于其面对当前特殊的问题而有其特殊的反应和重点；其表现方式及采取的标准，更为文化中的知识内涵及价值内涵所决定。

我们可以概括地说，哲学之有特殊性，是由于下列四项因素所决定的：（1）历史文化背景；（2）对未来的憧憬和理想；（3）现存的知识内涵；（4）现存的价值取向。这四者，自然又彼此影响，相互决定。哲学不同于科学之处，乃在于其广泛的文化方面的各因素，因此，上述四项因素是相互结合、相互渗透，决不能将它们隔绝开来。这些因素既有其特殊性，但也有其普遍性，即与人们所追求的终极价值与所依持的生命禀赋和理性相一致。这也是历史事实及对经验的考察和对理性的反省可以证明的。因此，在特殊文化环境中发展起来的哲学，可视为特殊文化的哲学，亦可看作哲学在特殊文化中的发展。美国哲学是美国的哲学，或可说，是哲学在美国的发展。因此，我们不必局限于某一个人、某一个学派，而完全可以将问题的提出和解决作为讨论的标准。

以上，我们已对美国哲学或哲学在美国的发展，作了一个分析及评估。现在我们要进一步问：它的未来是怎样？要回答这个问题有一个确切的认识，我们就必须把握美国哲学或哲学在美国的意义。

美国文化和美国社会的长处，在于其发展了民主制度、人本主义、多元的涵容精神，以及科学和工业高度的文明。美国在世界上的地位，是由于其能代表民主和自由的价值，以对抗集权和专制的社会。美国的哲学便与这种文化及其民主的立国精神互为一体，并息息相关。我们可以看到，美国哲学的潜力，与美国的文化及其价值创造的潜力成一正比。美国要发挥它的文化潜力，就必须发挥其哲学智慧，作为它精神生命的依据，并作为创造未来的准则。美国哲学如何面临这一考验，乃极其重要的课题。

其次，美国哲学与科学的关系最为密切。随着美国科学的不断发展，其哲学的问题及理论，亦与之同时不断发展。人类趋向科学的发展，工业文化成为普遍的人类文化，这是世界上发展中国家的一般现象。从这个观点来看，美国哲学中关于科学和价值的学说，必将广泛地传播，成为世界哲学的中心课题。

再者，美国是一个多元民族的国家，其文化的涵容程度高于欧洲任何国家。就以移民一例来说，美国自19世纪起，就是世界上接受移民最多的国家。移民相处，就必须学习容忍及合作的能力，同时也激发起融合各种文化传统、创建统合价值的雄心。从这个角度看，美国哲学及思想，将有更多向、更多元的发展。一方面是以探求现实问题解决的途径，另一方面是显示多元体系的丰富的创造力。

近二十年来，中国哲学已普遍进入美国各大学课程，哲学界对中国哲学的讨论及提倡更是蓬勃发展，美国哲学正逐渐走向东西哲学或中国与西方哲学融合的境界。鉴于这一契机，我们更应积极扩大胸襟，迎接这一潮流，为中国传统文化及哲学开辟一个新的境界。这自然也是中华文化在全世界复兴的最佳良机。

最后，需要指出，美国哲学在形上学、语言分析、逻辑、知识论、真理论、理论价值哲学，以及应用价值哲学（如政治、社会哲学及伦理学）中的成就，仍然处在方兴未艾阶段。但美国哲学在这些方面，已把握了问题的核心，亟待进行一次大整合和大创造，以求达到一个完整体系的高峰。当然我们面对人类分工、学问专业化的社会制度，这种大整合、大创造如何可以达到，确为问题。有人认为，怀特海是最后一位玄学家。但若将尺度放宽，我们仍然可从西方哲学家中找到几位体系完整的大师。最近逝世的海德格尔即为一例，但后继者为何人，乃一大问号。但面对世界文化和知识之潮流，我们不能不对哲学的大整合、大创造抱有宏愿和雄心，对人类整个价值需要抱一开拓的胸襟，尽己之力来创造未来以及对未来的哲学理想，以满足人类心灵最深处的需要。只要美国哲学有此远见卓识，那么，其未来是不可限量的。

我们对美国的文化及哲学寄予殷切的期望。我们更愿借省察美国哲学的发展和估量其未来潜能的机会，来反省、体认中国传统文化和传统哲学的重要价值，取人之长，补己之短，致力于中华文化和哲学的复兴，致力于世界哲学的大整合、大创造。

第二节　中国哲学在美国的回顾（1963—1985）与展望

众所周知，中国有着悠久的哲学传统，这个传统一直受到外来的冲击和挑战。但结果，它反而成为一个更强大、更有成效的传统。这是因为，传统就像人一样，有它自己的生命。为了扩大中国传统哲学的生命力和获得成果，它就必须保持健康，获取良好的营养，以增强力量，特别是要和更广阔的外部世界沟通和交流。这是必要的、不可缺少的。

我出生于20世纪，发觉自己处在各种历史趋向相互冲突的十字路上。中国哲学传统正处于这个冲突的中心，它的生命和活力面临着威胁。人们发现它不能应付科学和技术的现代世界，它没有产生出诸如民主和个人权利这类现代西方的价值。然而正是这个传统，在我看来，它不仅是我成长的一部分，而且它也是作为一种人性的形式和一种理性的形式的传统。就儒家、道家而言，它们尽管都富有实用性，却仍然用具有深刻的"指称性意义"的语言来谈论事物。这个传统的危机，在回顾中或许可指述为"传统欠缺指称性意义"的危机，无论是儒家的、道家的甚至是中国佛学的传统，面对世界的关涉，仅被看作来自科学、技术和西方世界。

正是由于这种危机感，以及对中国传统命运的忧心，才使我来美国寻求西方哲学思想的智慧。我想探究西方思想的根源，我要弄清西方哲学和它的传统是怎样形成和发展的，并弄清它在产生现代西方文明的过程中是如何成为实用和富有成效的。在哈佛大学的五年，使我能够加深理解西方哲学方法论的效用和形而上学的魅力。它也使我明白，为什么中国哲学和它的传统在一个被西方传统所规定的世界中，失去了它的活力。在哈佛大学的五年，也使我有机会深入地研究中国哲学传统的内在生命。中国哲学像一棵久经风霜的老树，从外部看或许斑痕累累，但它的内在生命却经久不衰。你越是深入思考它，你越是深入关注它，它就越有吸引力，并在理性上更加清晰。这意味着，中国哲学思想的内在根源是深植于人性的内在根源中的，这就是中国哲学称为"道"的宇宙生命的内在根源。

这种体验对我来说是极其意味深长的，至少部分说明了我到夏威夷大学执教的缘由。甚至早在 1963 年，夏威夷大学，特别是它的哲学系，对东西方哲学家的对话，表现出独一无二的关切。在夏威夷大学，我惊奇地发现，那里也有来自东方和西方的其他哲学家，他们都主张促进东西方之间的交流。但是我也必须说，我的观点和我的感觉稍有不同。对一个土生土长的研究中国哲学的中国学者，我可以同意：不错，就广义而言，我们的确需要东西方之间的交流，但假定有了对话的环境，我觉得我们同样必须注视每个传统的内在生命。至于我，我感到必须而首要的是注视中国哲学传统的内在生命。因为我确信，中国传统的历史不仅提供了对其自身潜能的洞察，而且也为人类提供了普遍的启示。因为，同 19 世纪和 20 世纪上半叶的西方汉学家相反，中国哲学不是单纯地囿于中国历史和中国地区的一种文化形态，而是能够对整个人类有吸引力的一种理性的形态。换言之，中国哲学在其眼光和视野方面是具有普遍性的，虽然它的起点是特殊的。孔子对这一点的陈述是中肯的："博学而笃志，切问而近思，仁在其中矣！"（《论语·子张》）这是一种具有启示性的观点：人们做事总是始于身边的事物，然后才扩展到较远和较广泛的事物；人们考察事物，总是始于事物的表面和明显之处，然后才深入到事物的里面和隐微之处。但是，近和远、表和里、显和隐，却是不可分离的——就总体的方式说，它们是相互联系的统一整体，这就是"道"。

如果不是离中国哲学主题太远的话，我想谈谈国际中国哲学会是怎样创办和组建的。

1964 年初，在第四届东西方哲学家会议期间，两代中国土生的中国哲学家聚会，讨论在彼此之间以及与其他哲学家之间的交流问题。在那次会上，有我的老师方东美以及唐君毅教授、谢幼伟教授、吴经熊教授和陈荣捷教授，他们代表了海外老一代学者；还有刘述先教授、黄秀玑教授和我本人等年轻一代学者。当然，与会者还有搞哲学的其他中国学者，他们正在走上哲学之路。当时，中国哲学家聚集在一起，并开始编织海外哲学家通信网络。在那次会议上，大家才明白，中国历史上原来有那么多哲学家分散在海外不同地区，所以，进行密切的直接交流是必要的和意义深远的。

我也开始明白，中国哲学家必须探索出一种与其他哲学家交往的方式，并且将中国哲学移植到新的土壤中去。自然，这需要密切注意考察作为一种语言表述、人性以及人类理性的现代形式的中国哲学。正如我曾经说过的，为了恢复传统的内在生机和对一般人类的生活做出贡献，中国哲学必须进行自我良知的反省。

从本质上说，中国哲学的生存，取决于三个要素：（1）认识和理解中国哲学传统的内在生命；（2）认识和理解中国哲学在现代世界中的新结构和新形态；（3）对现代世界中人的内在生命和外在方式做出贡献。

我谈论中国哲学的发展问题，就是在作为分析地重建中国哲学的这三项要素指引下进行的。

我一直确信，中国哲学有一种内在的生命，但又需要一种新形式。所谓的"新形式"，并不一定指西方哲学具有的那种形式。因为，没有任何人能把一种外来的形式强加于一种本土学术的内容上而不体验到某种不协调。形式必须是自生自灭的，它必须来自内在的、充分发展的生命，并必须是内在生命有机体的一部分。当然，中国哲学仍然有很多方面要向西方学习，如在逻辑、论证和内容、意义的表达等方面。

换言之，中国哲学必须有一种新的语言，一种新的诠释学，一种新的交流方式。它必须清晰地表达它那含蓄的理性和"缄默的学问"（借用米歇尔·伯莱伊的话说）。我们甚至可以说，中国哲学的形式将来自两条渠道：逻辑的方法和现代生活的辩证法。西方哲学提供了有益于中国哲学的逻辑方法；中国哲学则有适用于现代生活的辩证法，通过不同的水平和不同的方面，实际地体验现代生活的问题、矛盾和困境。中国哲学必须着手提出在现代世界生活环境中的中国哲学，使中国哲学去经受现代生活环境的考验，并真诚而深入地与西方传统的哲学家进行论辩和讨论。

因此，中国哲学的重建，不只涉及内容或只涉及形式，而是指内容和形式相结合，也就是形式中的内容或内容中的形式之重建。充分理解在西方思想的土壤中移植和培育中国哲学种子的重要性，也导致了承认用一种新的语言媒体去表述和发展中国哲学的重要性。自然，在这里人们遇到的最大挑战，是语言的哲学和哲学的语言问题。当中国哲学用一种外国语言来表达或企图来表达，它还能保持不变吗？

在这一点上饶有兴味的是，中国传统的历史经验多少是不同的。中国的语言早就经历过一种外国哲学的移植。这里是指中国的佛教哲学从印度的移植。在这种情况下，佛学不仅被吸收到中国传统中来（从而丰富了中国传统），它也给佛教提供了发展的新动力，并在中国形式的佛教哲学中产生了新的认识和新的成果，例如天台宗、华严宗和禅宗。另一方面，目前的英语，或许它早期的盎格鲁－撒克逊形式的英语，曾先后吸取了希腊人和拉丁人的哲学传统。几乎不能说，它是一种外来思想和外来哲学的移植。因为历史地说，西方是作为一个整体而发展的，即使语言可能已有变化，但一般地说，传统的实体却是连续的。所以在今日，西方语言还必须经历外来哲学和文化的移植。它可以从中国传统中吸收某些可供其重建之用的东西。它使传播的哲学家和接受的哲学家密切地共同工作，以形成一种具有持久效果的影响。中国的经验至少有助于表明，由于移植而产生的丰富化，将产生极其深远的有益影响。它刺激了固有哲学传统的内在生命，它产生了一种新的展望，一种新的视野，并引向攀登新成就的高峰。

正是由于这些思考，引导我们在 1972 年，即在组建中国哲学会的之前，创办了《中国哲学季刊》。自从 1964 年东西方哲学家会议以来，我就知道，重要的是把个人集合在一起。但那时，我们更强烈地感到需要聚拢思想。人和思想构成一个完整的统一体。没有人就不可能有思想，但没有思想就不可能有有思想的人。就中国哲学而言，中国哲学传统内部的危机是这样的，它需要外部的水源强根富干。此外，从我们对西方哲学传统的理解，深深感到西方传统有必要接受外来的刺激。我觉得，西方哲学确实也有内部的危机。虽然它是一种不同于中国哲学的危机。西方哲学总是经历着危机，甚至可以说，西方哲学是通过接受危机的挑战发展和兴盛的。另一方面，中国哲学却更多地陷入了维护历史遗产的局面。事实上，西方哲学史从起始到现在，一直被方法论的危机所截断，如今，它又碰到了另一次危机，以下略加解释。

二十多年前我到哈佛大学时，有一股强大的逻辑和分析哲学潮流。那时，存在哲学和现象哲学受到了有意识的排斥。但现在，我们已经看到，人们对各种不同的欧洲传统的兴趣，正在稳固地增长和发展，如存在主义、现象学和批判理论。当然，这并不是说，确认存在主义、现象学和批判理论对于西方传统的生存是重要的；而是说，人们都能体验到需要这种刚刚开始的冲击，因为人性已经开放，世界已经开放，正如海德格尔所说，我们需要哲学生命的一种新的视野。在西方传统中，关于开放的需要和冲击这两个方面，都来自西方传统自身的过度发展，以及它的科学技术与人和生活的不协调。近来，某些分析派哲学家表示已厌倦了用同一种语言和范式去研究同一种哲学问题。这是因为，人类生活不能限制在一种固定的模式里，人类生活总是经历着更迭和改变，新的范式总是需要的，西方哲学已经处于新的范式探求的转折点。因此，探讨西方哲学范式的扩大的时机，现在似已成熟。要使这种范式的扩大成为可能，西方哲学传统就必须像中国哲学传统一样，向其他传统的敏视和观点敞开，必须从外部消化和吸收新的经验和智慧。新的范式必须从传统自身的资源中建立起来，但只有在它的资源被另一种传统所丰富之后，才能成功。

《中国哲学季刊》创办的需要是基于对中国哲学传统和西方哲学传统回顾的基础上的。它预示着一种觉醒和对西方哲学的冲击，为中国哲学内在生命探求一种新形式的觉醒，亦即中国哲学需要西方哲学，以便探求新的境界和新的范式的一种觉醒。《中国哲学季刊》的创办，不仅通过哲学的对话在东西方之间架起一座桥梁，而且也是出于对东西方哲学做出贡献的目的，而试图将中国哲学移植到新的地区。它关心于中国哲学现代化和作为中国哲学的世界化这种双重目的。在创办后的第一个五年中，它已感受到虽缓慢而稳固的支持，以及在西方需要扩大中国哲学影响的一种更宏大意识的觉醒。由于《中国哲学季刊》五年的基础和它的日益增加的撰稿者人数，把中国哲学家团体集合起来，向在美国更有组织地、更广泛地奠定中国哲学大大向前跨越一步的时机已经成熟。怀着使中国哲学家和非中国哲学家都参加进来的目的，因此，我们在 1975 年创办了"中国哲学会"。在这方面，有趣的是注意到"中国哲学会"这个词的含混性是有创造意义的：它可以意味着研究中国哲学的哲学家，也可意味着正在研究西方哲学的每一位中国学者。在学会创办时期，我的确就想到了研究中国哲学的中国学者，研究中国哲学的非中国学者，研究西方哲学的中国学者，甚至是研究西方哲学的非中国学者。因为，中国哲学在起源上是特殊的，而在终极目标上则是普遍的。中国哲学从来没有被纯粹专业化，所以它从来也没有被分割为各个部门，正如在西方哲学中发生的那样。对于在美国特别见到的那种西方哲学的哲学专业化和分割化，在中国哲学中却成为一个很好的矫治良方。

当然，中国专家来参加中国哲学的讨论，这是有益的，有非中国的专家来参加讨论，也是有益的。假如一个西方哲学专家专心诚意地关注中国哲学，人们便会期望他做出有益的结论，并与他进行有益的对话。他也可期望从这些对话中学习和受益；反过来，这对于哲学界也将大有好处。正是由于这个缘故，《中国哲学季刊》和"中国哲学会"对任何人都开放。

1978 年，我们召开由唐力权教授主持的第一次中国哲学会议。唐教授建议我们更名为"国际中国哲学会"，唐教授强调"国际的"一词是有意义的，因为学会的基础就是国际的、人际的、历史之间的、文化之间的和交叉学科的。它的目的是以中国哲学为基础和出发点，建立一种为人类普遍关心的生活形式和思想方式。它试图把这个诸哲学社会的伟大联合（大同）推向世界，以便为全人类的和谐与团结提供一盏引航之灯。

自从第一次国际学会会议以来，每两年开一次会。第一次会议由唐力权教授主持，在康涅狄格的康州美田大学召开；第二次会议于 1980 年在南卡罗来纳州的查尔斯顿学院召开，由张仲岳教授主持会议；第三次会议于 1983 年在加拿大的多伦多大学召开，由罗杰尔·艾姆斯教授和秦家懿教授主持；第四次会议于 1985 年在斯托尼·布鲁克召开，由唐力权、沃逊和迪尔沃斯主持，并得到罗伯特·奈威尔院长的支持；第五次会议于 1987 年在圣地亚哥召开，由唐力权主持；第六次会议于 1989 年在夏威夷海庐岛举行，由郑学礼教授主持。每次会议都确立一个主题。开始我们讨论存在和非存在的问题，尔后我们转向真理和方法问题。在多伦多会议上，我们讨论价值和人类存在的问题。随后又讨论自然、人性和文化，以及中国哲学中的心、性、理诸方面等题目。所有这些讨论，不仅对中国哲学是重要的，而且对西方哲学、对人类生活，以及对我们正在寻找自己的宇宙来说，也是重要的。

未来将会怎样呢？我们的回顾追忆就是我们的根据——它给我们提供了对于未来的许多期望。

第一，未来是一个重大的挑战。西方哲学对中国哲学是一种挑战，中国哲学对西方哲学也是一种挑战。就是说，这是一种双向的挑战：西方哲学须扩展到一个新的境界；同时，中国哲学自身要继续它的复兴事业，就必须重建，即在内容和形式方面现代化。这种挑战涉及中国和西方之间的互利和协作，从而把思想领域推进到一个新的境界。这种挑战实际上是人类思想和人类生活走向新时代的必经之路。

第二，当西方哲学面临着范式探求和方法论变革的危机时，中国哲学会给我们带来许多有用的范畴。处理这个问题，中国哲学的概念，如道、仁、圣、心、性、理、诚明、理气，所有这些，都是富于创造性、富于成效的概念。当它们被适当地介绍给西方哲学时，那将不仅对西方哲学的发展给予有力的阐释，而且也为其发展提供一种新的动力。我本人在新儒家和怀特海哲学的讨论中已表明这种观点。在这里，我们也把分歧的可能的会聚看作它的丰富化的内容。

由于以上这两点，使我们可以展望未来。在未来，中国哲学在西方将获得更普遍的传播，正像西方哲学在中国已获得普遍的传播一样。

我这样说不是出自思想上的固执偏颇，而是出自内心的希望和理解。中国哲学完全是应用性的；我的确希望中国哲学将不仅成为一种理论体系，而且将被用于分析和解决个人、社会以及世界的生活问题。中国哲学的终极目的是人类的和谐：个人的、社会的、世界的和谐。按照孟子和《易经》的精神，我们希望看到中国哲学的弘扬和转化。这只有当我们大家都由于中国哲学的卓识远见而创造性地介入和创造性地受到激励，才有可能实现。

第三章　中西哲学的融合

第一节　中西哲学范畴的差异

范畴是哲学的基本概念，是反映客观世界本质联系的思维形式。它既是人类对客观世界认识的一定阶段，又可转过来成为进一步认识世界和指导实践的方法。因此，要对中西哲学进行深入的比较研究，就必须对中西哲学范畴的各自特点，加以完整而深刻的认识和把握。

一、中国哲学范畴的历史发展

研究中国哲学，无论从其历史的发展方面着眼，或者从同一时期学派的比较下手，都会接触到范畴问题。所谓范畴问题，可以简单地归结为有关基本思想观念的问题。若详加分析，则中国哲学的范畴问题可以分为下列数项问题：（1）范畴的种类与内涵问题；（2）范畴的确定的标准问题；（3）范畴的特征问题；（4）范畴的变迁与实用问题；（5）范畴的比较问题；（6）范畴的批判问题。

从中国哲学的发展来看，自远古到近代，似乎一直都围绕着一些基本概念与观念的发挥。也可以说，这些基本概念贯串并带动着中国哲学的传统。故这些观念具备了范畴性。先秦哲学中的基本概念，如天地、道德、性命、阴阳、五行、有无，一直占据着哲学思考的中心位置。以后的发展并未代替或取消这些概念，反而借用新引入的概念来重释这些原有的概念。如魏晋后，哲学论及理、气，到宋明已发展为一套完整的理气哲学。理、气显然是宋明哲学中的中心范畴。但理、气并未取消原有的天道、性命概念，反而借助于新的界说和解释，充实与丰富了这些原有的哲学概念。故我们可言，中国哲学的基本概念有其历史的延续性，因其延续性而见其基本性。当然，我们并不能把后期的哲学观念，如理、气，作为原有概念之注脚。相反，我们可以把后期的中心观念看成独立的范畴，确认其独立的意义。但我们也应了解，后期的范畴不但有可能为前期（原初）范畴所孳生，而且其与原初范畴相交解释，决定了原初范畴的部分意义。同时，其部分意义也为原初范畴所决定。这种交相辉映的意义互决，可称为本体的诠释现象。这是中国哲学思想的一大特色。

中国哲学中的范畴自其历史发展看，不但有其占据中心思想的位置，而且有其促进或牵引新思想的发展的意义。如果我们采取辩证的观点，我们甚至可以说，中国原初的哲学范畴都具有发展引申新观念，以及与其他外来哲学（如佛学）交融发展的动力与能力。我们也可以进一步说，只有具有延伸发展和与其他外来哲学互相影响的观念，才有资格称为哲学范畴。天、道、性、命、理、气等概念，显然都具备了满足这种范畴性要求的条件。然而，就西方哲学而论，情况却并不如此。从同一时期或不同对象、不同学派的比较来看，中国哲学显示了高程度的概念一般性和名言共同性。这种概念一般性与名言共同性并非指不同学派有一致的思想和观念，而是指它们既运用同一概念（概念不同于观念）和名言，也承认这些概念与名言的共同意义，但却在这些一般概念与共同的名言上建立不同的哲学命题，因之，赋予这些概念和名言以不同的哲学观念内涵。举例言之，先秦哲学中的儒、道两家哲学，都可以说是建立在天、地、道、德、性、命、人、物等基本概念和名言上，虽然它们各自所建立起来的思想学说大异其趣，但两者的语言却有共通之处。广而言之，儒、墨、道也有可通的语言概念，但三者仍属不同的思想体系。当然，这并不妨碍我们从三者的论辩比较中，得到"儒墨相反""道墨相远"的结论。

战国时孟子和荀子的思想也有共同的概念与名言，但其哲学观念与命题却有背道而驰之势。宋明理学与心学可以用同一套字眼名称，如理、气、心、性等，但两者观念之差异则昭然若揭。由此，我们显然可以看到范畴的另一重要意义，范畴是一套可以发展不同哲学思想体系的基本概念与名言。一方面，它具有超越不同思想体系的中立性；另一方面，又具有参与承受不同思想体系的潜入性。换言之，范畴可以成为建立不同思想体系的基本概念或基本用词；通过这一共同性，也许我们可以解释和预测不同的体系相互影响的可能。当然，这里我们并不否认不同体系也有其独特的中心思想观念，表现为独特的概念与用语。例如，孔子侧重于"君子""小人"之辨，老子则绝无此种分辨。其述"无为而无不为""有象""有物""有精""有信"，则为孔学所无。故我们讲的范畴，只是就中国哲学的范畴特性而言。中国哲学的范畴具有广延性及涵括性，构成了一个一般性意义的圆环。一方面，它表现了中国语言的丰富多义的弹性；另一方面，也反映了不同学派具有共同文化背景的人生经验。从共同学派共享的基本概念和语言的分析中，我们可以确定一个原始概念共同的景观。

以上我们简述了中国哲学范畴具备的时间延续性与空间广延性。若以图示意，则中国哲学范畴的延续性可表现为环环相串的；而中国哲学范畴的广延性则可表现为环环展开的。个别中国哲学系统及学派，均是依据对人生、社会、宇宙、自然个别之特殊体验和观察，把原有的概念扩大和拓深，并加以组织、传播、创生、发展和完成。

对中国哲学范畴的延续性与广延性的另一观察，是与西方哲学相比较。中国哲学的中心观念和用词，在历史发展中具有较大的稳定性与通用性，这便显示了中国哲学范畴的延续性与广延性。综观西方哲学，自古希腊亚里士多德提出十大范畴以后，哲学系统的建立比比皆是，且各树一帜，标新立异，异军突起，很难看到历史传统长时期的直接递承，而个人玄思的发挥则并非少数。因为无论是早期诡辩派的各显雄姿，还是近世哲学笛卡儿后门派分立，起点纵有相通，但刻意引起新观念（范畴）以建立新系统的努力，则不胜枚举。笛卡儿之"心体二元"说，斯宾诺莎之"泛神一体无限属性"论，莱布尼茨之"先天和谐单子"说，各据不同的基本范畴，呈一时立论之盛。18 世纪以后西方哲学的基本精神，亦是循此发展。以迄于今，仍是在范畴上摸索，以求一个统一可取的体系，但却陷入了新范畴与旧范畴的冲突。近代怀特海所创立的形上学与方法学未能为西方科学、神学和一般哲学以及通俗思想所接受，便是范畴对抗性的一种表现。基于此，现代哲学中乃有"事件本体学"和"本质本体学"之分。

二、西方哲学范畴的特征

以上所述，揭示了中国哲学范畴在中国哲学历史中所具有的特征。但这并不足以说明范畴的定义以及范畴在思想体系中具备的功能。对于这个问题，我们必须进行一项一般性的探讨。

什么是范畴？"范畴"一词在现代中国哲学的用语中显然是西方哲学中"category"一词的翻译。西方哲学中"category"一词指的是思想对象所必须认知的性质范围或性质种类，它具备了认知对象的根本性，便可引申为认知观念的根本性，并可表达认知语言的根本性。换言之，"category"既可以了解为本体论或形上学的基本观念，也可以了解为认知的基本观念及语言表象或意义表象的基本观念。在本体论的层次上，范畴指的是本体（或实体）的特性；而在知识论的层次上，范畴指的是知识的特性或知识形成的条件；在语言的层次上，范畴则是表达本体论思想或知识论思想的语言述词。三者的关系非常密切，并相互界定。

在西方哲学传统中，范畴来自苏格拉底和柏拉图对普遍性概念的考察。普遍概念在整体上即是理性、界说和评估事物的标准。在亚里士多德那里，已具有本质（本体的）意义。范畴即是事物之一般属性，故范畴是假设一对象之存在；而对其属性的决定，即是其范畴的决定。故范畴即存在之属性类别，具有本性之内涵，但在语言及观念表达上却是语言中之述词，即"Predicate/Predicamenta"。亚氏对范畴之界说即为：凡为对种种物象之属性述词即范畴。亚氏举出十大范畴为：（1）本质、类；（2）量；（3）质；（4）关系；（5）地点；（6）时间；（7）处境；（8）所有；（9）动作；（10）受作。

据此界说及所列范畴，我们对范畴可得而言者有四：

第一，范畴是普遍的概念，表现为任何存在物之属性，物虽然多而特殊，但物性却为统一为普遍。范畴即代表物性之种种。若世界只有一个存在物或只有普遍的存在体，则范畴当为此世界的基本特性，亦即范畴为存在的一般属性。

第二，范畴是彼此各自完整独立的概念，故可视为存在（或存在物）的不同性质。各性质相合则为存在（物），但物自体不等于范畴属性之组合，必定是先有物而后有范畴。故范畴不等于物之分类。因为事物可以不同，却均可为同一范畴所适用。我们可用亚氏十大范畴来表述事物之普遍属性，那么，这十大范畴可视为十种不同的对事物属性表述之种类。这种表述是认知物之所以为物的方式，故为逻辑上思考物的方式。亚氏范畴不仅是存在范畴，亦可视为知识范畴，因为它具有知识的意义。这里应注意：如果把对物种的分类视为在物之质的范畴内的分类，那么，世界上物种之分类就变为质的范畴内的分类，而成为次范畴。此即为奎因逻辑格言之含义："存在即为逻辑式中量限词之变项。"

第三，基于范畴的观念意义，存在种类不但可以观念化（此即奎因格言之含义），而且任何观念均具有范畴的性质，因为任何观念均为一量限词变项（即主词）之表述。不同观念均隶属于不同的系统，且有层次广狭、高低之分别。范畴因而就成为不同观念的系统的分类，同时亦为不同系统分类中之最普遍的观念，此即使范畴成为普遍性的类性。而各系统所属的观念又可分为种性、差别性、必然性、偶然性，这也是亚氏对界说提出的逻辑结构。现代逻辑自罗素及怀特海以后提出的"型别层级论"（theory of tyres），即具有范畴层级论的内涵。虽然其目的在于避免因层级之混用所造成陈述句之矛盾，亦即"类之矛盾"。

第四，亚氏对范畴之认识显然出自于希腊语言中主词与陈述词之分野，而以述词句为范畴论之基础。范畴即具备述词性之观念，简言之，即述词。他所举十大范畴均可依主词、述词的形式出现及了解。量范畴即有关量述词，如大小等；质范畴则有关质述词，如木、金、土等；处所范畴即有关处所或空间位置述词，如上下、左右等；时间范畴即有关时间述词，如先后、过去、现在、未来等；处境范畴即有关处境述词，如发展成熟或不成熟等；占有性范畴即有关占有性述词，如因、果等；动作范畴即有关动作述词，如飞行等；受作范畴即有关受作述词，如被迫等；关系范畴即有关关系述词，如大于、小于等；本质范畴即存在物之分类述词，如人、神、物等，亦可为此等分类述词之界说中的必要性述词，如人之理性等。我们据此立论，即可了解亚氏所谓的范畴，亦即语言述词之分类。亚氏十大范畴亦即希腊语文之十大述词分类。这里并可指出，关系范畴可归于量与质范畴，处境及占有性范畴亦可并入质范畴，因它们均可视为形容词述词；而动作范畴及受作范畴，则显然为主动词与受动词述词。范畴反映语言述词之性质于此可见。

亚氏于十大范畴之后，又提出五个后置范畴：（1）相反；（2）同时；（3）前置；

（4）运动；（5）具有。五后置范畴是用于所有陈述词者，故为第二级范畴，即为概念之概念，有如类层次之第二度概念。显然我们所指范畴并不必涵摄，但也不必排除后置范畴。亚氏固然界说了并显示了范畴的特性，但他的十个范畴却有两项缺陷：第一，他并未证明这十个范畴为完全平等互斥之周延——独立的系统。如前所指出，有些范畴似可化入其他范畴，故其范畴缺乏完整性及独立性。第二，他对各范畴之间的关系未作说明，对何以有此等范畴也未讨论，故其范畴论只可视为希腊语言的一种观念的反映，而缺乏指导思考语言的性质和能力。

另外要指出一点，范畴虽为"最高之类性"，但存在却非类名，因为所有的范畴或观念，均可为存在之述词，而"存在"却不可视为自身之述词；"存在"一词虽非范畴，却仍可以观念化。亚氏显然反对本体论证，故不视"存在"为范畴。当然，从另一角度来看，如果我们把"存在""非存在"都当作范畴词，则"存在""非存在"也都观念化或述词化了，必须有相应于这种述词的主词，作为述词陈述之用。故而，就必须肯定，有一超越"存在"与"非存在"之本体，它不可述词化和观念化。此本体若名之为道，则老子所言"道可道，非常道"，当可被顺利地了解。可道之道，即是把道述词化或范畴观念化，故非卓然无对超出观念及语言之"常道"了。我们必须肯定这一常道，以见各述词或各范畴观念之可能。常道在这一意义上，即奎因所称之限量变项，而且为统一宇宙中之最根本量词变项。因为它是一切述词和范畴所陈述的对象。

近代西方哲学对范畴问题最有贡献的当推康德。他在《纯粹理性批判》一书中提出了知识的十二范畴。他的十二范畴避免了亚里士多德范畴的两大缺陷，而具备了更大完全性和严谨性。首先，他把范畴分为四类，作为知识的四项起源：一是直觉的公理，引申出量的范畴；二是知觉的期待，引申出质的范畴；三是经验的喻设，引申出关系的范畴；四是经验思想的预设，引申出模态的范畴。这四类范畴又各依命题的逻辑性质（量、质、关系与模态）而划分为三项范畴。这种划分可见之如下：

> 量：一般性、多数性、独特性
> 质：肯定性、否定性、不定性
> 关系：断言式、假设式、选择式
> 模态：问题性、断言性、确实（绝对）性

再将这种判断命题的特性投射为观念属性：

> 量：一、多、全
> 质：真、假（否定）、限制
> 关系：主属、因果、并存
> 模态：可能性与不可能性、存在性与不存在性、必然性与偶然性

此十二项范畴依逻辑命题性质而建立，故在一定程度上代表了亚氏古典逻辑系统。

因而在知识论上构成知识的十二范畴，亦即用以表达知识的命题而具备的性质范畴。康德据以分辨知识的先天与后天条件，并肯定知识之内涵乃不外乎此十二范畴所涵括者。更有甚者，因为这十二范畴可以投射为观念属性，故又有了本体论或形上学的意义，亦即具有判断客观世界事物的特性。康德并不承认人们有认识世界本质的可能，因为人的逻辑属性范畴创造了知识，却无法超离这种创造以悟解本体。故十二范畴固然有属性观念的指涉，却不能据以泛论本体。故康德对世界采取不可知论的立场。此不可知论，乃人们思想观念和范畴限制所致，而不是因为本体本身为绝对不可知。

因康德的十二范畴是基于命题、语言及逻辑的性质的考虑，所以此十二范畴之间的相关性也极为明显。四类范畴中每一类所含的基本观念分类都具有明显的相关性，并且为四类范畴的内容定性。这四类范畴可视为属性类，而其所涵摄的内容可视为属性项。四类范畴表现层次分明的关系，同样是知识观念基于逻辑的四方面性质的考虑。总而言之，康德的十二范畴较亚氏范畴有了长足的进步，这就是更加整合并发展了语言的逻辑结构，并赋予知识观念和知识对象为这种范畴所决定的逻辑性质，为知识奠定了超越、推演方法学的基础，并提供一个批评与证明的标准。这一意涵对中国哲学之中心范畴的检讨和考察，具有重大的意义。中国哲学范畴是否缺乏逻辑结构，或反映了独特的逻辑性质，这个问题值得进一步探讨。

自现代哲学观点来看，康德范畴论仍有重大的缺陷。

其一，康德范畴因其基于传统逻辑，故相对 19 世纪后期变化的现代逻辑而言之，自有其逻辑的局限性。19 世纪以来，逻辑命题的属性亦另有新的认识。例如，关系范畴决不限于主属、因果和并存这三项，各种多元关系相应于多元述词而产生。又，现代一般逻辑虽不重视模态性，但模态逻辑却仍有新的发展，不能单纯地限定在康德范畴上。有关质与量的属性更因量限逻辑的发展而有更多属性分类。总之，康德范畴自现代逻辑言之，已嫌狭隘拘束。

其二，若就现代知识言之，康德范畴也同样失之褊狭僵硬，不足以涵盖牛顿以后自然科学的发展成果。仅以因果律而言之，无论相对论还是量子论，均对因果关系有所订正。当然，已超出了康德范畴所限。事实上，学者已有了根据科学之新知识而提出修正古典逻辑的要求，故康德范畴已丧失了知识的能力。

其三，就对本体的反省言之，康德的批判哲学虽然批判了形上学，但却画地自限，在理论上无法先断定认知本体的可能。虽然他看到了从纯粹理性认知本体的困难，但却无法否认我们有认知本体的直觉，否则，"本体"一词亦将失去意义。但他只能坚持对本体的认知不同于对客观世界理解的认知这一点，因而认为，不受认知范畴的限制，也可以有本体的范畴。此后德国唯心哲学或唯心哲学家提出的思想范畴，均可视为界定本体的范畴。

其四，就科学知识言之，我们亦了解到范畴系统的多元性，即我们可以认识某一系统的范畴与某一类知识和经验的相关性。但当知识和经验有所改变，则某一系统的范畴亦当随之而改变，事实上，经验和知识将永远有所改变，这是科学开放性的认识。故科学知识将永远有思想观念的革命，新科学将永远取代旧科学而兴；当然，旧科学并非完全淘汰，而是被新科学吸收为一部分特例。此在托马斯·库恩的《科学革命的结构》一书中已早有揭橥，并成为现代科学家、哲学家多方面讨论的要题。故康德之范畴将为新范畴所代替。

西方哲学是否已有一确定的新范畴，尚不可定。但我们可以确定的乃西方科学之发展趋向于多元系统。所以，范畴系统之建立亦以多元的假设为依归。美国哲学家刘易斯曾指出，决定知识范畴的条件，除了思想观念、感官经验以外，尚有意志实用之选择因素，亦即人们可依不同意志目标与实用目的来任意设计不同的范畴系统。这种范畴的相对性原理，具备了范畴相对于经验开放、范畴相对于目的性意志选择这两个方面。故 18世纪范畴论的康德主义，已在 20 世纪的多元科学和哲学冲击下失去其依据，而新范畴一如新的逻辑，均有发展的余地。在这种开放的认知与了解下，我们考察中国哲学范畴问题，自然有重大的时代意义。因此，我们一则可以参照传统西方范畴论以检讨其得失；二则可以根据新的语言逻辑和科学思想以发展其潜力；三则可以根据其本身所含的理据，以整理出一套开拓经验、接受经验检验及考验的范畴系统，以配合时需。

三、中国哲学范畴的特征

中国哲学中"范畴"一词，显然来自《尚书·洪范篇》，《洪范篇》中箕子在回答武王关于治国安民的道理、次序问题时，提出了"洪范九畴"。"洪范九畴"认为，根本的大法有九类，故"范畴"一词原义是归类范物，且具有价值规范、制度法则的意义。推衍言之，范畴具有指导和规范思考的意义。不同的范畴导致不同的思考结果，故如何选择范畴，应为中国哲学之中心问题；而选择范畴的标准乃在于对社会与人生的实用性。但我们也可以注意到，《洪范篇》所举出的"洪范九畴"，除了其主要和明显的实用指导性质外，还有其本体论与认知上的意义。

箕子所举出的"洪范九畴"是：（1）五行；（2）敬用五事；（3）农用八政；（4）协用五纪；（5）建用皇极；（6）乂用三德；（7）明用稽疑；（8）念用庶征；（9）响用五福、威用六极。这九类范畴的总目标是治国安民。也就是，为了达到治国安民的总目标应注意和遵循的九类观念和原则。而每一类观念、原则又有其细分的条目。这些条目也具有范畴的性质，因为它们也是不同分类的规范，故可名之为次范畴。事实上，就每一项总目来说，它们都是该总目的范畴。总言之，"洪范九畴"实质上包含两套范畴系统，一是九畴，一是九畴下的次范畴。

但是，过去对《洪范篇》的研究都未能从范畴论观点来讨论这两套范畴系统的性质，甚至也未注意到这两套范畴系统的关系与内涵意义。首先，九畴是哪九畴？从《洪范篇》中，只有八畴列出，即：敬用、农用、协用、建用、乂用、明用、念用、响用及威用，而对于五行这一项，则没有说明其所属之用如何，此便显出该文有佚字。我们似可按文义补为"顺用"或"治用"。因为鲧治洪水，弄坏（汩陈）了五行乃遭殛死，由此可推出顺应五行是使其治天下不乱之大事，由此也可以推出五行乃根本原则，为其他八大范畴之起点及标准。由此亦可以说，一切行都用五行，故不必另加"顺用"或"治用"的字眼。但这却与洪范（大法）九类的原则不合，因为大法九类明明说的是九类。总而言之，九项范畴各具有特色，若要配合上下文义，则势必引入"顺""治"等字眼，以明其用的目的。

检视九畴的内容，在每一实用的目的下，都列举所看重的项目，这就是其内容。九畴涵括了对自然界、人生、行为、治国安民的政纲、天文、历数、根本大则、做人的德性、蓍卜取决的方法、气候征象、福祸种类等之考察分类。这些分类的标准是经验，故可视之为经验的综合，但却表现一定程度的系统化。尤其是有关五行与皇极两则，可见洪范思想的观察力与反省力。五行之提出，于古代文献中以此为最早，但先民对五行的认识，显然是经过长期的观察而得来的。把自然界的一切变化看作五种基本物象（性）的变化，这是要经过思想的组合的。同时，把五行范畴不看作物质，而看作属性，更显出思想的抽象运用。名之为行，便是进一步认识了五种属性的法则与内在动力。这里所呈现的自然世界，乃一种动态的过程与事件。由此看五行范畴，则已规划了中国自然宇宙观的雏形。进而言之，"五行"之间的关系亦可根据实际经验来建立，如水克火、金克木、水生木、火生土等，故不待纪元前三世纪邹衍提出"五行生克"论，才予留意。了解这点很重要。因为中国哲学中的范畴反映的是一种自然宇宙中事物的机体性关联，因而其范畴之间也产生一种机体性关联的结构。这与西方哲学范畴以抽象独立的观念形成逻辑的关系不一样。五行范畴所显示的，乃范畴之间的自然动态关系，这充分反映了范畴的真实性；范畴关系即自然现象之关系，两者相互影响、相互决定。

值得注意的是，这种具体自然现象的范畴，又是一切其他事项说明的依据，其自然具体性并不妨碍其广泛应用，而其意义亦借此应用而得以广延化和抽象化。这一过程早为学者所注意。李约瑟已在其巨著《中国的科学与文明》中提出，中国思想之思想方式为"并连思考"。我也在一篇论中国因果模型的文章中指陈其为："配应思考"。为了分析这种并连或配应思考的效果和程序，为了了解中国哲学范畴的特征，我们应当进一步指出，五行范畴发展成后期"五行生克"论，以及"五德终始"论，乃基于下列两个思考过程：一是类比延伸，二是延伸抽象化。前者指"五行"范畴逐渐广泛应用于不同的事项，秩序化了万事万物，并赋予万事万物以新的意义；后者则指"五行"范畴应用于不同的事物而获得更丰富的含义，使其能更广泛地应用，以增加其观念的普遍性和抽象性。但这种抽象性不是脱离其应用的抽象，而是与其广泛应用密切联系在一起。于此，我们不但可见中国范畴思考的并连配应的方式，而且可以认识中国范畴所具备的规范性质的（normative）特征，以及因规范应用而延伸其意义之可能。这种规范应用的意涵，可以说在《洪范篇》中早已具备了。

从《洪范篇》中"建用皇极"一则，也可见到中国哲学以寻求根本规范大法作为普遍应用的理想。"建用皇极"就是树立根本大法或根本准则来作为判断是非、指导行为的最后依据。既名之为"极"，显然是说，这一根本大法是一元的。于此，范畴之原则一元化的倾向清晰地呈现。当然，《洪范篇》并未明确提出这一根本大法是什么，只是对应用这一大法可以达到的一些判断与准则有所描述。如云："无偏无陂，遵王之义；无有作好，遵王之道；无有作恶，遵王之路。无偏无党，王道荡荡；无党无偏，王道平平；无反无侧，王道正直。会其有极，归其有极。"这种对王道的描述，并未指明其极则为何。也许孔子后来揭橥的"仁道"，孟子、杨朱的"人心（性）之善"，都可看作这一极则的说明。但此一"建用皇极"的思想，显然反映了、也影响了中国哲学寻求范畴的终极统一的理想。而此终极统一的理想范畴，不仅具备了范畴应具备的认识真实之意，而且也具备了规范行为、广泛应用等意义，更成为一切其他多元范畴系统之根本，进而把其他范畴看作其应用，以及在不同层次上具体的变化。儒家、道家中的"道"，《易传》中的"太极"，宋明儒家所谓的"理"，均是这一皇极范畴思想的表现。而朱子的"理一分殊"的说法，更显示了终极范畴落实于分殊范畴的统一特性。这也可看作中国思想中范畴的一大特色。这类范畴自然有其实践性及指导性意义，故不可视为单纯的认知范畴。认知范畴兼含了指导行为的意义，因为它是基于治国安民的目的而产生。

总结以上的讨论，相对于西方哲学的范畴观念，中国哲学的范畴具有以下几个特征：（1）"范畴"的广延性与综合性。每一基本范畴在每一哲学系统中，均有相应的位置，在不同的系统中也均有相应或对照的关系。这一特性亦可名为范畴的对应性。（2）范畴的落实性与应用性。每一基本范畴均通过个别体验者的体验而获得新的意义，或发展为相关的意义。整体的经验及实用的需求，决定并丰富了范畴的意义及内涵。（3）范畴的规范性与价值性。每一基本范畴均为一种具有规范性的价值，故能直接或间接地规范思考和行为，并因之发展了一套有关实用的解释学或指导个人的修养论。概而言之，第一个特点显示了中国哲学范畴的系统化和整体化倾向，可看作理论与理论的互摄和统一现象；第二个特点显示了范畴与经验的互摄和统一；第三个特点则显示了范畴与行为的互摄和统一。

当前，我们讨论中国哲学范畴问题，是采取了深度分析的观点，从中国哲学范畴整体的发展来透视其内在结构，以决定其特性，并抽取其结论。

四、中国哲学范畴的特性：五行的对应性

五行思想外延的应用扩展，构成以五行为基准的多项对应系统，如五色、五气、五音、五时、五方、五味等，后来更进而从一般的自然现象涵摄，发展到人体的器官与心

态上，乃有五脏、五体、五窍、五荣、五志之说，形成了中国生理学及医学的基础分类。

值得注意的是，这些系统相互对应，是以原有的五行特质为基准，通过五行之特质，来了解相应系统中的对象，并赋予其相关的意义。这就使原有的五行系统具有解释意义和显示本质等功能。如五行之木为青、为酸、为肝、为筋、为爪，均因青、酸、肝、筋、爪具有木性之故。五行思想的另一个发展方向是内涵关系的理论建立，这可见诸邹衍所倡导的"五行生克"论和"五德终始"论。"五行"不只五种现象及性质的描述，而且代表了一个相互影响变化的活动过程。"生克"显然并非指一种机械的物理现象，而被视为具有活力的自然现象。对"生"与"克"的了解，更因五行系统的外延应用之扩展，而"有机"化了。这是中国"生机论"的最重要的模型之一。由于其生机论的变化内涵，以及由于中国哲学寻求统一思想法则的倾向，五行终于被视为更有代表性的根本范畴气的变化特质。气分阴阳，故五行即为阴阳二气的宇宙论的展开。这项范畴思想的结合是逐渐发生的，可能在西汉阴阳思想发展以后，也在气的观念逐渐成熟之后。真正严谨结合的形式，可能要到宋之周敦颐才提出，见之于他的"二气生五行"的《太极图说》。值得提出的是，周敦颐明确地提出：阴阳二气妙合而成五行（五气），再经二五之精的"妙合"，凝成男女。

就"五行"思想发展的线索和方式来看，五行之说作为宇宙发生论和宇宙变化论，仍然是以经验为基础，提供了一个宇宙现象构成及变化的秩序。但由于中国哲学自始至终保存了知与行的密切关联，中国哲学极重视知识之具体落实与应用，故很少有离开行与用以发展纯观念系统的哲学，亦很少单纯就经验之细密而以求理论之完整及细密者。因此，所谓经验，并不是独立为一种客观可以观测的现象。故五行所对应之经验现象，大多为主观意识所体验（非观测）的现象，其意义亦容许主观的判断与解释。洛克所谓第一性质的物，以及所谓第二性质的感觉经验，均可视为同值并等系统。如言五脏与五味为相应，则为第一性质与第二性质相应。两者性质的差别并未指出，故由此也无法开拓出一个科学的物质世界。但中国的五行之说所显示的世界，也并非纯主观世界，故不能以唯心主义解释之。释言之，"阴阳五行"说所显示的世界观，乃由主客相应、交融、互释、互动而产生的世界观，因此，它所显示的世界观是一种有机论模型，亦即一种主客相摄、互应的有机论模型。这种模型就哲学范畴的内在性质而言，是相当圆融自足的，这是由于其本身范畴有极大的伸缩性，并且由于其投射在经验上也允许作广义的解释。但是，我们却不可视其为客观经验世界的模型。客观经验世界必须通过科学方法的观测和理论的建立，才能发现和掌握。而客观经验世界之发现和掌握的本身，也是科学发展的理由。阴阳五行说有其科学的内涵，但由于中国古代思想家并未从纯知识的建立着眼，并未从事对客观世界之探索与观测，故未能借重阴阳五行理论所含的原理，来开拓科学的知识体系。

基于以上认识，我们可以就"阴阳""五行"思想和所含的范畴与科学思想，及其所含范畴的关系，做出数项评论：

（1）科学思想在西方崛起，影响所及，造成了工业革命，创造了新的人类物质文明，改变了人类的生活方式。在此影响下，五四时期的人们对中国传统哲学之扬弃，是可以理解的。"阴阳五行"思想并非科学知识体系，它所包含的客观因素又只是朴素粗糙的经验，故按科学知识的尺度，它必然被裁断为非科学的和反科学的。

（2）现代科学（物理学）透过相对论和量子论的革命，发现阴阳（虚实）互补原理和不定性原理、物理能量转换原理；生物科学也有生态系统相互影响的认识；心理科学且有原始典型的发现与研究。当代西方哲学也逐渐注意过程、事件、变化、现象之本质，并进而倡导机体论之存在模型。在此等发展下，"阴阳五行"说是否应另作估价呢？我们的回答是："阴阳""五行"原本重视对应、调和的关系，并强调主客两方面之互动，亦是基于某一程度之观察和体验。现代科学能在小现象与大现象的层次中，通过客观的科学程序，找到具体的互补、对应、互换、不定性的例证，这确实是提高了中国哲学范畴的认知价值。但这一点却不能说明"阴阳五行"说即含科学，或变为科学的；而只是说明，两者在哲学层面上并不冲突，且相互参照。当然，这也表示"阴阳五行"思想具备一定程度的提示价值，值得我们从科学方法的立场来加以批评和整理。

（3）我们也不应忘记，"阴阳五行"思想也不只具有经验描述性质。作为一个哲学系统，它更具备了本体论及价值论的指导性。这一特性在中国哲学中特别显著。故我们不必仅就科学立场来衡量其价值。"阴阳五行"思想固然非科学知识体系，但却代表了中国哲学体验的本体，本质宇宙的变化观，更显示出一种形而上的主客相应的整体需求，故与科学知识体系既有相应之处，也有不相应处。这与现代西方哲学体系和科学知识体系的比较所得到的结论一样。

（4）我们可视科学知识体系为人类注重经验世界及物象的认知所引起的。这一点可名之为"世界导向系统"。但哲学往往是以思想具有拓深性及圆融性为发展鹄的，故为思想导向系统。人类行为一方面取决于知识，另一方面取决于思想。故科学与哲学同等重要，两者也可以相互影响；哲学可以促进科学发展的大方向，而科学则可以批评哲学思考的方式与范畴的内涵。

总之，"阴阳五行"思想是哲学的体系，但却可以经过科学的批判，认识其本非科学的性质。而其最终的价值，是在主客有机的关联上，提供了一个有机性的世界模式。

五、中国哲学范畴的特性：阴阳的辩证性

在中国哲学范畴中，还有比五行更为根本的阴阳思想。

阴阳思想如同其他中国哲学中的范畴一样，乃起源于对自然现象的观察、体会、综合及概括。即使在甲骨文中，阴阳并未成为具体的哲学范畴概念，但关于阴阳现象的经

验，似乎在周初或更早，就有说明解释现象的能力了。易之卦词虽未特别提及阴阳的分别，但乾、坤（天、地），坎、离（水、火）的分别，却加深了对阴阳二气的认识。《易经》固然不谈阴阳，但易之变化无一不是就阴阳的变化立言的。故通过《易经》，我们可了解中国哲学中范畴的灵活性及实用性。更进一步言，通过《易经》，我们可以了解中国哲学范畴的辩证性。

中国哲学的特征之一是辩证性。而此辩证性通过《易经》，则可有明确的把握。所谓辩证性，乃系对变化的原则及可能性的了解。西方哲学中所谓辩证法，是了解变化的逻辑。西方辩证法自柏拉图，经中世纪哲学，发展到黑格尔及马克思，已具有完整的形式规模及体系。中国的辩证法则并未形成独立于实体哲学之逻辑系统，但其丰富的内涵则不可否认。

中国的辩证法与形上学息息相连，亦即经过对变化的形上学的了解而呈现，此即《易经》的哲学。我们可视《易经》为形上学化的辩证法或辩证法化的形上学。就其实质看，是论变化之道、变化之理；就其结构看，则为理论之变化。故我们不应小视《易经》的重要性。由于中国辩证法是通过形上学来显示，故其辩证法亦有其特征，而不尽与西方的辩证法为同一模式。换言之，两者有同有异而不尽同。由于中国哲学各大系统在不同阶段均受《易经》观念的影响，故中国哲学一般均具有辩证性。如何发掘和认识这一辩证性，这是重新估价中国哲学之一大课题。中国哲学之范畴，尤其是形上学的本体范畴，更与《易经》之形上学密切相连，故我们讨论中国哲学范畴，就必须对《易经》的辩证形上学作一了解。

要了解形上学与辩证法如何在中国哲学中密不可分的问题，就必须进一步对中国哲学的知行一致、体用不分的有机思想方式作一了解。中国哲学肯定了知行、体用、形式与内容的有机关系，故经常从这一有机关系之观点上来讨论。这亦与中国哲学肯定一根本统合的本体思想有关。

在《周易古经》中，并无阴阳之辞。否卦（☰）与泰卦（☷）象传始言阴阳，并把阴阳对比。否卦象传曰："内阴而外阳，内柔而外刚，内小人而外君子"，显示阴阳的观念可以用来表明其他相对的事物及其关系。阴阳见之于内、外，柔、刚，小人、君子；而内、外，柔、刚，及小人、君子之对比，乃赋予了阴阳以更多的意义。逮至象传有"潜龙勿用，阳在下也"之语，用阳来形容乾卦初九之爻。《文言》解释为"潜龙勿用，阳气潜藏"，也是把初九视为阳之气。《系辞》乃有"一阴一阳之谓道"，则阴阳已明显地被认为是道的变化法则。故阴阳已具有形上学的原则含义。我们研究阴阳观点的发生，应当注意到阴阳原为自然现象；日光所照处为阳，日光所无处为阴。而阴阳又因时因地而异，乃有山南水北为阳、水南山北为阴之说，这显示了阴阳两种现象具有相对性及互移性，故用阴阳来形容变化是十分恰当的。事实上，宇宙万象之变化乃见诸阴阳之相对与互移，此阴则彼阳，此阳则彼阴。而此又不仅限于空间处所的对比，而且表现为时间的转移，昼为阳，夜为阴，昼夜递承，日月对比，这就形成自然变化之道，同时也具体地呈现了阴阳的自然现象学的本义。

这个阴阳的本义可析为三：（1）阴阳对待；（2）阴阳相互影响产生变化；（3）阴阳合而为一自然的道，为一整体。从阴阳现象的经验中抽象出阴阳的意象与意义，而与更多更广之经验结合，遂进一步产生了阴阳学说的根本形上学命题。凡存在的事物均分阴阳，且具有阴阳对待、变化、统一的关系。这种广泛的"阴阳"说所形成的原理，既在万物万象之中，也在事实经验中显现了阴阳对待、变化及统一的关系，从而加强了阴阳对待、变化及统一原理之解释力及说服力。即就实际经验言之，万物万象均有生成毁亡等变化现象，也具备有无、虚实、前后、内外、上下、大小、左右等结构与质量的关系或具备刚柔、动静、幽明、强弱等性质与状态。无论这些结构关系、变化现象与性质状态是主观或客观，其为主客相交时的实际经验却无可讳言。故我们实际的经验也丰富和加强了对阴阳自然对待、变化与统一关系的认识，而使阴阳学说成为中国哲学中最早出现也最为根本的学说。同时，也使"阴阳"一词成为中国哲学中最根本的形上学范畴。

作为根本范畴，阴阳乃广泛地应用于自然现象、人生过程、人生处境、社会、身体、具体事物、历史等事象，也因之而显示了这些事象的对待、变化、统一之道。故以阴阳观念为中国哲学中最基本、最普遍之形上学范畴，绝非过分之词。依此了解《周易古经》运用符号"☰"（乾卦）与"☷"（坤卦）来表示两种存在和自然事物的状态之时，即也把阴阳作为基本的形上学范畴。乾坤、天地、日月、男女也不过是阴阳观念范例的具体实在而已。六十四卦是乾坤两卦的变体，也即阴阳的变体，故整个《易经》的符号系统可视为阴阳之对待、变化和统一的符号系统。《易传》（十翼）明白表示，阴阳之谓道也是极其自然之事。

阴阳之对待、变化和统一的本义，均在《易传》中得到了重要的发挥。故也可将《易传》看作阴阳形上学的发挥，亦即中国辩证法的发挥。我们自然不能只就《易传》来了解对待、变化和统一，而应深入到六十四卦之符号学，以探索中国辩证法的丰富内涵。《易经》之重要性于此可知。

《易传》发挥阴阳之三大本义，可见于下列诸引文：

（1）有关对待之义的："天尊地卑，乾坤定矣"；"动静有常，刚柔断矣"；"在天成象，在地成形"；"乾道成男，坤道成女"；"天地设位而《易》行乎其中矣"（以上见《系辞》）。"天地定位，山泽通气，雷风相薄，水火不相射"；"乾为马，坤为牛"；"乾为首，坤为腹"；"乾天也，故称乎父，坤地也，故称乎母"（以上见《说卦》）。

（2）有关变化之义的："生生之谓易，成象之谓乾，效法之谓坤"；"阴阳不测之谓神"；"乾知大始，坤作成物，乾以易知，坤以简能"；"易简而天下之理得矣。天下之理得，而成位乎其中矣"；"是故刚柔相摩，八卦相荡。鼓之以雷霆，润之以风雨，日月运行，一寒一暑"；"刚柔相推而生变化"；"变化者，进退之象也；刚柔者，昼夜之象也"；"一阴一阳之谓道"；"是故阖户谓之坤，辟户谓之乾，一阖一辟谓之变，往来不穷谓之通"；"变动不居，周流六虚，上下无常，刚柔相易，不可为典要，唯变所适"（以上见《系辞》）。

（3）有关统一之义的："是故易有太极，是生两仪，两仪生四象，四象生八卦"；"天地之道，贞观者也。日月之道，贞明者也。天下之动，贞夫一者也"，"乾坤其《易》之门邪。乾，阳物也；坤，阴物也。阴阳合德，而刚柔有体，以体天地之撰，以通神明之德"（以上见《系辞》）。"乾道变化，各正性命，保合太和，乃利贞"（乾卦象传）。

基于阴阳对待之义，我们可以揭橥对待原理；基于阴阳变化之义，我们可以揭橥变化原理；基于阴阳统一之义，我们可以揭橥统一原理。《易传》之所谓易或道，即为此三原理认知之真实存在。此三原理亦可称为易道或阴阳之道的辩证原理。依此三原理，凡是真实必有对待，凡是对待必有变化，凡是变化必有统一。值得注意的是，对待不一定是对立，变化也并非克服或征服；对待是形成空间的条件即所谓"定位"，"变化"是形成时间的条件，即所谓"趋时"。故对待并非对立，而变化也非征服。统一是对待中的统一，也是变化中的统一，故统一并非静止的状态，而是代表了一生生不息的全体性。这样的辩证性，称之和谐化的辩证性。而这种辩证的过程，是以达到相反相成、阴阳合德的统一为目标，而这个统一的目标也就是生化不已的创造过程。这不仅说明天地万物所以生的实际，也显示了天地万物生生不息的潜能。

这里，我们不必辨别《易经》所揭示的辩证过程与西方哲学中的辩证过程的异同。值得注意的是，中国辩证思想既有其独特的性质，也有其完整的形象和内涵，需要进一步去探究考察。更重要的是，我们应了解《易经》所揭橥的辩证思想在后来中国哲学发展中的深入化与广泛化，而逐渐成为中国形上学思想及人生哲学的基本规范和原理，成为中国思想的内在形式和方式。事实上，中国思想的内在形式和方式是由五行思想的对应原则和阴阳思想的对待、变化和统一原则所规定的。当然，我们也可认为，阴阳五行思想是中国哲学中对应、对待、变化、统一思想的一种自然发挥。这种思想也就规定了中国传统哲学范畴的设立方式及其相关方式，包含了对待、变化和统一的阴阳观念，形成了中国形上学的最基本范畴。而任何中国形上学范畴，也都因阴阳辩证思想发展了一个辩证的形式，从而成为阴阳思想的延伸与实现。

六、中国哲学范畴的辩证性：《易经》与老庄

有关阴阳范畴的对待性和变化性的最重要的应用，是对"有""无"关系的了解。有与无明显地成为形上学的范畴应自老子始。老子一方面于有之外肯定无的原始性与创生性，说："天下万物生于有，有生于无"，在这个意义下，无是道，或者说，是道的属

性。另一方面老子又肯定"有无相生",标示了有与无的对待与变化。有与无作为宇宙论的两个基本范畴,正如阴与阳一样,虽差异对待,又相辅相成。基于此,老子引申出宇宙生毁成亡、相应相循的自然过程,叫作反与复。这个阴阳变化性的特点乃为老子特别强调:"万物并作,吾以观复。""反者道之动,弱者道之用。"这个道理也正好说明了《大戴礼记·本命篇》所言:"阴穷反阳,阳穷反阴""阴以阳化,阳以阴变""一阴一阳然后成道",并与《易传》所含"原始反终"的思想若合符节。

有与无范畴除展示了阴阳思想的对待性、变化性以外,也展示了阴阳思想的统一性。老子之道是"有无相生"的根源,也是两者统一的本体。故有"道生一,一生二,二生三,三生万物"的说法。道的本性是"自然",正如阴阳合体、天地合德是"自然"一样。道之为"有无相生"的论据,更可见之于"道常无为而无不为"的说法。"无为"为阴,则"无不为"为阳,"有无相生",阴阳互为其根,故无为而无不为。道的"无为而无不为"不但是阴阳、有无变化性的一个延伸,也是对有无统一性的一种说明。道的"生而不有,为而不恃,功成而不居(或长而不宰)"的创生性,也可依此说明。道的包含阴阳对待与变化的统一性,也可成为万物之所以为万物的理由:"万物负阴而抱阳,冲气以为和。"故万物并存及自化,表现了阴阳范畴的统一原理。老子对道的统一性的重视,也可见之于他对一的重视。他说:"天得一以清,地得一以宁,神得一以灵,谷得一以盈,万物得一以生,侯王得一以为天下正。"从比较的观点来看,我们可以说,老子此语是对《易经》的变化哲学作了深入的、重要的、直接的发挥。上引《易传》所讨论的阴阳辩证性,也可以说是对《易经》变化哲学的一种深入系统的发挥。姑不论《老子》与《易传》成书的先后问题,两者是可以相互发明、相互补充的。事实上,两者均可视为对《周易古经》的变化思想(哲学),从不同的立场加以解释和发挥。

《易经》所强调的是阳的创造力以及其在宇宙论中所扮演的角色,故对有的定位和定性特别加以发挥。相反,老子所强调的是阴的融合力以及其在宇宙创造中所扮演的角色,因而对无的功能和价值特别加以发挥。两者又基于各自所重视的创化原则而发展成人生修养论、政治哲学、人生和社会。《易传》强调的是"天行健,君子以自强不息""知周乎万物,而道济天下"的刚健精神。老子注重的是"知其雄,守其雌,为天下溪""塞其兑,闭其门,终身不勤""致虚极,守静笃""无为而无不为"的阴柔精神。故两者分别把阳与阴两个范畴的含义发挥到极致,形成了儒、道的强烈对比。但我们不应忘记,两者均有《易传》辩证思想之发挥,故在阴阳之对待、变化和统一原理上相互对应配合。这便显示出阴阳变化的异中有同的特性了。

从整个道、儒形上学的发展来看,老子所重视的对待、相对原理,更为庄子所吸收,引发出"彼此相因"、莫得其偶的"道枢"思想,进一步说明了万物的相对性与自化性。《易传》则成为宋代理学中之形上学之依据。周敦颐的《太极图说》即是综合了《易传》阴阳创新思想和五行论,发展出一套天人合德的宇宙哲学。他受道家的影响,标示了"无极而太极",似乎把代表无的"无极"当作变化之源。但就"有无相生"的道理来看,一方面"无极而太极",另一方面也可以"太极而无极"(周敦颐也说:"阴阳一太极也,太极本无极也")。事实上,程伊川也提到:"动静无端,阴阳无始,故无极而太极",此应看成对阴阳对待、变化和统一的本体论的发挥。周敦颐重视的,是万物化生的过程与其结果——有的万象。故周敦颐以及后起的宋明儒家,仍是归宗于《易传》一支的变化刚健哲学。

老庄与《易传》对《周易》阴阳辩证思想的发展虽不相同,却同为对阴阳对待、变化和统一原理的发挥。通过两者,《周易》阴阳思想才得以明显化、具体化、推广化及深入化。基于两者,中国哲学的发展乃不能不接受这种阴阳辩证法的影响。不论哪一学派或哪一个哲学家的中心思想如何,其思想的发展线索均必定循此辩证性变化的逻辑进行。这自当在下文自明。此处应再指出一点:基于阴阳辩证思想的统一原理,无论在《易传》或老庄哲学中,理解并认识宇宙辩证本质的目的,乃在于身体力行,达到天地之道的创化境地,这种理想是实践论的"知行合一"的理想,也是儒、道共同具有的"天人合一"的思想的来源,并是阴阳思想本身的广含性所引发。

阴阳对待不仅在物,而且在人。故人生的过程也可视为一个体验对待、变化并获取统一的过程。这种辩证性的实际体验与实践性,亦可视为中国辩证思想的一大特色,同时也是儒、道两家重视修养论的根源。这里应顺便指出:由于修养论的发展,纯粹知识论并无发展。这种特质影响到了中国哲学中范畴架构的发展。所有有关方法学的思考也都是在修养论的格局下提出,并未独立形成一种知识与求知的逻辑与科学方法体系。基于辩证统一原理的实践修养论,首见于《乾卦·文言传》:"夫大人者,与天地合其德,与日月合其明,与四时合其序,与鬼神合其吉凶。先天而天弗违,后天而奉天时。"《系辞传》则言:"易,圣人之所以极深而研几也","以通神明之德,以类万物之情"。《说卦》则有"观变于阴阳而立卦,发挥于刚柔而生爻,和顺于道德而理于义,穷理尽性以至于命"之说。《中庸》言:"天下至诚"为能"尽己之性""尽人之性""尽物之性",以达到"赞天地之化育""与天地参"的境界。老子则以"见素抱朴,少私寡欲""绝学无忧""和其光,同其尘"与道"玄同",作为为人处世的理想途径。庄子主张"圣人和之以是非,而休乎天均"的"两行",借以达到"忘年忘义,振于无竟,故寓诸无竟"的境界。宋明理学和心学也都强调"天人合一""天人合德",作为修养心性的鹄的。这些也都可看作《易经》阴阳范畴辩证思想之自然延伸。

综上所论,《易经》可谓中国辩证思想的源泉。基于《易经》《易传》以及老庄,才能开拓出围绕阴阳范畴的辩证对待、变化和统一原理。我们必须指出,易卦系统作为一个符号系统,即已蕴涵了无限义理。在适当的对人生与自然的经验与体验中,自然显示出重要的指导观念,并提供重要的理解线索。从这一角度看,《易经》的符号系统实为一含义丰富的象征系统。其所象征及能象征者,均因未作绝对的规定而显现一未定的变数，以至具有高度的可释性。当然，我们考察《易经》的符号系统，就乾、坤卦以不断爻☰与断爻☷为象而言，虚实、有无、动静、刚柔、男女、明暗、正反、奇偶等观念，实已蕴涵其中。故以乾、坤卦为阴阳之表象，也不为过。从这一观点而言，易卦系统可视为一阴阳对待、变化和统一的系统，其理至为明显。

易卦系统含六十四卦，且具有向外扩大和向内缩小的可能性。其所含对待、变化和统一之理，一方面固然繁赜曲折，另一方面却仍井然有序，故可视为最具完整性的辩证性，因之也可以发展为最完整的辩证法。《易传》与老庄所发展出来的对待、反复、两一、变化、实践等辩证原理，均可因之而视为对人生自然及世界的了解，以及对易卦系统哲学的应用与实现。由此观之，《周易》系统的重要价值当可了解。它对中国哲学的范畴观念本质及形式发展的规范性的影响，自亦是必然之事。中国哲学思想体系富有辩证法，注重对待、变化（转化）、统一等观点，也因于此。

这里，亟须指出的是，一个富有辩证性的思想体系和范畴，往往缺乏形式和结构的逻辑性。这里所谓的形式和结构的逻辑性，是指对观念的精确界说和细密分辨，以及与观念之间和观念形成的名言与命题间的关系。这就完全依照逻辑理性的规范而发展成一个完整统一的演绎系统。但要达到这个效果，就必须以逻辑的思考为指引，这就须把观念与实际经验及真实分开。希腊哲学中现象与本体分为二橛、观念与经验划为两端，这是形式逻辑发展的必要条件。没有这种观念与实际之二分，也就没有开创抽象形式系统的可能。西方形上学自古至今，基本上是以塑造形上学的知识系统为目的；而形上学的知识系统又是以形式逻辑的模型为指引。这一点在论西方哲学中的范畴定义时，即已说明。泛观西方哲学史，自柏拉图、亚里士多德，以迄现代理性哲学家，无不以抽象思辨为哲学之精神。近代西方哲学家对此已有反省，认为如此建造的形上学与知识学不能笼罩实际人生及宇宙现象，故有方法之革新和系统之重建的尝试。这种尝试是否成功，尚无定论，即以怀特海为例，他虽然扬弃了笛卡儿以来之二分法，却仍以形上学为一思辨体系，表现为一完整的观念系统。其所具有的逻辑结构性，已远超过其所具有的辩证性。

当代西方哲学中，唯有海德格尔完全否定并批判西方传统形上学之架势，并努力重新建立新的哲学范畴，即"存有"范畴。海德格尔是否完全成功，现尚无定论。但有一点可肯定，他的新形上学中之观念，如"存有""时间"，似已逐渐接受中国哲学中之"有无""虚无""动静"等概念。而海德格尔也因之而被认为是最不具有逻辑性的西方形上学家。中国哲学自《易经》以表征宇宙事物之对待、变化和统一等性质为目的以来，均未能脱离这种心态，以建立一种独立的形式观念系统。而欲达到此目的，则必须如亚里士多德那样，注重希腊语言中名言命题之概念与理论关系，并加以分析。没有这种努力，逻辑则不能建立和发展，思辨性的形上学观念系统也不能完全铺陈，知识论与方法学自然也就难以发展了。知识论与方法论之所以是中国哲学中最薄弱的一环，其理由也正在于此。

墨子学派是中国哲学中最重视语言中名言和概念的分析的。其目的原是倡导其学说，欲为人通过理性的辩论说服而加以接受。依此需要，它逐渐发展出一套光辉的逻辑思考、名言界说和命题推理系统，为中国逻辑学奠定了深厚的基础。墨辩中对"同""异"之辩以及对不同之"同"和不同之"异"的分辨，是中国逻辑分析的最佳说明。可惜的是，墨辩的逻辑研究并未能为后来学者加以继承并发扬光大。墨辩被埋没了两千多年，一直到近代才重受重视。这也说明了中国哲学传统思考及其所含的范畴并无逻辑的指引，也未受逻辑的批判，而仅为辩证思想的发挥了。

人类思想及其范畴既需要辩证律及逻辑的规范和批判，也需要以辩证逻辑双重的范型来作为过程和结构平衡的发展力。这自然也是一体两面的阴阳范畴辩证法所允许的。今后如何开拓逻辑学、知识论、方法学，以及为科学奠基，这是今天我们研究范畴思想的最首要的任务，这项任务乃在于吸收新经验、新系统，建立新范畴、新结构、新典型，并借以丰富和充实固有的传统哲学的体系，使其为今所用，同时也为未来开拓一个更完善的范畴与思想体系。

七、中国哲学的本体范畴

以上所论是在阐明中国哲学范畴所遵行的内在逻辑。

但我们要指出，在本节中，仅仅把五行和阴阳视为宇宙现象的范畴，并赋予其以方法论的含义。基于此，五行及阴阳实为宇宙本质及万物万象的属性，而不必仅视之为宇宙本质的范畴。换言之，即不必视为本体论的范畴。

我们应把本体论与宇宙论分开。前者讨论的是宇宙的本质（或本体）究竟，后者讨论的则是宇宙的现象和过程。当然，本体和现象、过程不必在本质上分为二橛，但在范畴上则显然可以辨别。在中国哲学中，本体与现象、本质与过程，实乃真实之两个方面，这两个方面绝不可分开。故孔子在言"逝者如斯夫"的现象时，已透露出本体意识。但本体与现象之差别仍有下列数项：（1）本体是本质实在，现象则是本体之显露；（2）本体是不变之体（易道也有不变之义），现象则是变化之用；（3）本体是表达终极性的主词，现象则是表达指述性的述词。基于这三点，本体与现象之别，乃稳与显之别、体与用之别，主词与述词亦即实体与属性之别。依此等差别，五行及阴阳在中国哲学中，显然是从实体观念逐渐发展起来的属性观念。此盖由于，终极的本体观念在不同时期有不同的认识，故本体观念代表经验或体验之对象，而五行及阴阳则是所经验和所体验之对象的属性，故无论何种本体经验和体验，均可从宇宙论的五行及阴阳说加以讨论。进而言之，我们若考虑五行及阴阳所含的对应性和辩证性为思想观念的基本范畴，则本体论之本体范畴亦因其规范而具备或呈现五行与阴阳所具之属性。

中国哲学之本体论究竟如何？规范这种本体的范畴究竟如何？综观中国哲学，我们似可举出下列作为讨论的对象：天、道，性、命，理、气，心、性。我们举出这些范畴的理由有四：（1）这种观念为本体论范畴，因此代表了宇宙和人最终的本体真实体验。其他观念均可视为这种观念之分支和属性，而这种认识从汉代即已开始。（2）这种观念是中国哲学的中心观念，几乎所有的思想体系都围绕它而发挥，或涉及它的意义。即使佛家哲学也不例外。例如禅宗之"明心见性"，即建立在心、性的观念上。（3）这种观念迄今仍为中国哲学中之重要课题，在中西哲学的沟通和融合上，占据极重要的地位，亦是了解中国哲学问题所不可缺少者。中国传统哲学中之形、神观念似乎只在南北朝时才占据中心地位，而指、物观念则在先秦公孙龙"指物论"后就未被重视和发挥。（4）这八个基本观念也有其历史发展的相关性。天、道、性、命为先秦哲学中之主要观念；而理、气、心、性则为宋明哲学及其以后哲学的中心观念。两类观念亦有明确的相关性，显示出思想形式及思想内涵的一个发展。当然，我们不能说这八个范畴乃竭尽了中国哲学中所有重要范畴。事实上，道家的有、无及宋明儒家的"无极""太极"等范畴，均是值得分别讨论的范畴。在讨论阴阳辩证思想时，我们已分析了有与无、"无极"与"太极"观念。我们更可指出有与无、"无极"与"太极"等观念是与天、道、理、气等观念交互影响和诠释的。有、无二者的功能一样，"太极"当可与道相提并论，而"无极"则似乎未独立为一种本质的范畴观念，唯有在"无极而太极"命题中始见其意义。佛教哲学中有许多本体范畴自然也十分重要，但由于其局限于佛教系统，故无其他中国哲学范畴具有的连续性与一般性，如"空与色"之分别和相即，能所、法我、悟迷、性相之辩和关联，均是值得单独讨论的对象。

这里将重点放在本体范畴上面，故对伦理学的范畴，如仁智、仁义，或知识修养论中的范畴，如格物、用敬、良知，则只在各本体范畴中附带涉及，而没有独立为基本的本体范畴。还应指出，以上所举的八个本体范畴，均具有一般本体论所讨论的问题性，亦即对本体论中之一多、体用、动静、心物、主观与客观、本体与现象等问题，均提供了观念的解答。故这种本体观念，亦可视为对中国哲学基本本体问题之观点的思考方式。通过范畴的规范而规定了问题，也试图提供其答案。我们可将这类范畴观念视为在不同经验环境和认知情况下对本体问题的探讨。

中国本体范畴有其内在的发展线索，显示了中国哲学从未丧失其活力；而每一个范畴均表示一个新的经验或思考的境界与立场。更重要的是我们必须把这些基本范畴与阴阳辩证思想、五行思想所发展出来的万物对应性与两元对待性、互动变化性，同整体统一性结合起来加以了解。借此，不但可显出其历史上形成发展的辩证性，也可显出其外在的相关性和内在意义的辩证性。故我们对这种观念的讨论，将以天道、性命、理气、心性并举，以显示它们内在的和相互的对应性、变易性及统一性。我们对这种观念之讨论，是为中国哲学的基本范畴的性格，做出一个结构及意义的一般刻画，借以作为进一步了解和发挥中国哲学思想的一个起点。

八、天、道范畴分析

天是中国哲学中最古老的范畴，首见于甲骨文及《诗》《书》等先秦文献。

天是商周时代人们心中所肯定的至高无上的神，具有降临人世的"吉凶祸福""得失成败"的权威。故天为有意志的、有人格的上帝，能够给予地上统治者以统治百姓的权力及命令，这就是"天命"说。《尚书·大诰》里说的"格知天命""天命不易""天命不僭"，都是指向天的作威作福之威力。在这个意义上，天是人格神，可名之为"皇天上帝"（《尚书·召诰》）。

不过，作为真正的最高范畴的"天命"，在当时也确实能发挥其维护和解释政治权力的发生、转变等现象，同时也提供了统治者"立德"的一个依据，故言"王其德之用，祈天永命"（《尚书·召诰》）。所谓"立德"自然是指敬天、孝祖、遵从王命，以及从历史教训中体验的"无逸"、不杀无辜、勤政爱民等内容。值得注意的是，中国早期的统治者的经验，逐渐肯定了"立德"的重要，而把天的人格神的神圣性加以冲淡。春秋末期，人民备受变乱之苦，对天的崇拜更为减少，以至于有"不吊昊天，不宜空我师""昊天不佣，降此鞠讻。昊天不惠，降此大戾"（《诗经·节南山》）的说法。最后，连天命的权威性也否定了："天命不彻，我不敢效我友自逸"（《诗经·十月之交》），"侯服于周，天命靡常"（《诗经·文王》）。

由于人事发达以及知识的进步，人对自己的作为也更能负责，最后才产生子产的"天道远，人道迩"（《左传》昭公十八年）的看法。"上天之载"只是"无声无臭"的存在，而天的观念也渐为天道的观念以及道的观念所取代，丧失了其为人格意志神的意义。天的非人格化，表明中国哲学中的上帝观念（为商周天的观念之内涵），并未能如希伯来人的上帝观念，最后形成天之宗教神学。这亦说明，中国早期的天的观念，除了用来说明自然及人事之外，并未发展出一种超自然、超生死的向度，故未能形成一种超越上帝的意象。这亦说明，"天"原是受情绪和想象影响的观念，而并非知识和理性的产物。

但随着人类理性萌芽，对天的解释自然也就衰退了，而天逐渐变为人的存在的形上学的根源，或变为宇宙论中天地并举的自然存在、自然过程了。这两项发展均见于《论语》《中庸》《孟子》，这里不必细论。

基于前者，《中庸》更提出了"天命之谓性"的命题，一方面用天命来说明人的本性，另一方面用性来说明天之所命，这是把天内在化了，于是就自然引出了"天人合一"的理想。所谓"天人合一"，就是发挥人的本性，以便与天的潜能合而为一。在这种解释下，天也只是宇宙本体及生命根源的创造力的观念了。《易传》中之《彖传》《象传》《系辞》可说是这一观点的充分发挥：天即天道，即乾元，是创造宇宙之始点。自此以后，天就成了本体论和宇宙论的中心观念，代表了创始性、自然性、广大性、生命力，而成了后来哲学所发展及疏导的原始观念。这种疏道和解释，自然也是道家和儒家以及宋明理学等发展的泉源了。

我们要指出的是，天的观念作为一种宇宙论和本体论的基本范畴，是受阴阳辩证逻辑的影响的。无论是心性之天，还是自然之天，在后期的哲学疏导中，都包含了对待、变化和统一的原理。这一点更可见之天的天道化，以及天道的道化。

天的范畴发展到道的范畴，显示了道家在中国哲学中一个革命性的转变或突破。道本来并非独立自主的本体或宇宙论范畴。在《论语》和《孟子》中，道是指先王之道、君子之道等，或指一贯的思想体系或道理，是可以学习及践行的。《论语》《孟子》称王道，《中庸》称天地之道，虽有宇宙论的意思，但仍是就天立说。老子认为，道也独立为一本体论和宇宙论观念。《老子》开章明示："道可道，非常道"，强调了道的深奥性及神秘性，同时也就把道提升为一个最原始、最根本的形上学范畴。这个新的形上学范畴是建立在下列数项认识的基础上的：（1）道是一切现象的根源和最后归宿；（2）道是自然化生的过程；（3）道是全体宇宙的本质；（4）道包含并遵循"有无相生""负阴抱阳""无为而无不为"、反、复、一的辩证法则。（5）道无所不包，而且可为人用来处世治国，故道不远人，人能弘道。

由于这个道的范畴涵盖面极为广阔，而其含义又极为深远，并勾画了人生与自然的一切生动的体验及经验，故道作为一种宇宙论和本体论的范畴，乃奠定了牢不可破的基础。在老子之后，"道"之一词不但作为哲学家的中心观念，并各依其了解和体验来理解发挥，即使在其他文化部门中，也成为一个原则性的基础概念了。《易传》讲："一阴一阳之谓道"，更明确地把阴阳变化归之于道之体了。可见，道明显地包含了阴阳思想的辩证性和五行思想的普遍对应性。

九、性、命范畴分析

性与命是中国人生哲学的基本范畴，在先秦儒道中占有极重要的地位，也为后来的哲学发展界定了体验与思考的范围。

《论语》谓孔子之言"性与天道，不可得而闻"（《公冶长》），然《论语》却有一处记载孔子所言"性相近也，习相远也"（《阳货》）。孔子虽未对性作进一步讨论，但显然将它看作人所共同具备的性向和智能。孟子基于此，对性作了广泛的探讨。孟子反对"生之谓性"之说，而以为生与性有别，也就是人之生与禽兽之生的差别："人之所以异于禽兽者几希，庶民去之，君子存之。"（《离娄下》）此所去所存，即是人之所以为人之性。孟子可谓对性作了一自觉的肯定。孟子以为，人性无不善。所谓善，即自发趋向于仁义道德的本能。这是就道德价值来界说性，说明了人性的理想特质。《中庸》更把性本体化，于是乃有"天命之谓性"的命题提出，以性作为天的内在化的存在。故人与天有本体的一致；人之为人的目的，乃在于实现性之本体，达到"天人合一""与天地参"的目标；天无不善，故人性也无不善。这样如何实现天命之性，也就成为儒家人生哲学中的基本问题。

孟子提出"尽其心者，知其性也。知其性，则知天矣。存其心，养其性，所以事天也"（《尽心上》）。《中庸》言："自诚明，谓之性。"又谓："唯天下至诚为能尽其性。"并论及"尽己之性"以"尽人之性""尽物之性"的赞天地化育的境界，更说明如何尽性以成人之为人的极致。性乃成为道德伦理之本体论基础，又必须是以道德的心态"诚身"或"尽心"的反省，来作为其实现的起点。我们就这一性之观念，可提出下列两点加以讨论。

（1）告子"生之谓性"，是就性的一般意义而言。性应包含生，生也决定性之为性，故就人的生化而言，人性也是生的一种表现；人不能脱离生来谈性，尤其不可脱离生来谈抽象化的道德信条。孟子肯定性不同于生，乃基于其心之反省立场，以心的意识到的善恶、是非、恻隐之辨来作为性的内涵，故主张"尽心"以"知性"，这是把性提到心的知觉上来说。《中庸》谓："成己，仁也；成物，知也。性之德也"，也是就能仁能知之"能"来谈性，则性就是德，也就是善了。《易传》言："继之者善也，成之者性也"，似乎更把性看作完成天道或天命的善的能力，这是先把善本体化了。

（2）荀子持"性恶"论。其所举性恶之理由，不外乎耳目、口腹、情欲之贪，这均是自"生之谓性"立场着眼来看行为后果。但是，此性与孟子所称"心之四端"并不冲突。盖人固可以同时有善之情感和恶之欲望，此亦见性之为性的复杂一面。不过，荀子允许人能思想，能知道和运用理性、制定礼法，以克制欲望的破坏，这是在某一意义上认为性具有理之内涵，故性中也本然有善的成分。孟、荀之别，也可以看成对性之体验认识问题上的差别。综合言之，对性应从生与心两方面来了解，但心与生非为二橛，性可视为心与生两项经验及本质之综合。至于其更具体之内涵及其实现，尚待作更细密的考察。关于宋明理学和心性论、心性之体用论，对心性范畴的意蕴另有发挥，下文再作讨论。

性与命在先秦文献中经常对举。在对举中，命较《诗》《书》中所谓的天命具有更广泛的哲学意义，从而构成了一个了解生命与人生的重要范畴。《中庸》谓："天命之谓性"，指先有命才有性。性成于命，而命乃超于外在于个体的力量，与性为内在于个体的力量形成对比。但性既由于天之命而生，则人生必然受内外因素的双重影响，故发展人之性也要顾及人之命的一面。《中庸》谓："合外内之道也，故时措之宜也"，也不外乎这个意思。《大戴礼记·本命篇》谓"分于道，谓之命；形于一，谓之性"，也是对待地界说了命和性。命是分化的原理，性是合一的原理；论命必涉及外在的道和事物，论性必涉及内在的物或人的结构和形式。故可将性、命视为决定个体存在和个体生命的两种力量，它们相互对待、相互影响、相互变化，最终统一于一个在命中实现了的性的整体。这个看法自然是应用阴阳辩证性的一个结果。但这也说明，在中国哲学中性、命作为了解人生本能及潜能的两个范畴，不可将它们分开来加以讨论。

孔子说到命似乎较说到性为多。他说："死生有命"（《论语·颜渊》），"不知命，无以为君子也"（《论语·尧曰》），"五十而知天命"（《论语·为政》），显示他对命的体验极为深刻。命是限制性、根源性、外在性的东西。"知命"则能知足，则能接受现实，"不怨天，不尤人"。但人却仍知其不可而为之，故命不碍于性之发挥。从这个观点看，儒家之性命观并非宿命论。由于性、命的相互对待和统一的关系，西方哲学中的自由主义与命定主义（determinism），可以得到一个解决，墨子"非命"中所非之命，显然不是儒家的性、命观中命之原义。

孟子对命也有一界说："莫之致而至者，命也。"（《万章上》）又说："莫之为而为者，天也。"（《万章上》）则人命必由天所为，而非人力所及。对于命，人要"顺受其正"。所谓"顺受其正"，乃尽性而行，依善而为，而不是被动地待命。故他说："是故知命者，不立乎岩墙之下。尽其道而死者，正命也。桎梏死者，非正命也。"（《尽心上》）这仍表现了性、命相互为用的看法。他一方面分辨了性与命两个方面，强调人应当尽性之理由："求则得之，舍则失之，是求有益于得也，求在我者也。求之有道，得之有命，是求无益于得也，求在外者也。"（《尽心上》）另一方面，他又肯定性命并存，强调"君子行法，以俟命"（《尽心下》），"口之于味也，目之于色也，耳之于声也，鼻之于嗅也，四肢之于安佚也，性也。有命焉，君子不谓性也。仁之于父子也，义之于君臣也，礼之于宾主也，知之于贤者也，圣人之于天道也，命也。有性焉，君子不谓命也"（《尽心下》）。这里的"君子不谓性""君子不谓命"，表示人可以有自由意志，这取决人本身之行为，同时，人也应追求其价值和理想。命不是人应主动去追求的，而性是人应主动去追求的；因而，性命也被看作一个价值论上范畴的分野。《左传》（文公十三年）中邾文公以"命在养民"为为政者之命，不相信卜者迁都则短命之说，评者所谓的"知命"，也是从性来决定命的价值。

十、理、气范畴分析

理、气范畴自宋明理学后，成为中国哲学中最具说服力的形上学范畴。

但两者都起源于先秦，气的观念来源尤早。气，甲骨文作 ，象征水气上升，云气游动，是自然界可观察之现象。《左传》（昭公元年）言"天有六气……阴、阳、风、雨、晦、明也"，显见气即天地云气的变化。但气也见于人之嘘吸，为人所直接经验之现象。因气有起伏节奏，遂自然分为阴、阳两态。气乃逐渐形成天地万物动力的本体，更为生命体生命力的本质。故乃有《礼记》"气也者，神之盛也"（《祭义》）、《孟子》"气，体之充也"（《公孙丑上》）、《淮南子》"气者，生之充也"（《原道训》）、《管子》"气者，身之充也"（《心术下》）等对气的界说。《易传》更直接地把气视为万物的元素，称"精气为物，游魂为变"（《系辞上》）。所谓魂及魄，也不外乎气之两种状态；所谓鬼与神，也就是气的归与伸的活动而已。《系辞下》言："天地絪缊，万物化醇"，更把气的凝聚交融的变化，作为万物及生命产生的原因。至此，所谓气的宇宙创化论思想已经完成，而气也就成为中国哲学最早形质与本体兼具的哲学范畴了。

这里把形质的气与本体的气分言，乃基于气本为经验的形质变化现象的描写词，但却逐渐综合抽象，成为不一定为感觉所经验的万物成毁变化的动因，乃成了一个具有本体论意义的范畴。但无疑的是，作为本体之气仍然是以宇宙万象的变化状态及性质为其了解模型的。这一点在以后张载的气的形上学中表现得最为明显。

我们可进而指出：

（1）气被想象为微细的质素，乃名精气。但气之原始经验又具变化动能的意义，故既可视气为能，也可视气为物或质。我们可说气是以能与质两种状态而存在，同时含有静的位能及动的功能。现代物理学中之光粒子与光波合体为光（或谓光为光粒子及光波之合体，依不同情况表现为波或粒子），似可用来说明气之为气的理解模型，此即进一步说明气可含阴阳两种性向及状态。

（2）气依不同存在层次而表现不同的性状，盖形质为气，动能为气，生命力亦为气；而我们可以进而谓意识、思想、精神、心灵均为气。气涵一切，变化无穷。其变化之原由及法则在不同层次上，固然都有其特殊性，但其基本的变化发展却是普遍一致的。气有聚散、屈伸、升降、动静，故气的聚散、屈伸、升降、动静也就可以用来说明一切事物的变化。万物相因并陈的关系也可以用气的属性来说明。《乾卦·文言传》中之言："同声相应，同气相求，水流湿，火就燥，云从龙，风从虎"，就是一例。

（3）生命及心灵之气不但形成生命及心灵，而且为人的意志所主宰，故有养气之说，即孟子即谓："我善养吾浩然之气"（《公孙丑上》）。因为意志也可视为气，则人之心灵的主宰性及主体性也是气的表现。孟子言："志壹则动气"，又言："其为气也，至大至刚"，"其为气也，配义与道"（《公孙丑上》），也可以解释为气在不同情况下所具的性能，而不必把义与道等视为气外之物。

（4）先秦文献中即已有把气视为宇宙化生的根本元素及力量的看法。道家《庄子》《淮南子》明显地把气视为宇宙的本根，故以气为道，为太始。《淮南子》称道为元气，就是借助气的性能来说明宇宙的化生。道家重"有无相生"，并以"无形"为有形的开始，而气的变化正好兼"有、无"或"有形、无形"两种状态，故以气来发挥"有无相生"的宇宙观，是最自然不过的了。《庄子》以气之聚散来说明人之生死（《知北游》），《老子》第二十五章描述"有物混成，先天地生。寂兮寥兮，独立而不改，周行而不殆，可以为天下母"，即可视为对宇宙原始之气的描写。其所举"道""大""逝""远""反"，亦可视为气之属性；而天、地、人之生也就是气的变化所致。其所言"人法地，地法天，天法道，道法自然"更显示了气之所含一致的法则。"自然"即气之内在的变化性，而气之内在的变化性则为"自然"。中国哲学自汉以后，以气为宇宙万物根源者层出不穷。张岱年在其所著《中国哲学大纲》中专论气两章，已就此种文献作一条陈，故我们可得出结论：气的范畴为中国哲学中有关实体最根本的范畴；时至今日，仍有中国思想及中国人对真实世界经验及体验的内容，富有极丰富的现象学及实用科学的意义，尤其在医学、生理学及诊断学上更为显明。事实上，现代物理科学及生物科学论及原质问题所提出的基本观念，也都与中国哲学中之气范畴接近。故参照科学发现以了解气，且同时参照气以了解或发展科学，这乃一项饶有兴味的工作，值得我们努力以赴。

（5）前文指出，阴阳与五行思想是以气为本质及主体的，故在先秦文献中，阴阳即被视为气的阴阳属性，而五行也被视为气的五种状态与性向。据此，阴阳五行等范畴也都是以气的范畴为归依，可视为气的性质与状态或过程范畴。这样，阴阳五行的辩证性，自然也就应用到气的变化上。气的变化也就是阴阳五行的变化，也就是依照阴阳五行的辩证法则的变化。这在周敦颐《太极图说》中已有显示。但明确发挥气的阴阳变化的逻辑的，是张载。张载不但建立了一个完整的气形上学、视气为太和、太虚而含性，借以说明天道易理，而且更重要的是，他鲜明地指出："一物两体，气也。一故神（自注：两在故不测），两故化（自注：推行于一）"（《正蒙·参两》），既标示了阴阳范畴所具备的对待、变化、统一原理，也借以说明了气的宇宙及生命现象所必然遵循的普遍法则。

气的范畴自先秦起，已有阴阳性质的对待性。但理与气并举、对待，则自宋之理学始。此盖由于理的范畴至宋才发展成熟，而足以与气之范畴相抗衡。理之观念虽也是渊源于先秦，但却在先秦晚期，远较气的观念发展为晚。《论语》《老子》中无"理"的观念，《孟子·告子上》言："心之所同然者，何也？谓理也，义也。"乃用"理"一词来指人心共具之条理，借以说明仁义礼智的普遍性。孟子所谓"理也，义也"之义，是非纯属德性范围，而带有对意义的认识与辨别。如果我们仔细分析儒家之义的观念，当可了解，德性之义必以认知辨别事物为基础。故义有分辨认知义，亦即德性之义必以认知之义为基础。

孟子与告子的"仁内义外"之辩，即围绕这一问题。告子主仁内义外，即代表了认知之义的自觉，而孟子主仁内义亦内，则是坚持义为德性，而无见于义为认知，故回驳告子之辩并不中肯。若细加分析，我们当可发现义有三个层面：一是认知义的对象，如分辨"楚人之长，吾之长"；二是基于认知所产生或预设的认知概念，即"楚人之长，吾之长"的概念；三是基于认知与概念所兴起的道德情绪和态度，即"长楚人之长，长吾之长"的恭敬心理。此三者均为"义"一定所含，然常不得分辨。但孟子将义释为"义理"及"意义"的意思，而不限于作为德性的理义，如《离娄下》有言："其事则齐桓、晋文，其文则史。孔子曰：'其义则丘窃取之矣。'"又《万章上》有云："唐虞禅，夏后殷周继，其义一也"，均就义理或意义而言。在《象传》中，义的"意义"或

"义理"之义更为明显，如《归妹卦·象》曰："天地之大义也。"《旅卦·象》曰："旅之时义大矣哉。"《家人卦·象》曰："男女正，天地之大义也。"《豫卦·象》曰："豫之时义大矣哉。"《姤卦·象》曰："姤之时义大矣哉。"以上有关"义"这个字之用，已含有价值、原理的意义了。理义并用似乎显示义之认知意义的独立性，可用理这个字来诠释，故理即义之客观成果和实现，而义乃理之原始和主观心理。

基于以上分析，我们可假设理之发展经过义之认知、以义诠理、以理诠义这三个阶段。以认知之义为基础，理作为客观可知之原则、原理、律则的观念，在《易传》就已出现了。《坤卦·文言传》曰："君子黄中通理。"《系辞上》言："易简而天下之理得矣。"《说卦传》云："穷理尽性，以至于命。""理"之一字都具有律则性、原理性和原则性的意义。至于《孟子》中所谓"条理"之词："始条理者，智之事也。终条理者，圣之事也"（《万章下》），《中庸》所言："文理密察"，《系辞上》所言："仰以观于天文，俯以察于地理"，《韩非子·解老》所言："理者，成物之文也，如方圆短长之分"，这些都是就"理"字的原义立言。理即物之秩序表象，是可以实际地加以考察的（如《荀子》云："形体色理以目异"《正名》）。这两种理的含义仍有可通之处，两者均为认知的对象，两者均为外在的又互为表里。荀子云："凡以知，人之性也。可以知，物之理也。"（《解蔽》）故理之观念包含面兼具象和抽象，但均以认知为基础。理之观念范畴化及理的哲学的兴起，表明了人的认知能力及对客观世界之自觉达到了一定的程度；宋明理学即从这种自觉中发展出来。

任何观念发展成为一范畴，必定根源于多面原始的认知与经验，加以综合概括抽象而成，范畴则能涵括并解释原有的认知与经验，并提供一个整体观点。理的范畴即循此一途径而建立，其建立过程的复杂性自也不亚于其他范畴。但其自为一范畴的理由，乃在于其涵括及解释了其他相关范畴所未涵括和解释的方面。理的范畴显然涵括律则、形式和理由多方面的意义，并为解释事物变化之律则、形式和理由而设，故自然与气的观念相对待。气为变化的过程、物的实质、存在的材料内容；而理则为事物变化的法则、存在的形式、实质的结构、物与物的关联的秩序等。理范畴已包含了上述诸义，它作为一个笼统的解释性范畴提出了。这里应强调的有四点：

第一，理抽象化为根源性及客观普遍性的律则观念，故是一切事物的根源。在此意义下，理成为"天理"，成为"太极"。程明道说："天者，理也"（《语录》卷十一）；朱子言："太极理也，动静气也"（《语类》卷九十四）；"太极之义，正谓理之极至也"（《答程可文》）；"总天地万物之理，便是太极"（《语类》卷九十四）；"太极只是理"（《语类》卷九十四）。朱子又持"理一分殊"说（见《语类》卷一），故天下事物无一不在此理包含之中，而每一事物所依所显之理，无不为根源于总体之理的表现。

第二，理兼为宇宙论和价值论的解释及根据范畴，故除了是宇宙万物之存在律则和形式以外，也是德性之根源和根据。在此意义下，程伊川乃提出"性即理"的方法：

"性即理也，天下之理，原其所自，未有不善"（《近思录》卷一）；"在物为理，处物为义"（《近思录》卷一）。程明道亦言："仁者，天下之正理，失正理则无序而不和"（《近思录》卷一）。朱子及其他理学家也采取同一观念。在这一观念下，理的世界亦即价值的世界。道德价值如仁、义、礼、智都被客观化为宇宙论和本体论的原则，而理的客观认识内涵也就与客观的认知经验与主观的价值体验合而为一了。但这也限制了理的范畴客观地向认知方面发展。这种价值论与宇宙论的合一，理与德之融合，可见之于张载的《西铭》和朱子的《仁说》。

第三，理与气的对待性在理学中虽有重要的发展，但其对待后的统一问题却未得到解决。程明道首先揭櫫"论性，不论气，不备；论气，不论性，不明，二之则不是"（《遗书》卷六）之义。若以性为理，则理气对了解事物之发生变化，自然是缺一不可。朱子进而提出"理气不离不杂"的宇宙论命题。他说："天下未有无理之气，亦未有无气之理"（《语类》卷一）。朱子基本上是根据具体事物来立论。他以形而上者为理、为道，以形而下者为气、为器（见《答黄道夫》）。故言："在物上看则二物（理气）浑沦，不可分开，各在一处"（《答刘叔文》）。但他却又坚持理气"决是二物"（《答刘叔文》）的观点，并抽象地肯定"理先事后"，"未有天地之先，毕竟也只是理"（《语类》卷一）。但他又说："有理，便有气流行，发育万物"（《语类》卷一），似乎以理为万物之唯一根源了。朱子这种说法，一方面是认识了理与气的对待性，另一方面却未能正确地把握理与气的真实的对待、统一关系，而陷入二元论的立场。

朱子之困难或错误，在于不知理气虽可分为二物，但却只是在观念上分，而在实际事物上决不可分；理必然有气与之相应，而气也必然含相应之理，两者不必强分前后，正如动静、阴阳不必强分先后一样。程伊川言："动静无端，阴阳无始，非知道者，孰能识之？"（《近思录》卷一）就已提供了一个阴阳辩证性的关系及模型。依此模型，理气也是一动静无端、阴阳无始的整体和太极了。在此了解下，太极也不应只看作理，性也不应只看作理，而应兼含气的存在才是。朱子"以理为先"的论据是："未有这事，先有这理"，"如未有君臣，已先有君臣之理；未有父子，已先有父子之理"（《语类》卷九十五），故肯定"若在理上看，则虽未有物，而已有物之理"（《答刘叔文》）。这是由于他把通过心的认识之所谓理，与事物中律则性之理视为同一范畴所造成的混乱所致。从认识论看（即对理的认识看），我们可有对理的认识，而不必有特殊之事物与之相应。如未造飞机可先识飞机之理，但飞机之理已存在于一般事物之理中。故未有飞机，却仍有相应的飞机之理和飞机之物存在。故理终不得离气而存。万物之理、君臣父子之理亦然。作为此等事物关系之理也是相应地存在于事物之中，不然，连认知也不可能了。若仔细分析，当可明白，一切认知之理，均可析为先于事物和气之理，而不必独立先存。朱子的理气二元论实是他混淆认识论范畴之理与本体论范畴之理所致。

第四，理除与气相对待外，其自身也有对待性。不仅是因为太极蕴涵动、静之理，故有动、静之理对待，而且其他气的往来、屈伸的变化也无一不有对待涵摄其中，因之也无不有对待之理涵摄其中。故程明道曰："天地万物之理，无独必有对，皆自然而然，非有安排也"（《近思录》卷一，并参考《遗书》卷十一与卷十五）。这种理的内在的对待性自然是气的辩证性所决定的。但在理的范畴中却可以表现为逻辑的结构。程伊川及朱子重视理的独立性，应有开拓理的逻辑结构的能力，但却陷于一般性的理的玄思中，而未能开拓出这样一个系统。张载则专注于气的内在性，建立了一个以气为主体的辩证形上学体系。

总结中国哲学中理气范畴的发展历史，我们可以肯定，理气范畴之建立绝非偶然。理气范畴之建立代表了对先秦、两汉、魏晋、隋唐以来形上学思维之综合与整理。这也说明，一个重要范畴的建立，是需要长久的历史经验的。理气范畴从某种程度上深化了先秦形上学的天道观念，也部分解决了先秦形上学中的许多问题。但新的范畴也带来新的问题，理气范畴自然也涉及许多问题，其中尤以气之具体观测性与理之抽象分析性，以及两者之关联最为突出。

理气范畴之最大缺陷也就在于，宋明诸家既未能在经验上对气作细致的探究，也未能在理论上对理作分析性的思考，也未能开拓出气的经验科学以及理的逻辑科学。这也反映出，宋明哲学家对具体事物的变化发展的注意力并不充分，对理论概念及思想的反省、批评、构建也不专一。他们的重点只放在一般性的大体系的语言与直觉上。

今后，为了发展包含更多对万物的认识以及辨别更细致的理据，我们不能不对理气范畴作一检讨，并使之与新经验、新理论结合成更具活动和启示性的现代哲学范畴。当然，在此建构中，对理气范畴原有的优点当尽量采纳。

十一、心、性范畴分析

心之形成中国哲学的中心范畴，自然也是基于平常的认知与体验。由于心能思、能知、能感、能应，而人之一切感情和意志，也都可归之于心的活动，故心的自觉与认识往往是以抒发和描述心的功能为起点的。可能再进而阐述心在认知真理、践履人的潜能的重要性，最后可能更进而以心为本体的表露，或以对心的修持为揭示和体现最高的真实之道。就心能实现人的潜能而言，心乃与性相提并论，成为"尽心知性论"的主题；就心能认知真理之能力而言，心乃与道并举，成为"心知道论"的张本。先秦哲学对心的理论可分别为此二者，各以孟子与荀子为代表。

孟子言："尽其心者，知其性也。知其性，则知天矣。"（《尽心上》）他以"尽心"为"知性"的方法，而所谓"尽心"，乃发挥心之思的能力，即对心之所感仁、义、礼、智德性之端，加以肯定并扩充。此所谓"尽心"，也就是"知性"了。性在孟子那里，为人之本质，为人之为人的条件，它来自天之所命，故"尽心"不但"知性"，而且可"知天"。孟子言："君子所性，仁、义、礼、智根于心。"（《尽心上》）似乎以心为德行之源。但他又力主"性善"，则德行应根源于性才是。孟子之说是否有前后的不一致？我们的看法是：就德行之发端处而言，孟子言德行乃根于心的体验；就德行之基础性或本体性而言，孟子言性为善。因人有所性，故心乃感应诸德。这里也可看出，心性的关系是心之内省自反的关系。自此关系而言，性即为心之本体和基础，而性乃以心为活动，为表征，即性以心之思的活动来实现性之内涵。故言仁、义、礼、智，非由外铄，乃固有。心能思感德性，故心有良知良能，而心亦谓为良心。心之良知良能均以心善为基础而成为可能的。

有关孟子尽心知性说还有三点可说：

（1）心实现性，除了知性、知天以外，还能有诸内、形诸外，在生活实践中表现出来。此谓之"践形"。孟子曰："形色，天性也，惟圣人然后可以践形"（《尽心上》）。这一点与《大学》正心以修身之说相发明。

（2）孟子肯定志是心的活动，是对心的意志力的认识。乃有言："今夫弈之为数，小数也；不专心致志，则不得也。"（《告子上》）志是行动的动力，故人当立志；志于仁则能行仁。孟子又以志作为气之帅，而气又是体之充。故言："持其志，无暴其气"，"志壹则动气，气壹则动志也。"（《公孙丑上》）据此，我们可推论，心亦有气的性质，而与身关联。通过气的观念，我们可见孟子对心身问题的了解是：身心可以相互影响，心可以通过志来影响身，而身则可通过气来影响心，心与身在气上是一体而不可分，更有进者，孟子以告子之"不得于心，勿求于气"（《公孙丑上》）为可，而以"不得于言，勿求于心"（《公孙丑上》）为不可。此盖由于孟子以为，对理义的表达，正是靠心才能领会。故他不得于言，而要求之于心。

（3）孟子谓："万物皆备于我矣，反身而诚，乐莫大焉。"（《尽心上》）这是把万物之理视为内在于心性之中，故唯有反身内省，方能见万物之理。当然，这并不表示孟子忽视感觉经验，只是他以"反身而诚"作为了解知觉之义理的途径。孟子并进而提示"心勿忘，勿助长"（《公孙丑上》），作为"反身而诚""内省之思"的工夫。这是儒家心性学注重心的修养的一个开端。孟子这种认识自然仍是以性为本体，为目标，与《中庸》的"尽性""自诚明"的说法颇相一致。

荀子的"心知道论"是有关心范畴的意涵的另一理论。这一理论独立于性而肯定心能知真理之能力，认为心与真理（道）的关系是直接的关系，而不必通过或涵摄"知性"的一个阶段或方面；心能知道是由于心本身的性能与特质，而不必有待于性之本体的肯定。故荀子曰："人何以知道？曰心。心何以知？曰虚壹而静。心未尝不臧也，然而有所谓虚。心未尝不两也，然而有所谓壹。心未尝不动也，然而有所谓静。人生而有知，知而有志。志也者臧也，然而有所谓虚，不以所已臧害所将受谓之虚。心生而有知，知而有异，异也者同时兼知之。同时兼知之，两也。然而有所谓一，不以夫一害此一谓之壹。心卧则梦，偷则自行，使之则谋。故心未尝不动也，然而有所谓静，不以梦剧乱知谓之静。"（《解蔽》）这里，荀子不但回答了心何以知，而且对心能知道的基本性能有所揭示。心以虚含实，以一兼两，以静制动，故可视为一种极其特殊的机能。此亦为"思想"的机能。故心的本质是具有辩证性质的思想体，具有独立的功能。故荀子以心作为天君以治五官，作为身之主宰，乃曰："心者形之君也，而神明之主也，出令而无所受令。自禁也，自使也，自夺也，自取也，自行也，自止也。故口可劫而使墨云，形可劫而使诎申，心不可劫而使易意，是之则受，非之则辞。故曰心容。"（《解蔽》）

这里，荀子所称心之"自禁，自使"，不但显示了心的独立自主性，而且肯定了心的主动抉择的能力，而为自由意志之所在。基于此，荀子把心的地位提得很高，心不但可以缘五官以征知事理，即心依感觉经验来肯定所知；而且知亦能制服欲念，依理来改变自然本能之好恶，并在行为和制度上创造秩序，亦即创设礼义，以达到治人治世的目的。故荀子曰："心之所可中理，则欲虽多，奚伤于治？欲不及而动过之，心使之也。心之所可失理，则欲虽寡，奚止于乱？故治乱在于心之所可，亡于情之所欲。"（《正名》）

荀子以自然本能为性，故心不但不依性来发展性，而且以其独立所知的道和理来匡正性、改良性。此即其"性不善，善者伪也"的理论。善之"伪"，即指由心之择与虑而生，故为纯理性的制作，而非心之本有。这里，我们要问：心所知的道和理是形上学的，还是经验的？我们当可见荀子并未以心所知的理作为心的"闭门造车"，荀子讲的只是"征知"，即心缘感官经验，以知事理，以至于道。然而，"征知必将待天官之当簿其类，然后可也"（《正名》）。而《正名》又指出，王者制名，乃依形、色、味来触及本能感受，以求其同异之类，故有大别名、大共名之分。依此观之，事理和道均可视为自经验考察而来，故荀子虽然以心为独立的官能，却并未将心抽象化、超越化。心的对象仍是经验的世界，而心所知之道理，心都有其经验事物的客观性。在荀子那里，显然不能抽引出心含万理的结论。

"心知道论"最大的特点，乃在于认识心之独立于身的功能，而此功能乃在心之自主、分辨、认知能力，以及判断事理的能力；而这些能力的发挥，乃在于心与客观事物的接触。荀子可谓首先肯定了心的纯认知性、纯自由意志性，以及两者的统一性。根据心的纯认知性，荀子有可能开拓出有类于康德的"纯理性批判"之知识结构论。根据心的自由意志性，荀子则有可能开拓出有类于康德的"实践理性批判"的自由意志论的可能。由于荀子肯定这两者在心的本质上的统一性，那么知识与道德的沟通，以及互为基础，也较康德容易解释了。可惜荀子并未发展出实际的理论系统。若我们能综合荀子有关心的理论与墨子对名言与知识的分析，就能增进对心的认知性的新的了解。

另有一点值得提出，荀子并未论及心之体是什么的问题。就其对心是"虚壹而静""为大清明"的分析来看，心之本体显然是"虚壹而静"，与道家老庄所追求的本体的道是同一性格。故我们或可推言，荀子是以心之本体为道，道的属性亦即心的属性，故心知"道"即为道的自现自成。这一观念的可能，反映了荀子受道家思想影响的可能。如果循此一思想线索发展，则心之范畴不但完全独立于性的范畴之外，而且成为一切范畴，包括性的范畴的根本了。依此，我们更可以看出，孟子的"尽心知性论"与荀子的"心知道论"，乃有本体论的差别，而不只是知识论和方法论的差别了。自先秦以后，中国哲学的心性范畴及其问题的发展，都可看作由以上这两个理论的继续衍生和交流糅合。在宋明理学和中国化的佛学思想中的心性观念和问题，亦均可循这一线索来理解。

宋明理学和心学关于心的理论，是同时接受了孟、荀之说而发展出来的。基于孟子的"尽心、知性、知天"的命题，以及程明道的"性即理"之说，乃有张载的"心统性情"之说；基于荀子的"征知"的观念，乃有朱熹的"格物穷理"之说；基于孟子的"万物皆备于我"的思想，乃有陆象山以及王阳明的"心即理"的说法，而此说法又可与荀子的"心为道体"的潜意配合与印证。这里我们只能就三个重点加以发挥。

（1）张载的"心统性情"（《语录》）之说，乃基于肯定心为性的知觉，以及知觉的性。性能发为情，也是通过心之感知，故心可视为统合性与情的结果。但就本体言之，心即性之活动，而显为知觉。张载言"合性与知觉，有心之名"（《正蒙·太和》），似把性与知觉当作两物。事实上，性成为知觉者为心，故知觉是根于性成于心者。性所涵摄的内容甚广，除知觉、情性外，尚涵摄理。这是程伊川与朱子的"性即理"的意思。依此，心统性情，也应兼及对理的认识。但程伊川与朱子并未明确地认定心可从性中来认识理，而认为必须格物致知以穷理，故以为穷理不仅是性内涵养事，而且是为性外格物事。程伊川有言："在物为理，处物为义。"（《近思录》卷一）朱子以为，格物"一旦豁然贯通焉，则众物之表里精粗无不到，而吾心之全体大用无不明矣"（《大学章句集注》），则是认为，心之知在于物之理，与心之用相合。我们也可说，心所含性之理，是在格物过程中表现出来的。这不仅是"心统性情"之一义，亦是对"心之体是知之性"的一个说明。

"心统性情"之另一义是心为身之主宰，亦即心为性情之主体。这显然是渊源于荀子。对这一意思，朱子发挥得最好。朱子言："夫心者，人之所以主乎身者也，一而不二者也，为主而不为客者也，命物而不命于物者也。"（《观心说》）"性者，心之理也。情者，心之用也。心者，性情之主也。"（《元亨利贞说》）作为主体和主宰的心是能动的气，而不是被动的理。对这一点朱子也特别作了说明："所觉者，心之理也。能觉者，气之灵也。""灵处只是心，不是性，性只是理。"（《语类》卷五）就是说，在本质上，心是理与气之合，是后天形气的存在；知觉亦是理与气之合，故心能知是以气知理，亦即知是理气结合统一的一种方式。了解心有气的成分，不但可以了解心何以为主宰，亦可了解心何以会受欲念的影响和蒙蔽。此盖为气之交互影响所致。唯有心能认知及把握天理（德性之理），方可以克制人欲，做到正心修身的工夫。从这一观点看，心有两个作用：一是依性知理，二是依性克欲。心要为主宰就不能不发展这两方面的工夫。程明道言："涵养须用敬，进学则在致知"（《遗书》卷十八）。朱子主张格物穷理以彰心之大用，克制持敬以识本体（道），就是基于对心的主宰性的认识而发的，故"心统性情"不但有本体论的意义，也有价值论的意义。"心统性情"之说必须经过分析，才能见其意蕴的各个方面，也因之见为孟子"尽心知性论"的进一步发展。

（2）陆象山"心即理，即性"之说，接近于荀子以心为独立主体之意。但以为心可直接显理和性，而不必外求，更不必在物上致知，则与荀子重视感官经验大异其趣（朱子讲格物以致知，则反而接近荀子）。陆象山之意在于以心为主，以理与性为心的本有秩序，故离心不可言理与性，理与性直接等同于心而不可双分。心即能够立即知理，或体悟理之为理，故言"此心之灵，此理之明，岂外烁哉"（《与詹子南》）。而陆象山所讲之理，则非物理而是德性之理，等同于孟子的德之端。这又是把"尽心"视为"知性"之本，与孟子的立场完全一致。由此可见，陆象山之说，一如其他理学家、心学家，均系先秦心之二论综合影响的结果。

王阳明发挥陆象山"心即理"之说，也特别看重心的形上学或本体论的重要性，把心发展成为本体论、道德认识论和道德修养论的统一范畴，甚至有用心来解释宇宙一切的倾向。他说："可知充天塞地中间，只有这个灵明"（《传习录》），"身之主宰便是心，心之所发便是意，意之本体便是知，意之所在便是物"（《传习录》）。但知即心之知，是知理，心与性与理在本体上不可分，更不能于心外及理及性，故意仍是以心为本体。王阳明曰："心即性，性即理"，"虚灵不昧，众理具而万事出，心外无理，心外无事"（《传习录》）。这是把心看作理和性之整体，也是理和性之实际。至此，心本于天理，而为天理之"昭明灵觉"，名为"良知"，即"良知"之心。性、理、心在名言上有别，但在本体和体验上已通过心之知（良知）而化合为一了。这种心的观点可谓是儒家心性说的极致，显然与孟、荀有可通之处。在这一观点下，不但心身不对立，而且心物也泯合为一。

（3）心性学说，无论在程伊川、朱子，或在陆象山、王阳明，均在追求心性本体体验的一致。故在心性范畴关系上，他们都认为心性是不同层次、不同功能的观念，故有其本体的一。程伊川、朱子侧重于性的基本性，故以性诠心，而陆象山、王阳明则侧重于心的基本性，故以心诠性，并进而追求心的体验和修持，以此为心直显本体的说明。

除儒家心性学说外，为了了解心之范畴的可塑性，我们也应指出，在道、佛两家的著述中，"心"之观念的发展受到了很大的重视。

老子讲"无知""无言"，庄子讲"坐忘""自化""齐物""逍遥"，都直接或间接地把心本体化和价值化了。心之化境也同时成为修养的工夫和目标，因而与实际的人生和世界经验形成了一个距离。但道家崇尚自然，本体化之心仍然是自然主义所允许的范畴。道家又注重知的辩证性（相对、两行、以明），故对心的取向和活动提供了辩证的了解。

佛家思想则更进一步把心离实化和超越化,而不仅是本体化而已。这种赋予心以离实性和超越性,并把心作为离实和超越的修持工具的思想,自然是源自印度佛学。如果我们深究佛学中观论之"空"的观念,当可发现其与道家之"无"的观念有本质上的差异。"无"是形体,无方所,但仍不失为自然的一种状态;"空"则是不落言诠、非执着之否定性,是相对于意识化的心的执着性而言。基于此,佛学中所发展的心之观念是以"空"为其属性的。心无自体而以了"空"为目的。故黄檗希运(?—855)在其《传心法要》一文中谓:"此心即无心之心,离一切相,众生诸佛更无差殊。但能无心,便是究竟。"又曰:"心自无心,亦无无心者,将心无心,心即成有。默契而已,绝诸思量。故曰:'言语道断,必行处灭。'"此心也即成佛之道:"诸佛与一切众生,唯是一心,更无别法。"《景德传灯录》中亦有云:"性即是心,心即是佛,佛即是法。"(《卷九》)在这样一种心的观念下,心的离实性与空灵性可说已发展到极致。但佛学中仍有心、性关系的问题。在禅宗有"明心见性"之说。慧能在《坛经》自序中即言:"菩提自性,本来清净,但用此心,直了成佛",则性之于心也有儒家的本性和本体的意思了。

总结我们对心性范畴问题的讨论,心之观念在中国哲学中包含面最广。除其内在蕴涵的辩证性及观念间的辩证发展性之外,心与性,以及与因性而起的其他形上学或知识论、价值论等范畴,都有密不可分的关系。心、性的关系尤其具有重大的意义,值得我们发掘分析,借以掌握并解决心物、心身、本体等重要哲学问题。

十二、中国哲学范畴的四大特征

本节首先就范畴观念在中西哲学中的意义作了一个分析,显示了西方哲学视范畴为知识论和形上学本体论,是终极观念;而中国哲学则视范畴为规范人类行为、价值、宇宙万象性质,及其变化的分类和法则。前者注重结构的分析,故与逻辑并行发展;后者注重过程的观照,故以体验、修养为目标。前者之失在于过分重视逻辑,而忽视动态具体事物所显示之关系;后者之失在于过分强调变化,而缺乏对宇宙事物的抽象和对观念系统的了解。

本节次就中国哲学中的五行思想和阴阳思想作一探讨,借以显示中国哲学范畴所具备的一般特性——对应性和辩证性。我们亦可谓,对应性和辩证性乃中国哲学思考方法的特性,是基于经验的对变化的普遍的观察及综合。对应性乃表示普遍的规范要求,而辩证性则表示对变化之真实的肯定。依此立论,中国哲学范畴在其历史发展过程中,以及在其理论的比较研究中,所呈现的对待、对应、转化、等同、合一等关系,也均一一得以说明。依此立论,我们既不可脱离历史发展的过程来讨论范畴的意义和价值问题,也不能脱离历史的线索来了解范畴的关系及其应用问题。更深一层言之,无论从历史上,还是从理论上来评估一套范畴,均不容许对普遍具体的经验和普遍抽象的原理有所偏废，或厚此薄彼。

我们更可认识到，由于范畴、理论、经验三者乃交相影响，范畴绝非单一因素所决定，因而，我们囿于时空和有限的经验，实无理由断言人类思想已掌握了最完备的范畴系统。人类已有的范畴系统，包括中国哲学所展开出来的，均有其相对于理论和经验的有效性，但亦因之有其相对于理论和经验的有限性。故中西哲学范畴系统各有所长，亦各有所短；而某一范畴系统之所长，亦可能正是其系统之所短而产生。相反，某一范畴系统之所短，亦可能是其系统之所长之来源。故有一长，必有一短；有一短，必有一长；每一范畴系统均有其特殊的问题，亦有其对特殊问题作特殊的解决的能力。某一范畴系统中之问题，在另一系统中可能极易解决或根本不存在问题；同样，某一范畴系统中未能认识的问题，在另一系统中却昭然若揭，而成为该系统中之中心思想。心物关系的问题，他人心灵存在的问题，超越本体存在的问题，知识或真理之界说的问题，这些相应于中西哲学体系中范畴而言，都是这种相对性的最好例证。

我们讨论中国哲学中之范畴问题，自然亦不能不重视西方哲学中之建树及困难，而以此来作为创造及改进中国哲学的借鉴。我们更不能不面对长远的历史经验、综合广阔的自然知识和生命的体察，运用理性的方法来突破困难，发展新的范畴思想，建立新时代的哲学思考的架构。

我们已就中国哲学中八个基本范畴作了深入的、历史的和理论的分析。由此，我们可就中国哲学范畴系统的四个特征，做出最后的结论。

（1）中国哲学遍向于宇宙论和价值论的发展，而缺乏对知识问题、方法问题的专注，故往往就事象立言，而不重观念分析。故中国哲学范畴富有辩证性，以体验作为内涵，看重过程而忽视结构，以至于阻碍了形式逻辑的发展。

（2）中国哲学偏向于对大体和大化之肯认，而对小体事物与事件则缺乏细致入微的考察。所有重要哲学观念均是综合性的对待或统一观念，其中包含的意义并不因事象的不同而析解开来。如朱子论理属于最精者，但他从未对理进一步作经验上的或结构上的分析。

（3）中国哲学重简易、合一、相融与和谐，而缺乏对宇宙人生中的复杂性、异质性、冲突性和矛盾性之认识和肯认。即使宇宙人生之大体、大化具有简易、合一、相融与和谐等性质，也不妨碍在具体现实中面对各种复杂、异质、冲突和矛盾等经验所应做的了解。因之，在中国哲学中得到较充分发展的阴阳范畴的对待变化和系统原理，未能在理论上作更广泛的解释和应用。又，中国哲学强调合一、相融，其结果，一方面使每一观念范畴与其他范畴都相应合一，另一方面也模糊了两范畴之间的形式或本质上的差异。如程伊川在论心善恶时云："在天为命，在义为理，在人为性，主于身为心，其实一也。"（《近思录》卷一）此类之言在朱子、王阳明那里也甚多，其目的均在说明合一、相融，而忽视了层次与过程的差异。

（4）中国哲学偏向实用而忽视理论。其所偏向实用，则是强调个人之修德重行，而甚少讲究实现群体事功和福利之方法。这是儒、道、佛三家所共有之特点。但这一特点使中国哲学陷入了道德化与伦理化的圈套，而不是面对客观世界和现实的问题，以求解决。故中国哲学讲善而忽视恶；在价值范畴上与本体范畴上同时肯定"天人合一"为最高的本体和价值境界，但对于如何克服客观世界和人生的问题及困难，尤其是如何克服群体生命与群体生活的问题及困难，则视若无睹，未能致力于思考。

以上所列，仅是就中国哲学范畴探讨中所面临的问题中荦荦大者作一提要和批判，自然不能详尽所有的细节。但我们在这种提要和批判中，真诚地希望能为更深一层地探讨中国哲学范畴，开辟一条可行的蹊径。

第二节　中国哲学中的和谐化辩证法

如果说，西方思维方式倾向于形式的、机械的、冲突的，那么，中国传统思维方式则倾向于整体的、辩证的、和谐的。故而，我们将中国传统思维方式的特征概括为"和谐化辩证法"。充分揭示这一点，是我们对中西哲学、中西思维方式进行比较研究的前提。

一、过去认识上的模糊与当前的任务

在当前，出现了一股期望对中国哲学的性质及演化作整体性理解的热潮。也许正因为这个缘故，才出现了种种对中国哲学、中国思想中的和谐面与冲突面作定型工作的努力。各方面提出的看法很多，但到目前为止，我们既看不到有任何肯定的结论，也没有人真正地感觉到这个问题的重要性，当然也谈不上通过对它的认识去了解中国社会，并意识到中国这一思想在未来的可能性转变。

据我们了解，时下对这个问题的研究主要有三种。第一种看法认为，在中国各家哲学思想之间，便有和谐与冲突；而这些和谐与冲突的种种形式，便在各家思想发展的过程中表现出来。第二种看法认为，中国哲学中有很丰富的和谐与冲突概念，这两个概念在中国哲学里是特别经过磨淬的。第三种看法则认为，在中国哲学中所有的重要概念，都可以经过一个由和谐、冲突概念所建立的架构来理解和评价；和谐与冲突可视为这个架构里的两种思考模式，或取向上的两极，或变动不居的实体的两个面。当然，在对中国哲学史上的任何一位哲学家，或任何一本哲学著作的理解上，这三种看法都是相关的，甚至是分不开的。

在这里，我们要对中国各家哲学中所发展出来的和谐与冲突的类型，作一澄清、重建、分析和认可的工作。但讨论仅限于前述第二、第三两种看法上。我们希望能找出各家和谐、冲突哲学观背后所共有的一贯基础和普遍结构，作为进一步解释那些哲学观的

桥梁。在中国哲学里，和谐与冲突是两个互相界定的范畴，因此，我们必须首先了解中国哲学中的哲学思考方法和模式。在这一点上，我们想先引介一套和谐与冲突的形上学，以及这套形上学中的和谐化辩证法。根据这形上学，和谐与冲突这两个概念在中国形上学、方法学的结构里，就可以无碍地加以定义和解释了。换句话说，我们将以中国哲学中的一些相关的基本概念，来澄清和谐与冲突的直观意义。尤其要指出，作为一个形上和辩证架构里的两种经验形式或两种对实在界的看法，和谐与冲突之间是有极亲密的概念关系的。这一点是前人没有直接提出来讨论过的。

当澄清了和谐与冲突形上学及和谐化辩证法后，我们便着手进行第二件工作：指出中国道德哲学、知识论、社会哲学、政治哲学中建立在和谐与冲突概念之上的重要观念，并证实它们同和谐与冲突概念之间的关系。只有在这些领域中，我们才可看出和谐与冲突形上学及和谐化辩证法的真正的应用意义；也只有通过对这些领域的考察，我们才可看出，作为一个道德人和作为一个促进人类自我实现的社会人，是如何同和谐与冲突的概念发生关系的。另外，我们也会比较几种对本体论和方法论的看法。当然，在经过了这种方法取向上的集中比较后，我们定然会对中西哲学传统的融合与会通有一个新的认识。在这个新的认识下，我们将会对和谐与冲突形上学及其辩证的历史经验，以及它可能引起的个人和社会的改变，有一个进一步的了解。

二、儒学中的和谐与冲突形上学

史华兹（Benjamin Schwartz）在研究新儒学思想中的某些对偶现象时，曾表示，新儒学的思想必须从两个方面来了解：所处时代的历史处境，以及整个儒学的问题处境。史华兹这里强调的是，在了解一种思想时，必须把这种思想的内容和之所以激发出这种思想的问题联系起来看。所以，在研究后世的流派时，我们必须重新考察它的创始者。这就是说，一种思想的发展，虽然经由历史流贯而来，但还是有一个问题：处境是可以由史流中独立抽离出来分析的。据此观点，下面以中国哲学中和谐与冲突形上学及其辩证法最初形成时之情状，来分析它们的性质。这种抽离性的分析，亦将有助于我们了解中国哲学发展过程中所产生的其他思想。

在中国的形上学中，究竟什么是和谐，什么是冲突？在和谐与冲突的形上学里，内在的基本方法或辩证原则是什么？这两个根本的问题，只有在儒家和道家这两种重要的思想中才能得到回答。大概没有人会否认在中国知识分子心态的形成过程中，儒家和道家思想扮演的角色较其他任何一家都为重。从先秦到 20 世纪初都是如此。如果我们再大胆一点，甚至可以说，儒、道两家乃源出于同一宇宙经验，它们从一开始所欲解答的问题处境便是相同的。本节中，我们将通过《易经》和宋明儒家的一些作品，来分析儒家的看法，通过《老子》《庄子》，来分析道家的看法。

为了讨论上的方便，我们先非正式地解释和谐和冲突这两个概念。仅自直觉来说，和谐的意义如下：任何两个可区分，但仍然有伴存或继存关系的力量、过程或抽象思考对象，如果它们各自的耐力、具体性、能产力及价值有赖于对方的支助，则我们可以说，这二者形成了一个和谐的整体，或一种有机的统一。相反，如果两个可区分的力量、过程或抽象思考的对象之间缺乏和谐，乃至相互抵触伤害，甚而摧毁对方的状态，那便是冲突。因此，在两个冲突元素之间是没有和谐和统一可言的。按照这种对和谐与冲突的解释，我们可以设想两个既不互相冲突又不和谐，但又可区别的东西。这是一种中立于和谐与冲突的无关、无涉、无偏的境界。但我们必须知道，在真实的人类经验过程中，一种无偏、无涉、无关的境界是不会永久纯然地保持中立的，它不是较易流入和谐，就是较易导致冲突。因此，我们可以认定，有一种与已实现的和谐与冲突相对的潜在和谐与潜在冲突。由此假设，任何两个可区分的事物，它们不是有相互和谐的倾向，便是有相互冲突的倾向。

但我们必须了解，在自然和人类生存的不同层次中，有不同类型的和谐与冲突。和谐与冲突在质与量上所表现出的复杂性，是因为其所代表的，是一种多元的关系（事物需要界定，正是因为处于这种多元的关系间），所以没有一个公式可以勾勒出所有类型的和谐与冲突。从客观实际来讲，脱离了和谐与冲突所由生的关系脉络，我们甚至无法谈论和谐与冲突产生的原因和条件。由是之故，为了便于我们哲学上的讨论，我们不妨设想一个普遍的形上结构。这形上结构贯穿所有类型的和谐与冲突；通过它，我们才能探讨和谐与冲突产生的原因及条件。我们亦可说，和谐与冲突对人都有价值，但不论是个人或社会，在正常情况下会视和谐为较有价值者，且倾向于追求和谐。和谐与冲突的问题，于是就可视为对创造和谐及追求和谐现象的解释和认可，或者可视为在追求和谐的过程中，如何解决现存的或潜在的冲突问题。

对儒家来讲，和谐乃实在界的基本状态和构成，而冲突则不隶属于实在界，它不过是一种不自然的失序与失衡，是没有永久意义的。在儒家的眼光里，这个世界是一个变化和发展的过程。不错，世界上的确有相异、相对、不合、敌视等现象，但儒家坚持：整个宇宙、人类社会、个人生活的大方向基本上是趋于和谐与统一的。整部《易经》便表达了这种思想。试观《易经》的基本原则：（1）包容天、地、人及万物的道（即实在界），既是一变化的过程，又是一有秩序的结构。（2）生命之创化力量乃变化之根本，道的创生能力是无限的。（3）变化过程中永远有阴阳两种相反相成的动能。（4）道乃一：所有变化的动能皆出于道。所以，道是一切对偶现象之源。在这个意义上，道称作"太极"，"太极"即一。（5）事物之分化乃阴阳互动的表现，因此事物与道不异质。（6）万物化生乃由道之性，凡是能跟随或发展道之性的东西，皆有善于其中。（7）人有能力了解变化之动迹，以自己的行为来配合这动迹，乃能成就至善于世界。（8）人一旦了解变化，便能参与变化，知悉本身与世界之间的和谐。（9）人事间的失调、不幸与缺陷，起源于人不能够了解变化的真相，以及未能与世界和谐。

　　由这个对《易经》形上体系的简单描述，我们可以澄清以下数点：

　　首先，《易经》视事物的创生与统合为和谐的基本要素之一。亦即，在《易经》作者的心目中，世界是一个不断生化的统合体；在这个世界中，虽然充满着不同的事物，但众多不同的事物之间，却有一和谐的发展，这便是变化；世间的事物有始而有终：以和谐始，亦期终于和谐。其次，虽然物理世界亦有随时而进的现象，但只有生命的随时而进，才是无限的。因此，所有事物都生于变化过程及生命过程，而人可经由意识的努力而合于道，以达到生命的最终目的。最后，在相反与相成的事物中，存在着对偶现象，《易经》中便视变化过程为种种对偶现象的不断生化和统合。这样，不但变化本身得到了解释，而且，万物何以如此繁复，亦得到了解释。值得称道的是，宇宙与人生经验中的冲突、缺陷、矛盾、不符，均可视为对偶互动过程中的过渡现象，不得错认为世界的真相。对偶现象的抽象总名是阴和阳。以具体概念来表示，便是明晦、刚柔、动静、虚实、有无等等；只要这些对偶能够溯源主道，它们就不是真正的相反或敌对，而只不过是相成意义下的相反罢了。更进一步说它们的存在使世界有意义，而世界也因它们的存在而完备。阴与阳之间并无紧张和敌意，只要我们让它依照本性中的自然及简易去运行。按此观点，任何对偶的互动形式，不论其复杂程度如何，都不过是和谐的表征罢了。这种和谐是一种动态的过程，而不是静态的结构。换句话说，对偶的互动所表征的，乃事物间同属一体的和谐状态。

　　在《易经》中，实在、完整、统合、自然等性质，都是和谐状态的基本性质。人的本性令人一方面不自觉地趋向和谐，另一方面也督促自己通过修养来达到和谐。人的最大问题便是如何与自然，或与某一事态，或与变化之历程相和谐。而儒家的确相信，人可以通过修养来到达这种与自然和谐的境界。这种思想就表现在诸如"仁者浑然与物同体"（程颢：《语录》）、"大人者，以天地万物为一体"（王阳明：《大学问》）一类的话里。汉以来，这种思想被称为"天人合一"或"天人合德"。因此《易传·系辞上》第十一章曰："是故天生神物，圣人则之；天地变化，圣人效之。"成圣之道就是人与世界和谐之道，在于不断地追求道德上的完美并修养自身。这种成圣的修养过程，《易传》表现于下列文词：

　　　　与天地相似，故不违。知周乎万物，而道济天下，故不过。旁行而不流，乐天知命，故不忧。安土敦乎仁，故能爱。（《系辞上》第四章）

　　这段话足以表明，为什么儒家如此看重人的道德修养；修养的最终目的是希望人能够与世界中的万物和谐。四书，甚至《荀子》中亦不乏这种思想。虽然道德上的修养牵涉到许多复杂和对偶性的考虑，但儒家还是坚信，道德上的修养会带来和谐。到了宋明理学，所提出的命题就更肯定了。宋明理学以为，朝向道德的完美修养，就能把人带回一种无冲突的天人合德的境界。

如果和谐与善是一致的，如果冲突就是恶，那么在冲突时，我们就需要和谐。对于冲突，《易经》中有两点非常重要：第一，冲突乃人未能与实在界相合的表现。因此，冲突所显示的基本上是一个人或一个社会的软弱，因为它无法体会变化的微妙，因此便无法主宰自身与自然间的和谐。第二，只要尽己所能地去理解变化，以及在适当的时机下调整我们的行为，便能与自然相合，因而避开冲突。只有在这两点基础上，我们才能了解《易经》中对人世间之恶与不幸所作的判断和告诫。冲突基本上是由于个人与环境、与时代、与众人缺少和谐之故，这种状态必须由个人或团体的理性努力来改善，以最终达到和谐。

三、道家思想中的和谐与冲突形上学

现在，我们来看道家思想中的和谐与冲突形上学。一如《易经》，《老子》亦肯定世界的根本真相是壹，是遍在的常，姑名曰道。但在道家思想里，世界的根本真相除了表现在壹、常、遍在以外，还有一非常重要者，那就是道。它没有任何定性，道家用无来表示这一点。因此，道不但是根本真相，也是没有根本者，无正是万物变化、创生的无穷的源泉。道家的和谐与冲突形上学，同样把阴、阳的对偶与互摄视为道的基本功能。以《老子》为例，阳一面的强、刚、显、善，与阴一面的弱、柔、隐、恶有别，在另一方面又表示，二者是相互由对方所导出的。显然，《易经》与《老子》中都强调这种"反－生－反"的观念。

试比较另一点。《易经》中极明显地提出了反复原则，这表现在"兼三才而两之，故六。六者非它也，三才之道也"的卦形关系里。《老子》亦清楚地说出了反复原则，试观：

> 弱者道之用。（《老子》第四十章）
>
> 万物并作，吾以观复。（《老子》第十六章）

但反与复之间有一微妙的差别：反是反面之反，亦即物极必反。复则暗示归真，或归于变化之源的道。因此，《老子》说："归根曰静"（第十六章）。复有时亦可指反后之再反。变化之完整过程便在道的反复之间表现出来。和谐在道家的观念里无过于万物的自然统合和万物依循对偶、互摄、反、反者之反（复）等原则的自然变化。当然，无限的创生能力亦是道之性能之一。老子非常强调自然的生化能力，这无疑是构成道的和谐的要素之一。

老子认为，善与恶、美与丑、真与假的价值是互为条件的。它们的存在与为人所识是互依的。老子认为，在所有重要的人类经验范畴中，价值都是互为条件的。他说：

> 故有无相生，难易相成，长短相形，高下相倾，音声相和，前后相随。（《老子》第二章）

这是道家相对原则的雏形。在《庄子》一书中，我们可以见到其进一步的发展。

在庄子眼里，世界上任何事物都是相互依赖与互为条件的，价值的区分是人为的，并无客观的基础，虽然事实的区分是可以齐一的，但那也不过是道的无限变化中的一面罢了。庄子曰："物无非彼，物无非是。自彼则不见，自知则知之。故曰彼出于是，是亦因彼。"（《齐物论》）由是，万物皆为整体的一部分，世上没有绝对必要或绝对不可侵犯的区分。从道的观点来看，所有的区分、所有的差异都是不可能的，亦无损于道的变化性和整体性。我们可称这思想为"本体齐一化原则"。从这原则的观点来看，我们可以说，对事物和价值的种种区分，并不带来冲突和恶；在事物与事物之间、价值与价值之间，也不因为有区分而减少其相关性。庄子还表示，万物均可相互转化。任何一种观点都可成立，观点与观点的地位是一样的。因此，庄子说：

> 故为是举莛与楹，厉与西施，恢恑憰怪，道通为一。其分也，成也；其成也，毁也。凡物无成与毁，复通为一。（《齐物论》）

这种万物不论其大小、美丑，在本体上皆为齐一的思想，便是庄子排斥万物间的绝对区分与差异，却同时接受区分与差异是现象世界中一部分之思想基础。

虽然庄子并不像老子那样强调反于道，以认识万物化生之源，但他对道的本然之体认，却与老子类似。他也因为道的不竭创生能力，而领悟到"道"乃万物之根源。因为道中所有事物皆依相对、互化原则而成，因此，万物同时是道，又是道所化生的部分。万物间的区别与差异是本体上可超越的；由区别、差异而起的冲突、对立、敌视，自然也是本体上可超越的，亦即可泯灭于道之中的。因此，在道的大智下，冲突与对立完全没有本体上的地位。这已足以解释，为什么庄子把很多不愉快的人生经验视为了解道的好机会，而不把人世间的灾难视为痛苦，以此作为体会逍遥与创造的真正意义：由价值的执着中解放出来，由局限于一个观点的偏见中解放出来。庄子曰：

> 唯达者知通为一，为是不用而寓诸庸。（《齐物论》）

如果一个人能够在道的精神下一方面超越万物，一方面又包容万物，那么就能够随时随地地避开、化解冲突；因为他了解，冲突、对立和差异等现象，只不过是和谐与同一下的一面罢了，它们正是未来的和谐与同一之所由。在这一点上，我们可看到庄子如何把老子的相对主义雏形发展到一个最后结论：懂得万物齐一道理的人是最快乐的人，这样快乐象征最高的和谐，因为他已与道通、与道齐、与道一了。庄子因此说：

> 庸也者，用也；用也者，通也；通也者，得也。适得而几矣。（《齐物论》）

四、和谐化辩证法

虽然儒、道两家在对真实的形上观念，以及人在世界中的地位这两个问题上，有态度上与方法上的明显不同，但经过以上的比较，我们应该可以察觉到儒家的《易经》与道学的老庄有几点共同的形上学的看法：第一，二者皆体认世界本身便是一和谐或和谐历程，其中所有事物之间的差异与冲突均无本体上的真实性。它们之所以存在，正是为了要完成生命界的和谐，以及在变化的世界的创造动能下，创化继起的生命。第二，二者皆承认人在生活中会经验到冲突，并遭遇到逆境，但是，人可以通过发挥理性和调整行为，来克服这些情况。因此，冲突与对立可经过修养和配合自然来化解，这二者都是在人本身的能力之内的。

形上学决定了人类观察世界的方式，也提供了人类解决困难、进行研究的方向。此外，形上学还能开拓我们分析、评价、指导生活中各种问题的途径。在这个意义上，我们可以说，和谐与冲突的辩证法是建立在和谐与冲突的形上学之上的。既然儒家与道家的和谐与冲突形上学均欲包容整个世界，那么，我们便可设想一个儒、道两家所共有、借以运思、分析人生和世界各种和谐与冲突问题的辩证法。这一儒、道所共有的辩证法，我们称之为"和谐化辩证法"。

（1）万物之存在皆由"对偶"而生。

（2）"对偶"同时具有相对、相反、互补、互生等性质。

（3）万物间之差异皆生于（亦皆可解释为）原理上的对偶、力量上的对偶和观点上的对偶。

（4）对偶生成了无限的"生命创造力"（对《易经》而言）、"复"的历程（对《老子》而言）以及事物与事物之间的"互化性"（对《庄子》而言），还有"反"的过程（《易经》《老子》《庄子》之共同）。

（5）如果我们能描述出各种对偶之间互生关系的架构，并且在这架构中，我们能无碍地宣称世界的根本乃一整体，以及万物有本体上的齐一性，那么冲突便可在此架构中化解。

（6）人可经过对自我以及实在的了解，以发现化解冲突的途径。

如果我们视万物之间的差异和对偶为冲突、对立之原因，并且"道"（实在界）就是这些差异的和谐化及其对偶的统合化，那么，我们便可以下列的方式应用"和谐化辩证法"来化解对立和冲突。首先，我们觉察并发掘冲突与对立中含有的对偶性及相对性。然后，我们再觉察并发掘冲突与对立中蕴涵的互补性和互生性。因此，冲突与对立本身即可视为参与和谐化的过程，并且为此做出贡献。在这种认识下，我们能把冲突、对立的双方视为在本体上是平等的，且长远看来皆合于"道"。同时，我们便可经过全面的自我调整，以及对自我、对世界的关系的调整，将自我与世界投射到一种没有冲突、没有对立的境界中。这种调整的过程，便可称作和谐化的过程。

由于相对性和对偶性的内在动作原理的作用，当冲突与对立产生的时候，我们必须依循和谐化的辩证法，一方面做道德行为上（现实上）的转化，另一方面做本体认识上

（思想上）的转化（意指对世界的认识而言）。这样才可化解冲突。

五、与冲突辩证法的比较

前面，我把"和谐化辩证法"视为儒、道两家传统思维方式的特征。在这意义上，我们可试与其他文化、其他哲学中发展出的辩证观做比较。我们会很自然地联想到两种不同类型的辩证哲学：其一，近代西方由黑格尔到马克思所传袭的永恒进步的辩证法；其二，佛学传统中提倡全然否定、全然无执的中观辩证法。我们之所以要比较这三者，是因为，我们想指出，儒、道两家中的和谐化辩证法与黑格尔和马克思的辩证法、中观辩证法在逻辑上有根本的不同。在人类历史上，这是必须一较长短的。

在进行比较之前，有一点必须澄清。这三种形式的辩证法各有其产生的文化背景；它们是在不同的文化经验、需要和刺激下生成的。就生成背景而言，我们无法比较其功过。但就理论结构或思想的目的来看，这三者虽然不同（甚至对立），但却是互补的。这里，请读者留心一件事，那就是当我们这样说的时候，就已是在施展较高层次的和谐辩证法了。当然，其他两种辩证法也可以在意识到三者的不同之后，以其固有的思维模式来进行辩证，以为自身在三者之间求得一个新位置。在这三者的选择上，我们必须当人类的理性及经验发挥到其最大的包容能力、进行最周全的反省后，才能合理地下定论。

黑格尔、马克思辩证法所接受的命题如下：（1）世界（主观上）是以一不可再断分的整体而呈现在我们面前的（正）；（2）世界凭借"既有"及其反面之间的冲突与对立，来实现自身（反）；（3）世界经过冲突因素之间的更高综合，达到一种更高层次的存在（合）；（4）世界按照这种过程不断地向上进，愈来愈逼近理想中的完美。虽然，这里用的纯粹是黑格尔的字眼，但我们随时都可以把这几个命题嵌入马克思的唯物论架构，正如我们也可以把它换成黑格尔派的精神现象学中的形上架构一样。重要的是：不论是马克思主义，还是黑格尔主义，都具有这种辩证法的三个主要性质。

首先，这种辩证法肯定实在或历史，有一个本体上真实的客观冲突；这冲突或表现在事态及其反面之间，或表现在一个阶级与另一阶级的对立之中。这种冲突与相反，意味着敌对、憎恨与不合作，其间没有互补与互依；而我们前面谈过，互补与互依是成就一个整体所必需的条件。换言之，由辩证而来的进步有其限度，整体的实现就是其限度。因此，在这种辩证法里，冲突的存在使斗争成为必需，唯有尽力斗争，才能消灭其内在的逻辑矛盾。

其次，欲解决冲突状态之逻辑矛盾，只有设法将冲突的两面在一更高的层次上综合起来。对这种意义的综合，黑格尔寓于其"提升"的观念，而马克思则寓于其社会革命的观念。在合的过程里，先前的正与反都会起本质上的改变，最后产生出一截然不同的崭新东西。

最后，实在的辩证运动乃是一个不断前进的演化，朝着更高、更好的存在形式迈进；这种迈进，带有浓厚的直线前进的味道。此外，不论在黑格尔的架构中，或是在马克思的架构中，都已把这种前进极度理想化。事实上，既然运动是不能停的，那么，这种前进就不得不理想化或乌托邦化。如果以这套辩证法来看待和谐与冲突的问题，那么，我们必须视冲突为实在中具有客观意义的关键要素；或视其为促进历史迈向一新阶段的关键角色。在这里，我们可以看出一个很明显的差别："和谐化辩证法"认为，只有当一个人开始了解世界的真相之后，他才可主动地避免或化解冲突；而冲突的辩证法则认为，冲突是世界真相中不可或缺的元素，因此，个人不可能通过对世界的了解来避免它，或化解它。换句话说，冲突辩证法基本上不视变化的过程为和谐的，而视之为不和谐的。而不和谐虽然有客观性，但不能视之为恶或低价值之事物，而应视之为达成进化的必要元素，甚至工具。这种永恒的演化进步观，加上以冲突和斗争为辩证过程的核心，就从根本上排除了以和谐为辩证目的之可能性。斗争与和谐都是达到更高层次综合的工具，每一次新的综合都根植于冲突。比较起来，"和谐化辩证法"因为视和谐为实在的基本性质，而没有黑格尔、马克思辩证法里的那种耀眼的进步观。

六、与超越辩证法的比较

中观辩证法的特色在于否定一切对实在的肯定命题，以及对这些命题所作的命题。依此类推，一切实在界之命题皆在否定之列。把这种观念表达得最好的是大乘佛学龙树的"四段否定式"。"四段否定式"要求否定一切命题，再否定其否定的命题，这命题本身及其否定一起遭否定，否定命题本身及此否定之否定亦再一起否定。这样做的基本精神是完全、彻底地由对实在、真理的看法中解脱、超越出来，甚至从这种想法中解脱、超越出来。经过这种连续否定后，我们可以达到一种彻悟的境界（般若）和真正对这世界的了解（菩提），这种境界与了解是不能用一定的语言和行为方式来描述或达到的。这种对实在的理解方式，用辩证的术语可转述成下列诸原则：（1）实在的生成乃是断说之结果；（2）任何断说均含一反对，即该断说之否定；（3）虽然经由常识我们承认断说与其否定之间有冲突，且实在中有许多形式就是这种冲突的表现，但为了避开这种冲突的后果（哲学上的、逻辑上的、现实上的），以及为了掌握根本的真相，我们必须舍弃对任何断说及其否定的肯定；（4）经过这个历程，个人便会从冲突与矛盾中解放出来，而达到一种对世界真相彻悟之境地。

中观辩证法常被人说成是否定的、弃世的，但我们当注意的是，在处理和谐与冲突问题时，这种辩证法企图以超越问题来化解问题。龙树否定因果的实在性，他的形象架构便是这样一种努力。在他看来，和谐与冲突本来就是常识界的东西，或者说，是幻界或假象界的事物。虽然在常识界中我们的确有冲突，但只要我们在任何情况下都不去肯定和谐与冲突，连追求和谐这个念头都丢掉，这样我们便能超越冲突。这套想法会导致一个人对现实事务的被动，视现世为一连串不相干的、无意义的、不可断说的表象历程。它丝毫不含黑格尔、马克思辩证观中的进步、综合观念，而与儒、道的辩证观比较起来，它也没有那种包容世间一切差异的主动和谐化精神。

上述三种辩证法之间的简单比较，自然不足以勾勒出其全貌，亦不足以断定其功过。但是，指出三者之间逻辑结构上和哲学意义上的差异，我们就可以清楚地看出，在和谐与冲突问题上，除了儒、道辩证法以外，人类还发展出了另两种不同的辩证思考方式。这是我们作比较的目的之一。我们的另一目的是想指出，在未来的思想发展上，不同历史、文化背景下所产生出的黑格尔、马克思辩证法与中观辩证法，当是儒、道辩证法的潜在竞争者。从历史来看，中国佛学的产生就是儒、道和谐化辩证法与中观超越辩证法在 4 至 9 世纪接触和交融的结果。我们可看出，经过了这一场接触、交融，儒、道辩证法注入了中观辩证法。譬如天台宗之"三谛圆融"说，禅宗之倡主体自由，是不据说法之入世观。再如华严宗之"一摄一切，一切摄一"的"事事无碍"说，皆是和谐观念注入中观辩证法的明证。终了，儒、道辩证法终于全面包容了佛学思想——新儒学即宋明儒学诞生了。但从另一方面看来，虽然儒、道辩证法在中国战胜了印度本土的中观辩证法，但后者对人、对世界的形上态度，也注入了新儒学的血液里。

在 20 世纪，中国传统的"和谐化辩证法"又遭遇了另一次挑战，这次的对手是西方的黑格尔、马克思冲突辩证法。不巧的是，二者的遭遇正是与中国文明被迫面对西方船坚炮利的同时。从 20 世纪初达尔文、斯宾塞的进化论，适者生存思想入华，到 1949 年以前，中国一直强烈地受到西方冲突辩证法的影响。与此同时，传统儒学的力量相较之是非常薄弱的。列文森（Goseph Levenson）甚至认为，儒家中国在现代的命运乃是由于儒家思想无法应付现代世界的挑战所致。但如果我们以长远眼光来看这两种意识形态及辩证法在未来中国内的竞争，列文森的话显然说得太早了一点。1674 年对儒家思想所展开的批判运动就代表着儒家和谐化辩证法与冲突辩证法的短兵相接。"文化大革命"初期"一分为二"与"合二而一"之争，也是这种接触的表现。究竟是要把和谐视为目标、把世间的差异视为收获、视永久进化为不可能的，还是视冲突为必要工具、视一元化为进化的动力、视进化为永不息止的斗争（表现在永久革命的观念里）呢？就中国目前情况看来，我想还是一个悬而未决的问题，也是一个最重要的问题。这是中国在所有的文化、政治、经济活动中都会遭遇到的问题。

七、和谐化辩证法在中国传统文化中的角色

通过以上对儒、道"和谐化辩证法"的说明，我们现在可以开始探讨和谐与冲突的观念在传统中国伦理、社会、政治哲学中所扮演的角色了。

在中国的社会、政治范围内，当和谐与冲突的问题发生时，和谐化的辩证观念就应用得非常广。但我们必须留意到，虽然从"和谐化辩证法"本身架构中发展出来的对偶

与相对观念相当通则化，如"阴阳""彼此"等，但当运用到人类实际经验上时，就产生出了许多类别和性质较复杂的对偶。在这些对偶中，有些并不是明显的对立，有些并不是明显的互补。但不论是哪一类对偶，其生成都是受了儒、道一方或双方的原始的和谐化辩证法的影响，则是无疑的。在理论上、社会政治哲学上、科学思想上、医学上、史学上、文学艺术上，无处不可见由"和谐化辩证法"而来的对偶相对式的描述或规范。其内容不是偏儒，就是偏道，或二者兼而有之。我们可以说，儒、道的"和谐化辩证法"替中国人的经验安插了一个多向度的对偶结构，这多向对偶结构是由一些子对偶结构及其间交错关系形成的。至于这些子结构及其间交错关系之细貌究竟如何，还是一个很困难的问题，直到目前为止，还没有作一个深入的研究。本节所余的篇幅，就希望借着我们对"和谐化辩证法"现有的了解，对这些子结构及其间交错关系，作一较系统的分析。

就我们目前的认识，人类的伦理、社会、政治经验中的对偶结构主要有：

（1）内—外　　（2）文—质　　（3）己—人　　（4）知—行
（5）义—利　　（6）仁—义　　（7）仁—智　　（8）礼—义
（9）法—礼　　（10）思—义　　（11）中—和　　（12）天—人
（13）动—静　　（14）道—器　　（15）形而上—形而下
（16）体—用　　（17）理—气　　（18）理—欲　　（19）修身—治国、平天下

根据"和谐化辩证法"来看，这些对偶结构中所含的对偶都是既对立而又互补的。但我们应该了解，在人类伦理、社会、政治经验中的对偶，并不能仅以道家的相对观来视之，因为，在大多数的情况中，对偶的双方都是对人有积极意义、为人所欲的。而相对关系下的双方却并不一定皆是人类所欲的，比如战争与和平的相对、好与坏的相对等等。我们亦可发现，儒家所谓的对偶固然可以用道家所谓的"相对"视之，但道家所谓的对偶却不一定可以用儒家所谓的"和谐"视之。

在我们探索"和谐化"在对偶结构（不必为相对性结构）中的确定意义之前，也必须注意到，伦理、社会、政治等人类经验中所采用的对偶结构，与宇宙论的、本体论的人类经验中所采用的对偶结构，有一根本的不同。在后者的界域中，对偶双方间的关系是以类似于时间上或逻辑上的关系来譬喻的，所以对偶的两种状态可以变换，例如，我们可以谈阴与阳或无极与太极之间的时间变换或逻辑变换；而在前者的界域中，对偶双方之间的关系是一种类似于特定时态下的空间关系，换句话说，对偶双方间的关系好像高与低、左与右、内与外既对立而又互补的关系一样。这种情况下，欲求和谐，就须先求得对偶双方间的平衡、合比例的相关与互摄，以期成就一个以功能为纲的有机整体。

通过以上对伦理、社会和政治经验中对偶结构的澄清，我们现在便可挑选一些典型的对偶结构来说明如何应用"和谐化辩证法"了。这里所选的分析对象是内—外、知—

行、义—利、法—礼、理—气、体—用。在分析中我们可看出，内与外这项对偶结构，实际上可代表并解释另外几项对偶结构。我们也可看到，义—利、法—礼这两项对偶结构，在古代儒家思想中就已是主要的问题，因而也是日后许多（儒家或非儒家的）新哲学思想之起源。而理与气之对偶结构是新儒家的问题，体与用则是 19 世纪末现代中国儒家在西方的挑战下重新提出的问题。

八、和谐化辩证法中的内外之对偶

内外对偶的观念在《中庸》里已表现得很清楚："成己，仁也；成物，知也。性之德也，合外内之道也，故时措之宜也。"在这里，外指的是"成物"，内指的是"成己"；内外之分是己性与外物之分。推而广之，我们可以说外就是文化、客观秩序、环境、社会、世界、他人等事物，而内就是自我的主观存在、心智、人的各种功能和天赋等等。

内与外还有如下的含义：外是指在个人意志与修养范围以外的东西，而内是指人的道德和精神的潜能，是可以由一个人的自由意志修养而成的。如是，我们可以把内外视为实在的两种秩序。因而，解决内外所产生的和谐冲突问题，也就是要在这实在的两种秩序上形成一个平衡的有机整体。内与外于是就成为对偶关系，即二者相反而相成。虽然儒家似乎相信，内外之所以形成有机的和谐整体，是因为，外在的秩序可以由内在的秩序来规划，但儒家并未坚持事情必然是如此。这个态度，可从文质、礼义对偶中进一步看出。

儒家认为，一个人应该根据礼所代表的社会规范和行为准则来修养人格；但另一方面，人亦须自觉根植于其天性中的是非之心。因此，文质的对偶就很自然地引申出礼义的对偶。显然，一个人很可能具有社会行为上的一切礼义，然而却缺少真正的德性与是非感；而另一方面，一个可能有非常好的礼的精神，却没学会外在举止上的文饰。这两种情况都不能称为和谐，而应视为一种内外之间的失调。要化解这种失调，只有同时在文质、礼义之间达到一种相应的平衡关系。在文质、礼义对偶关系上，人可能蔽于一端，单凭此事实，就足以点出和谐化的必要；而人可能在这两端上顾此失彼，这也就足以指出冲突的确存在其中了。孔子所发展出的儒家伦理学，就是为了要克服这种潜在的冲突，帮助人们达到内外之间最高的和谐，也就是达到善之至。

孔子并未开出一个一定可导致内外和谐的药方，但是，他深深地相信：只要社会上的每一个人和国家的领导者均修养内在的德性，那么，外在的秩序自然就会合于道理。由于孔子的这个信仰，其后的儒家门徒又进一步追究：为什么内在秩序是外在秩序的基础，以及如何做到这一点？在《大学》《中庸》《孟子》里，我们都可看到这种讨论。尤其是《大学》中对本末、终始的追究最为相干。

根据《大学》诚意、正心、修身等内在的修养，可以带来个人与社会的不断的成长和发展，一直影响到外在秩序诸如家齐、国治、天下平的建立。《大学》说："诚于中，形于外"；《孟子》亦言，对人性的善端（与生俱来的道德能力）应当存养和扩充，一旦这种内在道德能力在个人生活里实现，并且扩充到他人身上，社会就自然会有秩序。这便是说，人世间的一切善的事物皆是根据于人的内心，而发展内心使其形于外，便是和谐。在这一看法下，内外间没有任何冲突，所有的社会冲突，不是产生于人之未顺性而行，便是产生于人未存养的天生就有的内在之善。一个人在社会上感到的所有冲突皆起于伦理中所谓小人与君子之间的冲突，也就是私心与德性之间的冲突。但冲突是可避免的，只要在上位者修己，其他人便会如风下之草起而效之。归结而言，内外的最根本的关系就是内一定会显于外，外乃受内所制约。一方面，一个人的心志能决定其在社会中的行为；另一方面，一个人的行为也不可避免地会导致他人来学习。

如史华兹所指出，就文质、礼义来看，内与外之间一定存在着紧张。从内外之间类似于空间的关系来看，虽然内外同时伴存，但外的某些问题、需要和性质，在某种程度上亦不受内的管制。虽然内外之间可以产生和谐（平衡与连贯），但外却不一定要站在内的立场以求与之和谐。社会、国家是由许多人一起组成的，团体中所要求的秩序势必有超出个人修养所能及之处。单就这一点，就足以令其他的哲学家脱离《大学》《中庸》《孟子》系统，来思考其他的秩序原则了。因此，告子说，尽管仁是内在于人的本性的，但义却是理性观察外在事实、外在秩序的结果（见《孟子·告子》）。推而广之，所有社会道德都是必须以理性灌输的方式学习的。因此，所有的社会道德都没有内在的意义，而只有合不合社会仪礼的外在意义。这基本上是《荀子》的看法。即认为，只有社会制度、社会秩序这些外在的事物，才是影响、主导内在成长者。因此，教育之目的，乃是为了培养一个人接受圣王所制之法的能力。即使在这里，我们还是可以看到和谐观念的影响——社会与个人之间的和谐便是首先建立起社会秩序，然后才教育个人从之。社会冲突之主源，乃是个人利益与社会利益之间的失调，化解之道便在于令个人配合社会秩序。

这种强调国家、社会秩序的向外态度，以法家的集权主义收场；社会秩序成为绝对至上，完全排除了个人内在修养的地位，富强、权威、效率，则成为根本的目标。儒家孟子以修己为建立及运转社会秩序的基础，而法家所倡的则是一种完全与之相对立的学说。内外二者之间的紧张，可能以一方完全压倒另一方的形式收场。这一事实就显示了内外之间的确存在着实际的冲突。中国历史上法家之学与儒家孟子的德性存养之学的冲突，便是明证。

九、法礼、义利之冲突的和谐化

以下再讨论两个与内外冲突有关的对偶结构，这两个对偶之间也是充满着潜在的冲突，因而成为儒家思想中的重要问题。

首先看最为冲突所困的法与礼之对偶。儒家认为，国家与社会的秩序应由礼与德来维系，因而主张降低甚至弃绝法在维系社会秩序中的地位。虽然如此，儒家还是隐隐约约地承认，社会上的多数人乃是受私利所左右的小人，对他们是无法单以德来约束的。因此，儒家承认，以制度、规章为主的法治与以道德、教育为主的德治之间，存在着事实上的冲突。宋代王安石变法所遭遇到的困难，就是这一冲突的公开化。王安石主张由制度入手，而其批评者却希望以道德来影响政策。这种冲突，并非只是对改革手段的看法不同。"究竟什么形态的社会秩序才是好的"，这便是争执点之一，而这又是在同一学派中也未有定论的问题。

于是，就引出了正统儒家所深切意识到的义利的对偶。但是，在此必须声明，当我们谈及义与利对偶时，并未假设这两者之间的相反相成关系已经弄清楚了，而只是认为这两者之间的关系应该在儒家的"和谐化辩证法"中得到澄清。因为从其他的辩证法的观点来看，这两者间的关系可能永远也弄不清楚，甚至不应该弄清楚。所以，这类对偶结构是否成为难题，本身就是一个问题。而对儒家来讲，这种对偶是存在的。有效的和谐化方法，便是使利的欲望受制于义的判断。对于不违背义的利，人可追求之；但若违背了义，那么人便应放弃利而服从义。儒家还认为，求义乃是君子之终生目标，而小人的终生目标却只是求利。这当然是正统儒家如孟子者所执意保持的态度。董仲舒的名言"正其谊不谋其利，明其道不计其功"（《汉书·董仲舒传》），也是这一立场的表现。

利的观念本身就带来解释上的困扰：个人的私利和整个社会的公利都是利。孟子追求义的程度甚至排除了国家利益的价值，虽然他可以相信执着的义会带来有利的后果（见《孟子·梁惠王》）。对墨子与法家而言，因为他们追求的是国家、社会的富与强，自然在这件事上就采取不同的观点了。因此，墨子认为，社会的全体利益、人与人间的相互利益就是义；而法家则根本反对儒家所言的仁义，认为这二者妨碍了国家的富强。

因为义利问题产生了理论上的争执，以及实际目标上的冲突，再加上墨、法两家对正统儒家的反对，因而在宋、明、清就产生了一个新的儒家的看法。若我们对宋代的功利派及明、清两代发展出的实学做个研究，马上就会发现义利之间尖锐对立的明证。宋、明、清三代在义利问题上达到了一些成果，而儒家在这问题上敢于自我批评，克服其间冲突使达和谐化，便是义利对偶逐渐实现为一和谐的对偶之前兆。历史上，儒家面对法、墨两家之挑战，不得不应用其"和谐化辩证法"以化解之。化解之道，便在于承认、肯定并且建立起一个真实的对偶关系。

总结以上所说，对于不同形式的内外对偶之讨论，我们已相当充分地说明了这些形式间的交互关系，指出了早期儒家建立了何种对偶关系，并探索究竟是哪些理论和实际上的冲突，促使了日后儒家运用"和谐化辩证法"去完成新的对偶和谐。

十、知行问题及其和谐化

这里想讨论的是知行的对偶。知行对偶的产生背景与内外对偶是很相似的。孔子视知与学为行的指导，他说："不知礼，无以立也"（《论语·尧曰》）。他也视行为修身为社会教育的最后目标。在他看来，知与行之间的关系，在人格修养上及社会秩序的建立上是互赖、相成的；知与行乃是一体的两面，甚至没有对立的关系。因此他说："言顾行，行顾言，君子胡不慥慥尔"（《中庸》），知对言是有极大关系的。如果一个人的知不正确，那么，他的言就不会正确。但是，孔子虽然坚持知行必须合一，却没有进一步详究知的可能工具、目的与方法，他也没有谈及行动的力量及行动的方式。因此，知行之间的冲突与张力，尚有待后人去发现和解决。首先，我们要问：我们要知什么？如何组织我们的知识？其次，我们要问：知识如何引导正确的行为？

对孔子来讲，知识不是描述性的，就是规范性的；不是事实，就是原理。到了宋代，理学家认为，知的目的主要在知万物之原理，知识之对象便是世上一切原理的总和（宋儒以理表之）。一般而言，这是程颐及朱熹的观点。在这阶段，理学家所谓的理还仅限于万物、人事及社会存在之本体理由，并不一定有类似于现代科学知识、技术的意味。但到了18、19世纪，知的问题就愈来愈有科学上求原因、求方法的意味，学者也愈来愈要求探寻知与经世致用之间的关系。这便引发了颜元、李塨所代表的实学，以及19世纪公羊学派龚自珍等人对知的态度。人对知识内容、范围的态度有了这样的改变，知与行之间的关系也随之而变，甚至行的意义也因而扩大起来。对朱熹及其老师程颐来讲，穷尽万物之原理有助于人的尽性。虽然，追求知识的工夫（穷理）与尽性的工夫（居敬）之间的确切关系尚未弄清，但朱熹坚持认为，这二者都是修养上所必须做的两件工夫，合起来便能完成一个尽性的我。也许他并不认为理的形上知识是社会、政治行为的基础，但是他却很肯定地认为，一个对理有丰富知识的人便能够对人、对宇宙有体认。

王阳明认为，理的形而上的知识及实用知识，可能妨碍一个人自我实现的工夫或减损他这样做的动机。因此，他反对朱熹的态度，并以之为向内"致良知"的理由。王阳明的基本态度是，只有自我充实尽心的行为和由良知而起的是非判断，才是关键之点。循着陆象山的思想发展，王阳明认为，"道问学"会妨碍人的道德实现，亦即"尊德性"的实现。因此他认为，知识不但无补于行为，反而有害。在这里，行的意义被限于道德上的行，因此知的意义也必须重新加以界定了，知行含义不清所引起的冲突，在陆象山与诸子的辩论中，表现得最为清楚。后世朱学、王学之争亦由此而起。尽管朱熹、王阳明两人在知行问题上或已达到某种程度的和谐，但还不足以为知与行的和谐问题下定论；他们的成就离"和谐化辩证法"的充分应用还差得很远。因此，在这个问题上"和谐化辩证法"在未来还有很大的发展余地。

史华兹指出，朱熹的思想成就基本上是与日常生活无关的，而王学末流的超越的个人主义，又在无形中否定了外在世界。这个观点基本上是对的。清代的戴震、王夫之、颜元对朱学、王学之批评，就证明朱、王对知行之间和谐、冲突问题所提出的解答，尚未能让人满意。虽然，在不同社会背景下的问题不尽相同，但是，只要知识与行为的内容、范围、性质、结构一日在变，这二者之间的冲突就会对思想与社会构成困扰。中国今日之处境尤其是如此。对今日偏向儒学的中国哲学家而言，如何运用"和谐化辩证法"以化解知行之间的内在冲突，依然是最大的挑战。

十一、理气、理欲、体用之对偶及其和谐化

最后，我们想再简短地讨论三个对偶结构。

关于理气对偶值得讨论处非常多，这里想提出的是，对宋明理学而言，理气乃是一宇宙论上的对偶，用以解释万物的生成、变化历程，以及世界根本真相的性质。程颢、程颐兄弟及朱熹，对理气之间的对偶结构已有非常明白的刻画，这对宋明儒家形上学的完成是一大贡献。即使在周敦颐的思想里，当他谈到无极与太极、太极与阴阳、阴阳与五行之间形成之整体时，也隐隐约约地露出理气乃是真实世界两个相反但相成的本质之看法。朱熹更是完完全全地意识到了理气的关系问题，并作了详细的思考。但他未免过于为理气孰先孰后的问题所困，因而堕入二元论而不自知。另一方面，宋代理学家中亦有不视理气之对偶结构为二元结构者。他们尝试将理归于气之下，视气为第一要素而理为第二位。比如在张载的气一元论里，理即变成气之本体中的组成形式。

因为有这宇宙论、本体论的问题背景，理气对偶在宋儒那里，主要是用来解释理性、生命、感情、欲望之间的和谐与冲突问题。绝大多数的宋儒都承认理与气之间的和谐在自然生命的生化上扮演很重要的角色。除了明代末流中几位先生外，似乎宋明理学家没有不肯定理在人性发展与修养上的重要性的。但是，一旦考虑到了人性修养问题，理欲之间的冲突立刻便浮现出来。因此，几乎所有的宋明理学家都视理欲问题为社会政治的根本问题，希望通过控制或减少欲望来达到理欲之间冲突的和谐化。

欲在理学中主要是指的"私欲"，理主要指的是天理，因此"理欲"之辩也可视为个人利益与公众利益或世界利益之间的冲突。宋明理学在这问题的化解上有一致的看法，那就是个人利益必须置于天、地、人同理的公心之下。这在伦理、社会、政治哲学的意义中，相当于对个人主义与功利主义的反对。但是，宋明理学家既然有了一定的反对立场，也就意味着在理欲问题上，我们一定可以找到其他立场；换句话说，如果一个思想家欲坚守"和谐化辩证法"，那么，此时便应当重新考虑理欲问题，以求一更圆满的和谐关系。我想在这个问题上，戴震的思想便是一条线索。戴震反对朱熹与王阳明斥绝欲的态度。他提出"普遍化存在原则"作为理欲之取舍标准：欲若是普遍的，则须存，理若是为私心左右的，则须去。他所提出的是一种对理欲对偶结构的新的理解方

式：理、欲都是善的表现，为人类的生活中缺一不可的。这无疑是一种对理欲和谐化问题的新尝试。

最后我们要谈的是体用问题。体用问题是清末张之洞特别提出的，旨在化解西方科技与中国文明及人本主义之间的冲突。体用问题的明确提出，开始于魏晋玄学及宋明理学。但两者所面临的问题是道之体与道之用之间如何和谐的问题，因此属于形上学的范围。张之洞则把体用观念运用到中学与西学之间的冲突上。在这一冲突上，体用问题还是一个未发展的问题。因此，在化解中、西学冲突上并未发挥出很大的实际效果（见《劝学》）。这也就解释了，为什么体用对偶思想没有发展出持久的政策或行动来解决它们之间的冲突。体用的和谐化问题至今还是一个悬疑未决的问题，也是当今哲学家应当重新分析的问题。

20 世纪的中国在观念上、价值上所遭遇的冲突与紧张，无论在 1911 年的辛亥革命前或之后，都显示了不仅体用对偶有待进一步澄清、思考，甚至还有许多未为人们意识到的对偶观念与结构也都急需我们去发掘、澄清。唯有如此，我们才可能成功地运用"和谐化辩证法"去化解各种冲突。

十二、和谐化范型的未来发展

以上，我们已找出了儒、道两家在和谐与冲突问题上所共持的辩证法观点，也归纳出了各家思想中所形成的和谐冲突问题的范型。在儒家这一方面，我们讨论了其和谐化辩证法如何由人类的伦理、社会、政治经验中形成对偶上的范型。我们可以说，"和谐化辩证法"的思考方式一方面令中国思想家不自觉地接受这类问题的范型，另一方面，这类范型也进一步帮助思想家们以"和谐化辩证法"去整理与组织经验。不论是哪一方面，典型的中国思想家都尝试从旧的对偶范型中构想出新的范型，或直接由人生经验中寻找出不落传统的范型。这便显示了，在伦理、社会、政治思想上，"和谐化辩证法"大致决定了中国人经验上的范畴及理解方式。

儒、道的"和谐化辩证法"对于处于时代转折点的今天和未来中国的价值观、社会行为、社会结构以及历史命运，会产生怎样程度的影响呢？这是一个很有意义的问题。虽然在这里没有办法回答这个问题，但单是提出这个问题，就已经对了解中国历史、中国社会有很大帮助了。中国哲学能对中国社会、中国历史以及两者在未来的发展，提供一条理解的线索。我们目前可肯定的是：儒、道哲学家都是在"和谐化辩证法"及其对偶性的概念范型下，来看历史与社会问题的。这种辩证法观点，乃是中国思想家通过宇宙、历史、社会、生命现象种种角度对"根本实在"问题进行思索、体验后采得的。这样看来，中国人用它来评价、理解人类社会、历史与前途，是一件极自然、极合乎人情的事，也是完全符合儒、道"和谐化辩证法"的精神的。

这里，我们无意否认中国历史、社会中曾产生过激烈的冲突与对立。我们所要指出的是，这类冲突与对立都有化解在儒、道"和谐化辩证法"中的趋势。19世纪末20世纪初，西学以雷霆万钧之势进入中国后，中国人所面对的是一些费解的混乱事实。这一经验是痛苦的。但是，在我们看来，传统的儒、道"和谐化辩证法"对了解、整理、评价这新局面下的新冲突，还是一可行之道。我们并不否认这种辩证法本身就遇到了严重的威胁，很可能过去的那些范型对今日之冲突已无实际的化解能力。这就是说，由过去这种辩证法的失败经验，我们不否认它在今日有被击败的可能。马克思主义及其辩证法能成为中国大陆上用以思考、解决问题的方式，这一现象不就已足以促使我们对"和谐化辩证法"作一根本的反省？但在未对现存事实作详细的分析之前，我们没有权利下任何结论；对未来主动的发展，也应是我们考虑的要素之一。

最后，我们要特别提出一个有关方法学上的问题。就哲学观点来说，一个问题范型现在行不通，并不代表在未来也行不通；同样地，在某一个冲突现象上，"和谐化辩证法"无法构作出一足以将之化解的范型，但这并不表明这整个辩证法的失败。就对人类经验的意义及思想上一贯性的要求来看，或以人类的需要、人类的理性而言，儒、道"和谐化辩证法"与其他类型的辩证法相比较，实具有更大的相关性与更广的包容性。因此，在与历史上其他辩证法的未来竞争方面，儒、道的"和谐化辩证法"还是一个非常有力的体系。

第三节　对《易经》中理气、有无之考察

要对中国哲学进行比较研究，就必须立足于中国哲学生命的源头，站在哲学发展的高级阶段，向原始出发点复归。我们认为，这个源头、出发点就是《易经》，以后的哲学，包括儒、道、法、佛、理、心各种学说，无不直接或间接地受其影响。因此，这里我们试对《易经》的内在结构作一些分析。

一、《易经》的三个层面

《易经》是一部深奥的书，因此，应予深入地了解。由于它曾被用来占卜，并且大部分是通过占卜发展出来的，因此，它被当作一部基本上有关占卜的书。

但是，基于以下两个理由，这种看法可证明是错误的。

其一，占卦爻辞只构成此书早期的部分，而这一部分本身乃奠基于具有哲学意义的象征上，而且，对于哲学朝向深度发展提供了一个基础。整部《易经》可以说包含了象征、占卦爻辞和哲学性的解说这三个层面。正因为《易经》发展成这三个层面，乃使得此书具备了哲学意蕴；唯有从存在于原始象征中的某种作为根源的形而上洞见中，我们才能解释这一哲学的意蕴。

其二，与《易经》结合在一起的占卜，其本身具有哲学和形而上的意义，不必如一

般所见，需要以迷信或神秘主义作为解释的基础。相反，对占卜的假设和含义加以理性的和哲学的解释，往往是可能的。根据这种解释，占卜乃已假定理性与经验的世界观，而且在穷于知识、唯有托付推想的处境下，占卜乃是得于合乎仪式和心理要求的实际决疑过程的结果。我们可以说，整个占卜过程，是为了促使个人举措符节、顺适合宜，而从事的"主体客观化"和"客体主体化"的活动。这可以说是对占卜加以哲学的探讨。

事实上，我们可以看到，《易经》的悠久哲学传统，乃是一个朝向充分理解实在的锲而不舍的努力。这个努力充实了《易经》丰富和深奥的内涵。正是在此种精神之下，《易经》乃成为以朱熹为巅峰的宋代儒学运动的灵感泉源，成为发展宋代儒家哲学中的理、气、心、性等范畴的支柱，成为酝酿这些概念的园地。另一方面，有趣的是，朱熹和其他宋代儒家，又反过来以理、气和其他概念，来重新解释《易经》。

在此，我们不是对《易经》中多问的智慧和多重的辩证法，去发展并铺陈出一套完整的理论分析和综合——其中应包括对于占卜哲学充分的说明。我们将探讨和解说理与气这两个哲学概念范畴是如何从《易经》丰富的源流中发展出来的，以及宋代朱熹的儒家哲学中有关理气之说的困难，如何通过对于《易经》形而上的观念更深的理解而得到克服。

为了达到这个构想，我们首先将简略地陈述宋代儒家二程和朱熹对理与气的见解，借以指出二分法、二元论以及气的落实所遭到的困难。然后，我们将显示，不必像朱熹和其他学者一样，运用理与气来阐释《易经》，就能探讨《易经》哲学，以便对理、气范畴重新赋予恰当的概念和定义。我们将略述在《易经》的这个新面目之下，宋代儒家的主要困难如何能得以避免。最后，我们将重新考察《易经》的哲学智慧中有与无的问题，并指出，如果我们接受《易经》观点，以作为指导人类理解世界的明灯，作为在有与无之间建立关系所应取的正确方面。我们还将就有与无之大链锁，作一番历史的评论。

二、《易经》对理气的区分

在早期宋代儒家邵雍、周敦颐和程明道的心目中，理与气显然不是明显的形而上概念。他们在对《易经》的注解和论述中，用理来解释阴阳五行的演化，并以此来理解终极的实在范畴，如"道"和"太极"。在邵雍的《皇极经世》中，贯串全书的中心概念是阴阳、动静、刚柔、变化、感应和天地。甚至当他论及理时，基本上也仅视之为知识和思想的对象，而未赋以类似于气那样的宇宙论的独立地位。邵雍说："天下之物莫不有理焉……所以谓之理者，穷之而后可知也。"（《皇极经世·观物内篇》）理确实在万物之中，但却不能如气或阴阳一般，扮演所谓的创造天地的角色。

与此类似，在周敦颐的《太极图说》和《通书》中，也未对理加以本体论或宇宙论的说明，它的具有宇宙论和本体论内涵的基本概念是无极、太极、动静、阴阳和诚。周敦颐用理来指称礼所意谓的均称关系和相互作用。所以，他说："阴阳理而后知。"（《通书》）甚至，程明道强调的也是"观天地生物气象"（《近思录》卷一），而不是"穷理"（即使他曾提到"天地万物之理""天理"）。他还说："生之谓性，性则气，气则性，生之谓也。"（《近思录》卷一）理被认为是万物的基本构成，那是从程伊川开始。他说："在物为理，处物为义。"又说："天下之理终而复始，所以恒而不穷。"（《近思录》卷一）他不仅仅把理描述为"常道"，更视之为"常道"本身。所以他说："屈伸往来只是理"（《近思录》卷一），"生生之理，自然不息"（《近思录》卷一）。他断定"性即理"（《近思录》卷一），这恰和程明道成一对比。

至于张载，他的宇宙开创哲学环绕于气（生命力）的观念。气既是"太和"（终极和谐），也是"太虚"（终极虚无），即相当于《易经》中的"太极"。他说："太虚无形，气之本体。"（《正蒙·太和》）在张载看来，世上万物如天、地和人类的心、性等特质，皆是出自气化。甚至理也只不过是气化过程中，由气所自然产生出来的内在的固有秩序和模式。因此，理既非离物独存，具有自主的本体地位，亦非如气一般，具有生成、创造的作用。我们将会看到，这一点对理解《易经》哲学中无的意义和地位相当重要。我们认为，在宋代儒家中，唯张载保存了《易经》哲学中形而上的洞见，并且在儒家和佛、道二者对最初实在本体的概念之间，作了最清楚的区分。

同样无疑的是，只有朱熹使得理成为宇宙论和本体论的实在原理，而不只是知识论和知识原理。这或许是受到程伊川的深刻影响所致。在朱熹看来，理的原理不仅和构成万物的气原理相关，而且更占有至高无上的地位，成为支持一切实在、理法、秩序、人类和价值的终极原理。朱熹不是用《易经》来解释理的概念，反而用理来解释《易经》中一些基本实体和过程的概念，诸如"太极""道""会通"等。在《周易本义》中，朱熹甚至把《易经》中的形释为"理之似也"。

朱熹认为理本身不需解释，却能用它解释其他的概念。这一点意味着，理较之任何其他的形而上范畴更要根本。因此他说："太极只是个极好至善的道理"，"太极只是一个而已"，"太极是至理"（《朱子全书》）。他甚至把周敦颐的"无极"描述成理的一个属性。因为"无极"只不过是由于理的无形、无限和自足而有的称谓，它所指的还是理。他说："周子恐人于太极之外更寻太极，故以无极言之。既谓之无极，则不可以有的道理强搜寻也。"（《语类》卷九十四）在此基础上，他乃支持周敦颐的"无极而太极"之说，与陆象山进行辩论（见《太极图说解》）。

朱熹对理持什么观点呢？他认为，理代表了事物的本体基础和终极构成。物之所以为物，以及物之存在所遵循的，都是理。他说："彻上彻下，无精粗本末，只是一理。"（《语类》卷八）"大而天地万物，小而起居食息，皆太极阴阳之理也。"（《语类》卷六）在朱熹的著述中，理占有独立的本体地位，这可从他认为的理先于一切事物而存在这个观念中显示出来。他认为，理本身就自成一个观点，即使万物不存在，也有该物之理（见《文集》卷四十六）。我们如果翻开朱熹的《语类》，将会看到他非常果断地主张理先于气而独立存在——后者乃是其哲学中另一形而上的构形原理。

他虽大致暗示了天下本有无理之气，亦本有无气之理。但他在二者中仍视理为根本，因为理是形而上的。所以他反问："自形而上下言，岂无先后？"（《语类》卷一）于是，在《语类》中论理、气的部分里，朱熹不时地用哲学式的坚定语气说，我们如果想推究理和气的根源，就必须说"理在先，气在后"（《语类》卷一）。这种说法不但指明了理和气的逻辑先后，而且也是指形而上的先后。因为在引文的疑问中，先后之分显然不是逻辑上的，而是指宇宙论的区分。因此遂有下面的对话：

> 徐问："天地未判时，下面许多都已有否？"曰："只是都有此理。"（《语类》卷一）

在朱熹看来，理甚至占有"太极"的形而上地位，是产生并构成事物本性的基本原理；而气则是产生事物形体的原理。不过，他强调气具有聚散屈伸的能力，因此，气能造作世界，相形之下，理则"无情意、无计度、无造作"（《语类》卷一）。然而，理既和"太极""道"相同，那么，理是否确实拥有创造的原动力？这就成了问题。我们至少可说，由于朱熹把理、太极、道视为一，而并未为理设计出一个理想的角色、地位、作用和意义，这样，在理气的关系上，二者的角色、地位、作用和意义也就没有得到充分的说明。事实上，他对理与气先后问题的见解，以及把理当作存在和阐释的终极范畴的处理，不可避免地使他招致二元论的责难。

对朱熹二元论的责难，必须指出，他把事物之性二分为理与气，使理与气成为独立的本体性原理，以致使两者的关系难于理解。此二元论的一个后果，在他解释人类存在时，就可以看得出来。朱熹说，人具有"义理之性"和"气质之性"；前者形成德性之根本，而后者则形成欲望、习性之本质。这又使他把心分成"道心"和"人心"两种。这种对人类存在与心智的见解，自然使他贬低了人类欲望的价值。在他看来，人唯有通过精进天理、削弱气质的工夫，才能够克服欲望。这显然是对人类真实道德形象的歪曲。

我们认为，理气二元论，以及天理与气质之间，带有贬抑意味的区分，乃是朱熹哲学的根本困难所在。这些困难或许是因为对《易经》哲学的理解不够充分与解释未得要旨所致。《易经》所要解决的，是有关创造、物性、物性的演化，以及道德本质等问题。朱熹并未真正了解《易经》的本意，以致他对理气二原理及其关系的铺陈，缺乏坚实一致的架构。相反，由于朱熹注解《易经》时年已四十八，正值其个人学术思想成熟的巅峰期，因此，他对《易经》的注解，就难免夹杂了其个人固有的理气概念了（见王懋竑：《朱子年谱》）。

在此须指出，我们能根据《易经》本意来重新调整对理与气的理解，以求做到两点：第一，正确地建构并重新定义理气概念及其关系，使其能在一个形而上学、知识论和人性论的体系中，成为更恰当的存在范畴与解释范畴。第二，前述朱熹哲学中关于理气关系上的困难，当对《易经》有了更深刻的理解之后，才可一一迎刃而解。

下文将揭举理气二者作为中国哲学中主要的范畴概念——它们具有在诠释上、描述上甚至评估上的重大意义。不过，理解这两个范畴的正确方式，必须是先来自对《易经》更深层次的理解。只有在深入理解了《易经》之后，我们才能用理气来进一步说明《易经》在哲学上的深度。这既是一种分析、注释的工作，也是一种基于深刻经验和思维的哲学整合工作。因此，它所具有的形而上学意义是非常广泛的，其中之一，即是有关哲学或中国哲学中有、无范畴及其关系的问题。

三、《易经》对理气的解释

理气概念在《易经》中具有三个主要层次——象征、卦爻辞和哲学性的注解。这三者均在历史的时序下开展出来，并遵循着本身内在的逻辑——一种在时间中推移发展的逻辑。是以《易经》的形成，展现在时间的整体及其推移中，反映出自然与人性结合一体所含藏的深意。

我们可以将象征视为提供了一个归纳性的与经验性的形而上学；在一个动态的象征系统中，此归纳-经验的形而上学，乃通过表象而显示出具有宇宙论意义的主要相关事件和现象。卦辞和爻辞可以说是提供了一套价值形而上学。为了正确地指导实际的决断和行动，它乃用一系列可以推究去从、描写环境的现实语句，来为人决疑。这种形而上学极为复杂，很难用理性尺度来正确地把握，故须另外详加考察，以求领会其真意。我们可以这么说，《易经》乃奠基于归纳性的与经验性的形而上学之上；而此形而上学又是体现于《易经》动态的象征系统之中的。《易经》并且假定了一个评估诸种人生价值范畴的完备体系，此可见诸吉、凶、悔、吝、咎、厉、用等用语。这也许就显示出，这种占卜形而上学是从象征形而上学发展出来的，正如第三种形而上学，也就是体现在《易传》中，具有高度统摄性的诠释形而上学，乃从前二者发展出来一样。谈到《易传》的诠释形而上学，显然对生命作深入的观察和体验，必定会自然而然地产生出一个以深省为基础的诠释方略。现在，为求了解理与气，我们将会看到，理与气乃体现在三才卦和有六画卦的动态象征系统中，其效用在卦爻辞的实践形而上学中接受经验，最后更随"十翼"中明晰的概念一起展现。

以下，我们将就以上三个层面，来讨论理气的意义、内容和指谓。

如果我们详细地考察八卦的形成，将会发现此象征系统满足了下列的条件：

（1）它列举出记载自然界主要历程与现象的完整表象——在人类对自然的观察所及的范围内求其完整。

（2）这个象征系统显示了演绎上的可还原性——还原到纯一性和一体性。

（3）这个系统显示出朝向分殊无限演绎的能力。

（4）这个系统在其所有的符号之间，体现出密切相关的结构。

（5）这个系统显示了相反、相成、对称、归属、次序和平衡等关系。

（6）这个系统在经验和概念的暗示性中，把分殊的具体性和普遍的抽象性杂糅在一起。

由于满足了上述的条件（这是对此系统本身加以分析的结果），这种象征系统就最适合于展示我们观察和体验所面对的万千的、捉摸不定的变化和运动。它确实是一个极为智慧的途径，展示出变化和运动的整个面目及内在结构。虽然这个系统基本上是形式主义的，但毕竟通过其符号的外在和内在、归纳和演绎的关系，产生出了动态的特性。

从八卦到六十四卦所扩及的范围，即可看出变化、运动之潜在的动态秩序，也可看出在我们的经验、观察和概念表象之下的"实在"的"一本而万殊"的程度。事实上，此"实在"朝向分殊的扩张是渺无止境的，因为它具有无限的可能性。因此，相对于其分殊的程度，我们可以论及"存有"的不同层面和结构。另一方面，此象征系统又可还原为一个单一的统合体，这个统合体被还原为"四象""两仪"之后，就是所谓的"太极"。虽然，我们所列举的这一系统的适当条件，在系统最初形成时，并未被清楚看到，但是，如果我们详加检视的话，这些条件和特征就会自然呈现出来。我们如果检视构成诠释形上学的"易十翼"，就会发现：孔子及其传人所揭示的，正是这些条件和特征。

虽然，在八卦的原始系统中，并无真正的归纳法，但下列《系辞》中出现的文句，却可印证其象征系统真正的条件和特点。我们当然不宜将这些文句视为象征系统的武断观察："一阴一阳之谓道"，"生生之谓易"，"是故易有太极，是生两仪，两仪生四象，四象生八卦"，"八卦成列，象在其中矣，因而重之，爻在其中矣"，"爻也者，效天下之动者也"。对这些条件和特征的最后印证，就是对"现实的变化"和"变化的现实"所作的长远深入的观察和体验，在长久绵延的时流中，"现实的变化"与"变化的现实"的条件和特征，就自然会显现出来。因此，我们可以说，对事物的原始深刻的觉识，乃是我们理解"实在"的最基本的前提。正是此种对事物原始深刻的觉识，促成了象征系统的生动表象。因此，这个象征系统应被视为：能在基于对事物原始深刻的觉识以反映"实在"时，提供概念上的抽象和具体暗示的描述。我们确实可以在这一象征系统之中，辨认出具有如是特征的变化和运动。

显然，易是变化过程中生生不息的创造。此生生不息的创造具有传统所谓的易、不易和简易三个变化特征。由于易是一个统合的整体，也是创造的根源，所以称之"太极"或道；又由于易是一个涵括无数个体的集合，又是一个过程，因此它是阴阳的活动，也是万物的殊相。其动态和单纯的性质，即表现在这一体性、众多性、根源性和历程性的合一之中。下面这段周敦颐的话，适足以表达这点："五行，一阴阳也；阴阳，一太极也；太极，本无极也。"（《太极图说》）在此，"无极"就是指"太极"的恒常和单纯状态。

在上文对八卦象征的理解之中,我们可以很清楚地看到,此象征系统所显示的动态本体可以谓之气,而本体的模式和结构则可谓之理。理如实地展现出发展(变化、运动)臻于极致的本体。换言之,我们可以把象征系统中相生相随的两组性质(一组是变化、运动,另一组是模式、形式、秩序)视为一体之两面,也就是"易"的整个终极根源。我们可以定义气为第一组性质的本体,而理为第二组性质的本体。显然,这两个本体其实为一,因为这两组性质是不可分的。然而,若变化及其动力更近乎一般对气的理解,那么,变化的极致以及变化的过程,显然就更适于称为气或气化了。不过,气化显然也不离形式,所以,作为形相的理,也可说是变化过程中显现出来的气的固有性质。这二者之不可分割与互为一体,可以从象征系统中明白地看出。因此,我们可以借上述的讨论做出下列结论:气即易(或化),而理即象;或者更谨慎地说,易即气,而象即理。通过对于"卦"之象征结构、作用与动能的理解,理与气及其关系,就将变得更为清楚。

当这个自然世界在观察、体验之下,被了解为由相关互动的形式所组成的条理分明的整体时,八卦就是用来代表这个自然世界中主要形式的东西了。因此,天(☰)、地(☷)、雷(☳)、风(☴)、水(☵)、火(☲)、山(☶)、泽(☱),就构成了八卦所指谓的自然事物。然而,八卦不仅代表了具体的自然事件和形式,更是自然历程和结构的原理、性质。就此而言,八卦乃被理解为乾(健)、坤(柔)、震(动)、巽(入)、坎(陷)、离(丽)、艮(止)、兑(悦)。这些性质便反映出了对于现实变化的一些重要体认,而这些性质又是不可分开加以理解的。通过这些表象和指谓,不仅自然事件与事物变得密切相关,而且,人文世界与自然世界也变得密切相关了。这个象征系统之所以能善用此种方式来呈现自然,乃是因为"自然"正是在此种方式下被体验与了解的。

至于理与气的关系问题,气显然就是构成自然现象之秩序与组成形式的内容,是自然变化的过程;而理则是自然变化过程的最后产物,它不可离气而独存。但对"太极"而言,气可以使理还原成无形而未定的最简形式,这就是易之简,易之易。因此,理不过是气的过程中内部的结构和蕴涵的形式,而非朱熹所说的独存的创造主体。

四、理气结构的日趋分化

在占卜判断的层面上,我们发现理与气的意义结构日趋分化,也更为广泛。对理气及其区别的认识,可以说,也就是肯定卦象(六昼卦)及其卦名具有指谓上的意义,同时,根据占卜仪式对吉利的企愿,在特定的处境下,建立规诫、警告、吉凶的价值判断。简言之,这是构成一切经验的处境,呈现出一个人在生命和事业中所遭遇的事物和事件。因此,也就是与个别占卜相关的未成秩序的形式或秩序本身的形态。另一方面,理既是对于未决生命处境的深刻理解,也是对于逢凶化吉之道的洞见。然而,理气不离，唯有当气存在时，理才能从气中产生；在占卜判断中此理甚明。生命处境之未决形态，凭借着改变某一特定的生命处境而转为安定。正因为该特定的处境促成其重新取向，因此可以说，特定的处境创造或实现了一个解除困境的潜能。理是气合理地满足秩序和创新的潜能，而这又全然取决于新处境的演化和创生。

从占卜中的实际价值判断来说，理可谓是处境所暗示的自然力量，也是处境所导致的价值。因此，理就是占卜的理由。另一方面，气产生出处境、形式与价值，并使隐藏在形式、价值中的新处境得以应运而生；气是运动变化的发动者，因而也就是隐藏在处境中的创造能力，此能力致使处境延续或改变，并在特定的情况下，赋予人类以自由意志和抉择能力。是以，若选定《易经》中任何一卦和卦辞，我们须知此卦对于我们的象征或意味是什么，须知卦辞为何有如是判断，为何它赞许或规诫某一动向。我们都知道，注解卦辞的彖传以及注解卦象的象传，通常都是用以说明隐含的缘由、形式、后果和动向的。以"离"卦为例，其取象和卦辞如下：

> 离，利贞，亨；畜牝牛，吉。（《周易》）

这里的"离"，是卜者所取得之卦，那么其意义何在？卦辞之判断在远古的应用中具有什么意义？了解此中的意义，也就是了解其形式、价值与理论基础，以及其所推之理；了解了这些，也就是了解了其中之理（原理）。如果我们不了解所遭遇的处境及产生此处境的动力，那么，我们是无法理解上述道理的；如果我们不同时了解变化，了解维持处境的诸多可能性，那么，我们也是无法理解这些道理的。这是因为，若对以上这些茫无所知，那么，我们的行为举措就不会有意义。而理解特定处境的构成背景、特性、变化的真正可能性，以及促成变化的动力，也就是理解此特定处境之气。再者，形式、价值、行动的理由皆离不开也不能离开使其具体显现的处境，因此，理亦不离气。理与气乃是整个处境的两面，其内中涵括了客观的指谓、主观的因果相关背景，以及诸多可能性的范围内动力和变化的潜势。这两个方面可简单地用象和化（动）（即易之实）谓之。然而，在处境的整个演化之中，象与化是恒为一体的，而不是各为独立的；生命的"实在"与朝向我们开展的真正的生命处境是不能分开的。

彖传、象传给予"离"卦以下面的阐释：

> 彖曰：离，丽也。日月丽乎天，百谷草木丽乎土，重明以丽乎正，乃化成天下。柔丽乎中正，故亨，是以畜牝牛吉也。
> 象曰：明两作离，大人以继明照于四方。（《周易》）

彖、象传论"离"，其意在于阐明形式、价值和合宜的动向，同时并举证其对于处境的理解。可以说，彖、象传把隐含于处境之中的理揭示了出来。

综观六十四卦，我们可发现，相对于特定的处境，就有相同的价值判断模式；而彖、象传的价值判断，亦具备同于下面结构的模式：

卦（符号，名称）

卦辞

象传：解释与证明卦辞

象传：阐明形式以及圣人取法此形式的事迹

一卦之理不但可见诸对意义的解释和对判断的证明，而且也可见诸对形式，以及对圣人取法形式之事迹的阐述。

首先应留意的是，象传往往把自然的形式，也就是把人类对于周围环境的原始观察与体验，放入其对于形式的阐述之中。这一点具有深远的意义，显示出理具有自然的形式，并且不能离开气或气化在自然界显现的秩序和感应关系中。其次还须留意，象、象传解释和证明行为动向，实际上是以人类应取法自然作为原则。人类行为之理，乃从自然的运动之理而来。因此，质言之，理是人与自然之间所实现的一体性，也就是人的禀赋所可以达及理想的形式。由于宋明理学家对理与气的关系的理解有偏失，故在修养方面主张压抑人的欲望、气质。而这一点提供了一条修正宋明儒家观点的途径。

对六十四卦和象、象传详细研究和分析，足以使我们确信，理是气的固有性质，它是在自然或人类处境的演化中逐渐形成的。而理是处境的结构表象。另一方面，气可谓是孕育理的处境，而整个变化以及创造万象的动力就是"易"。理与气不但不分离，而且事实上，理就是气的自行分化与转变。换句话说，秩序、模式、形式、结构都不是外铄的，而是从气中产生出来的。秩序和模式乃是气的理序活动之最后结果，而形式和结构则为气的构成活动之最后结果。

五、理与气乃是一个整体

我们之所以能在事物与我们的作为之中辨认出道理和原则，那是因为，我们把自身固有的秩序感投射到事物上面，或取法那从特定的演化处境中凸显出来的秩序。我们绝不会认为理是独立自主的，或先于气和一切存在事物而独存的。换句话说，我们的检视和分析显示出，理与气乃是一个整体，其区别在于理是气的活动结构，也是气的活动之最后产物；而气的活动自然而然地形成了秩序、组织、结构与和谐，因此，也就是形成了理。由于气的变化能力是无限的，因此，任何一种特定的形式和秩序都是构成下一个新形式和新秩序的阶段或媒介。无穷的创造与变化能力乃是气的特征，其善就在于其统合性及朝向丰富秩序的分化，因为创造和变化本身就是善。当我们翻开哲学性的《周易·系辞传》与《周易·说卦传》时，我们即可明白这些道理。《系辞传》与《说卦传》确立了理与气的关系，并且提供了一个"运动-变化"的融贯的形而上学。从二者的注解中，我们可以清楚看到，终极原始的实在（用宋明儒学的说法，就是本体）就是变化（易）之创造力；此创造力即显现于形成秩序和结构的阴阳活动中。

阴阳乃是气之活动的两个基本状态或方面，对于此两状态或两方面的理解，必须基于广泛的经验。阴阳的活动造成了其他种种相反相成的活动或属性，这些活动或属性，对于事物的构成，以及万物层次分明的划分，是不可或缺的。阴阳的活动，实际上也就是创造世界的活动。但是，对气的创造力的最重要的认识在于：不论万物的层次和分化是如何繁复，气的活动始终自成单一的整体——它起源于以无形创造力为内容的整体，又归结于以秩序与和谐为内容的整体。然而，其始终又构成了一整体，造成了更多的秩序与和谐，并隐藏着带动进一步变化的力量，如下图所示：

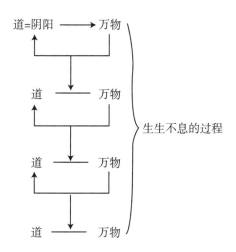

道创生万物，以→表示之。万物又回归于道，以↑表示之。在道与万物之创生与回归的过程中，道再创生万物，与万物再回归于道的过程，永不止息，以↓表示之。

《系辞传》称阴阳所构成的整体为道，亦称之为"太极"。从下列《系辞传》中的段落，可以清楚说明气的创造力，而此创造力又表现出形成秩序与结构之理的活动。

一阴一阳之谓道。继之者善也，成之者性也。

生生之谓易，成象之谓乾，效法之谓坤。

是故阖户谓之坤，辟户谓之乾，一阖一辟谓之变，往来不穷谓之通，见乃谓之象，形乃谓之器……是故易有太极，是生两仪，两仪生四象，四象生八卦。

可以说，阴阳之交替就是气或气的活动；气的创造之善与性，使事物得以变化、形成，故可谓之理。然而，理仅是使气形成为秩序之创造性的力量，以及它的活动；"太极"亦为气，气借助于其本性和本身发展的过程，造成了事物的分殊。八卦之形成，可谓具体而微地描绘出气的创造力的过程和性能。《说卦传》有云："昔者圣人之作易也，将以顺性命之理，是以立天之道曰阴与阳，立地之道曰柔与刚，立人之道曰仁与义。"

在此，易再度展现出其气的创造力，并以阴阳、刚柔、仁义的交替作用来描述之。这里所谓的理，亦即为万物与人类本性的模式或理序；理是天、地、人之理序，并且唯有在气的创造过程中理才得以展现，而为我们所掌握。

《说卦传》的第一段叙述了圣人如何通过义理和德性之构成秩序的活动，来了解万物与人类之理。因此，它亦隐喻了人类应如何取法于阴阳，形成秩序的活动，以致力于了解理。《说卦传》云：

> （圣人）观变于阴阳而立卦，发挥于刚柔而生爻，和顺于道德而理于义，穷理尽性以至于命。

从上面文句中可以得知，要透彻地了解理，就得观照阴阳之变，运用并发挥刚柔之关系，也就是要通过使人类与万物和谐一体的道德规范去协调万物，用促成群伦理序的义理规范去开物成务，其目的与最后的结果，是穷尽个体之本性，实现其命运。因此，可以推知，理就是客观世界中阴阳变化之原理、刚柔并济之关系，以及人类行为中仁、义之德性。这里绝未暗示理的"本体"地位或其具有本体的独立性，因为理乃是气的固有理序，也是气之构成秩序的种种活动，这种活动体现于阴阳、刚柔以及群己之和谐的关系中。

由于朱熹想用其理、气之分与理为形而上的概念来解释《易经》，因此，他多次言及理，想要以之来解释《系辞传》中的主要段落。但是，他亦屡次误引读者，将理、气二者视为互不相干的事物。在注解"一阴一阳之谓道"时，他说："阴阳迭运者，气也，其理则所谓道。"（朱熹：《周易本义》）此解显然划分了阴阳之气与道之理。由于阴阳无非是二者的更替迭运，所以，二者更替迭运就是气的创造活动。因此，说"道即理"，就等于是说，"气即理，理即气"。纵然作为本体的气有别于创造活动，其差别也是主词与述词之别，或本体与属性之别。是故，理并无独立的形而上地位，它不过是在气的活动之中演化和显露出来而已；万物中因理而产生的差别相，事实上已在气的原体中泯合为一了。

从《系辞传》看来，我们确实可把"太极"视为气，而不是理。此亦可在朱熹之前的注易者那里得到证明。例如，郑玄就曾说："太极，淳和未分之气。"（《周易注》）孔颖达也说："太极谓天地未分之前，元气混而为一，即是太初，太一也。"（《周易正义》）朱熹居然忽略了这一极基本而重要的认识，实在令人不解。我们对其二元论的唯一解释是，他由于过分热衷于"理气之分"，故未能看到气作为理的来源，乃具有本体上的最初实在性。换句话说，朱熹未曾看到"理气之分"在形而上与逻辑方面的特性。从形而上方面言之，气是创造来源与本体，而理则是具有创造力之气的条理化和分殊化的活动；气的活动在具体事物中显露出来，就是理。从逻辑方面言之，气是主词，理则是气的述词或属性。无一理可缺主词，正如同无一气可缺属性一样。在整篇《系辞传》中，变化（即气的活动或气化）显然是持续的活动，不断产生出具体的事物。因此，气是世界形成中能量、运动的过程，以及其过程的产品；气的创造力乃显现在阴阳、刚柔、动静、鬼神、阖辟的化育之中。基于易之创造的恒常与无限，其所形成的世界也处于恒常的变化之中，造成了更多分殊的具体事物。因此，《系辞传》中所说的，不但是圣人如何作卦，而且也是在说圣人如何催生了文明、文化，以及为谋求人类幸福而设立的各种制度。

总而言之，一方面，我们可以把气视为变化和运动，也可视之为变化和运动的过程中之生生之德和万物；另一方面，我们也可以把理视为所有变化和运动的特定形式。理是气形成秩序、分殊、平衡、和谐、统一、分类、关系和组织的活动，而理是无限的。那是因为，气具有无限的可能性。倘若理有任何终极意义可言的话，它便是在整个气的活动中，不断涌现出来的秩序与和谐。在这层意义上，张载把气称为"太和"，可谓极为恰当。

关于气，另外有一点需要指出，那就是指作为变化、分殊和活动之泉源的气，不可将它混同于任何特定的事物；而任何特定的事物，亦须置于其他气的活动的产物之中。以此观之，才谈得上具有任何意义。只要气不具特定的形式，而只是在事物的变化和运动中显现其面目，那么，气就是自由而不受拘限的。在这层意义上，张载把气称为"太虚"，亦至为恰当。我们如果以气为主而称理为"太虚"的话，则理就可以说是气不具定理，而且永处未定无形之理。在这层意义上，气只是动，永远不会是象；而作为气的产物以及特定运动的理，就与气互成对比了。但从气永远无形这个理的终极意义上去看，气又可称为"无极"。朱熹在处理"无极"时，认为此语指出了"太极"的终极性质，亦即指出了在"太极"之上，除了"太极"不受限制的存在外，别无他物，而非道家所谓的只是"虚无"（《太极图说解》）。在这个哲理的解释上，朱熹是对的，虽然他错把"太极"看成了理。

《易经》关于"太极"的概念是："太极"是变化的最后的唯一的来源，也是变化的恒常性本身。它不再拘限于其他属性，而且不出于虚无或无限，它本身就是虚无和无限，但同时也是变化和运动。对于周敦颐的"无极而太极"，可单纯解释为："有生于无"，但他的话也可在某种解释之下，恰好吻合于从《易经》发展出来的理气观。"无极而太极"这句话，不过指出了气是变化、秩序的未定无形的来源，正因为如此，气造成了一切形式、事物和特定的活动。这就是创造形式的极致——气的创造力。

六、气化的简易性即气化之理

用《易经》中《系辞传》的观点来叙述气的概念，我们最后还须提出另外一个相关问题：通过秩序的形成活动，气井然有序地产生形形色色的事物，但是，在其创造的开始，却纯为简易的活动。

基本的活动形式，如阴阳、刚柔、动静之间的分化迭替，皆在我们观察、体验以及概念上的抽象理解中，化为至简的形式。事物的繁多、差异和秩序，是从频频发生的至简活动中出现的。此即气的活动之一属性。循是观之，我们可称气为"太简"或"太易"。

此气化之简易性，也可说是"气之理"。当我们从气来观察万物时，就可看出，事物如何在自然的简易法则中生灭，也可看出事物无不能以气的活动来理解。也就是说，无不能以阴阳、刚柔、动静等活动来理解。所以，《系辞传》说："乾以易知，坤以简能；易则易知，简则易从；易知则有亲，易从则有功；有亲则可久，有功则可大；可久则贤人之德，可大则贤人之业。易简而天下之理得矣，天下之理得，而成位乎其中矣。"

在此，"天下之理"确乎以易或气的活动在阴阳迭替之中的简易性为前提，并随个体融合于易或气的创造法则之中而显现。

我们在前面通过对《易经》的象征、占卜辞与《易传》加以哲学的考察、分析和综合，已显示阐明了理气概念及其关系。我们不仅对理气相当于有无基本范畴的意义加以疏解，而且更强调在气及其创造力的概念中，对于终极实在的原始经验与知觉。其中，气的创造力发展出决定事物模式与秩序形成活动的理。《易经》似乎已掌握了这个对终极实在的原始经验与知觉，并将之成功地掺糅在其象征中，用之于占卜判断，并且在《易传》中加以阐明，使成系统。若说伏羲、文王、周公、孔子及其门人在历史的一脉传承中，发展出《易经》的不同层面，那么，他们的成就乃是洞察和体会易的过程，并尽力使之彰显。《易经》实代表一个对"实在"的一贯洞见。虽然这个洞见容许有创造上的歧异和演化，但同时亦提供了所有的差异在创造上的一体性，亦在易、理、气的一体性之中，提供了演化的众多可能性。时间乃是此易之一体性的形式，而理气的一体性则为其内容。

由此，我们可立即看出，在程颐和朱熹的形而上体系中，其形而上的二元论或其二元论的倾向，实无传承于《易经》的依据；而其二元论本身亦无理论的根基。如同我们所见理、气在《易经》哲学中应有的面目及关系一样，朱熹本体论的二分法所产生的难题，通过此《易经》哲学就可迎刃而解。理的本体论地位，以及理、气间在逻辑上、时间上孰先孰后等难题，其解决之道，不过在于重新对理、气及其关系予以定义和概念化，使得这些难题根本无从产生。我们用哲学分析对《易经》所做的重新定义和概念化，足以明白显示出，理只不过是气的性质，是气的活动之最后产物，也是显现气的创造力的一种秩序形成之活动。在任何意义上，这两者皆不可被二分或析离。

朱熹的人性论所牵涉的问题，在此亦可得到新的指向，以修正其理解《易经》哲学时的偏失。《易经》卦爻辞和《易传》足以显示，仁义和其他种种德性，乃是来自对自然万物中变化和创造的理解，以及因此而力求与天地万物结为一体的修养——也就是在生命与实践中体认对易的深悟。仁义规范出现于人类和整个秩序、和谐之"实在"间的关系中，而整个秩序、和谐之"实在"，又来自理与气的一体性及其"实在"。仁义并不仅仅是存养义理之性、革除气质之性的结果。人类的理与气原是一体的。要启迪人心，就必须对理与气的一体性善加培养；而人类存在之中的气质之性亦须得到适当的体认。甚至人类的道德弱点，也不能一概归咎于是气的活动形式之一的欲望。罪恶和道德弱点的问题，不是人欲本身的问题，而是如何依循广大的宇宙、人性来发展出通达、正直心智的问题。

人性之善与道德能力的最终基础，乃来自人类观照和体现于广大宇宙中的易的创造力与一体性——或理与气的一体性——的努力。故《乾卦·文言传》曰："夫大人者，与天地合其德，与日月合其明，与四时合其序，与鬼神合其吉凶。先天而天弗违，后天而奉天时。天且弗违，而况于人乎？况于鬼神乎？"

七、从理气谈有无

从上述对《易经》中理、气哲学的重新取向，我们对中国哲学中的有无问题能作何解说呢？

有与无是中国哲学史中最显著的问题。有即有事物，无即无事物。当有事物存在的时候，我们可以视之、闻之、触之；而当事物不存在的时候，则无此知觉。但这并不意味世界是虚无的，"实在"是不存在的。对有与无及包含有与无之片语的一般用法详加分析，就可显示出，对于中国心灵而言——如果我们可以这样笼统地说——有与无这两个谓词往往有其极为具体的指谓。

从哲学上来说，中国心灵对世界抱有一种独特的觉识，把有与无皆包括在可具体经验的真实事物之中。这种觉识，以及连带对世界与"实在"的概念，具有两个重要特征：第一，世界与"实在"绝不与人的主体思想对立而陷入西方近代哲学中的主客对立之境。因此，对"实在"与世界的知觉，既不受认知的决定，也不限于对外物的认知。在更精微的意义上，对"实在"与世界的知觉，就是对人类与"实在"之间交感互摄的知觉。换句话说，对"实在"与世界的知觉概括了对人类存在的知觉、对人类在世界中的参与以及在事物变化和生成中的功能的知觉。第二，作为"实在"之两种状态的有与无，并不彼此独立。事实上，它们彼此相关，互为决定。因为，世上诸事物中，有与无是既相反而又相成的。

无疑，这两点乃基于对"实在"的普遍觉识上，即认为，"实在"乃是变化、运动的过程，不能只凭有与无，而必须以有与无的相辅相成来描述之；变化、运动不仅是有与无关系的表现，而且世界上生命生成的经验，以及创新、变异的产生，都是来自有与无之间微妙的相反相异、相合相成的关系。在这层意义上，有与无乃是一个动态的整体，这个整体使事物得以产生，并通过变化，以形成生命，开创新运。甚至时间亦是事物与生命具体化的过程，而且时间与此过程不可分开。

当我们说明了中国的"实在"观念的特征后，可清晰地看见，"实在"在中国人的经验中，乃是一种对创造整体的经验和看法，这个创造整体在整个生命中，表现为永续不绝的生化过程。按中国人的经验，"实在"是一个肇始于原始的统一与和谐的开放的整体，在它的变化过程中，保存并表现出了这层原始的统一与和谐。关于变化的经验是极其深奥的，在此经验中，生命、时间、变化、和谐、整体性、统一性、相对性和人性，都交织融合在一起。这种经验的实际结果，就是变化和易的哲学观，正如《易经》中所表现和预设的一样。有与无及其关系，若无上述这些基本的体认作基础，是无法被理解的；而且，离开了这些经验，亦无法被解释清楚。事实上，我们可以说，有与无乃是从这些作为背景的经验中才得以显露出来，并且以这些经验作为其特殊的本质。我们因此可以说，有与无乃是"实在"的两种状态，二者通过彼此的互动，共同保存并表现出整个和谐、变化、生生不息的"实在"。简言之，有与无可视为创造的两个形式，而"创造"则是中国人的经验和中国哲学中的"实在"之本质。

以此讨论为背景，如同我们所已指明的，《易经》显然发展并呈现出一种"实在"观，认为"实在"无非有与无的相互变易，而其变异一方面保存了整体的"实在"，另一方面也产生了生命和创新。由于整体的"实在"就是"太极"，因此，有与无的相对的位移和运动，就是"太极"的阴阳力量或状态。作为过程的"实在"就是易或变化，也就是"生生"。如同前面所指出，"太极"乃是气，而非理，变化即气化。因此，理可说是在气的创造力及其具体表现中所固有的关系和结构。

从上面的阐述中可以看出，有是气的创造运动，而无则是气的无尽的根本能量；有是世界之模式的秩序（理）的产物，无则是延续世界中的模式、秩序之产生的变化。为了简明起见，我们或许可用无限的气来解释无，用理的有限形式来解释有。但在这种解释中，我们必须留意，从"太极"的意义上来说，"实在"并不限于相对的理与气或有与无。在终极的完整、和谐和创造之中，理与气是合一的，而不囿于特定产物的特定过程。正是在此意上，《易经》乃指出："神无方，易无体。"（《系辞传》）同样，在这层意义上，我们乃可了解周敦颐的"无极而太极"之说。此言意味着创造是必然的，但却不因化育的过程而穷尽。"神无方，易无体"指出了具体的器物世界显现了创造的无穷泉源；有显现无，也就是说有具有界定作用：无←有。而"无极而太极"则指出，创造的无限"实在"，必然显现于生命的变化、创造的过程中；无显现有，也就是说，无具有决定作用：无→有。要理解有与无，就需要去理解有与无为一体，却又非一体；而差异则是理解"实在"的唯一正确的途径。

《系辞传》又说："形而上者谓之道，形而下者谓之器。"道是易的无穷、无体的创造力，是气的无限能量；而我们每天所见的世界，即是道的恒常创造的表现和产物。这个世界是有，然而却能显现有与无合一的终极实在。因为，若不知器物世界，我们又如何能知道道或太极呢？

以此对于有无的理解为背景，中国人的心灵自然就无法接纳"绝对存有"的概念（也就是只谈有而不谈无），也无法容纳"绝对虚无"的概念（只谈无而不谈有）。换句话说，《易经》传统中杰出的哲学智慧，无法排除无而独认有，反之亦然。中国哲学的现象学将"实在"看成变化和创造，这种体验自然就和"绝对存有"或"绝对虚无"

的观点格格不入。这也说明了中国哲学何以一开始便拒绝以小乘佛学的方式来了解实在，不把"实在"看成绝对的"空"或"涅槃"；也说明了何以由印度传入中国的大乘佛学最后发展成思考的形式。这种见于天台、华严和禅宗等哲学著作的思考，所表现的正是有与无合一的形而上学。

在此，我们无法对中国佛教系统中关于有和无的问题的精微思想多作说明，只想指出，要了解中国佛学中的有无问题，就必须从事哲学性的探讨，更须对中国哲学加以深入的理解，例如，对《易经》的形而上智慧、道家思想，都不能忽略。对此，我们只作如下简单的说明：中国佛教哲学中的"空"是一种同时被视为有与无及其交互变化作用的"实在"。从逻辑方面言之，"空"是一个由无窒无碍的各种可能性所构成的开放系统。禅宗佛学特别强调这种理解"实在"的形式，甚至还发展出一套促成这种理解的修持方法。企及这一理解而又实现自我的状态，就是"悟"。在这种状态中，有与无原来的合一与和谐乃得以实现，而主体与客观之间的对立亦得到化解，转变为相辅相成的关系。

或许正是基于这一了解，禅师们才摒斥对于有与无、无之有、有之无、无之无等等的执着。世界或"实在"毕竟已如实地呈现在我们的面前，然而，呈现出来的"实在"是何等的丰富，又何其空虚啊！我们也可以说，中国哲学对有与无合一的慧观，其与中国佛学观点之间的差异，在于二者体验方式的不同。禅宗佛学要求当下体悟，而《易经》则要求彻底的贯注和参与。前者指向体会，后者则指向生命的行动。从形而上方面言之，前者似强调"既济"之相，而后者则强调"未济"之相。因此，前者乃代表现成的理解产物，而后者则代表未成的创造过程。如前所见，这也是《易经》的核心观念，这一观念，使得对于社会和人性的关切成为可能。我们也可以说，《易经》的观点比较倾向于宇宙论，而中国佛学的观点则比较倾向于本体论。

从《易经》的传统来看，希腊哲学、基督教哲学和近代欧洲哲学，无论是理性主义或经验主义，形上学或科学，其所发展出来的"绝对实在"观点，显然与《易经》的思想格格不入。"绝对实在"观是要在常识之后，在变化、现象之后，在歧异、分殊之后，寻求更深层次的"实在"。巴门尼德发展出"不变存有"的观念，此"存有"无运作无感觉，唯有通过思维，方能理解。巴门尼德的这种"存有"概念，是西方哲学中"绝对存有"的一个很好的例子。此外，柏拉图理念世界的不同层次，亚里士多德的"不动原动者"或"纯粹形式"的说法，基督教的神性观，笛卡儿、斯宾诺莎和莱布尼茨的实体观，黑格尔的绝对精神，以及有关物质、时间、空间的古典物理哲学，在这方面也都具有代表性。甚至最倾向于东方思想的海德格尔，亦未充分领会东方哲学中丰富而有创造性的辩证法。这一辩证法将有与无及其相辅相成的创造，视为理解有与无的基础和内涵。要把这点说清楚，恐怕还另当别论。

回到以理、气为有、无的基本范畴的概念，我们可以说，某些宋明哲学家确已本着对《易经》的理解，参照气的概念，充分掌握了有与无之间的关系。张载的一段话特别重要："知虚空即气，则有无隐显，神化性命，通一无二，顾聚散，出入，形不形，能推本所从来，则深于易者也。"（《正蒙·太和》）

张载对气之本性的洞见，就是对有与无之关系的洞见，也就是对我们所说的《易经》创造性哲学之洞见。值得玩味的是，在他试图排除"空"或"无"等绝对概念时，不但驳斥了佛学以无为本体的立场，而且也驳斥了道家"有生于无"（《老子》第四十章）的浅显论点。如果我们明白，在最佳的形式以及最深的意义上，佛家和道家也同样会驳斥那些被错误地比附于它们身上，或者由它们的后学所拾掇而得的观点时，张载的看法或许反而能反映出佛道二家为世人所误解的程度，从而更加坚定了我们对"实在"能具体表现有与无之合一性与蜕变性的看法。

程明道说："天地之间，只有一个感与应而已，更有甚事？"（《近思录》卷一）程伊川说："动静无端，阴阳无始，非知道者，孰能识之？"（《近思录》卷一）又说："冲漠无朕，万象森然已具，未应不是先，已应不是后。"（《近思录》卷一）这些话亦足以表明《易经》哲学对有与无及其一体性的慧观。

最后，我们还须说明老子的道家哲学对有与无问题的形而上观点。由于在此无法用太多篇幅来讨论道家的形而上学，我们将只针对《老子》一书中关于有与无问题的独特见解，加以讨论。首先老子把道看成无，以及老庄所谓的"有生于无"，都是错误的看法。道绝不是无的同义字，而有也绝非从无而来。细心研读《老子》，即可发现，道同时涵盖了有与无，有、无之名谓虽然不同，它们在彼此间以及其与自然和人类的关系中，亦各有其不同的作用，但二者皆出于那不可形容、难以名状的道。了解了这一点，也就了解了道的深奥性质。《老子》第二章中明白地写道："有无相生，难易相成，长短相形，高下相倾，音声相和，前后相随。"这里，道家的形而上立场十分清楚：有无相生于道；道涵盖二者，而不受其拘限。因为道容许了从有到无，或从无到有的创化；道无为，而创化无穷。我们还可从《老子》下列的章句中，看出道作为万物创化根源的特性："道冲而用之或不盈。渊兮似万物之宗。挫其锐，解其纷，和其光，同其尘。湛兮似或存。吾不知谁之子，象帝之先。"（第四章）"虚而不屈，动而愈出。"（第五章）"谷神不死，是谓玄牝。玄牝之门，是谓天地根。绵绵若存，用之不勤。"（第六章）"天长地久。天地所以能长且久者，以其不自生，故能长生。"（第七章）这些章句都似乎暗示，作为终极实在的道，并不仅仅是无，也不仅仅是有的根源。道是两者合一的状态，是两者的变化。《老子》第十六章、第二十一章和第二十五章也指出了应如何理解道的"终极实在"。事实上，这个"终极实在"乃以"恍惚""大""逝""远""返"等称谓表出。这表明，我们对于道的理解，大可超越简单的有、无范畴；而一般习用的有、无词汇亦不足以反映道的全面。

即令《老子》第四十章中有谓："天下万物生于有，有生于无"，第四十二章亦谓：

"道生一，一生二，二生三，三生万物"，但老子的中心立论还是在说明有、无、道，乃至于万物，皆为一体。虽然无作为道的一部分，能产生有，但无疑，有也能产生无，因为，道的最高原则是"道常无为而无不为"（第三十七章）。道的性质使得万物及有和无都自行变化，"万物将自化"（第三十七章），一起生灭消长，"万物并作，吾以观复"（第十六章）。

这样来理解道家以道为"终极实在"的观念，就不难得出下面的结论：道家对有与无的看法，基本上支持并加强了《易经》哲学中易与化的观念。

第四节　怀特海与《易经》《老子》之比较

在当代西方哲学中，怀特海的哲学可说是一种机体哲学，其思辨系统提供了许多概念工具和方法论上的暗示，这些可以用来阐释、探究中国哲学的某些系统（如《易经》《老子》），以发现它们的一致之处。

一、怀特海的"象征指涉"论

所谓"象征指涉"论（theory of symbolic reference），就是指概念工具和方法论上的暗示。

怀特海用"象征指涉"来澄清语言或符号系统含混的意义和观念。"象征指涉"的目的是三重的。除了指涉客观事实和澄清它们的意义、观念外，还澄清我们对事物或事件发生的观念，或记忆，以及赋予意义的主观感情和经验。这似乎成为任何"象征指涉"论的共同观点。但我们要注意的是：在怀特海的解释中，他赋予这个理论以哲学的广度、深度、重要性，以及详密的论据。他指出，我们所"象征指涉"的是，我们以某种方式知道，并以某种方式影响到我们的生活事物或事件。其次，他指出，我们用以指涉对象和事物的符号，不必是任意的约定符号，而可以是我们自己的观念、印象或经验。

依据怀特海的观点，我们以两种不同的知觉模式来理解事物。我们知觉因果程序或因果关系，就如同我们由划火柴和黑暗中突然闪亮所引起的眼睛疲乏感，来知觉火柴的光亮。在此知觉意义下，我们以事物的变化过程和事物的变化过程的经验来知觉。怀特海称之为"因果效应模式的知觉"（perception in the mode of causal efficacy）。另一方面，人类亦知觉事物的性质，作为我们当下意识的对象。我们看到的颜色、形状和大小等等性质，它们好像是直接呈现的。这种意义的知觉，怀德海称为"直接呈现模式的知觉"（perception in the mode of presentational immediacy）。"因果效应的知觉模式"中的知觉常常是不决定的、不判明的、不确定的、短暂的和限于局部的。反之，"直接呈现的知觉模式"中的知觉，则是决定的、判明的、确定的和长久的。怀特海指出，对生物而言，

"因果效应模式的知觉"比"直接呈现模式的知觉"较为基本和普遍。"直接呈现模式的知觉"是较高级生物（包括人类）的基本特征。怀特海的"象征指涉"论中，最重要的观点是，在"象征指涉"中，我们以"直接呈现的知觉模式"的知觉内容，作为"因果效应的知觉模式"的知觉内容之象征，而并未统一两种知觉模式。

怀特海解释"象征指涉"的过程如下：

> 两知觉模式之间的象征指涉，提供了支配象征意义的原理的主要例证。象征意义需要两种知觉内容，而且其中一种与另一种知觉内容，有某些共同的"基础"，以此建立这两种知觉内容间的相互关系。（《过程与实在》）

在"象征指涉"程序中，需要有一个共同的基础，这一点非常重要。因为没有共同的基础，两种知觉模式之间便无自然的关联。当然，我们看不出怀特海根据什么理由，认为可以否定只借助于一些约定，通过人为的方式而建立的共同基础。先前同意的约定当然可以作为象征指涉的共同基础。怀特海没有特别提到这类"象征指涉"。在这里，他只牵涉知觉中的"象征指涉"和在知觉中的意义。他的理论解释了我们如何拥有事物和事件的客观知识，以及它们的关系是根据我们的直接知觉而来。两种知觉模式的共同基础是：我们的知觉呈现在两种模式中，仿佛就是同一种资料呈现在两种知觉中。怀特海说：

> 虽然在复杂的人类经验中，"象征指涉"以两种方式运作，但它多半被视为借助于直接呈现的模式，插入变动的知觉内容，来阐释因果效应模式中的知觉内容。（《过程与实在》）

在象征中，用一种知觉来澄清和阐释另一种知觉，不论是通过它们共同的基础，或通过二者间的差异，都是可能的。所以"象征指涉"将促使相关于某一知觉的感情和经验，在另一种知觉上发生，使得后一种知觉变得更强烈、更丰富。用怀特海的话来说，就是：

> 所以，当某一种知觉中的一知觉，唤起另一种知觉中相关的、融合的感情、情绪和导出行为时，两种知觉间的"象征指涉"就存在了。那些融合的感情、情绪和导出的行为，分属于其相关的知觉，并且借助于这种交互作用而增强。（《过程与实在》）

换句话说，"象征指涉"诱发象征知觉和被象征知觉间的"感应的统一"（unity of feeling）。感应的融合和统一并非是一个单行的过程，正如两种知觉模式间的"象征指涉"不是单行和单向的过程一样。虽然，通常由于简单性的自然倾向，我们使用直接呈现的资料去象征因果效应的事物，但我们没有理由说，后者不能象征前者。这一点，怀特海已很清楚地认定：

作为象征的那类知觉内容和作为意义的那类知觉内容之间，没有天生的差异。当两类知觉以相关的"基础"交互作用时，哪类是象征群，哪类是意义群，要靠经验过程来决定（组成知觉主体的经验过程）。此外，究竟有无象征，也同样要靠知觉来决定。（《过程与实在》）

虽然，决定"象征指涉"方向是知觉者的任务，但也没有理由说，"象征指涉"的过程不能视为（或约定为）双向的。在一个双向的"象征指涉"中，两知觉系统互为"象征指涉项"，并相互作用，形成统一的感情，互相阐释各自的意义。在这双向的"象征指涉"中，有机的统一（全体）是由它们的象征所形成的。被象征的知觉互相作为镜子，帮助我们在整体中更深刻地了解每一类知觉。

怀特海的"象征指涉"论，最重要的意义是来自一个基本的洞见，即人类能构造并且知觉系统的相互关联或统一，以便我们从一个系统或多个系统来更清晰地了解另一个系统。概括的"象征指涉"范例，可以图示如下：

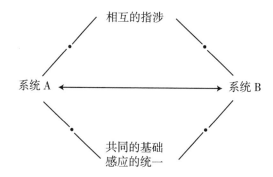

这里，A 和 B 是两个知觉系统。这两个系统相互关联，产生了对玄妙的实体的意义的非凡洞见，这不是由单一的系统可以了解的。

怀特海对其"象征指涉"论提出了一个终极的论点。我们如何赋予我们的象征意义能够成立的理由？或者，我们如何知道哪一种"象征指涉"系统是正确的？怀特海的回答很简单。我们以观察象征意义的结果，或采纳象征意义时所产生的结果，来看它是否是"幸运的"，或是否是有效的，来证明我们的象征意义。这就是说，我们的象征意义正确与否，取决于实用的考虑。怀特海用"幸运的"和"不幸运的"来描述采纳象征意义的结果。"幸运的"结果，赋予我们继续信任象征意义的依据。另一方面，"不幸运的"结果，使我们有权为了自己的利益而放弃某种象征意义。这可能要花一些时间来解释，但怀特海亦提出另一个试验，在象征与被象征之间，好的象征意义能产生感应的汇合或统一，而怀特海的象征意义，却产生感情的冲突贬抑。因此，对任何象征意义，我们需要作全盘的考虑，才能对其价值做出最终的判定。

下面，我们将用怀特海的"象征指涉"论，来解释和阐明在《易经》和《老子》中反映的中国哲学的某些重要特质。尤其要将这两部中国古代经典释为一相互"象征指涉"的系统，并讨论其中所包含的"共同基础"原理、"相互阐释"和"感应统一"原理，并说明"象征指涉"论之所以然和有用性。

二、《易经》作为"象征指涉"系统之意义

即使《易经》中最早的部分不包含任何象征系统的系统解释，它也未能描述人的处境中形象和变化的结构。毫无疑问，这部经典却是为了解人生实体和指导人类行为这双重目的而发展出来的。当后来的学者为《易经》加上注释后，《易经》作为一个"象征指涉"系统的哲学意义也就自然明显了。然而，我们仍然缺乏对《易经》所包含的意义和经验结构有一个中肯的解释。也许我们应首先肯定，《易经》是以变化的原始经验和宇宙的创造性作为基础，发挥为卦象的象征意义和哲学注释所要阐明、解释的理。

就变化的原始经验和象征意义间的关系而论，它与象征意义和注释间的关系一样，在《易经》中，很明显地存在两个主要的"象征指涉"系统。卦象的象征意义呈现出我们在因果效应模式中所经验到的变化的结构的清晰意象。这些卦象的象征表示，在人类事物和自然条件中，都有转型、影响、优势、对立、敌对、调和、一致、相对等等的相互关联的关系。人类的承继、回复、开放、实现、秩序和失序等等的经验，在卦象的系统和结构中亦占有一席之地。象征系统及其强有力的有机相互关系和阶层次序，显现出在我们变化经验下的结构，增强了我们对变化和转换等诸性质之知觉。在象征及其相互关联的知觉和变化的经验间，有一共同的基础，卦中的诸线条的形状、位置和方向，指示出我们的各种变化的经验。

另一方面，人类体验过的背景经验，也阐明了《易经》中的象征意义系统，因为它有规律地显示出许多对象征系统的可能的解释。因此，虽然象征系统阐释了某时代的人类经验，但我们的经验亦有助于丰富象征系统的了解。因此，经验与象征系统就是可相互依赖的了。我们可以说，它们在《易经》中，代表了两种程序，即相互定义、相互支持和相互阐释。这两种"象征指涉"程序，已有了最大的幸运或实际的效用，使得《易经》更显重要，成为一本具有哲学洞见的书。

虽然，作为象征系统的重卦系统，指示了我们对"易"（变）的经验，澄清并阐释了我们对"易"的经验的结构，但在《易经》中，有两个平行的思想和知觉的小系统，它们用来解释和阐明象征系统的意义，以及我们对"易"的原始经验的意义。它们之中的一个思想系统属于宇宙（或自然）哲学，另一个则属于人（或人类）的哲学。这两个思想系统同等重要，而且并列地在《易经》的注释中（《系辞传》《说卦传》《序卦传》中）展开。然而，不幸的是，从过去到现在的研究《易经》的学者和思想家，在了解"易"的经验和"易"的象征系统时，都未能注意到这个对应与平行。从怀特海的"象征指涉"论来看，一类经验或一组知觉符号的形式（组成指涉的共同基础并使其相互关联成为可能），可以发展出一个或更多的思想系统。而更多的思想系统之发展在某些情

况下可说是一件好事，因为这些思想系统经由怀特海所称之"感情统一"的方式，表明了原始经验中的实体显相之多样性，也使该实体得到多彩多姿的表征。这一过程无疑可以丰富我们对"易"的原始经验的了解，同时也使得《易经》的作者成为（一个）深沉的思想家。

《易经》的宇宙系统用天地、尊卑、刚柔、阴阳来解释宇宙的经验。它用具体的自然概念和"易"的原理，来描述变化的过程。《系辞传》说：

> 天尊地卑，乾坤定矣。卑高以陈，贵贱位矣。动静有常，刚柔断矣。方以类聚，物以群分，吉凶生矣。在天成象，在地成形，变化见矣。

天道系统亦定义了一些基本名词，用以描述变的实体及其意义：

> 一阴一阳之谓道。继之者善也，成之者性也。……富有之谓大业，日新之谓盛德。生生之谓易，成象之谓乾，效法之谓坤，极数知来之谓占，通变之谓事，阴阳不测之谓神。……是故阖户谓之坤，辟户谓之乾，一阖一辟谓之变，往来不穷谓之通，见乃谓之象，形乃谓之器，制而用之谓之法，利用出入，民咸用之，谓之神；是故易有太极，是生两仪，两仪生四象，四象生八卦。（《系辞传》）

由此可以清楚地看出，宇宙哲学相对地存在于我们对变化的体验，以及我们对变化的象征系统的了解中。上面这段有关从太极到八卦发生次序的引文，说明了一个宇宙原理如何同样地应用于宇宙实体和对宇宙实体的象征系统，"易"这个名词恰好能多义地使用。从"象征指涉"论观点来看，"易"的宇宙原理包含在宇宙实体和试验的象征系统中。所以，"易"兼指象征系统与宇宙实体，经由相互参照而形成一种"感应统一"。这种可能性纯因对宇宙实体的认识和对经验的了解所致，此更分享了相同的对变化及其原理的知觉。这也就是它们共同的指涉基础。

相互参照、共同指涉的最佳例证，乃是《说卦传》。《说卦传》基于变化原理的普遍性，以及事物相关属性的"感应统一"，把八卦象征宇宙乾坤的自然意义，引申到人类经验中的多项领域。因而，基于乾是刚的，坤是柔的，震是动的，风是入物的，水是陷沉的，山是静止的，泽是欣愉的，乃至于马中有乾，牛中有坤，龙中有震，鸡中有巽，豕中有坎，鸡中有离，狗中有艮，羊中有兑；乾且见于首，坤见于腹，震见于足，巽见于股，坎见于耳，离见于目，艮见于手，兑见于口；进而又言：

> 乾为天、为圆、为君、为父、为玉、为金、为寒、为冰、为大赤、为良马、为老马、为瘠马、为驳马、为木果。坤为地、为母、为布、为釜、为吝啬、为均、为子母牛、为大舆、为文、为众、为柄，其于地也为黑。（《说卦传》）

关于乾坤的宇宙范畴和相关经验，我们不必在此去思考这些异质的东西是如何统一在中心的感应过程中的。但这足以说明，它们的和谐的联结，证明了在怀特海体系中，的确存在着这种感应的统一。

在《序卦传》中，"易"的象征意义采用环境与处境的变换来表达：这些变换导致这些环境与处境中固有而内在的自然倾向与动力的产生。宇宙哲学充分发挥其说明功能，有效地成为了解卦的变化阶段的根本原理。在时间过程中，变化诸阶段之间有潜在的或有机的相互作用，这无疑为"易"的象征引进了动态的考察，导致了强烈的丰富的"感应统一"。这不仅涵摄于所有象征的组成部分中，而且整体地隐藏于《易经》系统赖以成立的变化体验。下引《序卦传》一段以资说明：

> 兑者，说也，说而后散之，故受之以涣。涣者，离也，物不可以终离，故受之以节。节而信之，故受之以中孚。有其信者必行之，故受之以小过。有过物者必济，故受之以既济。物不可穷也，故受之以未济终焉。

以下，我们再来考察《易经》中有关人生哲学的"象征指涉"系统。相对于宇宙哲学来说，人生哲学更清楚地假定了人能全然地了解变化的世界。通过这一了解，我们可以把人生提升到完美的境界，并能对人类全体实现完美而有所贡献。在这个意义上，人被认为是包含有基本的变化原理，所以拥有参与生活、创造生命的极大能力。在这方面，《系辞传》与《中庸》有同一意向，认为人能统合天地，二者乃是体现天地本体的潜在价值的媒介。所以《系辞传》说：

> 易与天地准，故能弥纶天地之道。仰以观于天文，俯以察于地理，是故知幽明之故。原始反终，故知死生之说。精气为物，游魂为变，是故知鬼神之情状。与天地相似，故不违。知周乎万物，而道济天下，故不过。旁行而不流，乐天知命，故不忧。安土敦乎仁，故能爱。

因为人能洞察和参与道和易的创造性活动，因此，人能贯通变化的终极真理和对行为做出正确的判断。表现在古代经书中的"易"的象征的创造性及其实践，是圣人智慧的结晶。所以，在《易经》中，"易"的普遍真理的表现，已反射到天地的整体的参与。《系辞传》以下列方式描述"易"的形成：

> 天地设位，而易行乎其中矣。成性存存，道义之门。
> 圣人有以见天下之赜，而拟诸其形容，象其物宜，是故谓之象。
> 圣人设卦观象，系辞焉而明吉凶。

从人创造符号来象征，人的哲学举证了"易"的象征并赋予了对本体的了解的深层意义，以及对真理满足的深刻情感。

从《易经》中的宇宙的自然哲学和人生的自然哲学来看，这两个思想系统互为例证并且相互支持。它们成为两个相互象征的系统，虽然，它们分别由卦的象征系统中得到意义的启示。当这两个系统相互支持、相互阐释时，我们便有了一相互"象征指涉"的实例。这是"象征指涉"的新的样式。怀特海没有提出这新的样式，但在前面解释"易"的两个系统中，在了解"易"的象征和经验时，新的样式已被充分举证出来。这两个思想系统在"象征指涉"中相互交相经验"易"的象征。所以，这四者交相指涉，使得丰富的情境更为丰富。

我们可用下面简图以示"易"的哲学及其"象征指涉"的结果：

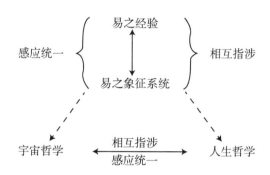

三、《老子》作为"象征指涉"系统之意义

现在，我们转到《老子》如何成为一"象征指涉"系统这个问题上。

我们将简略地指出，当《老子》的"象征指涉"结构明示出来以后，早期道家中道的意义是如何变得更深刻、更丰富的。《老子》把道当作终极实体："道可道，非常道，名可名，非常名。"所以道不是一个日常概念。《老子》用许多篇幅来说明和指出道是什么，它的功能是什么，它如何与人和事物相关，它如何应用到政治。了解道的主要重担，落在日常生活中我们对道的经验和了解，并需要非常的专注和洞察力，知道如何以具体意象和事物的性质，去澄清和阐释其对道的经验和对道的了解。这具体的意象和经验的性质有两重目的：认识和显示道的普遍性、终极性和具体而深刻的实体，归纳思想系统的发展，以应用到人类的学识和共同感兴趣的各个领域。这两重目的是重要的，并且是必要的，因为，道是不能以言语来理解、确定和描述的。

老子用无来指道。他说，道是：

　　其上不皦，其下不昧。绳绳不可名，复归于无物。是谓无状之状，无物之象，是谓恍惚。(第十四章)

　　天下万物生于有，有生于无。(第四十章)

无当然不是虚无。它是不确定的、无形的，也是事物成形和确定的原因。虽然它是"无"，却是"有"的无限泉源，也是事物生成变化的原因，因为它不仅是寂静和不变而已。

道就是变化，以及变化的原因，"道生一，一生二，二生三，三生万物"(第四十二章)。道不是被了解为以任何特别的活动去完成特定的计划，而是实现一切事物。道因无和"无为"，而生万物。所以，《老子》说："道常无为而无不为。"（第三十七章）在道的诸性质中，道不仅是物之始，也是物之终，更是物的生成变化的过程。事物的生成变化被归溯到生成和发展以前的道中。"反者道之动。"（第四十章）所以，如果我们能把握"道"的空无和寂静，那么，便能观察到道的复归。《老子》说：

> 至虚极，守静笃。万物并作，吾以观复。夫物芸芸，各复归其根。（第十六章）

当了解了道的这些性质以后，我们如何认识道的意象？更具体一点，我们如何去认识无物之象？在道的意象中，如何以变、动、反（事物）的微妙力量，来表示"道"，而不指涉静止形态呢？《老子》不仅用道的性质，并且借助于范例和模型，把道应用到生活和社会中，收集和叙述了一大串深刻的而又是具体的道的意象，这使我们对道的经验变得更清晰。有关道的意象，实体的次序和概念也变得便于界定和描述。这些道的意象就形成了结构和感应的有机统一，并且发展成以它们为根据的多种平行系统，因而提供一个区划和整合的基础。这些思想系统可合称为道的美学、道的形上学、道的辩证学和道的政治学，它们是由道的意象和道的普遍经验间的"感应统一"而得到的；通过这些意象和思想系统间的象征参与，从而获得较高层次的感应统一。

什么是《老子》讲的道的意象？那就是：

（1）把水当作道的意象。水是柔的，形式上可变的，它具备包容性，并有自我变形和使其阻碍变形的极大力量。它反映了道，并且代表一个善、美和谦卑的巨大力量，也是对生命和实体柔顺态度之实例。《老子》说：

> 上善若水。水善利万物而不争。处众人之所恶，故几于道。（第八章）
> 天下莫柔弱于水，而攻坚强者莫之能胜，其无以易之。（第七十八章）

除了把水当作道的意象外，道也像河川、海洋和潮水等与水有关的事物。故《老子》说：

> 譬道之在天下，犹川谷之于江海。（第三十二章）
> 大道泛兮，其可左右。万物恃之而生而不辞。（第三十四章）
> 江海所以能为百谷王者，以其善下之，故能为百谷王。（第六十六章）

（2）把赤子当作道的意象。赤子和水一样，都是柔弱而不争。但赤子和水比起来，更充满了生命、学习能力、生存与创造的潜能。因此，赤子是纯洁的、单纯的，它尚未被偏曲的知识、坏习惯和邪恶的思想所污染。所以，赤子能够"无为而无不为"。这是因为，赤子不会妨碍事物的发生，所以他是创造的种子、新奇的肇端（或开端）、和谐的模式。他无防御，因此就不会引来伤害和竞争。《老子》有云：

> 载营魄抱一，能无离乎？专气致柔，能婴儿乎？（第十章）
> 含德之厚，比于赤子。毒虫不螫，猛兽不据，攫鸟不搏。骨弱筋柔而握固。未

知牝牡之合而全作，精之至也。终日号而不嗄，和之至也。（第五十五章）

（3）把母亲当作道的意象。母亲是有之始，是生命的仓储和源流。她抚育孩子，并且铲除她的孩子生长过程中的任何障碍。因此，她不仅是生命之源，也是生命的维持者。因为母子之间没有什么天然的阻碍，所以，知子即可知母，知母即可知子。

母亲对她的孩子是最富于自我牺牲精神而无私的。她永远仁慈、温柔和无微不至地照顾其家庭。她永远了解并默默地承受生命的重担。虽然，关于母亲的美德，《老子》说得不多，但很明白地，它想通过"象征指涉"的程序和感应的统一，把我们所了解的母亲意象应用到道上面。《老子》明确地谈到母亲：

有物混成，先天地生。寂兮寥兮，独立而不改，周行而不殆，可以为天下母。（第二十五章）

天下有始，以为天下母。既得其母，以知其子。既知其子，复守其母，没身不殆。（第五十二章）

随后老子又隐隐约约地谈到母亲意象：

谷神不死，是谓玄牝。玄牝之门，是谓天地根。绵绵若存，用之不勤。（第六章）

大国者下流，天下之交，天下之牝。（第六十一章）

（4）把阴性当作道的意象。上面最后的引文提到，阴性是母亲的基本意义。在此意义下，阴性是原理，不是平行于阳性或附属于阳性的原理。它是一，不是二之一。一生二和万物。《老子》也设想，道拥有阴性的性质和美德，并且它的作用是相对于阳性和补充阳性的。阴性也是柔、静、可变、温雅的，因此，能征服和同化阳性（粗糙、固执、侵略性和突出性），变成和谐与统一。缺少了和谐与统一，现实世界和生命就不可能产生。所以，阴性使世界的一切现实过程成为可能。因此，它是个别事物实现和保存的创造力量。既然它有创造的力量，也就有了作为母亲的潜能和养育孩子的能力。它和水一样，都是柔的，能克坚。所以，通过阴性的意象，可以联想到母亲、赤子和水的意象，以及这三种意象的感应的汇合。《老子》有下述之言，论及阴性能实现统一、成就原始的纯真及创造性：

知其雄，守其雌，为天下溪。（第二十八章）

牝常以静胜牡，以静为下。故大国以下小国，则取小国。小国以下大国，则取大国。故或下以取，或下而取。（第六十一章）

天门开阖，能为雌乎？（第十章）

（5）以"朴"作为道的意象。在《老子》中，至少有六次提到"朴"这个字，意指未雕刻的木头。这个名词暗示风格和形式的简单性，以及性质和本质的真。这是一个暗喻的意义变形为一实质的概念，它所象征的变成了它所意指的例子。生命的简单性很难定义，但如果我们定义其为未雕刻的木头的状态，就可得到较清晰的简单性的性质。简单性不是单调的，不是粗糙的，而是生意盎然和充满新奇的潜能。未雕刻的木头是最好的例子，它充满了新奇的潜能，能变成不同的、有用的和有趣的事物。它又是未确定的。正因为它是未确定的，才能被假定包含许多形式，转变为确定的器皿。故《老子》有言："朴散则为器。"（第二十八章）

"朴"的价值在于它的有用和变成各种理想事物的潜能。在这方面，它与赤子、母亲、阴性和水，在性质上有很大的相同。但只有未雕刻的木头才显出定、静、牢固、不确定的形式与统一的关联。因此，《老子》似乎最喜欢用这个道的意象来指涉道和人的理想性格。在说明了智慧、仁义和技巧的害处之后，《老子》又说：

> 此三者以为文不足，故令有所属。见素抱朴，少私寡欲。（第十九章）

老子对想真正了解"道"的人提出了如下的劝诫：

> 知其荣，守其辱，为天下谷。为天下谷，常德乃足，复归于朴。（第二十八章）

老子亦明显地比喻道为"朴"和道一样无名、未确定、不显著。"道常无名，朴虽小，天下莫能臣。"（第三十二章）当他把道当作克制人欲的方法时，就使用"朴"这个字。他说：

> 化而欲作，吾将镇之以无名之朴。无名之朴，夫亦将不欲。不欲以静，天下将自定。（第三十七章）

复归于"朴"，这是治理国家和自己的方法，是"无为而无不为"的方式，也是获得和平、和谐和幸福而不受人欲的干扰与横断的方式。很明显，《老子》把"朴"的形态视为事物在创始时（人发展知识技艺前）的自然和原始状态。

前面，我们讨论了《老子》中的五个主要的道的意象。每一个道的意象都是道的象征，并在象征与道的意义之间，导致感应的统一。这些道的意象既互相支持，也互相阐释：相互指涉使我们更深刻地了解道。《老子》以一基本特质来解释道的概念；另一方面，又指出根基于我们的世界和生命经验的诸意象。这不仅显示了我们对道的理解和对道的意象的理解间有一共同的基础，而且道本身也阐释了这些道的意象。同时，道的意象也阐释了道。我们更可说，这些意象使道本身具体化，正如道呈现了这些意象。所以，道和这些道的意象也互相光照。这就是我们所称的"象征指涉"的互动。

我们一定知道，道的意象决不只有以上五个。在《老子》一书中，有许多明显或不明显的意象。例如，风箱意象指涉空无和生命在道中的无穷竭；山谷意象也有相同的意义；弯弓指涉道的平衡能力；另外还有许多不同的性质作为道的意象，如弯曲、卷曲、低下、少、一、至柔、空、静、弱、不突出等等。

当《老子》说"人之生也柔弱，其死也坚强。万物草木之生也柔脆，其死也枯槁。故坚强者死之徒，柔弱者生之徒"（第七十六章）时，就很清楚地表示，在柔、弱和生命，或坚、僵硬和死亡之间，不仅是性质的类比，而且是实际的性质同一。按同样的记号，道的意象不只是构成一个类比，而且是一个实际的感应和实体的同一。道是一，却有许多表象，这些表象是道的意象的自然记号。

《老子》全书是用一大串的意象来叙述道的。这些意象构成道的终极实体的"象征指涉"系统。因此，它动态地产生具体感应的统一场，赋予道的概念以生动深刻的意义。道的概念和意象的感应之统一，阐释了道的概念的深刻意义：各种道的思想系统由此建立。换句话说，我们可以用不同的观念去解释道的概念，因为道的意象和感应，以及意义的领域，又是提供了发展这些观念的丰富的基础和来源。我们可以特别提出建立道的形上学、道的辩证学、道的知识学、道的伦理学、道的美学和道的政治学的可能性。要以道的意象的"感应统一"来发展这些概念系统，需要另文述之。这里，我们仅指出，这些系统可以发展为别的或相关的象征。它们互相指涉，因此形成更进一层相互支持的统一网，并且使感应和意义更为丰富。

我们可以用下面的图来表示《老子》中"象征指涉"的结构及其分支：

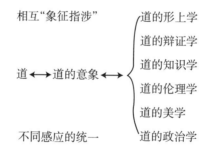

以上，我们以怀特海的"象征指涉"论来说明及解释了《易经》和《老子》中的一些中心概念。这个说明及解释不仅举证了怀特海"象征指涉"论的丰硕成果，而且也讨论了"相互象征指涉"，以扩展了这个理论的深度和广度。我们把《易经》和《老子》当作两个象征系统的结构来讨论，而没有特别讨论《易经》和《老子》两象征系统实用的成立理由。虽然，任何熟知中国哲学史和各种实际的思想和行为领域的人，都能够以怀特海的理论，来证明由《易经》和《老子》以来的观念的实用效验性或幸运（正确）性。

第五节　怀特海与宋明儒学之比较

不少中国哲学家，在熟稔怀特海的哲学之后，尤其是涵容于《过程与实在》一书中的体系之后，莫不认为怀特海的哲学与中国哲学非常类似，足以与中国哲学比拟参照。

他们所秉持的想法，是指怀特海开发出一套以"实在是一变化过程"为基本观念的系统；这也是中国哲学自《易经》以降的基本观念。这里，拟以方法论的考虑为着眼点，指明怀特海哲学与中国哲学中宋明儒学之间有另一更足以相比拟的特色。

任何哲学都是一个有机的过程，也是一个有机的整体。我们不应将之视为一个脱离生命、客观的僵硬系统。中国哲学的两大传统——儒家与道家，除了着力于彰显生命的理想规范之外，也希冀开拓出足以培育、转化人心以及人生的价值媒体。怀特海虽然明确地界定思辨哲学为：建构一套"概念上连贯的、逻辑的、具有必然性的系统"，以"解释经验"所做的经营与尝试，但他的有机形上学，就其作为一套观念而言，应具有本体论意涵的作用与效验，同时应形成世界与生命体构中的一个重要成分。以如此之有机的哲学观为背景，怀特海的哲学与中国哲学，就不仅在概念上相似，而且两者都主张哲学是真实的，而不是纯概念的。若将两者作为真实的实体看待，均可视为足以容纳发展与创造的变化，恰如实在自身一般。所以，中国哲学与怀特海哲学的相似，不是静态的比较，而是动态的交互成就彼此；不是已完成的实相，而是在进展中的实相，即有待实现的潜相。中国哲学与怀特海哲学的潜在差异，很可能在更广大的解释系统中得以消融；而此系统中所有作为经验原料的概念，都能各得其适当的定位。因此，中国哲学与怀特海哲学的比较，就不单是抽寻、建构概念上相似的差事，而是借着比较的机会，建立更丰富、更广博、更有意义的架构。同时，如是架构中的分歧差异，也可彼此补足、充实，而非彼此抵触、矛盾。

循此途径进行比较时，我们切不可一意孤行，而无视中国哲学与怀特海哲学各自的概念有其迥异的历史源流，尤其不可忘记，怀特海哲学是基于古希腊传统而开展出的多层面的复杂结构；而中国哲学则涵盖了两千多年之久的众多学派与哲学家的思想。

或许我们可以将回溯的（历史背景的）观点，与前述之前瞻的观点区分开来讨论。按照回溯的观点，一种哲学的根源，存在于其难以把握和追溯的历史线索之中；历史线索既然各自迥异，从这些各自迥异的线索中酝酿开展出的各种哲学也就必定不同。于是，中国哲学与怀特海哲学一定有内容上互不相涉而相异之处，因为两者分别牵涉不同的历史经验。举例来说，我们可指出，以"上帝的始得性"作为超越实体，这源自柏拉图哲学；但在中国哲学中，却找不到足以与柏拉图哲学相对应的概念。我们也可指出，怀特海认为，上帝的存在是"终极的非理性"，其本身不可解释，但可用以解释有限世界中外表的非理性（不必然性）。如是的观点，是源于亚里士多德的形上学；而在中国哲学中，也找不到与亚氏形上学完全相应的说法。我们大致可以认定，中国哲学与怀特海哲学间的差异，可以相互交融、交互摄受（interprehend）（此词系依据怀特海的精神创造），从而形成孕育新观点的基础。

一、类同的主题——创生性范畴

以下主要拟探究在怀特海哲学与宋明儒学（以周敦颐与朱熹为主）中创生性（creativity）成立的互相呼应的条件。这两种哲学分别代表两种紧密关联的创生性范畴（categories of creativity）的系统，用来说明现象，以及说明我们所经验到的变化与新事相。

将这两套系统说成紧密关联，并不是指两者像镜中影像与镜外物体一样吻合，而是指它们有共同的目标，即对变化中的具体事物的理解，也有一致的理解广度，即包罗世间一切。同时，两者有视生命与实在为有机的共同倾向。我们相信，在这两套系统的宇宙论与形上学理论中，可发现很多类似的概念与结构。但我们也有心要揭示两套系统中，不论在对创生性范畴之定义、导向及说明或分析方面，都有关键性的隐微的差异；这些差异恰可保证我们的结论：尽管我们不能说明为什么有这些差异，但我们可以透过这些差异，来评价两系统中足以成立的优点以及可能产生的困难。我们所要强调的，是两系统各自的创生性范畴在概念与其含义上的近似，而不能忽略两者间隐微的差异。所以，我们将探究这两套创生性系统，同时把主题特别集中在两套系统中"创生性"的中心概念。拟先从怀特海的创生性范畴开始，然后再转入宋明儒学的"太极"范畴，以寻绎出两套哲学系统在概念上及本体论中的差异。

二、怀特海的创生性范畴

怀特海对创生性有如下的描述：

> 创生性系诸共相的共相，刻画了终极的事相。其乃终极的原理。唯有借此原理，繁多——分离的宇宙，始成单一的实际缘现——结合的宇宙：繁多之进而为复合的统一体，系万物之本性使然。

创生性既为形上学的终极原理之一，就只能通过直觉来把握，亦即需要对具体经验中创生性之无所不在有所直觉。虽然怀特海只说"创生性"是由繁多创生一体的原理，但创生性显然也是由一体创生繁多的原理。以此见解为准，我们可说宇宙的"创生的前进"（creative advance）。此见解中的创生性，既展露了宇宙的统一，也展露了宇宙的多样。

怀特海同时主张，"创生性"是"新事相原理"（the principle of novelty），亦即借此原理的作用，先前不存在的新事物得以存在。这是实际存在体创生过程中的主要活动，此过程即称为"合生"（concrescence）。怀特海强调，"多成为一，又因一而增多"。这是说，任何一个实际存在体的创生，都是宇宙中的一个新事件；而任何一个新事件，都可表征某类在过去"缘现"（occasion）不曾存在的性质。因为创生的历程永无终了，世间新事的增加也就永无止境。怀特海为了说明万物不断地创生前进，因而引进了"永恒物相范畴"(category of eternal objects)。"永恒物相"数量无限，又为新事相引入变化的世界中提供成立的根据。"永恒物相"系超乎时间的本质，即有待于在时间中实现的潜能。这些潜能不会在时间或变化的过程中，被全然穷尽、实现。虽然如此，它们归入变化的过程，为具体物事的赋形提供"确定的形式"(forms of definiteness)，而它们"归入"(ingress)变化、创造的过程之所以可能，乃由于"实际存在体"(actual entities)所行之"概念的摄受"(conceptual prehension)。这些潜能在初次"结入"时，不是在物质上而是在概念上融会于新兴实际存在体之赋形中。（一旦在概念上已融会，就足以在物质上融会。）

由于永恒物相的存在，我们可以明白创生性涵盖了（有效）因果关系，但因果关系并不足以穷尽创生性；两者可被我们明确地区分。因果关系（指动力因果关系）仅限于"物质摄受"的创生，而创生性尚且包容永恒物相的"概念摄受"，足以使原本仅为可能之事实现。

概而言之，"创生性"可涵盖两个层面：首先，凡是概念、形式以及结构的所有可能性都已俱在；其次，要有足以促成其中若干可能的秩序、形式或性质在"实际缘现"(actual occasions)中实现的动力，此动力乃为任何"实际存在体"所固有。这两个层面说明了世间何以有新事相，以及持续不断地有新事相。至于何以会有任何现实或"实际存在体"的存在，就怀特海形上学而言，创生性系指由纯粹潜能转化成现实的终极必然性；创生性亦即存于无限制、未决定的秩序、结构与性质的领域中，促成现实与决定现实的发动能力。其乃调和持久与流变的永恒统一。怀特海将对"所有可能性之综览"(the envisagement of all possibilities)称为"上帝的先得性"(the primordial nature of God)，而将演进中之现实所具有之无所不包的物质摄受称为"上帝的后得性"(the consequent nature of God)。上帝既然为一，我们何以不说"实现的可能性"与"可能性的实现"亦为一？我们以为，不妨将怀特海的"上帝"视为对无终始的、开放的变化过程之创生性的终极原理的一个方便名称。在此变化过程中，因果关系不过是实际存在体自我赋形的一种模态。如此，我们就修正了怀特海表现于外的看法，并揭示出我认为隐含在他的观点中更深远的一层意义。

"实际缘现"（或"实际存在体"）的概念在怀特海哲学中，于说明变化（包括因果作用）时，具有关键性的地位。所以，我们当可留意"实际缘现"的若干基本特色。首先，一个"实际缘现"就是经验的一单位。其为一个经验中的主体，由其自身的经验所构成的主体。经验之为物，实不外乎对于促成"实际存在体"成形的其他现实与可能予以掌握或融会的过程。用怀特海自己的语汇来说，经验就是"摄受"(prehension)，而"摄受"就是产生关联，同时由所关联的物事所组成。因此，"实际缘现"或"实际存在体"就是"摄受"与经验的中心。因为"实际缘现"借自身的经验来界定自己，任何"实际缘现"必须足以使自身构成经验的主体，不过这些经验无须透过人类心灵与人类情绪予以有意识的表达。

怀特海还有另外一个方式来观想现实：一个"实际存在体"是经验的诸细节"聚合成长"（growing together）为一体的结果。"实际存在体"不断地生长、繁衍。此即透过经验而形成一个统一的、有组织的实体。不过我们须留意，经验无法被客观地指明。一个经验永远是某项组合中的、生命的力源或发动中枢。这项力源或发动中枢既身为经验的主体，又为其自身对其所经验的物事予以统合的结果，遂必须先被设定，作为本体论中的一项基本事实。怀特海的确有偏向对实在采用"单子论式的"（monadological）观点，只是在他的宇宙中，"单子"（monads）系生成变化的中心，而其成形系由于关联与摄受的创生的、开放的作为，而不像莱布尼茨"单子论"中封闭且无窗户的实体。

由上所论，我们可发现，虽然对怀特海而言，创生性范畴是终极的，但如欲对经验加以合理的说明，尚有待对存在的诸范畴予以补足，尤其有赖于对"实际存在体"以及"永恒物相"两范畴补足。我们也可说，创生性与同属"终极范畴"的另两个层面——一与多——实不可划分。我们甚或可说，一是"实际存在体"的界定原理，而多是"永恒物相"的界定原理。就此意涵而言，"实际存在体"与"永恒物相"两者都可说参与了形而上理解的终极性；创生性则可理解为促成一与多达到动态统一的原理，于是，创生性可自多产生一，也可从一产生多。由此，我们可以推论出，一与多是创生性的两面，在我们对生成变化的和谐一致的经验中完全同时展露。

因此，既然怀特海说"上帝的先得性"就是对所有永恒物相之综览，而"上帝的后得性"就是对所有过去的实际存在体之摄受，那么，我们又何妨将"上帝的先得性"当作多，而视"上帝的后得性"为一，因而将上帝视为创生性自身呢？一与多在实际上不能分离，仅就此而论，上帝就是两种本性的统一——先得的多与后得的一之统一。当然，我们没有理由反对"上帝的先得性"不可有其一，而"上帝的后得性"不可有其多。因为一与多在创生性中交错杂糅，"上帝的先得性"与"上帝的后得性"也应在上帝中交错杂糅。这一点当足以说明，何以"实际存在体"所构成的世界存在与演进的方式，正是我们理解世界的成果。世界并非由上帝开始；世界的存在不应从某种终极的起源中衍生；只要世界不时展现创生性以及万物的创生进展，世界自身就是终极。因此，倘若没有"实际存在体界"与"永恒物相界"，创生性就无从予以充分的说明。

一旦对怀特海的创生性概念加以分析，就可发现，终极范畴（category of the ultimate）不可能有三个各自分离独立的侧面；终极只有一个，即足以显露由一至多、由多至一，如是之二重生成变化的创生性的终极。怀特海关于存在的诸范畴，可视为仅对创生性所做的一项解说，也是通过经验所展露的创生性实现的种种形态。就此意义而言，存在的诸范畴源自创生性的终极。"实际存在体"是创生性的具体呈现。至于"永恒物相"，则是涵容于创生历程中的潜存的创生形式。"永恒物相"为多与一赋予形式，由多与一取决，并由多与一构成，因此"永恒物相"实内在于已存的创生性的终极中。

同理，命题既"身为事实的潜在决断"，就必定内在于已存的创生性的过程与动力中。因为"摄受"与"主观归趋"（subjective aims）既然是在创生的进展中，"实际存在体"生成为实际存在体的方式、"摄受"与"主观归趋"，那么，也就是"实际存在体"的创生性形态。因此"摄受范畴"（category of prehension）可同时作为两条原理，一为创生性对宇宙经验的特定的应用原理，一为归属于普遍的创生性之终极名下的附属原理。

至于其余的存在范畴，如"关系范畴"（category of nexus）、"多样范畴"（category of multiplicity）、"对比范畴"（category of contrast）等，都必须视为若干形态与方式。通过这些形态与方式，各个"永恒物相"乃得以相对于"实际缘现"的某个已存的系统，而各自得其定位。显然，"关系范畴"系意在应用于一群相互关联的"实际缘现"的结合（状态），正如"多样范畴"系意在应用于分歧不一的实际存在体的分离（状态）。因此，此二范畴乃彼此对比，而为指称复杂状况的两种形态。最后，"对比范畴"可使实际存在体中的种种差异产生关联，而这些差异适可扩展我们所知之世界的深度及发掘其含义。事实上，对比或对立作为存在的一种形态，可以说是通过"关系范畴"与"多样范畴"的关联而得以解说的。

就以上所论，怀特海的存在诸范畴都可以说在创生性的实现中显现创生性；存在诸范畴只是将原本潜存于创生性的丰硕多样予以实际的展露。我们不妨说，所有的存在范畴都是对创生性的形式与内容予以逻辑的表明。并不是创生性创造出借这些存在范畴来描述的事物与形态，创生性的动力在这些存在范畴中得以成为具体化。

这里，我们不妨下结论：所有的"存在范畴"都应有机地统一于一体，而"终极范畴"的各层面，一方面恰可解说所有的"存在范畴"，一方面又形成有机的统一体。令人惋惜的是，对于各范畴之间的关系，怀特海不曾勾勒出一幅明晰的图像。他甚至有将各范畴视为逻辑上互不相干的概念之倾向。但事实上，所有的范畴都应用于同一对象——创生性原理，或创生的进展。一旦存于这些范畴间的一体性与相互依存性为我们所知晓，我们即可发觉怀特海哲学中平实简易之处。这些范畴所具有的严谨性，甚至必然性与一贯性，也都将会被我们一一领会。这些特质之可能存在的唯一条件，就是这些范畴必定是源自对创生性中终极的平易单纯与整合统一所产生的体验，亦即我们切身感受体验到的终极经验。

若进一步探究怀特海的体系，就可发现其既隶属于宇宙论的界域，也涉及存有论的内容。因其适用于经验界，故就其意图而言，有宇宙论的规模，但就概念的层次而言，则又是存有论的。"终极范畴"并不是演化而成为存在之诸范畴。"终极范畴"说明了存在之诸范畴，其本身也为存在之诸范畴所说明。我们可用怀特海的语汇，制作如下的图表以表明之：

三、宋明儒学的"太极"与创生性

怀特海的观点似乎颇接近周敦颐至朱熹等宋明儒者的共同见解。质言之，怀特海的观点可视为上述以周敦颐著名的《太极图说》为代表的立场，其中见解由周敦颐开发，而普遍为朱熹及其他宋明儒者所接受。下文即开阐释蕴涵于宋明儒家《太极图说》之训示中与朱熹著作中的形上观念的先河，意在将其与怀特海对创生性及创生性之诸范畴的形上见解加以比较与对比。我们要先探究在宋明儒家体系中，"太极"这个概念以及其他相关的创生性概念究竟具有什么重要意涵，以探索创生性范畴，以及寻绎怀特海的创生性范畴与宋明儒家的创生性范畴之间有何平行相应处。

首先必须点明，宋明儒家迫切自觉到用有机的一体来统一其概念的需要。不消说，这是因为，他们对整体的宇宙人生的全部经验之组成有机的一体，有一层原始的理会。所以，所有基本概念都或多或少刻意地表达成内在地、有机地交互串联。此情形若较之于怀特海哲学，实有过之而无不及。所有基本概念形成一套交错杂糅、互相依存的元素之统一网络。元素之间虽已分化，但仍保持辩证地流动、开放。因此，彼此之间可互相强化、护持，而非互相排斥、疏远。它们都导源于对统合的整体的中心体验，其作用则在于涵养及加强对实践生活中的整体性及统一性所怀有的原始理会。这也正是怀特海很少予以留意的层面。原因就在于，怀特海认为，形上学（宇宙论）主要是思辨的工夫，而实践的工夫则不甚显明。

周敦颐在其所著《太极图说》中，对实在之为过程，或过程之为实在，有如下之精辟见解：

> 无极而太极，太极动而生阳，动极而静；静而生阴，静极复动。一动一静，互为其根，分阴分阳，两仪立焉。阳变阴合，而生水火木金土。五气顺布，四时行焉。五行，一阴阳也；阴阳，一太极也；太极，本无极也。五行之生也，各一其性。无极之真，二五之精，妙合而凝，乾道成男，坤道成女。二气交感，化生万物，万物生生而变化无穷焉。

这段短文囊括了宋明儒学中一套必然的、一贯的、系统的思辨哲学所具备之所有基本范畴与根底。宋明儒学的基本范畴是：太极、无极、动静、阴阳、乾坤、五气（五行）、气、生、性、万物。我们都明白，自《易经》发其端的儒家传统中，这些宇宙–存有论范畴中最重要者，就是"太极"。本文将申论，"太极"确系所有事物之缘由所在的形而上原型。此意义之"太极"，遂与怀特海的创生性相应。不过，随着"太极"概念的开展，我们可发掘出其中所包含的不少概念，而这些概念既可阐明"创生性"的本性，又可提供线索，以解决怀特海形上学中联结各范畴、使之互生关联时所发生的困难。

怀特海以为，创生性已是一终极，无法再予以解说。我们是不是可以照样将"太极"视为不可解说？对《易经》中"太极"一词之创始者而言，只要适切地理会、体验大化自然生命中的变易，"太极"即可通过这层理会与体验而得到说明。"太极"系对立的两极之间的中节律动。它涵蕴新事相，同时借物与事的落实具象而显露。"太极"又为时间的本质，这正如时间是"创生性"的本质一样。在同一时间内，"太极"既简又杂，既易又难。不过，杂每自简始，又归于简；难每自易始，又归于易。"太极"也有自身的层次结构，但其层次不可死板地界定，须针对个别的事物而予以独特的解悟，因而可使之保持开放而不僵化。"太极"乃无所不包，其涵容最广博，开拓最深入，根基最稳固，呈现最显明，理路最精微，诠释最穷尽。"太极"成就事事物物，但本身却活动不已、反复辩证地处于未完成的状态，同时也不能完成。最后，"太极"正是至善展现、自然实现自身之处。"太极"不但与生命、生活合而为一，而且也与生命、生活的潜能——所有组成、界定以及增益生活、生命的一切事物——不可一分为二。

既然具备了对变易的这层理解与体验，那么"太极"即指变易之本质，以及变易所需的创生力与其过程。因此，"太极"可符合说明与描述的标准，同时遵循"从简易到复杂"的创生变易的原理。因此《系辞传》有言："易有太极，是生两仪，两仪生四象，四象生八卦。"两仪即阴阳，或乾坤（辟原理与翕原理）；四象指由两仪组合所得之四种排列形式，八卦即指由四象增一爻后所得之八种分殊的形式。若再增三爻，即再予以分化，则可得出六十四卦，此可由《易经》经文中看出。周敦颐以"太极"为生成之终极，同时亦为万物的所有变化与配置理序的终极原理，显然也是承袭同样精神的发挥。

其次，对"太极"的理解可通过一套形上学的格局来把握。此格局之完成，在于对下列诸条件之认识：（1）"太极"涵盖理则与创生性；（2）"太极"包含既决与未决；（3）"太极"的内容无限，无法穷尽，同时又维系新事相的孳衍；（4）"太极"不可与由个别事物及事件所形成的现实分离；（5）"太极"虽然不可视同于任一特定的存在体，但任一特定的存在体却都自"太极"得其理则，同时在"太极"中有其分位。只要我们明白这些条件，我们就会明白何以"太极"被理解成万物之终极的缘起与终极的根基。"太极"不仅是宇宙生成的起源，而且是永恒持久、永不磨灭的"生成中的存有"与"存有中的生成"。"太极"之所以称为"极"，即指"太极"之外，别无他物；存有与生成除了"太极"之外，别无其他的基础与根源。

周敦颐在使"太极"的概念愈加明了可解而易于玩索把握方面，有一项重大的贡献，较之于《易经》实有过之而无不及。他引进"无极"一词作为"太极"之另一层面，因而可说明"太极"何以具有前述之"太极"的意义。"太极"之外没有任何"极"可言。既然没有极，那么正是"太极"之所在。这也是《太极图说》开宗明义第一句"无极而太极"的本义。

朱熹对这句话有如下之解释："太极却不是一物，无方所顿放。故周子曰'无极而太极'，是他说得有功处。"但朱熹对"无极"的解释也有其限制。如果"无极"真如朱熹所解，则周敦颐一定会选择"太极而无极"的说法。周敦颐所以提出"无极"，并不纯粹是为了避免他人将"太极"视为一物件看待。"无极而太极"显示出"太极"系原始、潜在、创生的活力（冲动），它不是由任何存在物衍生，而是通过"太极"本身之无形、无定的本性所给予，而"无极"一词恰可表达此中意涵。"无极"系绝对、无形、无定的潜在，总是在生成中变化为实在，对动静及万物皆属必要。因此，"无极"所代表的是：在我们有任何知觉之先，存有与生成的原始统一状态。但因为"无极"也可视为具有足以将实在实现的能力，所以"无极"遂成为"太极"，亦即实在之自我实现的开端。此处应特别留意的是，周敦颐点明了"太极"的自我创生的本性，同时，也将"太极"与变化之任何一个过程的实现视为一事。

对"太极"的解说，还有最后一道线索有待阐述。朱熹表示"'太极'是天地万物之理"，不论是《易经》，还是周敦颐，都不曾用理来解释太极。理系自二程传承朱熹。

程颢与程颐的理范畴，系指世间万物之可知解的性质与合理性，还可解释为万物整体中一物之"如其分"。因此，"理"这个字实蕴涵了外在的构成型式与内在的组织结构。同时，对理的正确无误的了解，也应将理视为预设了实在的有机统一。

"太极"既然被视为实在的有机统一，就应如周敦颐在《太极图说》中所说，与阴阳之律动等同。"太极"与阴阳之律动既已合而为一，实无异于将"太极"视为创生性的中枢，借阴阳交替反复的变化过程，而创化演进成具体实在的生生之力所具有的基本原始形态。五行与阴阳虽然同属生生之力的具体形态，但五行处于较阴阳之过程更为分化的地位，且五行从阴阳中演化而成，因而五行也是导源于"太极"。值得留意的是，一方面五行系实在中非常明显可见的形态，另一方面五行又不属于任何特定、决断的殊相。五行系无形无状的力量，彼此间有质性的差异，而为个别物件或事件之成形所需的直接材料。因此，五行不可直截了当地作为事物的样型，而应视为已分化的力量，随时可成形为事物。五行之间也有有机的关系，因为五行交相作用，彼此影响，交错杂糅，从而实现种种殊化的现象。就整体而言，五行系阴阳过程的展现，而阴阳过程本身也是"太极"的体现。因此，"太极"与五行实为一体。

促使"太极"导向阴阳的形态，从而分化为五行之物，系属于气的本性。宋明儒家主张，气内在于"太极"，甚或构成"太极"的本质；此看法可有力地支持以下的结论：创生性与演变中的事件所形成之具象整体，实在不分彼此，即事实上外延既等同，时序又一致。至于气，其古义系指未定的质体，宇宙中所有的个别事物都从气中产生、成形；由此可知其有相当丰富的意涵。气不具形相，却为所有形相之根。气乃万物之本源，又是已成形之物必将化解成的终极所在。气非固著静止，而永处变动之境。气可理解为生成的流动状态，透过自然事物与自然事件的实现来彰显自己。不过，气的最佳解释，当为不定、无限制的"生成中质料"，经由阴阳交替反复、交错杂糅的过程所触发的内在动力，五行遂生；再经由五行的交合与相互作用，万物遂生。

关于气，有下列若干重要事项需要注意：第一，气起初以纯粹同质、无定的姿态出现，而逐渐分化、异化。第二，气中转形与变化的动力是气所固有，而非得自外在的来源，毕竟气之外实已无他物可言。第三，"气-创生性"（ch'i-creativity）导向分化与异化的过程与结果，并不足以穷尽或取代"气-创生性"原本无形未定、同质浑化的自然状态。就第一项特质而言，气与"太极"就动力而言，实为一物。就第二项特质而言，气既有阴阳二态，又可借五行彰显，仅此而论，气实乃创生性之本质。就第三项特质而言，气的无定性与同质性质无所不在，充塞于具体实在中，使得绵延不断的创生变化得以维系、持养。因此，程颐有言：

> 冲漠无朕，万象森然已具，未应不是先，已应不是后。如百尺之木，自根本至枝叶，皆是一贯。

宋明儒者将虚、静与实在中之物、事的创生进展及其落实具体化，视为本质上完全同一不二的见解，实乃宋明儒学中最重要的创见，不禁令人想起大乘佛学中天台与华严二宗将"空性"（sunyata）与"因果"（karma）视为同一。但对宋明儒者而言，重点在于"实际存在体"的创生与达成，与创生性本身的未定的根源及动力相比较，其真实程度丝毫不逊色。事实上，两者应视为彻底地交错杂糅、缠绕不分，而居处于阴阳的对立统一中。宋明儒者与佛学学者异曲同工。他们一致主张此对立统一的本质，在于创生性以及事物与生命的创生展现。另一方面，他们也强调，无形与有形之间并无障碍，亦无间隔；两者完全消融潜入彼此之中。这正是我之所以要说"太极"自阴阳演化至五行，不只是宇宙变化的历程，也是本体结构的范型。关于这个层面，怀特海于其宇宙论之探索中未能予以彰显。

四、宋明儒学的理气与创生性

前文已述及朱熹将"太极"与理视为同一，也用理来解说"太极"。我们已将其理解为：与人类知性（理性）符合而不矛盾，也是与人生及自然的普遍事迹协调的结构与秩序。"太极"若演化为气，或气之活动，则显然理与气也必须紧密交合，如同一物之两个侧面。基本上这是朱熹与程颐对理气之关系，或"太极"与理之关系，以及"太极"与气之关系所持的主张。朱熹有言："天下未有无理之气，亦未有无气之理。""有是理，便有是气……但有此气，则理便在其中。"(《语类》卷一）朱熹虽然持"理气相依"的说法，却不曾明白表示理气之根本一元及统一。事实上，他不免有将理气视为分离的二体，只是恒常地结合为一体的倾向。他甚至赋予理较气优先的地位，因而使气成为理的创造后果。他说道："有是理后生是气。""先有个天理了却有气。""此本无先后之可言。然必欲推其所从来，则须说先有是理。"(《语类》卷一）

"理先于气"可能仅为我们的知性解析的顺序，不过，我们也可认为，朱熹所理解的理，在某种意义的存有论次序中，也先于气。此见解与周敦颐的《太极图说》有着根本的差异和冲突。《太极图说》明白地表示："五行，一阴阳也；阴阳，一太极也；太极，本无极也。"因此，气若由理生，则气即理，理即气；两者必然合而为一。因为，就生命与自然所构成的具体实在而言，理与气实为不可分之一体。朱熹或许有充足的理由将理气二分，而视理为理想的法则，视气为人与人心的形成过程中自然而既定的实在。如此，遂使人可勉力涵养自修，同时也使得恶之缺憾得以解说。但是，一味贬低气在世间一般事物形成过程中的地位，这就没有充足的理由可以成立。世界既是一大结构，同时也是一个大过程。变化的过程不曾一刻脱离结构，结构也不曾脱离具体的变化过程而独立存在。因此，理气并不是二元对立的关系，而只有于创生的统一中，方可见两者之分际，变化之始与终皆在于此。

张载对理气之原初的创生统一的体认，或较朱熹更为贴切。他明确主张，气乃实在之终极，而以阴阳消长之变化显现创生性的二模态。张载的宇宙论主张中，"理"不是先于气。因为他以太极为太虚。他说道："游气纷扰，合而成质者，生人物之万殊，其阴阳两端，循环不已者，立天地之大义。"(《正蒙·太和》）事物的创生并不是理强加之于气的结果。事物乃自然地体现，而具有可为人作理性的了解与分析的地位。因此，理充其量是内存于气之中，作为牵制、规范、塑型的力量。不过，就"太极"被理解为透过气的自然律动而取得健动的性格而论，"太极"的概念乃具有深远的意涵。

我们不妨问：统一于"太极"中的理气，如何引入并孳生已潜在此统一中的繁多各异的可感觉性质（sensible qualities）？亦即："太极"如何从其极其简易的初萌状态而导出世间极其丰富的类型与殊相的分化状态？答案是："太极"意外地开展成各式各样不同的真正存在体，新旧杂然。气汲取了多样性，而可于适当的场合衍生某类特定的多样组合。为了宇宙万物之生，我们必须了解"太极"涵有万物初生之机，借阴阳消长的创生过程而得以不断演化。但这既不表示万物之多样性在"太极"中已完全确立，也不表示"太极"的存在或动静中包含了确定性的所有形式（即怀特海式的"永恒物相"）。恰好相反，"太极"的"无极"，意味着物之始生时无确定可言，唯有通过"太极"的刚健运行，方得以渐次确定完成。从未定推进至确定，这就是"创生性"的本义。其中并无形式的"结入"，而仅有从未定的气合生出"实际缘现"的过程。同时，"实际存在体"的确定，也并不足以动摇或穷尽"太极"的原初、自然的未定，而此未定实为太极中"无极"的永久本性；仅此而论，在万物的创生变化中，必将永不乏新事相的出现。事物之每一段确定与成形的例子都是"太极"的创生性的一种完整的证据，也是生动的解说。因此，朱熹说道："物物有一太极。"我们实不妨将支配确定与未定之间关系的原理，称为"终极的或普遍的创生性原理"（Principle of Ultimate/General Creativity）。

在宋明儒者（也可说一般的中国哲学家）的心目中，世间万物特殊的确定模态从一开始即为阴阳消长交替之下的对立与鼓荡。"太极"实不外乎阴阳二力之常久统合。因此，阴阳二力不是"太极"之一简单的静态存在（aspect the situ）。阴阳律动既内在于"太极"，也内在于彼此之中；既不是机械的作用，也不是周期的循环，而是创生前进的过程。它涵盖了事物的样式与种类的具体实现，当然还包括其分化与殊化的过程。于是，此创生过程衍生五行，五行在阴阳的律动中运作开展，遂生世间万物。我们须留意，生生创生性的分化、殊化及具体实现的过程，不是漫无规律的随机事件，而是具有内在的理则和层次，它通过具体事物孳衍的过程而得以开展、实现。

若更精确言之，个别事物的理则和结构，其开展是根据由易趋难、由简趋杂的基本律则进行。在分化的同时，也伴随着整合；殊化也伴随着普遍化，而实现的过程也与潜化的过程（负向创生 negative creation，或反具象化 deconcretion）并行不悖。每一个创生的律动都以阴阳之势能作为构成之基元。《易经》中三爻所成之八卦与六爻所成之六十四卦的符号系统，即意在展现及举证出世界的创生过程、事物的孳生，以及原始的阴阳律动之圆成与其层级成序的理则。《易经》中的这个过程表示：人世间或自然界中的任何一种事态，不论如何复杂、独一无二，也都是从简易之始衍生的，同时遵循阴阳的律动，而且也都各具其结构，可于"太极"变化的整体系统中得以理解。此外，我们还需要留意，因实际世界之创生而使"太极"发生分化，但"太极"之不可分化的一体性，并不因而被排除在外；新元素如"永恒物相"，也不会因而从一超越的根源中引入。分化与整合仅为表现和成就"太极"的丰富内涵的模态与途径。我们可以将节制"太极"的创生性模态的这一原理，称为"相对的或特殊的创生性原理"（Principle of Relative/Specific Creativity）。

《易经》对于创生的过程与结构都同样重视。《易经》根据六爻的排列与解释所代表的若干有经验意义的原理，来对变化的先后始终予以结构上的说明。不过，《易经》不曾将这些原理以系统贯通之，也不曾指明具体事态的确定结构和其间关系的理则。直到宋明儒学兴起，显示变化过程的内在结构和外在理则的大系统才相继开展。譬如邵雍就推演出一套精微繁复、精辟独到的系统。这里，我们须留意的重点是，"太极"、阴阳的"创生性"，有其遵从合理性的内在结构和外在理则，同时也可为人类知性所理解。说得精确些，具体存在体及其生成结果本身，即具有某种形式和结构，足以决定自身为何物。在宋明儒学中，理的概念之所以居关键的地位，必须就上述之意义予以领会。"理"是万物整体中一物之如其分。使一物如其分的，正是该物之结构或形式。前文已提过，朱熹主张：解悟变化的过程时，理具有十分重要的地位。虽然理可提升至本体的地位而成为变化的基础，但理仍不与气分隔，而应在"太极"中与气形成有机的统一。

正如朱熹所主张，物物皆有其理。因此有人或以为，理之作用恰如"永恒物相"一般，在于决定一物之形式。但我们必须针对此看法，提出两个重要的论点：

（1）理可视为具体事物之形式与结构的赋予者，但理不可与万物所由生之气相隔。气并不比理欠缺任何"永恒物相"的特质。因为，气作为未定之原理，遂包含实现过程的所有可能性。但我们或须留意：理与气都具有类似"实际缘现"的特质。因为两者都有创生的动力，足以实现事物及事态。因此，将理视为唯一类似"永恒物相"的见解，是错误的。较佳的见解或是：理为了一物之气化（实现），因而联结了赋形之力量与怀特海的"主观归趋"之力量。就理之有机的结构来考量，此已足以使我们有理由断言：凡事只要有理就是一个怀特海哲学中的"主体（subject）——超体（superject）"。

（2）理与理性的解悟有根本的关联。二程与朱熹赋予理以本体的意涵，此意义之理就是经过回溯的理性解悟后所通晓之事物的结构和形状。理作为原理而言，其要求物物皆有理。也就是说，物物在可予以理性解悟之实在体系中，皆各如其分。换成本体论的说法，这无异于说，万物都在太极中有其根源，太极即含万物之运动。此外，物物皆可探本溯源至气之整合与分化的种种模态。按照此义，理就有如怀特海的本体原理，是使得万物之有机的统一，以及对此统一的理性解悟之所以可能的根据。于是，我们可直称："太极"之创生过程中潜在的理是"理性的创生性原理"（Rational Principle of Creativity）。

前文已说明，宋明儒者如何理解创生性，以及理解创生性所需的根本范畴，如何辩证地、有机地互相关联，从而合而为一整体。此整体中没有一范畴是外在的，而且，除了借此整体（"太极"）之架构以说明各范畴外，任何其他的说明皆属多余。前文分别提出的三原理，似已提供了充足的理据，使我们可就周敦颐和朱熹的形上学所显现之诸范畴，来理解"太极生万物"，而无须引进其他的范畴。

宋明儒者心目中创生变化的过程，可用一幅图来说明：

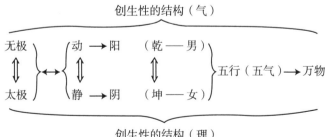

图中双箭头表示相互内存和交互的可转化性。单箭头则一方面表示趋向殊化与分化的创生进展，另一方面代表普遍化与整合的过程。分化与整合两者都是创生性所不可或缺的要素，同时两者涵盖面一致，时序也完全吻合。创生性所有的这些内在的断面片刻的统一，可从理与气之无所不包的大一统中见其端倪。其中，理与气通过条理井然的解悟和终极的生命体验所组成的兼容并包的层级体系，将新异与理则、变化与恒久、存有与生成，一起具体地展现。

五、两种创生性之差异

此时，我们要问：宋明儒学的创生性范畴体系与怀特海的创生性范畴体系，究竟如何比拟相较、相互对比？为了避免重复前已论及的两者创生性范畴的近似之处，我们不妨就创生性的本性，来指明这两个体系中的若干极明显的差异。这将足以引出相当丰硕成果的探究和讨论：

（1）创生性在宋明儒学的体系中，比在怀特海的体系中更为彻底。"太极"乃是创生之终极，其涵容所有的可能性，与我们所体验到的创生进展的过程殊无二致。确定过程的差异、多样、突出以及动力，都是从"太极"之创生本性中遵循自然而然的方式所孳生演化而得的。然而，怀特海就必须将一与多引进终极范畴与"永恒物相"范畴，作为确定过程的形式，以与创生的作用力截然区别，甚或超越之。不过，他也提出了"上帝"的概念，似有意将"永恒物相"与"实际存在体"一统于其中。但宋明儒学之"太极"所注重的创生性的内发律动和内在本性，怀特海却没有强调。

（2）为了说明新事相之孳生与万物之多样，宋明儒者将分化和整合的过程，作为孳生的来源与动力。多不是像从"上帝的先得性"中导引出那般的既定之相，而应视为太初之一（"太极"）之实现的一模态。此见解自然会导出宇宙间万物都相互关联的结论。经由理性可解悟的孳生原理，加上终极创生性原理的共同作用，万物才得以从同一的创生过程中有机地孳衍而出。不论是新异、简易，还是秩序、众多，"太极"都可同时一并保存。如此就不必另外诉诸"永恒物相"以为新异事相的依凭。毕竟"永恒物相"的存有角色（ontological status）还相当暧昧不明，而其存在实有赖现实存在之万物的整体结构而定。

（3）"太极"之所以能够延绵不绝地创生，创生过程的两极对立的结构，是其一个特殊的原因。在宋明儒学系统中，我们处处可见如前一图所显示的对立两极彼此交错杂糅所得之创生果实和创生动力。由此我们可推想，宋明儒者以为，经过反复的螺旋式上升所成的对立二极的变化，乃是实际行动中创生性所具有的最简易也是逻辑上最明白的图像。虽然，怀特海明了"理想的对立"（ideal opposites）对于说明创生性十分重要，但是，就现实、具体，以及交互关联的对立二极所生之创生变化而言，他就没有建立一套标准的典范加以分析和说明。当然，在怀特海的系统中，种种对立依然存在，例如"永恒物相"与"实际存在体"、恒久与流变、"上帝的先得性"与"上帝的后得性"、一与多、理则与变易、新事相与旧识、分立与合并、自由与必然、喜乐与忧愁、善与恶、上帝与世界等等。然而，关于此类对立的终极调和以及相互的转化，则既缺乏强调，又少有提示。怀特海所缺少的，并非"现时物事中生成变化之调和"，而是"过去、现时、未来的所有物事间交错杂糅，以及生成变化所化生之调和"。此即：像"太极"之生成中所呈现的不定与确定之间的调和仍付诸阙如。

（4）"太极"中万物之生成变化和交错杂糅既已完全调和，即可明白看出，人尤其可视为自"太极"演化成的创生诸力的调和与统协之一例。此外，人类、宇宙与终极实在之间，有原始的统一与亲和，这也是显而易见的。只要我们将每一刹那的人类经验都理解为一个"实际存在体"，而此"实际存在体"是通过宇宙之创生的统一及其过程来把握的，那么，我们就能通过人类经验的创生统一及其过程来理解宇宙。因为"太极"从未在现实世界中孳衍出任何在活跃性与复杂性上足以相当近似人类的物体，所以，探索人类以求理解"太极"的创生诸力，这一想法可在"太极"的创生性中识见，并学会疏解自身或群体的疑难。尤其是，人类可因起而参与"太极"的创生进展，而开拓自我，使之日益完美，而不至于仅仅满足于作为如此创生进展的成果而已。

人类与其外之大宇宙之间的交互作用及交错杂糅，就是"太极"之创生性的一个具体实例。人对此具体实例的创生性，可以有深切的体验，因为，人也是一个宇宙性的存在体。宋明儒者恪遵《易经》的古老传统，对于"太极"的创生整体中以人为创生实体的道理，刻意钻研以求其精。于是，许多人性创生性的范畴便得以拓展，如一再使用的性、情、心等字眼，可为佐证。这里，无暇讨论这些名词的含义，但我们已足以可说，怀特海对人性如此的关怀实付诸阙如；此适可反映其创生性系统的偏差，以及其系统对于创生性本身的丰富内涵缺乏内在的体会与赏识。

（5）最后，宋明儒学的创生性系统提出了若干与理解创生性有关的范畴；范畴间都是相互界定而且彼此护持。如前文所说，甚至"太极"范畴，以及各过程与各个事物（或各个事物的世界）所成立诸范畴，也互相护持，并且预设彼此，使各范畴都能为人理解；同时，这些范畴也互为彼此存在、生成变化的根据。如前文所述，宋明儒学中的其他形上基本范畴，也在概念上相当深固地相互依存；事实上，多数宋明儒者都主张，不同的名称可应用于不同的界域，来指称同一的实在。在描述"创生性"的形上语言中，永远存在有统一的基准，以便将各自迥异的哲学用语加以汇合，一以贯之。不论是早期的宋代儒者，或是晚期如明代的王阳明莫不皆然。王阳明就主张，其学说中的基本词汇，都形而上地指称同一个终极真理。于是，哲学的系统遂成为有机的统一体，指引并展现世界与实在的有机统一；而哲学系统则为表现这种统一的象征。

宋明儒学的范畴间所形成之有机的统一，似乎就无法在怀特海的创生性系统中察觉到。怀特海的范畴似都只是平行并列，至于对范畴间的相互依存所作的明显着力的证明和肯定，则付诸阙如。在怀特海的体系中，各个范畴之间的关系，不像宋明儒学中那般，而是彼此既不相互生成、相互融入，也不相互缠结。怀特海有意将各个范畴之间的关系通过演绎（即逻辑）关系来表达，而不诉诸变化和创生性所交织成的广博的经验网络。因此，生命与心灵的具体事相乃遭受抽象的处置，而置放于理性的观念秩序中。于是，一旦溯至终极的诸范畴，就必然与无法理喻的无理性或非理性觌面。或许怀特海的思辨哲学将本末倒置，过分勉力于逻辑的明晰、概念的精确，以及系统的明细；而思辨哲学在本质上实应经常保持笼统不精确，但却具有强大的冲击力。因此，怀特海对于过程的实在原理的精辟见解，时而进入死角而无法另辟坦途以求转圜，从而引发出他人的疑问，进而对立与矛盾，动摇其概念的确定性。

第六节　中西因果律之比较

就像科学哲学中若干相关的术语，诸如"法则""时间""空间""运动""力"等等，因果律系一难以把握的概念，两千多年来对其所进行的哲学探讨的结果，仍然不能产生任何现成、明白又一致公认的定义或文字描述。从最近一次主题为因果作用的讨论会中，我们可领会到对因果律之解释实在众说纷纭，莫衷一是。[①] 以为造成定义及描述因果律困难重重的部分原因，系由于对因果律的理解实可分为两个层次，而这两个层次往往未予以清楚的划分。

理解因果法则的两个层次分别是：现象的，亦即经验的层次，此层次的因果法则可视为某种经验可察知，或可观察的关系；其次是理论的，亦即概念的层次，此层次的因果法则可视为受制于某项理论或理论哲学，而此项理论或理论哲学的作用，在于说明并且确证经验意义下的因果法则。休谟（David Hume）曾提出他对因果法则的见解："我们可以把因（cause）定义为：其后有另一物件相继出现的物件。以此类推，只要其后有任何物件相继出现，如同前述第二个物件跟随第一个物件相继出现一样，因就是所有如同前述首先出现的物件。换言之，只要第一个物件不曾出现，第二个物件绝不会存在。"[②] 此处休谟似乎将因果作用的两层意义混淆不分而不自知。前一个定义揭橥出因果作用的一个现象，亦即观察的概念；至于他接着补充的第二个定义，就已将观察意义视为已知，而隐约引进一项针对此观察意义的因果作用所构作的理论性说明。他有意以因果律的经验、现象的意涵，来非难传统形上学中对因果律的见解，但他仅将因果律的理论层面的概念做了一番铺陈，至于进一步的说明则付诸阙如。固然他于因果律有一套针对心理关系所做的明白说明，但是，此套心理观点的说明不是用来说明因果律的第二个（即理论性的）定义，而是用来说明因果律的第三层意涵——日常生活中我们所感受到的因果作用：某物件促使另一物件以某种方式运动或变化，仿佛身为原因的物体具有引

---

① 参见《哲学杂志》（*Journal of Philosophy*）70 卷，第 17 号（1973 年 10 月），556~572 页。
② 参见休谟：《人类理解研究》（*Inquiry into Human Understanding*），第七节。

动的力量。这个见解可换另一种说法表示：因果作用系万物所固有的起因作用力。这也正是西方自亚里士多德以降的传统见解，主张因果作用就是一物件作用于另一物件的过程，而随之使承受作用的物件处于一新兴的状态。第一个物件（或不如说：第一个物件的作用）为因果作用的动因（efficient cause），第二个物件的新兴状态是为因果作用之果（effect）。

即令休谟的见解正确无误，亦即因果作用不过是两个观念恒常地相继联结发生，我们仍可合情合理地质问：究竟有没有任何客观的或合理的说法，可作为如此恒常之联结的成立根据？其实，有两类非难尚待休谟解决。第一类非难问道：所谓"起因作用力"（causal efficacy）果真只是将两个一直相连出现的观念，赋予联想作用的心理倾向（psychological propensity）而已？第二类非难则质疑：且不论诉诸心理作用的说明性质如何，还有心理作用本身所造成的因果作用的疑问尚未解决。

恒常联结所联结的东西，似有必要加以说明，否则我们可放言任何一类事物都可与任何另一类事物恒常联结。我们所经验到的事物联结，必有一先行条件来限制其实际的范围，而这条件必定是透过我们对万有的经验，或万有之结构本身，不然就是两者兼及，来提供擘画。这并不是一个无理的要求。其实，休谟提出前引之因果律的第二个定义时，就已无意中回应了这个要求。休谟以降，不少哲学家又针对因果作用的发生，提出若干主观方面与/或客观方面所需具备的条件。其中为人所熟知的，如康德以为因果作用系人类知性之一范畴，但非一心理状态，而是科学知识之可为人理解所必须具备的超经验条件。怀特海等人①曾指出，我们不仅把因果作用视为分属于两群近似类之物件间的联结，我们还把因果的关系看成真实不虚：这个冲击作用，或诱生作用的关系，有如擦火柴使之燃烧时的情况，怀特海把这种情况名副其实地称为"起因动力式"（the mode of causal efficacy）。

本文的主旨，不在于考察休谟以降西方哲学传统中有关因果作用之形形色色的说明。本文旨在从中国哲学的观点，尤其是中国古典哲学的观点，来塑造、解析并说明因果律。前文所述有关休谟的见解，足以成全本文之旨。因为我们认为，休谟对因果关系所立下的诉诸经验与现象的定义，与中国哲学家对因果作用的看法可相互为用，并行而不悖。于是，针对因果律所进行的哲学比较研究就有了共通的基础词汇。以此为基准，我们就可明白中国哲学与西方哲学，就各自对因果作用所提出之种种理论性说明而言，实有重大的差距。中国哲学的见解与西方哲学的见解皆属理论性的见解，因此两者各自之胜义必须透过一套广博的理论架构所使用的客观用语来加以证实。本文系以"因果律"一词代表对于因果作用所赋予之理论性的说明与解释，此处因果作用系就其经验观

---

① 举例来说，理查德·泰勒（Richard Taylor）就曾在他的一篇名为《因果作用》（"Causality"）的论文中，对休谟的看法提出明晰的质疑，载《一元论者》（The Monist）471 卷，第 2 号（1963 年冬季号），287~313 页。

察的意义而言，于是，因果律可从因果作用中推衍出，反之则不然。

一、西方哲学中因果律的标准模型

为了与中国哲学对因果律所采行的研究路线两相对照起见，下文将概述 18 世纪西方科学标准的因果律模型。此模型之所以可引以为标准，系因为牛顿构作的机械物理学似以其为基础，而此套物理学已为当时科学界普遍承认，视其为自然知识的典范。此模型似乎同时深植于今日多数科学家的科学思考中，以及潜伏在西方一般人常识性的世界观中。我们做此断言有真凭实据，因为，我们即将明白，西方常识性世界观与现代机械论科学实同出一源。此相同之渊源替世俗之形而上的世界观奠定了形而上学的基础。我们甚且可主张，现代科学及其因果律模型都是西方形上学与西方文明之主流的结晶。

西方科学哲学所认可之标准因果律模型，有如下之要素：

（1）因果律通行的世界，系由众多分离的独立物件或质体所构成；这些物件或质体就其静态而言，都是各自独立、不相统属的。

（2）独立物件或质体所居处的世界，可视为牛顿物理学中绝对时间与绝对空间的联合体。但是，时间与空间在此并不像爱因斯坦相对论中一般，整合成一多物一元体（manifold）。

（3）当外力从一物施加于另一物时，世间物体的运动乃可能。

（4）此模型设定，世间物体之运动所遵循的法则，不但严格精确，而且可用物理学的量化语言予以描述。

一旦有此模型，因果律乃可述为要求：

（A）世间万物莫非承前因而定，亦即为时间上居先之物所决定。换言之，时间上较一既定之物居先的这些物件，都是此既定之物存在的先决条件。

（B）任一既定的运动之所以可能，系由于另一时间上居先的运动所致。

（A）与（B）两者都可加以详细申述。就（A）而言，一物存在的先决条件可区分为必要条件与充分条件。一物 X 系另一物 Y 存在的必要条件，只要 Y 既已确定，X 也必定存在，或者没有 X 则 Y 不可能存在。一物 X 系另一物 Y 存在的充分条件，只要从 X 存在，可推导出 Y 存在，或者没有 Y 则 X 不可能存在。于是，一般公认一物的原因可定义如下：一物 E 的原因，就是某一组条件（事物），这组条件先于 E 存在，同时对 E 之存在，分而言之，每一条件都是必要条件，合而言之，这组条件则系充分条件。[①] 这种诉诸逻辑关系，利用原因产生之必要条件与充分条件来描述因果作用的方式，显然不足以涵盖因果法则的内涵，因为这种说法并未表明一组条件究竟如何成为某件事物的原因。因此，我们必须认清运动或运动力，于一物之成为另一物之原因的过程中所居之关

---

① 参见泰勒：《因果作用》，载《一元论者》，303 页。

键性地位，此即：促使某组条件成为引生另一物之必要且充分条件。这正是（B）的主旨。（B）可重新改述为规定：一组条件之可成为原因，对于产生一运动（冲击），或作用于另一物以产生运动而言，这组条件的每一单项必须分别为其必要条件，同时整组条件必须为其充分条件。一个原因促生其结果，必须透过某种形式的运动，此运动发生的时间系先于其结果生成。

因此，因果法则可视为包含三大要项：（1）条件之充分性及必要性；（2）（运动与力的）功效；（3）时间上的先后次序。[①] 因果律的这个标准模型似乎规定：每项因果作用都可划归于某普遍法则的统辖下，世间万物莫不借此类普遍法则得以相互关联或条理井然。事实上，这些法则一向被视为足以表征世间万物的本性，虽然万物本身即包含各式各样种类繁多、不可归约的独立质体或物件。此模型更进一步断言，科学所进行的研究、实验、观察，其功能就在于发掘万物间普遍的因果法则，而且我们也具备做此发现的能力。

我们不用花费多少工夫即可发现，论述因果法则时，可删除物件不说，而用事件代替；只讲事件的发生，而不谈物件的存在。

二、因果作用法则在存有论方面的预设

从以上的分析可发现，因果作用的标准模型包含两大要素：针对因果律（或因果作用法则）所做的描述，以及因果作用法则所通行之世界的概观。由此我们可推得此模型系得力于下列的哲学原理，这些原理即构成此模型之存有论的基础。（1）分离原理（principle of discreteness）：质体系分离的单元。（2）外铄原理（principle of externality）：因果作用法则系自外支配事物，我们说事物遵循法则，不然就说取决于法则。法则的存在并不完全等同于事物的存在。（3）运动源外原理（principle of external source of motion）：只要世界不是静止的，同时运动也属实际存有，而不仅系潜在的可能，那么因果作用法则一旦成立，就会逼使我们设定一项终极原因存在，亚里士多德将此终极因称为"不动的促动者"（the unmoved mover）。不动的促动者，亦即神，系赋予事物原始运动之根源。其后西方哲学家更时有主张，神亦系事物持续运动的提供者。不过，即令此说法不成立，神所赋予之天下第一遭的运动或能量，再依据因果法则，即足以说明事物的运动，就像力学中能量不灭定律，可使已形成的运动持续不辍而不损失能量。

因果律模型一旦与一名不动的促动者搭配观之，我们就可发现，此模型之所以可能，系因为神已创造出一个受因果作用法则支配的世界，至于此法则之由来，也可归因

---

① 这并不是否认因与果不会在相同的时间发生，其实触目所见的情形莫不如此。此处的要点系指，在因与果还没有经由因果作用同时发生之前，必定要有时间上居先的条件存在，这些条件对因果作用而言，都是潜在的充分且必要的条件。虽然泰勒有鉴于因果关系的同时性，因而否认因必须在时间上居先，但他似乎并不否认潜在原因之居先存在。参见泰勒：《因果作用》，载《一元论者》，303 页。

于神的创作。于是，针对此模型、世界、因果法则、运动所做的说明，莫不可追溯于一名身为无限存在的神。不过，这种含义下的神还隐含另一意义，此即：神之于物，就像因果法则之于物，也不过是一项外在存在原理。因为神既不受因果法则支配，也不是世间万物之一分子。

从以上的叙述可看出，犹太教及基督教传统的超绝神学，与德谟克利特（Democritos）原子论的机械式模型两者相辅相成，共同造就了身为现代科学之基础的因果律标准模型。本文不拟说明这两种传统（或许尚须加上罗马法传统，作为另一项外在存在原理）如何演变沿革，为此标准模型奠定发展的基础。本文认定，西方若没有这些文化传统作为科学知性的基础，科学就不可能产生。此外，我们也可看出，因果律模型一旦得以充分表列，或许对神的存在就无须强调。这足以说明，何以 19 世纪根据此因果律模型为基础的唯物论能蓬勃发展。依此哲学理路的线索，能量与运动的起源，应于各自分离的万物自身中探得。

三、中国式的因果律模型

中国形上学思想的一项中心主张以为，万物莫不自然而然地同出一源。中国各家思想的共同主题，在于说明天地间的人与物，如何于同出一源的万物整体之格局中各得其所。这类思路或许看起来很容易了解，但其后果对于中国哲学及中国人心智在存有论与方法论方面的发展方向，具有深远的影响。后果之一就是：中国思想家，就整体而言，既没有孕育出西方哲学传统中原子论-机械论式的因果律模型，也不曾酝酿出西方科学与哲学所铺陈的因果律概念。但我们不能就此推论，认定所有有关经验及观察意义的因果律之见解，都从未为中国思想家所孕育、酝酿。其实正好相反。中国思想家专心致力于经验及观察意涵之下的因果律，造成他们于孕育推衍其理论及形而上见解（或说明）之时，将之塑造成基本上与他们对因果作用的经验一脉相承，并相契合的理论。依此义，因果律的理论及形而上见解（或说明），系有形迹可察，可直接诉诸经验，甚至可闻可见的经验似乎就是因果律之真际根基的直接展现。于是，把因果律视为恒常联结的观念这种休谟式见解，系借事物之客观性质得以说明，而不用如休谟之所为，归因于人类心理的习性。

中国思想家曾提出一幅因果律的经验意涵可适用的宇宙图像。仅就此而言，中国哲学可说有其自身的因果律模型。不过这种因果律与西方哲学的模型大异其趣，因为中国人对因果律之经验知识所赖以维系之宇宙图像或存有论基础，本来就与西方迥异。针对此存有论基础，我们甚或可主张因果律的经验层面，即经验与观察意义的因果律，除了休谟的定义所提示的意涵之外，尚可包含另一层意义。因为休谟的因果律定义，必然会牵引出对世间万物的原子论-机械论式的设定，至于中国形上学则无此类提示。

在还没有叙述中国模型的两大重要层面之前，本文先略述中国哲学的两大传统，此两大传统塑造了中国因果律模型的形上学基础。

儒家与道家就是这两大传统。虽然儒、道于不少关键之处互异，不过两者对万有之形而上见解似乎不谋而合。因为两者皆可溯源于一致的存有论体悟及识见。

四、儒家之世界观

儒家视天为万物之本源。天化生万物，不似上帝创造万物，而系透过天本身内在的充沛生机来引生万物。天系所有生命形式之根源，同时也是万物创生与成长过程中所遵循的秩序及型范。儒家所言之天道，即准此义以观。就某种意义而言，天就是其自身的作用之道，同时就此思考的趋势而言，儒家与道家实相去不远。此外，天之为万物之道，还有另外一层意义：出于天之万物莫不与天维系某种关系，同时彼此间也交互相关。换言之，天之内在秩序贯通万物，联系万物。是以一旦万物自天得其存在，就莫不于天地间有其定所。宋明儒者将此万物之内在秩序断然称为物之理。最后，天持续不断地将其能量与生命注入万物，好比万物背后有一恒久笼罩充塞的终极实在，而此终极实在即天。因此，天不只是万物之本源，而且是万物绵延不绝之生存所赖以成立的根据。总而言之，天内在于万物，同时形成万物之本性。人类本性之形成亦不例外。《中庸》有言："天命之谓性。"《易传》："天地絪缊，万物化醇。男女构精，万物化生。"就显出天内在的形成人之本性。

我们可将此万物同出一源——天，以及万物间交互相关的主张，称为"生命存有学"（life-ontology），因为宇宙连同其内在结构以及所有变化的历程，莫不以生命历程为其典范，好比人在自身生命的逐步显现与成长中，以及世间种种生命历程中，所体验到的种种。生命的组成，系同时于时间向度（dimension）及空间向度中进行。生命并非自一整体分割出的各个孤立的段落，而系统合各部分的整体。生命不是孤立的现象，不是经由外在关系与外物相关联。就生命现象或生命经验而言，其中之任一段落或成素，与整体中之其余成分之间，莫不存有内在的关联，而不仅与整体之间存有内在的关联而已。所谓各个成分之间以及成分与整体之间，存有内在的关联，系指此种关联一旦不存在，成分即不足以成为成分，全体也不足以成为全体。依此义，部分与全体的意义，乃于自身所处之对待关系中得以确立。于是，成分与原子并不一致，因为原子的本质不在于其与他物之间的关系。成分也不像一大类别中的元素。从一类别中分出的元素，系人类透过概念作用所得之抽象产物，同时元素与其所属之种类的有无也不相干涉，因为种类亦可视为实有其物，如柏拉图之所为。

生命典范（the life-paradigm）并不仅一一适用于个别的事物，更遍及万物全体。在此万物全体系视为同出一源，亦即天。顺此以观，世界乃一庞大的有机整体，不论在时间向度或空间向度都由赋有内在关系的架构，或交互关系的架构所组成。因此，这项对实在界的形而上主张，时常被称为生机主义（organicism）①，或生机论哲学（philosophy of organicism）。

儒家思想中的生机论哲学，又称生命存有论（或生命本体学），其最具代表性的论述可于《易经》的形上学见之。儒家对天的原始概念在此让位给变易的概念。所谓变易，也就是生生的历程。生生的历程系透过阴阳的形而上理论来加以理解。阴与阳充塞万物，触目所见之事物的质性及种种事缘的潜力，莫不是阴与阳的表现。阴阳分别代表实在的两层面、两端、两个极点，阴阳虽然名为二；就动态的观点而言，两者实为一，此义即：两者时而互相吸引，时而互相排斥，视情形不同而有异。其实，阴与阳不应脱离具体的事物及过程来理解。所有个别事物莫不由阴阳二力构成，而个别事物的内在结构，以及相互之间的关系，都取决于阴与阳配赋之多寡比例。不论事物的内在关系或交互关系如何，都有助于种种变化形式或变化趋向发生。万物的总和所构成的格局，就是此类变化发生肇始的场所。

欲确定一件事物在世间的正当地位所牵涉的因素，不外乎：决定变化的因子，以及这些因子于万物间的结构，还有它们与他物之间的关系。因此，《易传》明白拈出"理"，以为事物之合宜地位的称谓。如是的世界，既是变化之理型，也是变化之流程。《易传》开宗明义即指明此义：

> 天尊地卑，乾坤定矣。卑高以陈，贵贱位矣。动静有常，刚柔断矣。

这段文字很明显表示：条理可于变化中发掘，同时变化也展现出条理。此即乾（创化力）以易知，坤（孕育力）以简能的道理。只要通晓此理，就可解悟万物变化的终极理则。《易传》接着写道："易简而天下之理得矣。天下之理得，而成位乎其中矣。"

所谓天下之"理"，以及万物之"位"，正是阴阳互变之内涵所包容的事物之条理与变化。

五、道家的世界观

道家也同儒家一般，极力主张万物之终极根源为一体。"道"系此终极根源之名，老子与庄子②以为道不能与任何可知觉的或实在的存有等而视之；因此，道又可称为"无"，亦即在万物之至——太极——之上的存有。如同儒家之天的概念，道持续不断地显现，同时化生万物。《老子》所述："道生一，一生二，二生三，三生万物。"（第四

---

① "生机主义"一词经常在谈论中国的著作中出现，用来代表中国思想家的哲学世界观。李约瑟的巨著《中国的科学与文明》第七册（伦敦，剑桥大学出版社，1962）对此词之运用与增进，做了不少重要的贡献。参见该书第二册，248、281、286、291~292 页等。

② 《庄子·大宗师》："夫道，有情有信，无为无形，可传而不可受，可得而不可见，自本自根，未有天地，自古以固存，神鬼神帝，生天生地，在太极之先而不为高，在六极之下而不为深，先天地生而不为久，长于上古而不为老。"

十二章）可以作为万物源出于道，以及物类繁多，这两项事实的注脚。换言之，道不是静态的物相，而是具体的生生过程所串联成的统合体。运动流行中的万物所呈现的齐一性，也可从下面这段文字透露出："人法地，地法天，天法道，道法自然。"（第二十五章）

道的生生之力使我们可以认为道代表生命之源的终极归趋，这一意义是天的概念所涵盖统括的。此外，道还包含条理的概念。我们可说天的概念所能引申的极限即为道。事实上，我们可就万物的生生过程，来理解道所发挥天之创生性。此有四点可说：

（1）道无为而无不为，万物却莫不因其不为之为所创生。这是指道系生命之自然创化的最后准据。生命延续之所以可能，以及万物之所以衍生，莫不可由此不为之为的道之本性予以说明。道还具备一统众物的功能。此见解更可引致一看法：万物系道之自身转型作用的产物，而此作用又出自道自身的引发。此看法对中国因果律模型之完成，占有十分重要的地位。

（2）道系万物之源，但不能跟万物一分为二。理解道究竟为何物，与理解个别事物自身，乃同一回事。道之内在万物，以及普及万物，这两点为庄子所特重。此看法导致庄子标榜齐物论，即：吾人对宇宙、社会、知觉、概念、物质的理解所具有的差等，系相对而言。不过，这并不代表所有的差等都因此而虚幻不实。此论之旨，在于告诫吾人，不可惑于种种差别之相，因而不识差别相的先决条件——道；唯有如此，方得绝对的自由。

（3）道家学者与《易经》作者所见略同，对于万物随道成长、发展所赋予的辩证的思虑，并无二致。《易经》中阴阳互变原理于此与道之动静相提并论，因此亦为万物动静之准据。道家学者，尤其是老子，多将阴阳互补之两极之间的辩证动静，视为反复的过程。换言之，返回道的源头系阴阳相生所需之原始动力。同时，任何变化过程的反面，早在此变化发生之初即已潜伏其中。至于《易经》，则对万物发展之正反两面一律加以强调。庄子对阴阳的反复过程并不像老子那般重视。《庄子》中，道的辩证运动，并没有特别指明系返回其根源的过程，而纯系万物之自然的交互转变过程，与彼此参与的错综轨迹。任一范畴的新生事件，皆解释为道在其生生之德最充沛的时分，所进行的内在转变。

（4）最后，对老子而言，但未必适用于庄子，道的动静应存于事物之柔顺、简易、卑下的本性中。事实上，生命本身即与柔者、弱者等同视之。《老子》有言："人之生也柔弱，其死也坚强。万物草木之生也柔脆，其死也枯槁。故坚强者死之徒，柔弱者生之徒。"（第七十六章）

若与反复原理合并观之，即可看出柔弱者乃生生之主力，远胜过坚强者，因此必会导致坚强者的败亡。

六、中国的因果律模型：表现特征的三大原理

前面对天与道的存有论及形上学方面的论述既已齐备，则现在可利用这些儒家与道家所提出的形上学及本体论的见解为基础，来建构因果律的一幅形象或模型。首先，我们可以问道：儒道之形上学主张所有之基本概念与观点中，究竟可以发掘出哪些根本原理，足以建构一个中国式的（儒、道的）因果律概念？经过细密的检视与全盘的反省之后，我们以为下列三项原理可从儒道之形上学中推导得出。这三项原理之和，可刻画出中国式因果律的特质。

首先，是"一体统合原理"（principle of holistic unity）。所谓"一体统合原理"，系指世间万物，由于绵延不绝地自相同的根源化生，因而统合成一体。换一种说法：万物透过创生的过程得以统合。于是，在道或天之形象覆盖下的万物实为一体。万物都共同分有实在的本性。此外，万物之间莫不交互相关，因为万物皆同出一源，好比同一家族的成员。我们可将万物视为天地两极之力汇合成一体后，所衍生之宇宙家系的属员。万物所共同分有的一体（道），既维系万物之生存，又孳生化育万物。

其次，是"内在的生命运动原理"（principle of internal life-movements）。所谓"内在的生命运动原理"，系指世间万物莫不涵容某种内在生命力在引导他们，如此所产生的运动并不是得自外物或神的外铄，而是源于取之不尽、用之不竭的生命力源，亦即道。因为此源头与各个个别事物之间系内在地相关，所以，运动所需之能量从源头中衍生的过程，系内在的过程，有如有机体中所进行者，而不似机器中运动所需之能量系得之于外。同理，因为万物间莫不交互相关，而形成各种过程间的变化网络，于是，运动力的传送就被视为生命活动的表现。若无此生命活动，各个事物会不得确立其分际。有关这种运动导自内源的主张还有一项相当重要的特色，此即：生命力的根源系取之不尽，用之不竭；这并不是指任一个体都可从此本源汲取无穷的能量，而是指万物及其间变化，莫不可追溯至此源头。一旦此源头首肇其端，则其后之变化与变动的历程将会永无止境。这项运动内源原理，也可称为"生命本有之孳长原理"（principle of intrinsic life-growth）。

最后，是"生机平衡原理"（principle of organic balance），所谓"生机平衡原理"，系指世间万物及变化过程，都在导向平衡与和谐的历程中得以发生关联。当然，这并不表示一旦某种平衡或和谐既已达成，变化与变动就会中止。就某种意义而言，由于"一体统合原理"之故，世间恒有和谐与平衡存在，这点依然有效。任一事物固然于万物之全局中各有其定位，但世间之运动、变化、变动仍然会发生，其目的在于孳生同种，并在于更进一步的发展。由于生命不断新生，向更高超层次之平衡与和谐的奋进也就延绵不绝。平衡与和谐必须透过动态与现实的意义去理解，这点十分重要。阴阳两极各具相反与相辅的本性，此即足以说明导向事物之平衡与和谐的过程及所成就的平衡与和谐

关系。

前述之原理，其本质显然属于形上学的领域。不过，我们必须指明，这些原理不应仅以形上学原理视之，它们同时还是方法学的原理。① 其实，如欲了解从这些原理衍生得出的形上学理论，则对此等形上学理论经由何种方法导出，也必须同时予以理解。依此义，这些原理都是不折不扣的方法学中的规约性原理（normative principles of methodology）。作为一项方法论原理，"一体统合原理"制定：任一个体都必须透过全盘的格局来把握，此格局即其背景、根源，及其交互关系之网络的总和。因此，我们也可称其为"整全原理"（principle of wholeness）。同理，"内在的生命运动原理"要求思考者集中心神于世间之运动与变化，将这些运动与变化，视为由实在界之内在生命力所造成的自然、天生的事缘，大可不必妄想于外在的终极因中求得说明。就方法学的观点而言，此原理可称为"内在性原理"（principle of internality）。最后，"生机平衡原理"，就其方法学的意涵而言，促使思考者于考量事件及事物时，必须照顾到变化的顺逆两方向，使事物得以于平衡的关系中为我们所理解。我们可直称此原理为"生机性原理"（principle of organicity）。若将三者合而观之，实可视之为中国式思考理路的方法学范例；此言之意，即：运思游心于事物时，必须同时遵循这三项原理，如此方能正确无误地表现实在，如同儒家及道家的形上学之所为。

支配儒、道形上学及宇宙论思想之方法及内容的三大原理既已完备，下文即可利用这些用语来描述中国式因果律模型。

七、中国式因果律模型：串联的思考（correlative thinking）

透过前述之三大原理所叙述出的因果律，显然和西方模式的因果律大异其趣。西方的因果律模型，若可说是以原子论、外因论、机械论的原理为其特征，中国式因果律模型的特征则可说是受制于整体论、内因论、有机论的原理。中国哲学中这三大形上学及方法学的原理，构成了中国因果律的三大基本层面。

已知任意二物或二事，A 与 B，两者系因果相连，又此因果关系系就现象的因果意义而言，则对此因果关系所做的说明，并不是提出一支配 A 与 B 等类型事物的普遍律则，而是以 A 与 B 同属一套理则，此套理则系出自万物整体之根源。它不只与 A 和 B 有关，还联系其他种类的大小事物。理解此套理则，与理解一项专门和 A 及 B 有关的律则，并不一致。这里是要理解万物间所有理则的一套理则，此即明白事物之理。中国思想家通常将因果法则（就 19 世纪西方科学所采用的意义而言）的一事例，视为增进吾人对全世界之整体知识的一个机缘。因此朱熹（1130—1200）在《大学章句集注》中

---

① 也许任一真正的形上学原理都必须是方法学的原理。康德在为形上学的理性观念提出超越的辩解时，即已对此有所提示。

写道：

> 是以大学始教，必使学者即凡天下之物，莫不因其已知之理而益穷之，以求至
> 乎其极。至于用力之久，而一旦豁然贯通焉，则众物之表里精粗无不到，而吾心之
> 全体大用无不明矣。此谓物格，此谓知之至也。

由此可见，格物之旨并不在于觉得支配事物之个别关系的法则，而在于理解与全体
相关的个别理则。将理则视为在事物之总和之外，同时也在个别事物及个别理则之外，
别有一物的想法，无法在中国人照顾整体之思考取向中占一席之地。

由于此照顾整体的思考之故，因果法则同时也可归属于李约瑟（Joseph Needham）
所提出的"串联思考"之名下。[①] 串联思考的要旨，在于将种种不同的事物类型区分、
调适为相关的理型，然后于说明个别事件时，再将事件与这些理型产生关联。[②] 变易的
哲学及其源自《易经》的符号系统，再加上五行学说，三者提供了一群对等平行的范
畴，足以统贯串通世间所有的过程。这些范畴都是从终极的唯一真元所分化出来，且唯
有透过此终极的真元——道，才能对这些范畴有透彻的理解。

西汉董仲舒（公元前 179—前 104）曾提出一套细密繁复的串联关系的体系，其中
囊括色、声、方位、政权、历史阶段，以及其他种种自然及人事现象。董仲舒的体系，
是根据阴阳五行学说所发展出的串联思考之一极端形式。不过，此体系将个别事物及事
件归属于范围较广且明细的理型所表现的基本精神，就是典型的中国思考方式。

李约瑟对此"串联思考"所不曾指出一要点，此即：串联思考不仅贯通自然界及人
事界，而且还通行物理世界及心理世界。此言之意，系指人类情感与心灵状态，也要利
用这些说明自然、人事及历史事件的理型作为媒介，来加以理解。这个观点颇能符合德
性的自我修养以及人类幸福的目的，因为唯有人内心得以理路条畅时，止于至善才会实
现，而人内心之理，与天下之理、人世之理，莫不顺应吻合。这种一般称为"天人合
一"的主张的根源，正是"一体原理"；主体与客体由于此原理之故，得以不被截然划
分，而因此被视为具有不可分离的关系；主体（人）的地位，则至于有足以参赞道之生
生化育的能力。

即使利用串联的理序可以充分说明因果律，串联的理序本身应如何加以说明，以及
从事物间的一些恒常关系所表现的串联的理序应如何加以说明，仍有待解答。换言之，
我们想知道，究竟是何物促使有如是之理序存在的想法成形。这些疑问都可于"内在性
原理"中求得答案。

---

① "串联思考"一词，系李约瑟在其大著《中国的科学与文明》第二册 279 页以后，用来描述一套思考系统，
此套思考系统的作用，在于将不同类型的过程串联、统合成简易的相关理型，诸如阴阳的理论、《易经》的符号系
统，以及五行学说，莫不是此思考系统的例证。

② 李约瑟据此而谓中国式的思考系生机主义式，参见李约瑟：《中国的科学与文明》，第二册，282 页。

李约瑟对内在性原理应用于因果律，有一段十分清晰的说明。他写道：

> 事物之所以会以其特有的方式行动，并非必定出之于其他事物先起之动作或冲击，而系由于在永不休止、反复循环的宇宙中，各个事物各有其位。禀赋与生俱来的本性，使各个事物之行动必然如此。如果事物不以此特有的方式行动，则各个事物就会丧失其在整体中的关系位置（整体正是使事物成为事物自身之物），而转变成非其本性的事物。万物都是以依赖宇宙大机体之一分子的姿态存在。万物之间互相作用，并不是得之于机械的冲力，或机械的因果作用，而是出之于某种神秘的共同感应。①

事物之所以会运动，以及于运动中发生关联，并不是由于外力遵循机械力学或化学的定律加于其上所产生的结果，而是出于事物固有的本性，以及事物于宇宙中的地位。事物固有的本性具有推动交互相关之事物的动力或力量。因为事物之本性就是以万物间的关系为根据而形成的，而此关系是从万物之终极实在中衍生的。仿佛事事物物莫不具有自身的生命力，同时还互相协调行动，而预先规划完成一太和。不过，此预定的太和，以及事物互相协调的运动，并非得自外铄，而系终极实在的彰显。此一太和乃不再可上溯的终极源头，且不可落实于任何单一明确的关系中。于是，自身为维系运动中二事物间之关系的每一理型，莫非此二事物之天生本性的自然流露；不但如此，各类不同的理型之间也都有内在的关系。因此任一理型皆可随生命的内在冲动而转变成另一理型。五行相生相克之理序即可为其例证②；顺此内在的思考路数来衡量，万物皆自然而然发生，同时遵守并表现出极规律的理序或型范。四季推移、日夜交替即为其例证。

受过科学因果律之精神洗礼的人，不会对春天是夏天产生的原因，或夜晚是白天产生的原因，这样的说法感到心服口服。同理，内在论传统一脉相承下的中国哲学家，则将科学因果关系之事例，与四季推移、日夜交替的现象等而视之。自科学因果性的角度观之，此论点实可称为"无因论"（no-cause theory）。其实，道家"无为"的想法，于说明事物在理序中的相互关联、所有理序之间的串联关系，以及各理序间的互相变易等现象时，即已强烈暗示此非科学的"无因论"。物外并无他物自外推动一物，因为根本就没有外加的运动。不论是亚里士多德心目中的神，或是基督教的神，都不存在，万物的运动莫不是出自自发。

---

① 李约瑟：《中国的科学与文明》，第二册，181 页。李约瑟大量引用董仲舒之《春秋繁露》的文句以证明他的观点。该书第二册 290 页中的另一段文字也表达得很明白："非得自创造的宇宙大机体，其中的每一部分，由于自身内在的驱力，同时也是发之于自身的本性，莫不在整体之循环反复的过程中，发挥其功能。此宇宙机体反映于人类社会，就表现为对互相深入且正确的了解所共持之理想，对互相依赖与团结所做之偏向柔顺的诠释。凡此种种，决不可能以无条件的律令——即法则——为基础。……因此，凡是机械的、计量的各种强制力，以及外铄的一切，皆付阙如。律则观念被秩序观念完全排斥。"

② 李约瑟：《中国的科学与文明》，第二册，253 页以下。

对儒家而言，天体运行不可能是外在的运动。孔子说道："四时行焉，百物生焉，天何言哉？"（《论语·阳货》）道家则以为，因为无为，故无不为。此言可解释为：因为没有外力在推动役使事物，并制定种种理则秩序，是以事物皆顺其自然地自行运动。显然道家认定事物中含有自行推动的力量，而道的作用既然是在于统合万物使成一体，于是，事物之自行推动的力量也就是道之自行推动的力量。因此，王充下结论道："天地合气，万物自生。"又言："天动不欲以生物，而物自生，此则自然也。施气不欲为物，而物自为，此则无为也。"又言："正身共己，而阴阳自和，无心于为而物自化，无意于生而物自成。"（《论衡·自然》）王弼以一致的精神表达同样的想法："不见天之使四时而四时不忒。"①

万物不仅自发其运动，而且，透过其自发的运动，还展现出万物间相互关联的理序与型式。理序与型式，也如同事物间的关系架构一样，都是力量之所在。虽然这些理序与型式不应被视为出之于因果必然的安排，但仍系出之于必然——自事物之内在本性所衍生的必然。如此，我们才可放言因果必然性，而不暗示物间有因果作用存在。不过，我们也不应就此下结论，认为万物整体系静止不变。其实正好相反，各个层次的运动事物所展现的和谐，系一创造化育的状态，生命之初萌、生命之繁衍再生，莫不由此兴起。

八、中国式因果律模型：辩证法则（dialectical laws）

前文所述之种种，可能会使我们以为，中国学术传统中，对于统理万物之普遍原理（像西方机械论科学传统所有的因果律那般），一无所知。就某层含义而言，此见解十分正确。因为中国学术传统的确不曾出现任何表列精确的因果法则，如科学之所发现者，同时也没有足以做此发现的定性实验科学。但就另外一层意义而言，若说中国学术从未做出任何普遍原理，用来说明事物间的因果作用以及机械式的相互作用，则非真实。前文早已指出，这些普遍原理可于两个不同的层次中分别表列。

仅就纯粹经验层次而言，不论是天文学、药学、生物学、天候学，甚至像光学、力学这样的物理科学，中国传统学术中皆可发现将这些科学之事例予以分类，并将所分得的类型予以联结相关；这些都是经验层次的见解。②不过，此等见解未必具有理论性法则的形式。就形而上的层次而言，顺着生机观点的理路所形成的普遍原理就显而易见。我们不妨说：此类原理皆有赖"生机平衡论"及"生机原理"方得以成形。"生机平衡论"及"生机原理"主张，消长之为必然发生的现象，系事物之终极真相本当如此。同时，此二理论还认为，消长过程的内在脉络系受制于调和平均的两极力量，如阴阳二力

① 《易经王弼注》观卦象传注（中华书局版《周易注疏》），强调"观之为道不以形制使物而以观感化物者也"。

② 本文无多余的篇幅可用于讨论墨家诸子于科学方面的成就。

之所为。因此，简、易，就是这些普遍原理的形式特征。我们甚至可主张，这些普遍原理就其整体观之，实以"生机原理"将因果作用的概念做了一番解析。

前文已指出，以生机的观点思考，也就是以辩证的观点思考。中国的辩证思想，源于儒家与道家对人及实在之形上学方面与方法学方面的看法。因此，掌管变化的普遍原理，基本上都是辩证的。西方科学家利用因果法则来预测和说明事象，中国的思想家则以辩证法则来预测和说明事象。下文系从《老子》中选录出片段，作为根据生机观点塑造成的辩证法则之范例。①

> 万物并作，吾以观复。夫物芸芸，各复归其根。（第十六章）
> 曲则全，枉则直，洼则盈，敝则新，少则得，多则惑。（第二十二章）
> 飘风不终朝，骤雨不终日。（第二十三章）
> 师之所处，荆棘生焉。大军之后，必有凶年。（第三十章）
> 物壮则老，是谓不道，不道早已。（第三十章）
> 将欲翕之，必固张之；将欲弱之，必固强之；将欲废之，必固兴之；将欲取之，必固与之。（第三十六章）
> 天下之至柔，驰骋天下之至坚。（第四十三章）
> 万物负阴而抱阳，冲气以为和。（第四十二章）
> 躁胜寒，静胜热。（第四十五章）
> 祸兮福之所倚，福兮祸之所伏。（第五十八章）
> 人之生也柔弱，其死也坚强。万物草木之生也柔脆，其死也枯槁。故坚强者死之徒，柔弱者生之徒。是以兵强则灭，木强则折；强大处下，柔弱处上。（第七十六章）

以上所列之论断，虽然不足以称为因果法则，但这些基本原理可作为预测甚至说明具体事件的根据，不论这些事件是属于人间世，抑或自然现象的领域，莫不皆然。这些原理既具有预测及说明事象的特征，还可为人类行为所支配，而此诸般性质同时也为机械论科学传统之因果法所涵括；即此而论，这些原理的功能，与科学的因果法则的功能完全一致。我们不妨把这些原理视为中国式因果法则的内涵大要。此份内涵显然铺陈了不少有机关系成立所需之动力法则，诸如：相辅法则、反复法则、逆反法则、负面动力法则，等等。在《易经》《吕氏春秋》《淮南子》等古籍中，也可抽绎出不少相仿类似的原理。

总而言之，中国哲学中，因果法则的概念与西方科学的因果法则模型，根本大异其趣，两者之间完全无法发掘出任何类似之处。其实，我们不妨认为，中国哲学的因果法

---

① 这也是"串联推理"的一个不折不扣的例子。

则模型，恰好与 18、19 世纪欧洲科学界的机械论式-原子论式的因果法则模型，根本上背道而驰，不相合辙。西方科学的因果概念系原子论的，诉诸外在关系的，并且是机械论的。中国的因果模型则系反原子论的，因之系着眼于整体的；反外在关系的，因之系诉诸内在关系的；反机械论的，因之系生机论的。两者之间的根本差异并不难解释：这正是"生命形象"与"机器形象"之间的差异。生命系人类的具体经验，而机器系成于抽象的规划及对其性能的草拟。仅就这点而言，因果法则的中国式模式基本上系生命、历史、时间的反映；西方科学的模型基本上系抽象思考及量化推算的产物。如果有人秉持科学的观点，对中国式的因果法则模型之为如此而大惑不解，那么此人同时必须明白，若站在中国式模型的立场，我们也可以问，而且不但理由同样充分，或许还更适切：为什么西方的因果律模型会产生、成形？我们必须先针对这两个模型本身，并且透过两者分别特有的语言来予以理解，然后才可追究这些问题所要求的理由，并对此两个模型之优劣高下予以公正的评断。

第四章　中国哲学的现代化和世界化

第一节　现代化的哲学意义和哲学理想

从当今整个世界来看，现代化是一股不可抗拒的历史潮流。不仅社会、经济（工业、农业）、科学要现代化，而且哲学也要现代化。换言之，一方面，现代化需要新的哲学和哲学理想；另一方面，传统哲学本身也需要现代化，以便在现代化中扮演重要的角色。于是，就引发出下面一系列问题。

一、关于现代和现代化的概念

首先，现代是指什么？我们认为，它有三个含义：

（1）现代是一个内容相当复杂的概念，它绝不是指单独的一件事情，而是指一种整体性的现象。对这种整体性现象的经验，我们称之为现代的，以便与古典的或过去的相对照。而且，这种经验有一部分是对事实的描述，另一部分则牵涉价值的判断。所以，有的人认为，现代的东西是好的，另一些人则认为，它是不好的。正如有些人喜欢古典音乐，就认为现代音乐不好；而有些人也许正相反。

（2）现代概念有时间的相对性含义。它意味着古代已成为古代，古代是过去的现代，现代又是将来的古代。故"现代"概念意含着时间的持续和发展的观念。

（3）现代概念包含有价值的相对性。相对于一些标准，我们说现代是好、是坏、是美、是丑、是习惯、是不习惯。此外，对于现代经验或现代现象的价值判断，每个人的价值标准不一样，因而对现代的评价也就不一样。

其次，关于什么是现代化，也有几点可以说。

（1）现代化是一个在时间上自然发生的过程。至于文化如何进展，如何从这阶段发展到另一阶段，对这方面问题解答的理论很多。但是，文化是一种在不断地发展、创新的东西，所以就形成一种自然发生的连续过程。这种自然的发生过程可以不必通过人的意志、理性和计划来说明，而可视为某种内在的但却是客观的律则的展示，有其自然的和历史文化发展的方向或阶段，因而也可以视为历史文化进展中的一环。

（2）现代化是人的自觉和计划。我们认为好的，就希望它能实现。因此，"现代化"包含有人的意志在里面，它不只是对好的东西加以肯定，而且还加以了解、掌握和实现。

从这两点中又产生了一个问题，现代化为什么这么重要？这可以从两方面来看。

（1）现代化的重要性是由于人的历史和社会发展到了一定阶段，我们必须与这一发展阶段相适应；而这种自然发展又迫使我们必须做一种理性的抉择和价值的判断。同时，过去积累的经验和当前生活的环境，也促使我们做出一种整体性的考虑、新的观念调整、生活方式的适应，以及新的价值规范的整理。也就是说，整个历史环境与潮流会使人们觉得，如果不现代化，那就必然要忍受某些牺牲或被视为落后。由此可见，对当前人类全体性的适应，也是现代化过程或运动必要的起因。

（2）从客观的理念以及人类文明的发展来说，现代化是对能源的一种运用。这种运用有整体性、多样性，而且有高度的复杂性，并涉及效率和速度的考虑。造成多样性和速度感，是基于能源的一种交换。因此，现代化有其客观的物质基础，它代表了人类文明在能源的运用和交换上的特殊进展。但是，就人性而言，现代化是基于人过去的经验而对所有人的全体需要的满足，也是对所有人的需要的满足，以及对满足方式的更完善的要求和讲究。

从社会的群体来看，社会虽然不能与个人脱离关系，但社会本身却有它自己的需要，以及满足的方式。因此，社会也有现代化的要求，由此而构成了社会进步或进化的动力，这也就是社会现代化或文化现代化的内涵。至于社会与个人要求的平衡的发展，自然也是促成现代化的动力之一。因为现代化的最终目的，是求达到一个社会中人人满足的境界，使个人与社会处于最大的和谐之中。

从理智上看，现代化的各种观念、经验的综合，是行为、知识与价值的综合，现代化的要求显露在知识本身的综合和人类需要的适应，从多样到一致，却又不碍多样的存在，进而形成一个丰富的、调和的、多彩多姿的、供求相应的社会体系。

从这些观点来看，现代化是善的、好的、绝对必需的。

二、现代化需要什么样的哲学

从哲学角度来看，相对于现代与现代化的概念，这里，首先想提出一个问题来加以讨论：在社会的现代化过程中，我们需要什么样的哲学（哲学在这里是指一个广泛的知识价值系统）？

对于这个问题，我们认为，一个新的知识和价值的系统，必须满足一些起码的或基本的条件。这就是：

第一，这个哲学必须是范围广大的，对人类经验都能加以考虑。再者，它必须讲究秩序，能够把各种多样的经验内涵加以组合，使其符合一个简单化、普遍化的原则。这个原则除了必须力求简单化和普遍化以外，还要力求有效，力求接受理性的检验，力求理论与实际的结合，而不能虚玄蹈空。

第二，这个哲学必须是一个开放的系统，即是一个有相当的自我批评性，容许开放和成长的系统。一方面，它有很精确的概念，在运用上能达到很细密的地步；另一方面，它也具备相当的美感，不至于庞大驳杂，或过分的机械。

西方古代的哲学或中世纪的哲学，显然都较难符合以上所说的这些条件。譬如，古代的亚里士多德哲学相对于现代人的宇宙及人生经验来说，就显得缺乏弹性；其对自然物理现象和生命现象所做的描述、解释的精密程度也嫌不够，可检验性很低，内容丰富性自然也欠缺。从我们目前了解的大量经验，我们显然很难采用亚里士多德的形上学或政治学来解释或统合我们的宇宙观和政治与经济的需求。柏拉图哲学也是一样，也有其观念的局限性，不能说符合现代的要求。

中世纪哲学，以及从 16 世纪笛卡儿以后，到黑格尔的欧洲近代哲学，不管是二元论的、一元论的，或者是唯物主义的、唯心主义的，都有其局限性，很难用来统盖现代人的现代经验。

基于以上的条件，我们相信，要建立一个宇宙观、人生观和社会观，我们只能点出几个方向，而并不能提出一个完整的系统。宇宙自然要符合现代人对知识和价值的感受，这恐怕只有生机哲学、机体哲学比较接近完善。因为这两者比较能够包含现代经验，除了肯定五官的感受外，还肯定了美感及精神的感受，如和平、正义等价值。这种宇宙能包罗万象，且能保持一种秩序，使每一样东西都相关、连续、形成整体，而不失其丰富的内容。这是机体哲学最引人入胜的地方。

近代科学的发展，不管相对论也好，量子力学也好，都深深地影响了人类的宇宙观念。显然，经过了相对论和量子力学的革命，现代人实际上也无法再回到以前的宇宙观。

在人生观方面，美国 20 世纪的实用主义哲学认定，知识和价值必须对人和社会有实际的用处，实用主义大致可相当于现代化哲学的人生观。

至于社会观方面，我们相信，对民主和开放社会的坚持，通过开放和民主的方式，来实现人对自由平等的要求，用以达到经济和政治理想的目标，这也是适合现代化哲学的一般性要求的。

基于以上考虑，一个现代人类社会的建立，一个现代化的运动，就是要对个人生活的需求给予充分的满足，并相应于全体人类的历史、相应于全体人类的现实，来给予充分的满足。法律、道德、政治、经济、工业技术、商业，甚至商业管理等等制度，都是满足现代化社会中个人生活的需要所必须考虑的因素和方面。

重要的是，我们必须确定，哪些因素和方面是我们最迫切需要的，哪些具体内容是最合理的。譬如，大家都可以讲，法律并不等于能解决所有的问题，这一点，索忍尼辛（即索尔仁尼琴）在哈佛大学演讲时说得极好："一个没有法律的社会是很可怕的，但是，只有法律的社会也是很可怕的。"光是讲法律而罔顾道德，也不用价值观念来对法律的精神与内涵做考虑，自然会使法律无法发挥其在现代化运动中的效能。

所以，现代化的整体观念必须首先提出来，其次才能谈现代化的层次、现代化的因素和现代化的方面，然后才可以谈现代化的人、现代化的社会、现代化的心灵、现代化的心理和现代化人的态度。

这是我们对现代化需要什么样的哲学或知识与价值观念体系所引出的考虑。

三、传统哲学在现代化中扮演什么角色

关于"中国传统哲学对现代化有没有贡献，有没有相关性"的问题，我们是绝对加以肯定的。

现代化必须有连续性，必须是从过去发展的，是过去经验的综合。从空间上讲，现代化是对于整个人类文明发展的适应。如果中国哲学是代表中国人对知识、价值、存在的认识所产生的思想体系，那么，从中国哲学来讲现代化，这是一个相当重要的课题。

我们认为，中国哲学代表一个精神文化的很高的层次，其基本的内容和方法具有现代化的意义，也很适合现代人对宇宙、人生和社会观感所产生的需要。这一点可能要通过现代人的经验，才能体会得到。

中国哲学讲"常中有变，变中有常"，它的可塑性也就非常之大。从《易经》、道家或大乘佛学等来看，中国哲学可涵容的东西是相当多的。难怪李约瑟及其他西方对中国哲学有研究的学者认为，它们更接近于自相对论以来的近代科学对心与物的本质和关系的了解。因为中国哲学不是固定在一点上。其对变易的体验，对生命（生生不息）的肯定，对创造性的认识，对道德和人际关系与和谐价值的把握，这些都可以作为建立新的宇宙观、形上学与价值系统的根据。总之，中国人对人生、人际、人性与天人之间的了解，与生机主义、机体哲学、实用主义、开放社会观和平等精神等，都有多方面的配合。

《礼记》讲"礼时为大"，《中庸》讲"君子而时中"，儒家都一致强调全体性、相关性。这些都是很有近代意义的。所以，往高处看，从大处讲，中国哲学对现代化思想之建立的贡献，是可以肯定的。

最有趣的一点是，现代西方学者由于在现代化过程中憬觉到许多观念系统的局限性，因而，为了追求一个完整性的观念体系，就突破了西方哲学的限制，走入中国哲学的园地，以找寻一个现代人的宇宙观、人生观和价值观。

因此，我们可以说，中国哲学中某些内容具有所谓"超现代"（post-modern）的意

义。然而，对这一点，我们必须小心地加以肯定。说中国固有的哲学是"超现代"的，这是就大处和高处说。但是，无可否认，许多问题和困难乃是出在细处，出在落实到社会生活、经济生活和政治生活的方面。也许在运用方面、技术方面，以及对具体行为的规范方面，我们必须做建设性的评鉴和对现代人所需要的适应。例如，我们只就一个单一的"忠"的观念，或单一的"孝"的观念，或单一的"理"的观念，来概括全面的社会价值和人生目的，那么，就可能面临种种实用方面和适应方面的困难；若不紧紧扣住中国哲学高远的精神和深刻的智慧，就会拘泥于一些现实的问题而不能进行变通，当然也就无法机动地符合现代社会的需要。

一个传统在这种情况下，会产生两个大的问题，一个问题是基于缺乏对开放的哲学观念，以及对传统哲学的价值体系的深刻认识，以及对现代化本身的充分了解，科学和技术的掌握反而成为控制社会的工具，在政治上便形成集权制度。

另一个问题乃是由于传统能带来熟悉感、安全感，由于现代化的急速变迁性质，社会中的人无形中会对传统产生一种执着，因之对现代化产生抗拒，并为传统做理性的维护。这是现代化与传统发生冲突的最主要的原因。因之，在现代化过程中，社会上便自然产生两类人，一类是想在过去找寻安全和满足的人，另一类是想从未来寻找希望和寄托的人。这两类人的冲突，实际上也就是传统与现代化的冲突。分析他们的心态和思想，也就能更具体地说明现代化过程所面临的多重困难和曲折。

第二节 中国哲学所面临的现代化的挑战

自20世纪初以降，中国文化与文明开始遭遇来自西方文化与文明的剧烈挑战。由于种种历史因缘际会，中国固有的人文体系一再遭受西方科技成果的打击。西方传统的特质，不仅展现于其哲学流派的分歧多端及旺盛的活力，而且在其对东方的感化与征服的热忱中也暴露无遗。在种种哲学真理与思潮福音的外衣之下，其实却包藏着争夺及攫取权力的索求。

而中国的知识分子，在西方哲学的激荡下，往往容易陷入无所适从、进退失据的境地，不是把传统贬斥为明日黄花，已无所用于世；就是既未经深思熟虑，又缺乏适当的扩展视野，便盲目地致力于维护传统。这不但表现得过于急切，而且时有疑虑。因此，对中国传统哲学进行深刻的、清醒的反省，就显得十分必要。

一、对五四以来反省中国哲学的回顾

以哲学的观点回溯五四运动，这确实反映了西方思想所造成的冲击，以及其后中国知识分子对传统固有的信心的崩溃。我个人认为，五四运动的成果显然是破坏远甚于建设，此中原因或可归之于当时动荡的政治与社会环境所迸发的不利因素。这些因素，使

我们对中国哲学传统进行理性的反省及重建工作带来了困难。时间与篇幅都不容许我们仔细探讨此一错综复杂的经历。不过，纵然重重困难横阻在我们探索的路途上，但有一项事实至为明显：中国哲学传统确实是哲学，同时是开发未来美好世界的一项现代伟业。而中国哲学必须自觉到其自足的、悠久的价值，才能真正为世人所普遍接纳。

　　问题的重点当然不在于把传统借尸还魂，供奉于博物馆内，而在于使传统脱胎换骨，转化成现代生活中的现实。这项任务既艰巨而又不容回避。它所需的心神无与伦比，同时也无法摆脱来自西方的不间断的批评。此外，有些知识分子对这一任务采取漠不关心，甚至无动于衷的态度，也亟待棒喝而剿除之。在这项重建中国哲学的过程中，西方显然无能为力，而且也大多不愿意正视，反而还竭力将之归为一时的文化现象，而不赋予其独立的意涵。因此，近百年来，西方学者从未将中国哲学认可为一门独立的学术。有人甚至对此提出论证辩解，其根据是以西方哲学的意义为准，除此以外，就根本是武断的偏见。

　　近七十年来，中国哲学已经历了三期缓慢转化和复苏的阶段。第一阶段的特征表现在为中国哲学所作的不遗余力且意涵深奥的辩解中。代表人物以梁漱溟（著作重点在中西文化及哲学之比较）、熊十力（致力于佛学之批判及儒家形上学之反省）、冯友兰、金岳霖等为首。但是这一体系重建的工作缺乏对中国传统进行批判性且巨细无遗的探讨和检视；而对西方哲学应有的完整全面且细致精密的了解，亦付阙如。对西方哲学的一切，往往只凭感觉来把握，而不曾真正理解。

　　在中国哲学的转化和复苏的第二阶段，海外新一代的哲学家如方东美、唐君毅、牟宗三、徐复观等等，无不以其半生之力专志于对西方哲学的理解和诠释工作（大陆学者另当别论）。他们将西方的古典传统展现在人们眼前，同时对中国传统的解析及铺陈，也趋于更实在、更精密的方向。他们将中国哲学以哲学面目示人，显示他们高出前辈一等的能力，其结果是，为中国传统熔铸了新形式，注入了新生命。但是，就他们对西方传统凝注成的理想范型的理解来看，仍系传统的护卫者。因为，他们与西方之间仍然缺乏完整的沟通和往返。他们也因受限于时间，而不曾深入地体认当代西方朝气蓬勃的勉力前进精神。换言之，他们并没有与西方面对面的亲身缠斗奋战的持久经验。他们虽为后世的承继者开拓了一条精致雅驯的理解大道，但其概念思考资具仍未充分发挥。而就处理东西交流问题所必须开发的共同据点而言，他们尚未达到理想的目标。

　　时至今日，中国哲学已进入转化和复苏的第三阶段。此阶段之特征在于，中国哲学已融入西方哲学思考的格局中开始流衍。同时，在于第三代的中国哲学家（包括大陆第二、三代的哲学家）超越前辈，得以陶冶浸润于西方哲学思考中。他们主动与当代西方哲学产生的问题觌面，实际上已参与解决问题的过程。

　　因此，他们的心智乃更具分析的触角，更直接地察觉到逻辑与本位的问题。不论就方法学，或是就哲学全体而言，良好的训练和基础都使他们足以肩负重建古老传统的大任。他们独立思考问题，不以中国哲学为绝世孤立的文化现象，当然也不会仅视之为一过程，中国哲学的成立根据应该奠基于其处理生命、现实和真理的问题的角度。对这些问题的构思、铺陈和答辩，无不导源于中国哲学的主体。中国哲学不应复古，其富有批判性和自省精神的特点，正是在于富有创造性和革新精神的心灵。优劣的取舍标准完全是以人类思考和经验所展现的真理及正途为依归，顺此以观，我们得见，中国哲学回复为独立的学问，不只是因回应西方之挑战而建立的，它本身就是一项挑战的学问，即对西方传统之挑战所提出的挑战，同时，也是对人类整体牵引的问题所作的挑战。这项复兴的过程距完成尚远，正如中国哲学的挑战尚未为人感知、西方对中国哲学一无所知的情况依然十分普遍一样。西方哲学家似乎对自身无止境的无知情况颇能泰然自若，不以为然。如果一人不明白一己之无知，则此人永无知道之日——苏格拉底如是训诲我们。这正是哲学相互了解所必须解决的棘手难题之所在。

西方哲学心灵纵然繁复细密，却未能免除闭塞，以及因闭塞导致的贫乏之弊。当然，我们的目的不只是唤起世人注意一个新观点，而是要注意一种新的生活方式。这种新的生活方式，是以一种体验世界的新的思维方式作为基础的。中国哲学之面临的挑战所启示我们的，不仅在于使我们明白，中国哲学如何揭橥了一道慧识，或如何开拓了一片新视野；而且在于显示人类历史终于演进到一个新纪元。在这个新纪元中，人类经验及人类历史的整合，乃势之所趋，不可避免；同时，人类历史中虽然呈现五花八门的语言，但在这些纷杂歧异的语言背后的人类思考之语言，却是放之四海而皆准的。因此，中国哲学面临的挑战，是指向更广博、更开阔的思维方式的挑战。这一挑战唤起了世人注视人类存在的普遍危机：人类心灵世界的萎缩，以及对人类的基本见识予以启发、再思及整合的需求麻木不仁，此乃危机之荦荦大者。

二、比较、思考与批判

从哲学的观点而言，我们如欲彻底理解一套哲学系统，首先要将其与另一系统作一比较。否则，就无法理解、比较针对两系统进行思考的过程，其观点乃不先指定，或根本无法预先指定。换言之，身为思考者的我们，需脱离两系统分殊的观点，才能明辨两者如何比较、对立，如何相互融摄。这正有如了解两种语言是以第三种语言的观点为之。一般说来，这个第三种观点当然可取接受比较的两者之一。但确立的第三观点用以进行比较所需保持的距离，是不可忽略的，因此，距离的作用在于，使我们明白某一传统或语言所具有的限制和不足之处。我们可撷取、采用新传统及新语言以充实原有的传统及语言。

所谓比较，它的目标是什么？最重要的乃是建立一个整体定位的世界哲学体系。定位有相对定位和整体定位两种。相对定位是由相互了解（互释）出发，建立一个在整体系统中的相对位置（关系），由定位走向互动，再由此互动关系走向整合。这样，便由互释、互动而相融，渐渐地实现整体性；也就是走向整体定位，从相对定位中显示出整体的理想与未来的方向。如果把某个整体（相对）中的一部分，同另一整体中的一部分单独地进行比较，则必然失去各自所代表的整体意义，更无法启发更高层次的整体定位。不幸的是，目前许多比较哲学研究都局限在个别单元的比较上，而缺乏整体定位的向度。

比较哲学应由方法分析，走向方法综合；然后由本体分析，走向本体综合；再以"诠释圆环"作为基础，把方法和本体融化为"本体诠释圆环"，来彰显方法与本体的综合。这样，在进行方法分析时，可将方法本体化；在做本体分析时，可将本体方法化。方法与本体相互综合，便能达到"本体诠释圆环"的整体了解。

比较哲学的目标是建立一个整体哲学，这也是基于人类文化整体化的需要；为了达到人类文化在更高层次上的和谐交流、相互补充，就必须进行哲学改造或哲学创造。这自然是有实用主义意义的，但这里的实用主义，是为了人类经验的价值实现，以求发展到更高的知识层次，以及更高的生活境界，而不是为了部分和低层次的实用。"比较"本身即是一种整体性的创造，宇宙的产生和发展，从无机物到有机物以至人类社会，都可说是一个整体化系统的呈现。

这一过程之例证，可从中国哲学与西方哲学的比较，以及中国语言与西方语言的比较中看出。语言之间的比较，促成各语言充实受益；同样道理，自西方加诸中国哲学之冲击后的七十年间，各哲学系统也为之充实而转化。一套语言如欲引进新的生命和新的理解方式，就必须循此途径以充实自身。我们必须将这一比较过程视为交互影响的过程，不论中国哲学或西方哲学，都可受惠于对方。尤其是西方哲学的语言，实有必要在此比较过程中加以充实。依此观之，一套哲学语汇系统决不能强行加诸另一套系统。我们当然应尽力对哲学语汇系统加以诠释、转译及重建，以求精确地了解。但是，没有一套语言能包罗万象。另一套语言涵盖的字词总有一些无法以该语言中的现成字词来转译。同理，任何一个哲学系统，都不能巨细无遗地毫无差误地接纳包容万事万物。以比较作为两哲学系统的相互充实之议，其作用不在于把相异的两系统化约成一个同质的系统，而在于开拓两系统之涵盖面，同时涵摄一项包容更广博的真理。因此，在当代中国人论述使用的哲学语汇中，有不少是以西方的经验为基础而创造或改造的成果。一套开放的西方哲学语言，也应该逐渐接纳中国哲学的概念，当然，不是以独立的概念纳之。这一现象已开始落实，如道和仁已经译作"tao""ren"。其他的字词如"气""理"也应顺此路径予以译解并融入西方语言中。这样的哲学语汇之交互融通，就不但有用，而且有其深义。因为，这象征着人类经验统合的时期已来到，我们可基于各个观点和语言的交互融通，创建新系统或新方法来了解人类和世界。

其次，要了解一个哲学系统，还必须进行哲学史思考与哲学思考。

哲学史思考是指部分与部分，或者是部分与整体相融的诠释学思考研究。换言之，哲学史是由每一个哲学家或哲学学派的个别活动引起的。因此,这种研究基本上是对部分与部分的关系的研究。这里要遵守的一个原则是:反对化约主义。个别哲学家和个别的哲学学派,不等于影响其发生的背景条件,思想也不等于发展思想条件的总和。如果像科学家那样,把一切都加以化约,则我们将无法认知整体系统的内在机体化的发展性和创造性。因此,我们必须要有一套整体的"层级发生观":整体不等于部分的总和。

哲学史思考的终极目标是走向"哲学思考",即由部分性思考,走向全体性思考。

哲学思考就是以全体性说明和显示(透视)部分性。它更能整体地说明哲学史内在的条理结构与辩证结构,使之走向整体化的思考结构。由哲学思考回观哲学史,透视整体与部分的关联,就产生了两项运动:一方面是回归原点;一方面是走向未来。输入哲学思考的因素,不只是哲学史,还有科学知识、文化知识、个人体验。所有这些因素加起来,使哲学思考具有一种规划未来及建造世界哲学体系的潜力。

哲学思考包括方法思考和本体思考。二者是相互作用的。哲学史思考可以有其特殊的背景或特殊的观点,但这从方法分析上看,应只是一个暂时性的起点,也是完成一个哲学思考的起点。通过对哲学史的思考,乃可导向一个新的哲学思考层次。哲学史思考可有不同哲学思考的背景和观点,但每一种背景和观点,在哲学史思考的分析下,都应由部分化走向整体化。如此,哲学思考的观点可以用来认知哲学史,而哲学史思考的观点,也可以用来批判原来的哲学思考,逐步地(也是辩证地)开拓出一个新的哲学思考。

当然,这个新的结论,又可以成为后起的哲学史思考的一部分。再加上科学、文化和个体经验的参与,使哲学史思考的目标永远概括过去,指向未来,开拓出更完整的哲学体系,并由之促进科学的发展,开拓文化的新面目,落实到社会群体与社会的生活中,最后并启发社会与个人的科学实践、文化创造和价值实现。这一过程也使哲学能更好地配合实际生活,促进社会进步,提供新的技术方法,促进历史不断地应变创新,符合宇宙不断地向前迈进、生生不息的原理。

最后,中国哲学要获得再生,就必须经过批判。就笛卡儿和杜威所举证的而言,它不外乎以可能的事物,来批判既成已然的事物;以新的来批判旧的;以不明白的来批判已明白的。因此,中国哲学的重建有赖于对中国传统的严肃批判;这种批判自然不应视为破坏性的消极做法。

批判的结果若非重建,则此批判显然不能算是真的批判。因为,批判是以反省经验和思考为基础的理性活动。不论中国哲学与西方传统之间所显现的差异有多么显著,中国哲学终究是自反省经验和思考中酝酿孳衍而得。中国哲学的再生和复苏理所当然地应以理性批判发轫。这种理性批判,涵容对语言、概念和结构的分析,同时,依我们所需的标准,促使经验和思考清晰。这种批判足以检评固有的经验和思考的形式中所隐含或预设的见解。

中国哲学有其较直观的呈现方式和较具体的思考指向。因此，其乃一片有待理性的批判和分析的广阔园地。这一意义的重建工作，迄今仍未见堪称透彻完整者；而以这种分析观点撰写的中国哲学史，无疑是我们所需要的。如欲复兴中国哲学，使其影响力更深入人心，则首要的是，以各个不同的西方哲学观点，来对中国哲学展开批判；然后，在分析的重建之后，再运用经过分析的、重建的中国哲学，来批判西方哲学。这个辩证过程的结果，必将促使中国哲学全面复兴，而形成一股思考巨流，同时，也必将在当今急剧变动的世界中，促进西方哲学和世界哲学的充实茁壮。

三、建构、解构与重建

东方与西方之比较，以及其后的相互批判，不妨作为哲学是一个辩证的过程之看法的佐证。哲学思考的辩证本质，表现在哲学思考无尽的拓展和恒常整合的进程中。哲学思考的本质需要建构、解构及重建的过程。不过，这并非黑格尔的辩证法。指出以某一学派的哲学作为终极归趋，这不是我们的用心之所在。我们唯愿指明，哲学乃以全人类经验之整合无间，作为其终极归趋。因此，这一归趋是针对人类经验而涵盖广博的。但是，广博之求学，实无止境。因为，人类经验永远处于塑造成长的过程中。建构、解构及重建的过程，实有必要了解为人类理性的内在活动。理性的认知肇端于概念及系统的建构，但每一概念和系统都有其限制。因此，我们须探寻每一概念和系统的限制之所在。于是，理解在此就是"解构"。当代法国哲学家德里达揭橥"解构"（de-construction）一词，实为哲学思考开发了一项便利的观念和工具。对人类理性的限制，不论何时我们都可察觉其存在。任何系统都无法兼具完备（complete）及一致（consistent）两性质。

我们必须明白，"解构"分析旨在解构后得以重建，使得能涵盖更广博、更有效的系统。科学家早已依循这一程序在不断改弦更张其理论系统，哲学家也不应不由正途，特立独行。因此，中国哲学可视为针对西方哲学提出的一帖解药和补药，犹如西方哲学可视为针对中国哲学提出的一帖解药和补药一样。

当代西方哲学有其特殊的矛盾和不一致处。自19世纪迄今的西方哲学的发展，显示了人类理性正处于剧烈的变动时期。因为，理性的限制经过胡塞尔、海德格尔等人的批判，已为我们所认识。所以，理性这个观念本身经过辩证的过程，而促生了一项更广博的理性观念。同样道理，由于语言在特殊用途方面的限制渐为人知悉，因此，我们认识了语言及其用途的更广博的观念。维特根斯坦以及美国实用主义哲学家的著作，都可视为此认识过程的例证。中国哲学既是人类经验的结晶，又为人类文明做出了自己的贡献，即转化、恢弘、开拓了人类的理性、人类的语言，以及人类的生命之全体。

第三节 中国哲学的现代化

中国哲学的现代化，这是目前中国哲学最重要的课题。它不仅对中国哲学的发展有重大意义，而且对整个中国文化如何面对西方文化，如何影响西方文化，如何进一步提供一些世界人类前途的方向，也都有很大的意义。

一、中国哲学为什么要现代化

许多人视中国哲学为中国民族文化之遗产，固守在传统文化本位上，而对其在当今世界上的意义缺乏探讨，遂造成了中国哲学的孤立，无法对当前世界的问题发生影响。这是因为，过去从事中国哲学研究的人，往往对西方哲学缺乏深入的了解，也没有以西方哲学的方法去扩张中国哲学的触角，只是基于一种神秘的想法，认为中国哲学是自古以来不可言说的最高境界。另一方面，研究西方哲学的人又往往不能深入到中国哲学的智慧和精神中去，把中国哲学真正的长处与西方哲学沟通，用它来弥补西方的短处。这两点，是中国哲学在未来发展上所受到的局限和难处。

还有人根本就反对中国哲学的现代化。他们认为，如果中国哲学现代化了，就不再是中国哲学；因为中国哲学本来就是属于传统的，既然属于传统，就应该有传统的形式和内涵；形式与内涵不可脱节。这种态度，对中国哲学的发展及在世界哲学中占有地位，是一种很大的阻力。

但是，如果我们不使中国哲学现代化，如果我们不从现代化的观点将中国哲学推广、加深，使它能对世界潮流做一批评、汇合，那么，中国哲学便会成为温室里的花朵、博物馆里的古物，丧失了它的生命和活力。然而，遗憾的是，现在，尚有许多学习中国哲学的人，仍未摆脱这种限定自己、自以为是的态度，表现出温室里的、博物馆里的心境，这是一种温室主义、博物馆主义。其结果，就反映在目前的孤立上。到后来，反而是外国人先来谈中国哲学的现代意义，这真是叫人难过的事。

二、中国哲学现代化的根据

要讨论这个问题，就必须对中国哲学作一内在的分析。

中国哲学是一整体定位、机体灵活的哲学。整体与部分、部分与部分相对定位，并密切相关，这是一个"一体多元"与"多元一体"的整体与机体系统，它从直观的整体和机体网络中，去规范整体与各部分之间的关系。

而传统的西方哲学，则是多元的和各自独立无涉的，并在不同的层面上呈现不同层次的独立的哲学体系。当然，这种传统的西方哲学体系，在目前西方仍然透露其内在的理性方法导向。但就本体诠释学的观点而言，基于不同方法程序的不同哲学体系，却仍然具备着一种诠释圆环的关系，因而，在最根本的层次上，便显示多元与一体的相互诠释以及多元与多元的相互诠释。"本体诠释学"的提出就是为了在差异多元中寻求一体，在一体和合中发现并创造丰富的差异和多样。

这是我们从中国哲学尤其是《易经》哲学的研究中，发展出来的一个方法本体学与本体方法学观点。

《易经》哲学是通过早期中国人的生活经验、宇宙经验和文化经验来掌握宇宙人生和文化整体。它是对全体性知识和价值的直观。在这个哲学系统中，展现出位置不同的事物以及关联不同的宇宙的发展过程。《易经》哲学是一种明显的"本体诠释学"。从结构上来说，即从空间上来说，它表现的是整体的宇宙图像；从动态过程来说，即从时间上来说，它表现的是一种动态的思维方式。《易经》是宇宙的发展过程在人的心灵层次上所显现出的图像和意义集合。《易经》本身就具有心与物、空间与时间两方面相互变义、相互补充的整体与机体意义；同时这两方面又相互决定、相互完成。

$$
\left.\begin{array}{l}
宇宙图像（物）：象 \rightarrow 理 \rightarrow 数 \\
思维方式（心）：意 \rightarrow 义 \rightarrow 辞
\end{array}\right\}
$$

关于宇宙图像，先有像，然后从像走向理，再从理走向数。但是，在中国哲学观念中，整体性强于部分性，部分的规范与部分的发生并未曾完全从整体的规范和整体的发生中抽象出来。所以，数与理的关系，不像西方那样导向完全抽象、纯粹"数化"和"理化"。相反，它乃是经常地由象明理，由理说数，而不是单纯地由数说理，由理明象。

这两个过程是有根本区别的。由数说理，是把数超越到那种完全抽象、完全固定的柏拉图式的"理念世界"，完全用数来掌握世界的规律性。中国人所讲的数，具有一种理的内涵，这种理的内涵常常有一种变化性、丰富性。通过理来说数，数也就变化无穷了。所以，中国传统中所说的数，可叫"理数"，它包含着深刻变化的道理。如"河图洛书"中的数，就表明五行之理的相生相克的转换关系，同时又表明数与数之间的相对平衡关系和对称关系。

理与象的关系也表现为理与象的结合。理并未完全抽象于象之外，象（事物与事件）仍然是用来说明理的一个基础；理必须随象的变动而变动。故在《易经》哲学的发展中，不仅有"理数"之说，还有"象数"之说。一方面"由象明理"，另一方面"依理明数"，从而避免了走向一个纯粹、抽象的数学模型。这是《易经》哲学的一个特点。在中国哲学"一体多元"的发展中，也没有导致主客、心物、时空、抽象与具体等等的分离。

这就表明了真实世界的机体性。在思维方式上，也就是在主观世界上，也有同样的机体性现象。人的主观活动开始于意念，但心灵意念之动经过反省，产生了一种分辨意识，由此条理化为中立之义，再由中立之义更客观地显露在语言的辞上，完成了意义的统一性。这样，外在的事物经过心灵内在的意念的把握，而走向语言的认知。这是《易经》哲学所显示的心（主观世界）的客观认知化的过程。

总而言之，《易经》哲学显露了数、理、象、意、义、辞这六个方面及其相互关系。这六个方面也可以看作《易经》哲学本体论所涉及的各部分的显露。易也就是道。当我们说道是易时，我们主要是说道无固定的本体；当我们说易是道时，我们主要是说易的整体现象，并从整体中分化出两个不同的方面的可能性。"易道"或"道易"所蕴涵的两个方面既相反又相合，既差异又同一。举例来说，相对于易道整体与变化中的心和物而言，一个是隐，一个是显；一个是静，一个是动；一面是柔，一面是刚……对这种关系的多重界定，就构成《易经》中的"由合而分""由分而合"的象数关系。因此，要找寻易本身的内部关系，就必须从诸多方面着眼。

但是，目前研究《易经》的人，往往走向过分地部分化，陷入以偏概全的局部主义之中。讲象数者，往往不讲义理；而讲义理者，往往排斥象数。实际上，《易经》本身作为一个不定本体的自觉思维活动，作为一个宇宙哲学系统，既是一个多而合一的认知整体，也是一个包含了分析和综合的思想整体。

由此，要说明的是有关《易经》哲学的"整体定位、变化创新"的"本体诠释学"。《易经》作为整体系统，作为一种思维方式，要求在整体定位后，再调整部分与部分之间、部分与整体之间的关系；然后再扩大范围，体现更多的创造面，在不同的情势下，永远寻求并保持一种动态的平衡与和谐，此即《易经》哲学"变化创新"的基本要求。对《易经》的这种动态的整体系统了解，就构成了我们所认知的"本体诠释学"的架构。基于这个架构，我们不仅对《易经》哲学的思维模式有更深的掌握，而且能更进一步对现代西方哲学内部结构的发展过程，有一个真正的透视和了解。

以上之所以要花这么多篇幅提到《易经》哲学，还有两点需要说明。第一，在中国哲学的发展过程中，《易经》哲学为其发展的原始点，也永远构成其再发展的源头活水。同时，《易经》哲学还对中国民俗文化中的许多方面，产生了广泛的影响。第二，为西方多元的哲学学说和科学知识所显示的方法论，只有回到中国人所具有的哲学的整体意识中，才能更深刻地了解其变迁的枢纽和相互的关联。有了这一基于《易经》哲学对西方哲学的掌握和了解，我们才能提供未来世界哲学发展的蓝图和方向。

这就是中国哲学发展所包含的历史性与现代性的意义所在。中国哲学的历史性与现代性又是根植于最后凝聚为《易经》思考的最初的整体生活和文化经验当中。而中国人最初的整体经验，又基于中国人在文化的发展中未曾遭受分裂性的冲击所致。这可说是中国哲学的"大幸"，也可说是其"大不幸"。但总的来看，大幸的意义仍然大于"大不幸"的意义。就事实而言，西方哲学的开始点是基于一种对立、分裂与冲突的历史和人生经验。与其相反，中国哲学无论是儒，还是道，从一开始就追求一种与天道浑然一体的境界，也就是要掌握一种整体的宇宙观。这在早期是"大幸"，但是到了后来，当中国传统遭遇到外来异质文化与哲学的冲击时，却无法立即消化，造成亘古未有的疑难混沌。这便是"大不幸"了。

以上所说的"大幸"与"大不幸"，也可以从心理学上儿童的成长过程得到印证：由于在幼年受到家庭的宠爱，一个人到了成年之时，面对冷酷的社会，就难免不遭受伤害。这是由于，他已习惯于生活的安全与安定，而缺乏独立进取、冒险犯难的精神。

就这一例子的意义来看，由于中国哲学在早期往往过分强调整体经验，乃往往陷于知合而不知分之弊，更由此疏于掌握部分，分析条理；并以为，只要抓住了整体，在整体的基础上不变不动，就可以求得安稳平衡。这显然就是一偏之见了。这也是忘却了中国哲学最初的《易经》哲学而对动态平衡失去了注意的结果。如果中国哲学经过具有分析理性的，掌握部分性能力的西方哲学的冲击和洗礼后，再回到本身起点（即原点），那就可反过来笼罩西方哲学，并打破世界哲学僵化对立的格局。这对中国哲学的再生和现代化，自然具有重大的意义。由于《易经》哲学是中国哲学历史性的原点，因而，它能成为中国哲学现代化的一个基因和动力，其重要性就不言而喻了。

三、中国哲学现代化的内涵

所谓中国哲学的现代化，并不就是把西方思想的形式和范畴加到中国哲学上，也并不是说，中国哲学非要用西方思想来分类。但是，西方的分类不一定就只是西方的，这还得要看哲学这门学问本身的立场是什么。这才是最重要的。就这一点来看，几位上一辈的哲学家，包括唐君毅、牟宗三，一再强调中国哲学是与整个人类文化精神相合为一的。他们走的是实在主义的路、比较具体表现的路，而缺乏一种抽象的理性反省。我们觉得，这种单一的处理方式无法把中国哲学的全貌表现出来。中国哲学所走的路，简而言之，可由四个角度来看：（1）它是一种内在的人文主义；（2）它是一种具体的理性主义；（3）它是一种生机的自然主义；（4）它是一种自我修养的实效主义。这显然与西方自古希腊起就强调的理性知识与方法论，有很大的不同。

同时，我们还需要讨论有关人类哲学本身的各种可能的定向问题，以及人类思想的角度及重点所面临的种种问题。在思想形成的初期，可能会出现某种方向的差异。这种差异开始时很小，但随着文化经验的加强，差异也日渐增大。正如太空飞行，开始时方向上的"失之毫厘"，但对最后的目标而言，则是"差之千里"了。这是思想上所不可避免的现象。

另一方面，虽然人类思想之间有差异，但由于大众的交通、大众的媒介，以及各种人际关系的交流，思想与思想之间必然会碰面，从而在差异中取得一种协调、一种了解，或一种沟通。

因此，今天中国哲学要谈形上学的问题、知识论的问题、方法学的问题、人类学的问题，主要的目的就在于，把问题本身提出来，从传统的注解方式中开发出一条新途径。今天的世界正处于一个必须沟通、必须综合的时代，沟通与综合，这是人类共同的需要，是人类理性上的一种批评性的自觉。而中国哲学现代化，正是适应了这种需要。

不错，哲学可以有不同的形式，不同的民族可以在不同的形式下做哲学工作，但哲学的（理性的、逻辑的、方法的）形式又必须得到一种经验的还原：通过这种还原，我们便能对人类及其文化做出建设性的贡献。因此，我们必须要对现实的文化环境、人类环境有一个深刻的认识，来反省中国哲学发展的方向；而缺乏这种世界的心态，正是阻碍中国哲学现代化的症结所在。

中国哲学的现代化不完全是指用理性的方法和知识形式去更新中国哲学之本质，也是指使中国哲学能够对人类目前和未来的生活提供一些积极的智慧。一种哲学只有当其内涵、精神和智慧真正灌注到人的整个生活中，产生出实际的影响，才称得上是现代化。简言之，中国哲学的现代化有两层意思：一是找出它的普遍理性形式，作为与其他思想沟通的媒介；二是必须对文化的发展和生活本身发生一种作用。更具体地说，就是用知识和方法，来扩充智慧与精神，亦即用普遍的知识和理性的方法，来表达适应现代人当前及未来生活之价值，来创造发挥中国哲学所蕴涵的智慧与精神。

四、中国哲学现代化的方法

这就需要开展哲学的批评。所谓哲学批评，即指"对哲学的批评"和"自哲学的批评"。

"对哲学的批评"，就是以部分来批评全体。从理想的意义上讲，哲学思考的目标是整体化。在西方，当数学、物理学等自然科学从哲学中分化出来以后，哲学本身也走向科学化的哲学或技术化的哲学，即对一般性的问题进行专门性讨论。但由于哲学本身发展的起点是整体性，所以，"对哲学的批评"往往代表了方法的突破；当方法突破了原有的哲学体系、建立起新的方法论时，就能对哲学进行批评。西方哲学都是由方法的建立走向新的哲学建立。方法的突破是整个西方哲学发展的动力。每个哲学家都希望找到一种新的方法和新的哲学。当然，这里应把科学、文化、历史、个体经验也看作具有导向方法突破的相对原因。这是"对哲学的批评"，即从为整体所包含的部分对一个理性化的思想体系作批评，这也是西方哲学发展的一般途径。

所谓"自哲学的批评"，即是自本体批评的方法或自本体论批评的方法论。哲学可对整个文化经验和知识体系进行批评。哲学立于对本体论系统的了解的基础上，去掌握世界，批评文化。哲学命题对文化的影响很重要：哲学既是促成文化进步的重要因素，也是造成文化调整、历史设计、知识规范与个人实现的一种动力。文化如果缺少哲学的批评，则将变成一潭死水。哲学批评不只是由方法来批评本体，或由部分批评整体；而且也可以由整体来批评部分，或用本体来批评方法。"自哲学的批评"，既可帮助我们对文化、经济、社会、政治作价值总结，也可帮助人类对社会做出理性的和整体的贡献。

无论是中国哲学，还是西方哲学，都非常同时强调"对哲学的批评"和"自哲学的批评"。当然，目前西方哲学中"对哲学的批评"强于"自哲学的批评"，认为哲学活动并不具有建构性和创造性。这也是科技社会（现代化社会）的一个特点。中国走向现代化，自然也会面临到这一尖锐的问题。

我们要问：哲学究竟能做什么？当各项具体科学从哲学中分化出来以后，哲学的整体思考是否有实际意义呢？回答当然是肯定的。当各项专业的科学知识体系作为不同的部分在世界整体系统中获得相对定位后，它们都可以在整体性思考中扮演咨询与意见参考的角色。哲学作为整体性思考，则可以扮演综合知识、开阔眼界、整合体系、建立价值或调整价值等角色；因而，对整体系统的促进有所贡献。

就目前来说，西方哲学尚未能担负起这种功能，哲学家不去关心那些科学知识体系的相互关联，以及实际运用于人生社会等问题。人类正面临着战争力量与和平力量的竞争问题，世界合作经济市场的开发问题，生态环境的保护问题，医学与生物的管理与伦理问题。但哲学家往往漠视这些实际的问题，从而使哲学走向贫困，走向机械主义，成为一套抽象概念性的分析技术，而缺乏有机体灵活的应用性与引发力。当然，当代西方哲学家也尝试对世界与人类社会各种危机以及知识体系的狭隘化做出批评。欧洲大陆的诠释学、批判理论、解构主义等都尝试从哲学整体的立场，对现有的西方文化与知识体系中所包含的僵固性、局限性进行批评。但是，其整个基调，仍然是"对哲学的批评"强于"自哲学的批评"。

从中国哲学来看，"对中国哲学的批评"本身，就构成中国哲学再发展的条件。今天，我们若要对中国哲学进行认识与了解，就需要从方法论、知识论、本体论角度，对中国哲学进行一种严肃的批评，并利用当前人类面临到的各种问题，如知识问题、方法问题、价值问题、实用问题等来考验它、质询它，看它能否变得在方法上更有用，在知识上更相关，在价值上更有启发性。这种批评对今后中国哲学的发展也相当重要。不论是儒家也好，墨家也好，道家也好，法家也好，佛家也好，都必须先有"对哲学的批评"精神。否则，如果只是讲什么"儒学复兴""中体西用"，或是"西体中用"，都不能真正地把握具体的历史性的中国哲学发展的方向和途径。要完全抛弃中国哲学，这在理论上是不可能的，也是不应该的；但要复兴中国哲学，就不能不痛下决心，作一番认真扎实的哲学批评反省的工夫。

就伽达默尔的"哲学诠释学"来看，一个哲学体系之所以具有发展新思想、接受外来思想或扬弃旧有思想的动力和能力，乃在于该系统本身。因此，我们应当在中国所开创出的意义系统、语言系统、思想体系和方法体系中，去批判和重建中国哲学所具有的文化与生活的整体性，而不容全盘放弃和否定。

对中国哲学的根源性和历史性的掌握，可作为中国哲学发展的一个起点。面对当今世界各种知识潮流和社会环境，要对中国哲学进行质询，并定量地做出内在调整、活力重建。其中，知识和理性地思考对中国哲学的批评，将使中国哲学发展出一种理性的方法的自觉。因而，"对中国哲学的批评"是极其重要的。通过这种批评，使中国哲学回到"原点"，以便把僵化了的中国哲学体系引向原始生命力的质点上。一方面，融化中国哲学史上的重要观念；另一方面，在自我调整的基础上，去接受西方哲学的精华。这样，整个中国哲学的发展就更有一种融合的意义，并自然造成中国哲学的蓬勃生机。这也就是在"对中国哲学的批评"中，走向中国哲学的现代化，把中国哲学变成一套具有活力的哲学思考方法和过程。

中国哲学既有历史根源，也有未来发展的潜力。那么，如何在批评的基础上贯穿历史，投向未来？这是中国哲学面临的时代的挑战。面对这种挑战，中国哲学就可站在自己的本位立场上，对人类的生活、对人类社会、对西方哲学，做出"自中国哲学的批评"。因而，我们不能把中国哲学当作只应接受批评的被动的"阶下囚"，不能将中国哲学的"不幸"作为出发点，也不能用外在的批评来代替内在的批判，而应把重心放在中国哲学的分析和重建上，即由外在的批评达到分析重建，从而开发中国哲学发展的内在动力，然后再用中国哲学的眼光来观察世界，并从整体系统的立场对西方哲学加以批评，做出中国哲学的诠释，以及世界哲学整体系统的定位。

每个民族的文化都有其独特的历史根源和世界地位，我们不能否认其独特性及独特性中所包含的普遍性。所以，从中国哲学的观点来批评世界历史上各种流派和各种知识体系，不仅在理论上可能，而且在实际上也需要。因为这种批评，能够帮助我们进行建立整体性的世界哲学的思考。

中国哲学只有在内涵本质上和外在形式上现代化，才能对世界哲学做出贡献。当然，最重要的是内涵本质上的现代化，此即系统性思考、创造活力的增加，以及整体系统的创建。有了这种努力，我们才能用世界哲学来充实中国哲学；并用中国哲学来提出世界哲学发展的方向，促进世界哲学的发展，使之成为世界哲学发展的一个源头活水；同时，也可成为英美哲学和欧洲哲学相互交融的媒介。注重纯粹理性分析的英美哲学，往往对不作细致分析的中国哲学兴趣不大；而欧洲哲学则更多地注重综合经验及文化传承。因此，在中国哲学"分析重建"的过程中，中国哲学的整体经验必然会用现代语言来重新加以说明，并建立一个具有分析力和透视力的逻辑结构。中国哲学若对心物、意义、真理、知识、价值、体系等问题做出分析的说明，将会是分析重建的最好例子。

当今，注重整体性的中国哲学对欧洲传统哲学具有很大的吸引力。因此，很多欧洲哲学家对中国哲学的兴趣很大。中国哲学对于欧洲和英美哲学之间的沟通以及融合，都可能起桥梁作用。同时，中国哲学的机体性思想方法，更可以作为沟通欧洲"新神学"和英美科学哲学的媒介，并为之提供某些解决的方案。

肯定中国哲学的"自哲学的批评"的立场，再结合运用"对中国哲学的批评"的精神，这是促进中国哲学现代化和世界化的两个基本方向。这样，中国哲学就不仅可为建立整体的世界哲学做出贡献，而且也可作为西方哲学各部分间沟通的媒介。

五、中国哲学现代化的方向

首先，现代化不是把中国哲学纳入西方的轨道，不是把西方哲学之范畴强加于中国哲学，而是要找出一条能够对现代有影响的路。要做到这一点，就必须深切地认识到，哲学是一种创造性的活动。

过去的中国哲学家给人的印象，就是固守一些权威、一些形式，对古人做注解。但是，哲学家不应当走上训诂、考据的路。哲学的精神就是创造，哲学的活动就是一种创造的思考与反省。中国哲学有它的智慧和精神，但不能把它们凝固在某一面上，认为那是中国哲学的本质。我们不能为这种"寻找本质"的心态所惑。因为，到底什么是中国哲学的本质，很难做最后的定论。固然，中国哲学与西方哲学有很大的不同，单从理性了解入手，便无法触及中国哲学的核心。中国哲学强调体验与涵养，这的确是一种境界，但我们不能因此就陷入神秘主义。中国哲学的发展，由先秦诸子到宋、明、清，凡能真正体现中国哲学精神的人，走的都是创造的路，而不是训诂的路。朱子也好，王阳明也好，都是用自己的话来表达他们的境界。心境固然是心境，然心境亦可以用一种客观化的语言来表达，这便是儒、道所共同强调的"内外一致"。有其内必得其外，但是，如果自以为有其内，而对外部无所表征的话，那么，究竟是否有其内，还值得怀疑。因为，内是无法证明的。

我们今天强调现代化，一方面须向内求速度，另一方面须向外求表达形式，做到内外合一。我们不能以为，自己已经达到了那种境界，只是没有表达的能力而已。以佛教来讲，即使是禅宗的大师，当他们体验到了某一境界，就有表现；有智慧就会表现，没有表现，就表明不够深入；而且深入后的表现，必定是活活泼泼的。禅宗的表达方式按脉络而有不同，并不限定在一种方式上；脉络扩大了，他就得随机、随缘地表现。古代印度佛家，包括龙树、世亲、提婆，也都能于内证工夫后在不同机缘下传佛法，此即显示，真正得道的，就必有其表现方式。进一步言，表现方式相对于环境，有许多无视学问与环境的关系，仅视学问为一种静态的东西，而忘记了学问是人在环境中的活动。在禅宗当时的环境中，可以用问答、公案等方式来表达其思想；但在今天扩大的环境中，是否还能以同样的方式表达，就值得考虑。我们不能固守一种形式，应当拿出穆罕默德之精神，当山不走向你的时候，你就走向山。目前的世界是一个很大的环境，人类的未来是一个很大的、值得关心的对象。在这种处境中，我们应找出适当的表现方式，这就是"现代化"的一个创发性、积极性的观点，是精神与客观世界的配合。

中国人的智慧可以说是很实在的。它根基于对天、地、人的深刻的反省，永远不脱离文化和时代。但今天的中国哲学界却失去了这长处。原因固然很多，但一个重要的原因是对中国哲学的内容与精神掌握得不够，或者是误解了现代化，于是便提出民族主义来对抗；而恰恰忘记了，真正的民族主义必须有能力使其民族得到世界的承认，并发挥出影响力。

如何才能使中国哲学现代化加快实现呢？

首先，必须对中国自先秦以来的典籍，给予一活活泼泼的生命，还原其心境，然后进行一种理性的处理，再将它们用于实际，这是一个非常艰巨复杂的过程，需要很多人的心力去共同努力。

其次，在方向上，我们必须对哲学本身有相当的涵养。也就是说，我们必须去问"什么是哲学"这个问题。自20世纪初以来，对于哲学的性质这问题，产生过许多不同的看法，至今仍无普遍为人接受的看法。在这个问题上，西方的传统可以给我们一个很好的参考，因为它们在这问题上已有很长的探讨历史。因此，了解西方哲学，并力求一贯知识上的了解、方法上的了解、观念上的了解，这很重要；尤其是方法上的了解，更须强调。

哲学经过了这么多立场和方法上的反省，它究竟是个什么东西？历来对此有过百十种的看法。有人认为它很具体，有人认为它很抽象，也有人认为它虚无缥缈，但是，无论如何，它所面临的问题，完全是由生活和生命体验中而来的。这些问题，就是哲学立足的根据，是与人的存在同时俱存的。只要你是真正地追求知识、反省生命，你就会感受到这些普遍的问题。哲学问题是没有时代性的，它本身并不需要现代化，但提出了解和处理问题的方式却有时代性。因此，我们谈论中国哲学的现代化，必须在方法上寻找现代的了解方式、表达方式，并与我们的体验相结合。然后，把我们得到的结果与中国古代思想家的看法做一比较。这是一种以现代人的资料和经验去衡量、解释中国哲学的方式。

另一条路线，就是从中国古代哲学家原有的思路入手。比如读《庄子》，对内篇、外篇、杂篇做一全面的了解，把握其内在的脉络。然后，我们可以顺着哲学家的前后更替，把中国哲学的脉络加以扩大，以至与现代接头。换言之，我们可以站在中国哲学的立场，对现代所处之脉络、对普遍的哲学问题做一思考。我们可以一个简图表示：

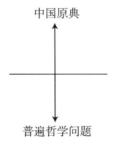

一方面是对中国哲学的发展做最忠实的了解，另一方面是对普遍的哲学问题做深入

的了解，二者之间形成了一种动态的、辩证的相互作用。你也可以先就《庄子》本身来讨论，然后谈普遍的哲学问题，再做一种沟通，看庄子对这些普遍哲学问题做出了怎样的反响，同时也看这些普遍哲学问题是怎样影响庄子的。通过这种双向的批评与了解，就可把庄子的智慧揭示出来。这条道路，就突破了历来以注解做学问的路。

有人担心，这种理性的分析与解释，会把中国哲学的精神丢掉。这显然是不了解现代化的真正目的，也可以说是杞人忧天。我们可打个比喻来说明这一点。一件好的艺术品，人们可以用美感去欣赏它，这种美感是很自然的感应，而不是经过分析而来的。人天生就有对美的反应能力。孟子主张人对善有内在的感应（良知），美感即类似于这种能力。但是，除了为我们的直觉所欣赏以外，对艺术品本身，也可以做一种客观的鉴定和分析，而且也有此必要。

这可分两方面来说。第一，真假的问题。一件复制品，当它达到了可以乱真的程度时，你明知它是复制品，经过了人工的模仿，然而，它是否与原本有同样的艺术价值呢？两件看起来一样的东西，一件是由机械过程完成，一件是有人的努力、人的心境和人的创造在里面，如果我们不从这些背景来了解，不了解创造在里面扮演的意义，可能会赋予两者以同样的价值。第二，一件艺术品虽然是直觉的创造表现，但我们还是可以用客观的、冷静的理性去了解它的成分、内涵、形式，做一种定性的和定量的分析，使后来的人有一个法规可循。即使是非理性的产物，也能施以一种理性的了解和分析。这种了解和分析，能够使后来已经不知道那种直觉创造过程的人，能够了解这件事情，能够找到一种法规，再做出创造。换言之，理性的了解和分析，是创造力的基础，它有助于创造力的开放。理性亦有助于欣赏的深化，最好的欣赏是在你有了知识基础之后，再做出直觉的突破与超越。

许多从事中国哲学研究的人，只是如欣赏艺术品一般，去接触中国哲学思想，这实际上只是一部分的工夫。哲学需要理性的分析。但有人以为，概念搞清楚了，中国哲学的精神就没有了，按此说法，中国哲学概念就无须清晰性，只是一种雾里看花的境界，这不但不是正确的路，而且还会是中国哲学的落沉。如果我们肯定中国哲学的艺术性，我们更不应当在这种艺术欣赏的境界中自我陶醉，而忽略了艺术本身的世界意义；我们要对环境有了解，使艺术品成为活活泼泼的东西，意识到这一点是很重要的。

总之，中国哲学的现代化有重要的两项：中国哲学为了要落实现代，就必须为现代所化；而为了要通向世界，就必须为世界所化。哲学是一种创造，中国哲学只有在与西文哲学交互影响的过程中，才能成长壮大起来。我们期望中国哲学的现代化与世界化，走出一条"左右逢其源，上下契其机"的路子。

第四节　中国哲学的重建

中国哲学的重建，当然要基于对中国哲学本身有一个完整的认识。从诠释的观点来看，愈能够掌握中国哲学的基本发展的全貌，就愈能够掌握中国哲学的各部分义理。无论是哲学学派、哲学运动，还是个人哲学的表述，都为中国哲学全貌所涵摄。在论及中国哲学基本发展之前，首先要弄清重建的含义。

一、重建中国哲学的含义

重建的第一层含义是，系统和结构的再造。"重建"这个词，为分析哲学家使用得最多。但它不是分析哲学家的发明，而是首先由杜威在 20 世纪 50 年代发表的《哲学的重建》（*Re-construction of Philosophy*）一书中提出的。杜威从方法论、知识论、价值哲学以及教育哲学这几个方面，来评估和批判传统哲学，从而提出一个新的哲学系统和架构。在方法论和逻辑方面，他认为，传统逻辑太形式主义化了，已经与经验脱节；真正的逻辑应该与经验结合在一起。他把逻辑看作一种实验式的、实用性的探讨方法，是一种对经验世界的理性的探索和对理性世界的经验的探索。逻辑不一定具有先验的形式，所有的先验命题都只是假设命题而已。这种基于实验主义与实用主义的需要而发展出来的对逻辑的新看法，就是逻辑的"重建"。

重建就是重新建构的意思。不仅重新建构，还要把不合乎"重建"标准（这个"重建"的标准是：达到一个经验知识的实用运作目标，并促进更广泛、更实用的经验模式和知识的建立）的传统哲学命题予以扬弃；对合乎重建目标的传统哲学命题，则予以实用主义的解释。基于"重建"的标准，我们也可以更进一步发展出新的理论概念，把理论思考看成一种思想方法，包含科学知识的经验方法和实验方法。杜威运用这种方法，批判和扬弃了传统哲学中的形上学、心物二元论和理性伦理学。

中国哲学的重建，除了有实用性的含义外，还包含了分析哲学和诠释学的要求。中国哲学的重建不只是相对于某一个固定标准而作的重建。因为，"重建"的标准不只一个，而是有多层次、多项目的性质，共有八个标准：现象性的、结构性的、过程性的、逻辑分析的、诠释理解的、理论系统的、辩证思考的，以及实际效用的。这些都是基于整体哲学可以要求的意义标准。这些标准既然是多方面的，那么，我们就不能把它看得太死板。我们应该基于不同的需要，在多元的标准之下，尽可能去实现这些标准的要求。假如相应于现代哲学的要求，我们必须把这些标准减至最少，那么，就必须选择分析的标准和诠释的标准，作为最重要的两项标准。分析的标准基本上是对应于形式和内容的，而诠释的标准基本是对应于方法和本体的。所以，哲学的重建是从内容的更新到形式的更新，从方法的更新到本体的更新。这两个过程中的两项都相互影响、相互决定，即使在两项之间，也相互影响、相互决定；没有一个形式完全脱离内容，也没有一个内容完全脱离形式；形式和内容是出于本体的一种需要而发展出来的。同样，在诠释一个原本（text）的意义时，自然也引发出一个方法的问题和一个本体的问题。方法和本体相互为用，这也是在整个的重建中必须掌握的方面。

分析，指的是语言分析和理论逻辑的分析。这种分析是为了要达到一个新的哲学语言，用新的语言来彰明哲学的内涵，实现哲学语言的重建。诠释的目的是要实现一个本体系统的重建。整个哲学的重建就是在寻求系统重建和语言重建的一贯和一致。所以，重建主要是指一种程序和方法。这种程序和方法是基于我们对现代哲学的了解而发展起来的。

重建的第二层含义是，要把以往的哲学投射到现在的和未来的平面，使之具有现在性和未来性。中国哲学的重建，是针对现代哲学及由现代哲学所启发的方法和本体哲学所作的一种重建。所有的重建都是相对于一个时代的趋势、一个哲学发展的潜力。重建的目标是把一个哲学传统体现为一种现代生活中的、具有时代意义的哲学思考。因此，现代哲学所启发的一种分析的语言和一种诠释的语言，对哲学重建具有很大的意义，因为两者都是西方现代哲学所发展的方法工具。西方现代哲学可看成方法和工具，所有的西方哲学都可以被工具化、方法化。借助于这些工具和方法，来重建一个具有根源性和历史性的中国哲学，来把它转化成一个具有高度内涵和高度智慧的思想体系，这就是研究现代西方哲学，以重建中国哲学所具有的意义。哲学重建应从现代哲学对分析诠释的关注，经过分析诠释相互决定的过程，走向一个新的语言、新的结构，建成一个整体化而又具有开放性的体系。

我们可以基于对前面分析的"九家十说"的各项重点，抽象出一个简单方式，来表达这个重建的程序，就是从语言形式来洞悉意义内容，从意义内容开拓方法学和本体学，最后提出一种新的哲学语言、一种新的哲学系统。这就是中国哲学思想的重建的本质要求。

这个重建的工作并不意味着把中国哲学完全改头换面。所谓不是改头换面，是指：一个哲学的思想在历史发展过程中有其发展条件，但发展的条件不完全等于它所成就的系统。它所成就的系统愈大、愈完整，就愈不等于它的发展条件；反之，它所成就的系统愈松散、愈无联系、愈粗糙，就愈能为其发展条件所限制、所解释。条件是澄清系统的一个工具、一个基础；但条件不等于意义解释，也不等于理解。所以，基于解释、理解的需要，系统本身可作为一个重建的对象。但这并不是把一个系统改头换面，而是在其所成立、所发展的条件之上，成就新的系统。因之，对这个系统的语言可以作一个新的"后设语言的分析"，并对其内容作一个新的"后设语言的诠释"。这也就是给它一个新的形式和新的系统内容。简言之，重建并不是要否定原来的系统，而是将它投射到现代哲学开拓的观念水平之上，也就是把历史性投射到现在性和未来性之上。投射不是一个简单的过程，而是把一个博物馆的陈列品即意义原本，通过一个解释过程而投射到一个灵活的生活世界之中，使它具有现在性和未来性。这就是在时间中的重建。

随着时间的推移，哲学思想会有不同的投射。因此，也需要不同的重建工作。所以，哲学应不断地重写。在任何时代段落里，哲学史都需要重新评估，把时间赋予它的新含义与整体化的新的体系体现出来。所以，过去也可以因为现在而改观。海德格尔的诠释学已经简述了这种基本意义。他把时间看成过去、现在、未来的整体运动，并表示为一种曲线运动，可图示如下：

从这图示中可以看出，过去、现在和未来不可割裂分开。过去是现在和未来的一部分，正如现在和未来要嵌入到过去而成为过去的一部分一样。由于这个时间的整体运动，因此，重建就是一个连续的延伸的投射过程。重建是以过去性、现代性和本体性融为一体的时间性作为标准。

基于上述，中国哲学的重建，也就是把中国哲学体现在现代世界里面。当然，要重建，就必须运用现代分析哲学和现代解释哲学所启发出来的生活语言、分析方法和诠释理念。这样的认知和重建是符合现代人的需要的。有人认为，重建不是把一个历史中的一个哲学传统投射于现在，而是把它投射于过去的一个时间水平上。譬如，把孔子的哲学投射到周初的时间段落中，这是一个反逆时间程序的投射。只要条件允许，在理论上并无不可。但这不是我们所要求的中国哲学的重建。我们所要求的中国哲学的重建，应具有现代性和未来性，它是以现代哲学的时间水平作为标准。掌握整个现代哲学的水平，这是重建中国哲学的一个重要的条件。唯有这样，才能掌握重建中国哲学的本质意义。

重建的第三层含义是，创造一个条件，使过去的哲学家回答现代的问题，并作批评，因而能在现代的背景下进行对话。任何一个哲学体系，都有其当代意义和延伸意义。所谓"当代意义"，是由当时的哲学水平、存在条件，以及哲学家之间相互的对话所决定的。但它的"当代意义"并不是唯一的意义。从语言的特性来看，任何意义都可被延伸。它在与其他哲学家的交互影响对话中，会产生出一种延伸意义。因此，假如孔子今天还活着，那么，他也可以回答德里达、海德格尔或分析哲学家所提出的问题，也可以与现代哲学家作一种对话。我们可以想象，很多哲学家以其思考活力，必能在其基本意义上，延伸其哲学体系，来说明立场，以适应时代的新的需要。

就以我们讨论的各项专题来说，我们的话都具有基本意义。当读者向我们提问时，我们却仍可延伸发挥新的意蕴。但这个新的意蕴也是从基本意义上引申出来的。如果没有与人对话的机会，我们也就没有机会去想象这个延伸意义是什么。因为延伸意义是适应了需要、认识了新目标而发展出来的。我们也可以说，延伸意义是把一个"隐"的意义变成一个"显"的意义。哲学系统的基本意义是显的意义，而哲学的延伸意义则是它的隐的意义。这是哲学发展的自然道路。哲学永远具有它的根源性和整体性。因此，所谓基本性或根源性，就是它的"当代意义"；所谓整体性，也就是它的"延伸意义"。

我们在批评一个哲学家的时候，应该给予他一个答复批评和为自己辩护的机会，而不要去追究他本身的立场包含了多少值得批评的地方。只有在批评和对话过程中，才能产生新的哲学的诠释。一个新的哲学的诠释就是这个哲学在现代和未来的时间水平上的一个重建。给予一个哲学家以一个答辩的机会，这并非假设他的哲学可能完美化。恰恰相反，对话使他的哲学内涵的矛盾更容易显露出来，显露出他的问题，显露出他回答问题时的局限性，当然，也显露出他在解决问题时所体会到的理想的完美可能性所在。通过批评的对话，也显露出一个哲学体系在理论上能够发挥出什么，为什么没有实际发挥，它具有哪些局限、缺点、自我限定和不能超越的障碍等等。在重建过程中，批评一个哲学家或哲学体系，既反映了被批评者的问题，也反映了重建者本人在方法论和本体论上的特点，因而获得了改善的机会。

从本体诠释学的立场来讲，我们应尽可能地把本体论与方法论的关系提出来，作为批评和评估一个哲学家或一个哲学体系的重点。这是重建中国哲学的一个重要的层面。

二、重建中国哲学的途径

有关中国哲学的重建问题，是以下列认识为基础的，中国哲学必须把传统的形式与内涵转化为现代的中国思维方式，亦即转化为适合现代生活的思维方式，并且能够充实及指导现代人生活的思维方式。重建的要求，当然是因现代生活的调整而引起的。正如我们对中国语言的把握，也不得不因时代的需要而脱离传统的格局。在中国哲学的重建过程中，我们的思维方法及形式、思维的范畴及对象、思维的准则及目标，自然也需要适合时代的要求、生活的要求、文化发展的要求、社会进化的要求，并加以创新。

所谓适应、发展、进化和创新，并非指中国哲学将改头换面。既然肯定中国哲学为哲学，就自然有其寻求真理的本质，有其永恒的理想境界。所以，当我们说重建中国哲学需要适应现代人的生活要求及现代人的思维方式时，是指要把中国哲学所包含的原理和本质加以义理的诠释和概念的批评，使中国哲学的价值能在现代人的思想意识中清楚地呈现，同时也能对现代人行为发生实际的影响。

今天，我们如欲重建中国哲学，就必须采取理性批评的思想观点，以此为权衡。我们要用理性的思维和分析的方法来重建中国哲学，这至少表示，我们要对中国哲学有一个现代化的了解和现代化的表达方式。当然，我们应采取的理性批评的观点有其相当的复杂性，即是指理性的批评和分析应该是多重的、多面的、多向的。换言之，我们对理性须有多重的、多面的、多向的认识。人类的文化生命或哲学生命固然为一元的整体，但却要靠多重和多面的理性动力来实践，来表现。

所以，我们对中国哲学进行探讨，并非仅仅站在外在的立场予以单纯的、理性的和逻辑的分析，而是要从内在于其生命的理性的开拓来体会，中国哲学的重建，一方面要对中国哲学内含的本体的发展性有所了解，另一方面也要对其外显的历史渊源有所认识。当然，我们不能只把我们的分析认知化约成为历史事件的生灭关系；相反，我们必须进而做跳出历史性、时间性的探讨，不受史料囿限，而是基于理性对人类经验的反省和人性的体悟，来扩及社会发展的内在理性的了解。

不论就历史方面、观念方面，还是就社会实用方面而言，理性的了解需要范畴化，以此成为思想中的论证和理由。所以，我们需要培育足以支配理性的能力；而此能力的培育，又需要借重西方哲学、科学以及逻辑思想方面的训练。换言之，我们对于理性的训练和认识，应该具有独立于时间和历史之外的视野。作为对理性自我了解的逻辑思想、数理科学、思辨哲学，以及理论科学，莫不是代表了方法的批评、概念的建构、结构的分析，以及意义的开拓。

总言之，我们必须用理性来建立思维的普遍论证形式和批判法则。然后，在思考经验和具体的文化问题时，综合成一套范畴系统以及意义架构，使其足以用来解析和整合所有的历史经验和思想历程。

我们对理性的了解，直接言之，应当分成三部分来说明：

第一部分可名为"本体性的理解"（ontological understanding），亦即通过中国哲学中最基本、最原始的价值本体的思想、形上原理，来产生对价值的体会和认识。这种体会和认识，又可分为意义和价值两方面。一方面，我们要深入了解其意义；另一方面，我们要体会其价值，进而在意志上对其作肯定和承诺。这种本体性的理解又可称为"本体诠释学的理解"（onto-hermeneutical understanding），亦即基于本体思考来诠释和了解哲学的思想。

第二部分乃是对思想工具的重视，如孔子所说："工欲善其事，必先利其器。"这是"方法性的理解"（methodological understanding）。这种理解需要通过对理性的知识训练来形成。不论我们所探究的知识系统是哲学、科学，还是逻辑，我们的探索均可视为理性方法的训练。这种探索所成就的理解方式，因而可名为"知识诠释学"（epistemological hermeneutics）。

第三部分乃是"语言性的理解"（linguistic understanding）。这种理解乃基于世界哲学发展的趋势，以及基于对语言在现代人类思维中占有重要地位的认识，此即：我们对表达哲学概念所使用的哲学语言不能忽视。哲学思维必须借助于深厚有力的语言来表达。语言不只是表达概念的工具，而且是延伸思维的媒体。所以，哲学语言的发展，一定是和哲学的本体和方法的发展互为因果的。基于此认识，对语言的探讨所成就的理解，可名为"语言诠释学"（linguistic hermeneutics）。

海德格尔当为"语言诠释学"之先导。他对现代西方哲学中基本用语，如："Being""substance""essense""existence"，都能追溯语言发生的源头，以了解该用语代表的哲学观念。海德格尔这种深入语言原义的做法，值得我们参考，但我们切不可"画虎不成反类犬"。因为，我们不但要从中国语言的发生寻绎出中国哲学的根源，而且要从中国哲学的问题，通过现代人的体验和思考来进行推广。更何况，中国哲学有别于古希腊哲学，并较古希腊哲学有更高的层面和更丰富的内涵。

以上所述，是了解中国哲学的三大途径。三者应连锁运用，才能达到真实了解中国哲学的目的。换言之，我们要以知识的理解和语言的理解，来补足本体的理解，但我们也要以本体的理解和语言的理解，来补足知识的理解，而且要兼三者来建构哲学语言。如此，我们的哲学方才会有一番新貌。

我们对中国哲学的了解，还有一层更深的体验。此即：中国哲学可以接受西方哲学的批评和分析，以求现代化和普遍化。这是借助于西方哲学之力，以复兴中国哲学。接受西方哲学的批评和分析，并不是依持西方哲学来否定中国哲学，也不是利用西方哲学来肢解中国哲学，而是借助于西方哲学来锤炼和强化中国哲学，使之在现代世界中持续生长和发展，并使之有能力接受西方哲学已有的及未来的挑战。

中国哲学接受西方哲学的分析和其批评所进行的努力，也促使了中国哲学产生解析和批评西方哲学的能力。换言之，以西方哲学来分析和批评中国哲学的终极目的，是使中国哲学也能够去分析和批评西方哲学；使中国哲学能够接受西方哲学的挑战而做出反省和回应。这种转化不仅促进了中国哲学的再生和发展，也促进了人类的哲学理性的再生和发展，并使人类面临的各种现实的问题（不论是个人的、社会的乃至全世界的；在文化上或科学上，在价值上或知识上）都产生新的突破，同时，也使哲学在人类文化生活中扮演积极而重要的角色。

如上的观点，当可挽回当今哲学的颓势。一旦深入发掘西方哲学，即可见西方哲学问题的重要了。西方哲学的主流——理性主义思维，既有其内在的困难，又受到外在的限制。但是，理性本身的重要性，决定了理性不能因种种的困难和限制而遭摒弃。因此，寻绎出一个新的理性格局，不但能使理性得以拯救，而且也能使理性充实生活，并发挥生命的意义。这也就变成了重建中国哲学的真正使命。

总结以上所论，针对"如何重建中国哲学"这个问题，我们的回答是：吸收、理解西方哲学，借以解析、批评中国哲学，再以现代化的中国哲学对西方哲学进行批评和解释。

也许有人怀疑，以西方哲学批评、理解或分析中国哲学，姑且不论实效，在理论上是否有此可能？对于这个问题，有两点可加以说明：第一，在理论上，基于语言的运用、逻辑的思考，以及本体的了解，我们没有理由不能用西方哲学的概念或范畴来分析中国哲学。我们并可假设自身站在西方哲学的立场，作为西方欲了解中国哲学者现身说法，其实，这项工作已持续了二三十年。在欧美讲授中国哲学，自然必须利用西方语言，借重西方哲学的观念，以表达和说明中国哲学的观念。甚至翻译中国哲学的典籍，也需要开发一套西方哲学的语汇以配合之。

第二，我们主张使用西方哲学的语言及观念来批评及解析中国哲学，并不表示任何西方的哲学观念及范畴都适用于对中国哲学的分析；其实不适用者甚多。用西方哲学的概念来解析和批评中国哲学，往往只能产生类比及近似的效果。因此，我们必须细加比较、分析、推论，才能综合出一个相近的概念。故用西方哲学的概念解释中国哲学，事实上，等于从事一项比较哲学的研究。此项研究要求并假设意义的确定，必须建立在整体系统于不同层次的比较分析上面，而不应只取法于辞的意义和所指的近似。在这一原则下，我们可指出，中国哲学中的基本观念不可轻易翻译，传统西方翻译家对中国哲学名词的翻译往往导向误解及误读，即因未作比较研究所致。故翻译可看成一时权宜之计。如天为"god"，性为"nature"，仁为"love"，理为"principle"，气为"material force"等等，均亟待商榷和诠释，不可视为定论。若对西方哲学做一深入的比较分析，我们当可知天兼含主宰和本体，即兼含性和命两义，而性则兼含本质（essense）及存在（existence）两义，故天不可等同基督教神学之"god"一词，性亦不等同"nature"，心兼理（mind）与情（heart），仁则与基督教"agape"一词和佛学"karma"一词相较，方见其儒学之真精神。至于理、气尤非一二字翻译所能尽。理译为"principle"，气译为"material force"，只见对原义的弱化及贫化，后者尤为不当。故均亟待疏释。至今中国哲学诸家动辄引用唯心主义、唯物主义等绝对性判决字眼，不但无助于正确了解，反而造成无知的独断。

总言之，中国哲学的名词显然不能用西方哲学的语汇来翻译。世界上也许没有任何一套语言可以完全准确地翻译成另一套语言。所以，我们不可把道、理、气、德、性、仁这些名词定于一项翻译，而只能通过比较、分析、训诂、诠释、疏解，把这些名词所代表的概念引进西方哲学中，作为西方哲学新创的思想和概念。由于比较、分析、训诂、诠释以及疏解，可以是双向的语言活动，这样，我们不仅可以用柏拉图、康德、怀特海的思想来阐述儒家哲学的基本观念，也可以用儒家思想来说明柏拉图、康德及怀特海的哲学。这两个过程同等重要，代表了意义的交融和创新。

此外，通过前述本体的、知识的、语言的理解和诠释，利用西方哲学以解析和了解中国哲学，这并不表示用西方哲学取代中国哲学，而是用以达到中国哲学本体、观念、逻辑、知识结构和语言义理的澄清、彰显和创新。这个澄清、彰显和创新的过程，可名为"中国哲学的现代化"。中国哲学经过这一现代化的过程，可以对西方哲学提出诠释，以求了解并认识西方哲学，从而对其进行普遍的说明和批评，甚至用中国哲学来解说西方哲学的种种问题，或提示其发展的方向，或与之再做深入的比较。这个过程可称为

"中国哲学的世界化"。"中国哲学的现代化"显然是"中国哲学的世界化"的重要前提。"中国哲学的世界化"当然不是单纯的事,正如中国语言的世界化不是单纯的事一样。不过,"中国哲学的世界化"应该比中国语言的世界化更富潜力,因为中国哲学包含了人性的内容和生活的体验,显然在"人同此心,心同此理"的前提下,有利于其世界化的进行。

三、从《易经》看中国哲学的重建

目前,海外哲学家基本上是走重建的道路。这个重建,包括从描述到批判的工作,从解释到评估的工作,也包括从发挥到创造的工作。创造就是超越已掌握的限制,容纳新的观点,提出一种新的看法。一个好的例证乃是本体诠释学的提出。"本体诠释",是基于对西方方法论的批评和中国本体论的解释所做出的一个创造性的工作。我们只有对中国哲学有一个完整的了解,才能掌握中国哲学中的那些隐而不显或半隐半显的问题,并基于现存哲学架构和哲学语言,从事发展性的和创造性的重建工作。

中国哲学是一个传统。这一传统基本上有一个发展的生命潜力,它表现在中国哲学内在的逻辑结构及内在的辩证过程里面。中国哲学是根据定居在中原的中国人的生活经验、文化经验和个人经验而综合出来的一个成果。今天的考古学和古代历史的研究,使我们对过去整个生活经验和文化经验有了更多的文物上的了解。生活经验和文化经验呈现出一个生活世界、一个文化世界和一个价值世界。生活世界是人们所直接经验到的,而文化世界是人们所创造出来的,价值世界则是人们所盼望、所理想的一个完美典型。一个民族的生活经验世界既包含实际的愿望世界,也包括政治、经济、社会组织方面和艺术、哲学、文化方面的集体与个人的活动。其他关于社会伦理价值和个人理想价值的典型,也都是生活世界的一部分。这些,便形成了中国哲学的源头活水。

上述作为中国哲学的源头活水的生活经验世界,可追溯到夏商周三代之前的《易经》思想的萌芽原点时期。《易经》是古代中国人的生活经验、文化经验、价值经验的总结晶。它是早期中国人观察天文地理,并结合人情的需要而创造出来的一套融天地人为一体的整体宇宙观。这个宇宙观是一个在空间上能够展开,在时间上能够延伸的动态的宇宙图像。它包括一种空间展开序列和时间发生序列。所以,它既是一种宇宙发生论,也是一种宇宙本体论。中国哲学中的宇宙论和本体论是分不开的,而西方哲学自柏拉图及亚里士多德以来,一直就把本体论和宇宙论分开,以为宇宙论只讲现象,而本体论只讲本质。如何把现象世界和本体系统起来?这一直是西方哲学所探寻的重大问题。

中国哲学从《易经》哲学开始,就把宇宙与本体合为一体。宇宙即本体,本体即宇宙。宇宙的动,就是本体的动,而本体的动,也就是宇宙的动。这两者之间的相互阐明,是中国哲学的特点。宇宙不独立于本体,本体也不独立于宇宙。这个本体化的宇宙和宇宙化的本体还包括了人的生活世界。天、地、人是合一的,人永远贯穿在天、地之间，成为参与天、地的一个活动力量和创造力量。人是协助天、地交互影响的媒介。这种天、地、人合一的本体宇宙图像，从一开始就表现在《易经》的卦象及其原初的卦辞里。质言之，《易经》是中国哲学的生活宇宙经验的缩影。

此外，《易经》又是涵摄宇宙发展过程的思维方式。就天、地、人的关系来说，此一关系即呈现了一个宇宙图像。就宇宙本体的发展通过人的心灵活动而表现这点来说，《易经》的卦象和卦辞就显示了一种思维方式。所以，人的思维形式也就是一种显露，是宇宙本体发生和展开的一个样式。这既可以通过《易经》的卦象、符号（象）、抽象义理（理），以及事物的内在关系（数）来说明，也可以通过主观的自我对外在世界的认识来分析。这就是：主观的象呈现在意上，主观的理呈现在义上，主观的数呈现在辞上，如下图所示：

变通⇌应变⇌整体创新⇌整体化⇌立常规⇌定位

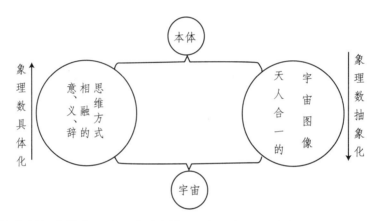

宇宙整体在创新中扩大，呈现出多样性，然后变通、定位、调整、平衡、互变、创新。定位是从相对定位到整体定位。所以，整个《易经》表现的是一体二元的动态和谐和价值实现。要发展这样一个一体二元的动态和谐，当然需要在整体中随时作内部调整和内在定位，以吸取外部信息和扩大创造范围。外部信息能导致内部的不平衡，因此调整内部、重新定位，是向前发展所需要的，也是调整和再发展所需要的。

《易经》的整个思维方式可简单地归结为：对立⇌变化⇌统一。从《易经》的宇宙图像来看，对立、变化、统一的思维方式，可以得出有五个基本步骤，即：

整体化→定位化→内部沟通化→应变化→创新化→再整体化……

这个对立、变化、统一的过程，是在一中显示出二，在二中显示出一。一是个动态和谐的整体，一不因为有二而丧失，二也并不因为有一而丧失；同一之后既不因为新的一而丧失本体的二，也不因为差异化而放弃原本的同一，更不因为新的整体而放弃原来的差异。差异不丧失同一，同一不丧失差异。这是一个一体二元的动态和谐化的过程：

从一到二，从二到四到八……以至无穷。这是宇宙实现的明显过程。但是，不管本体如何分化，都相应着一个对立的隐的同一，宇宙的整体秩序就是在隐与显的相互转化过程中建立和发展出来的；显隐二重性的相应和统一，就是宇宙分化与同化的统一。

这样一个宇宙创生的秩序，就是《易经》的本体宇宙论的思维方式所显示出来的。《易经》的思维方式显示出一个宇宙图像，《易经》的宇宙图像也包含了一套思维方式。用本体诠释学的话来讲，这个宇宙图像即本体，这个思维方式即方法。所以，宇宙图像与思维方式的合而为一，就是本体与方法合而为一。这一点，可以通过《易经》哲学中客观的象、理、数，以及主观的意、义、辞来把握。

以上是我们基于现代哲学和"本体诠释学"对《易经》哲学所作的了解。这里，我们并不否认用其他方法研究《易经》哲学所获得的重要成果。然而，这些方法本身是否有实用性，是否有完美性，还得经由"后设哲学"（meta-philosophy）来讨论。

《易》有三易。但这个说法，无法使我们知道，《周易》之外的《连山》、《归藏》具体是怎样的。我们只知道，一般说来，《归藏》由坤卦（☷）来表示，《连山》由艮卦（☶）来表示。《连山》代表夏朝，《归藏》代表商朝。《周易》以乾卦（☰）为代表，代表周朝。在宇宙本体的时间实现过程中，有许多层面。这些层面之间可以不断地进行内部调整。因此，究竟选择八卦中的哪一个卦作为代表，这既是由人的主体经验所决定的，也是由人的价值目标所决定的。在三代中最初的夏朝，艮卦被看成价值目标，艮卦也成为了解宇宙的中心。以艮为标准目标来衡量其他卦象显示的宇宙过程，同时，也因偶然的因素，把艮卦的安宁性作为人类生存的目标。艮卦所启示出的安定性、安止性（孔子所说的安和《大学》所说的止）非常重要。因为，古代中国由游牧民族走向农业社会，需要面山而止、畔山而居，从而能够产生一种安定性的生活需求。从夏到商，华夏民族的安定生活更充满对土地的自觉，因为由艮到坤，以坤为主要生活力量的来源象征，也就是殷商《归藏》易的自然表征。但到周代，人更能体会到必须要靠天吃饭，这样，天创造万物和生命的能力，也就成为新的认识对象，这就是《周易》以乾为首卦的来源。

从宇宙论方面看，三易之说又有另外的启发性。

假如我们把—这个符号当作显，把--这个符号当作隐，那么，这种符号就是宇宙符号，而不是像某些学者所认为的只是一种性的符号。中国人的宇宙经验十分深刻，以至中国人可以把性也看作一种宇宙经验。两性关系是一种宇宙关系，但宇宙关系不只是两性关系。把一切都看成性的深度心理学（如弗洛伊德），这是一种化约主义，是一种狭隘的主观心理。它没有看到人类心理在其开发过程中也有宇宙经验的一方面。我们认为，从《易经》本身的发展来看，它已包含了整个宇宙经验，而性的关系只是宇宙经验的一个部分而已。上下、左右、刚柔、动静，这些关系都是一个整体性的宇宙经验的归纳，不能不把它看作一个动态的发展中的宇宙图像的象征。我们应该把性心理学所掩盖了的宇宙符号揭示出来，用基本的宇宙关系来说明一切其他的宇宙关系（包括性关系）。

所谓基本的宇宙关系，可以列为八种对偶性关系：动—静、刚—柔、实—虚、显（明）—隐（暗）、同—异、合—分、上—下、外—内。当然，我们还可以列出更多。但我们却是以宇宙普遍性和《易经》实际涉及的方面作为取舍标准的。通过这八种不同层面的宇宙经验，我们不但可以作一宇宙本体各层面的相对定位，也可以用来说明并归纳自然宇宙的现象为阴（静、柔、虚……）和阳（动、刚、实……）两端，阴代表八种对偶关系中的静、柔、虚、隐、异、分、下、内，阳则代表动、刚、实、显、同、合、上、外。

基于此，我们既可以用阴阳来具体地呈现宇宙动态的现象，也可以用来说明哲学的思想范畴为有无、常变等。这是一个开放的宇宙经验，可以无穷地发挥。这种宇宙经验的开放性，表现在宇宙关系的相互转化上。这种转化关系既包含动和静、刚和柔、实和虚的转化关系等等，也包含动静和刚柔、实虚和显隐、同异和合分以及有无和常变的转化关系。一个具体事物既可能是动，又可能同时是刚、是实、是显。就具体事物来讲，可以用整体的宇宙经验、基本符号来综合成为宇宙的各种现象。在这个基础上再推演归纳，发展成五行哲学和万物哲学，这是完全可能的。五行即金、木、水、火、土。水是柔的，但又是动的；是虚的，又是变的。火也一样。但水却是外柔而内刚，火则是外刚而内柔。由此看来，五行哲学也是一种由《易经》哲学启示的对宇宙经验的探讨与综合。阴阳思想传统中的河图、洛书系统及天干地支系统，也都是由基本的《易经》哲学所启示出来的，或者说，是《易经》哲学的基本符号的不同组合和应用。

无论八卦、五行，还是河图、洛书，或是天干地支这些系统，都是中国人潜意识中的宇宙经验，最后开发为文化经验。把这些系统完全摒除掉，是不可能的。因为它们根植于中国人的原初的宇宙经验里；而这个经验又导向中国人的文化世界和生活世界。这种宇宙经验是中国哲学发展的根源，也是中国哲学发展的起点。它是中国哲学永恒成长的土壤。

基于上述《易经》符号的显隐含义，现在我们再回到上述"三易"之说。以艮卦为基础的《连山》易可说代表宇宙本体的部分显露和呈现。宇宙本体部分呈现亦即天地中人的宇宙意识的部分实现。"艮"意含了人可以伴山而居的安稳感。人们甚至以开山引水作为活动主体，借以实现自我。但关于天地和人在宇宙本体中的基本定位，还是隐藏着的，是摆在虚位上的。人们看重的只是对安定环境的适应。

当然，以哪一个卦为起点，这取决于人的需要和人的价值标准。此起点既可以是宇宙本体大部分呈现的巽卦（☴），也可以是宇宙本体部分隐藏的震卦（☳）。显中有隐、隐而又显的坎卦（☵）和离卦（☲），这些卦都具有宇宙存在的本体论意义。这里暂且存而不论。

《归藏》的代表坤卦（☷），表示整体隐藏。整体隐藏就是人在自我的时间、空间、天地配合中采取一种自然的配合、不加主观参与的本体思想。这种思想把宇宙看成回到一个不显的整体的目标。它有一种静止的、容忍的、无为的、不分的倾向。这种整体隐藏的思想，启示出以后的道家，这在理论上是可能的。

《周易》的首卦乾卦（☰）表示宇宙本体的整体呈现。整体呈现是把人所有的机能，把宇宙的机能，在一体二元的动态和谐中，完全地呈现出来，即：人参与天地，天地参与人，从而达成一个新的整体。这正是一个"本体诠释学"解释的宇宙本体和宇宙架构。"本体诠释学"是对《周易》的一种重建，因而也是对中国哲学的一种重建。这样所开启的《易经》哲学，在中国哲学发展中，既是整体实现，也是个体实现的一个完整的宇宙体系。当然，这个体系还是基于原来宇宙整体的重建。但是，它强调的是动、刚、实、显、同、合、有、常等的充分呈现，并把这些经验作为正面的人所追求的理想。以乾卦为基点、为理想、为价值存在的一个标准，这即是《周易》。

四、儒家哲学传统的重建

中国儒家的创始人孔子，就是继承了《周易》的精神，开拓出一套人生哲学、伦理哲学和政治哲学。中国哲学经过一个长期的发展，最后走向一个宇宙本体整体呈现的哲学思考。通过这种思考，又创造出一套整体宇宙哲学和整体人生哲学。这就是对孔子和儒家重建的了解。

中国哲学好比一棵充满生命力的老树，它会生生不息、不断开花结果，为人类提供美好的精神食粮。

以下说明《易经》与《易传》，以及《易经》与孔子的关系。

首先是有关《易经》与《易传》的关系。

《易传》代表了孔孟儒家对《易经》潜在意义的阐明、彰显以及整体化的一个过程。我们可以说，《易传》从事的是对《易经》卦、辞的本体诠释学的重建。这就是《易经》的重要性所在。从"本体诠释学"的眼光来看，《易经》包含着《易传》，《易传》也包含着《易经》。我们可以把经与传的关系看作一个相互诠释的关系，这样就能获得一个新的对《易经》的了解。所以，要了解《易经》，可以通过《易传》；而要了解《易传》，也可以通过《易经》。

再论《易经》与孔子的关系。

《周易》以乾卦作为宇宙本体的整体呈现和个体人的整体实现。它作为一个价值目标，也作为一个定位的起点，所强调的德行是以高明刚克为主、沉潜柔克为辅。它要以一种高厚明朗的方式，凭借一种刚劲的生命创造力，来达到宇宙生命的整体实现，成就一种光辉普照的境界。乾卦代表刚健笃实，代表一个充满动、刚、实的显明的并走向存在实现的完美境地的那种力量。对《易经》的这种诠释，正是从儒家哲学开启出来的。

与其他哲学流派相比较，儒家传承《易经》是比较明显的。

难处在于：从显的观点来看，孔子是否明显地接受《易经》和受《易经》影响？孔子哲学的根源是什么？它怎样体现对中国哲学思维包含的宇宙图像的传承？既然孔子自称述而不作，这就表明他对历史根源性具有相当的自觉。他的创造是继承传统的创造，代表了更上一层楼的价值诠释，因而也表现了更高层次的人性自觉。这也是他后来能够具有巨大影响的原因所在。

孔子说自己"五十而知天命"（《论语·为政》），又说："加我数年，五十以学《易》，可以无大过矣。"（《论语·述而》）显然，五十岁对孔子很重要。然而，我们也可以怀疑这两句话的意义的真实性或文字的正确性。如果天命与易有任何内在关系的话，那么孔子说："五十而知天命""五十以学《易》"，实在是对这种内在关联的两项合理的指示。在《易经》（《周易》）的发生年代里，天一方面被看成外在的自然力量，另一方面也被看成人的内在本质和本性。在孔子思想里，天一方面固然是人格化的创造权威，即所谓天命；另一方面也是一种非人格化的道，即所谓天道。而孔子所讲的天命，也已出现于《易经》的卦辞之中。再者，卦辞所呈现的吉凶，可能也为天所命，亦即道家所说的是由自然宇宙的变化所决定的。可见，天命与易有着极密切的关系。

孔子所处的时代，面临着人文崩溃的危机和社会秩序瓦解的危机。他通过现实问题而认识到了一个深层的具有历史性和时间性的宇宙整体，成就了一种普遍性的人性自觉。但这必须涵摄或假设一个外在的环境和力量。他企图通过这种人性的自觉来建立一个新的社会秩序和政治秩序。所以，五十岁标志着孔子从注意人的问题转向对天命的体验。这也说明，孔子的思想有一个发展过程。同时也表明，由于《论语》没有更深入地讨论天命问题，《论语》所记载的主要可能是孔子五十岁以前或左右的思想，也许五十岁以后的孔子更倾向于本体哲学，正如五十岁以前的孔子更重视道德哲学一样。这是《论语》所透露出来的信息，表明孔子没有完全与《易经》脱离关系。

如果说《论语》反映了孔子五十岁以前的道德哲学，那么，《易传》则表现了孔子五十岁以后的本体哲学和宇宙哲学。《易·系辞》对八个卦的说明，都表示孔子已注意到宇宙本体论。孔子并没有把他对《易经》的看法写出来，但他周游列国返回鲁国之后，却很可能专门讲述《易经》。他在晚年，将本体哲学、宇宙哲学和天命哲学传授给他的弟子，这在理论上是可能的。因此，《易传》，尤其是《系辞大传》，很可能是孔子哲学对《易经》传统所作的一个本体论的分析和重建。虽然，它不一定是最完美的重建，但却在历史文献上为《易经》哲学的发展提供了一个重要的线索和指标。以后，宋明理学家的重建工作，也没有一个是离开《易经》传统的。因此，只有掌握《易传》，以诠释《易经》，我们才能建立一个新的中国哲学体系，来接纳、融合外来哲学所提供的观点和经验。

在《论语》中，我们不仅找不到与上述解释相反的例子，而且还能发现一些正面的显示。

孔子很注意"时中"。所谓"时中"，即行为要合乎具体的情况。做一件事没有绝对可以，也没有绝对不可以，即无可无不可。在具体情况下，综合差异因素，从而做出一个判断来实现一个理想价值，这就是"时中"。孔子对"时中"的看法是与《易经》中整个卦辞的含义相互配合的。用"时中"的观点来说明《易经》中的卦象和卦辞，就是把隐藏在《易经》哲学中的观念，变成一个显明的宇宙哲学和人生哲学。这就是孔子开拓出来的原始儒家所做的工作。因而，十翼中的《彖》《象》和《系辞》，都充满了中、中正、中行、中道、时中等思想。依照"时中"的观点看，所有的德性（仁、义、礼、智、信），都是一个二元一体的中道本体。仁者不知不行，仁智之用都必须合乎中道。以此比照，其他德行亦然。"时中"就是人性在具体情况下的理想的表现。德性的提出，是基于配合时间和空间来实现自己的价值的需要。借助于德性，人能呈现为一个整体，并实现自我。由此可见，孔子的儒家思想及其道德哲学，已经在整个"显"的意义上，包含了一个对《易经》哲学的应用。

孔子与《易经》的密切关系，更可以从他的思维方式来显现。孔子哲学的起点是对现存现象的认识，先肯定这个现象代表的意义和问题，然后再说明和解释这个现象。孔子看到了现存社会和政治秩序的崩溃，就想实现一个价值转化，建立一个更持久、更完整的社会秩序。而这就需要深入地了解：人之所以为人的本体精神是什么？人的存在的基础是什么？

孔子引用一个传统的德性观念，来展现一个人格实现的理想，来显示一个社会价值的目标。这个观念就是仁。仁，人也；人，仁也。他把人、仁作为一体两面，即理想与现实、本体与方法的互用和整合。他用仁整合人，用人发挥仁。仁既是一整体本体，也可以是一方法；人既是一方法，也是一整体本体。人、仁互为体用，互为本体与方法。所以，人与仁有相互作用、相互限制、相互影响的关系。仁不只意涵人，还有超出人的、显示整体秩序和谐的意义。人也不只能仁，还有追求理性和正义的能力。但人与仁互通，从而能相互充实、相互完成。仁，从字形上看，是二人在一起，表示一个整体内含的互通性。仁是人与世界、人与人之间的一种沟通。仁既可以用来扩大人的存在范围，也可以用来解决社会秩序问题，实现人的价值目标。这就是孔子的人生哲学，也是孔子的社会哲学，更是孔子的道德哲学对本体论的一个潜在认识。在孔子的道德哲学中，还有一个潜在的本体哲学，即人的本体哲学。《易经》哲学就显示了一种宇宙本体学，但它包含了一种潜在的道德哲学。

仁，可以通过各种方式来了解。它有主观方面和客观方面。在主观面上，仁是一种爱、信、诚、恕、忠。孔子特别强调人的感情。他以为，爱和信都是人的感情的向外投射。投射的条件是诚恳待人、容忍别人、忠于自己；已所不欲，勿施于人。但是，仅仅从善良的愿望出发，未必真能实现自我，因为这还没有考虑到别人接受你的爱和关怀的条件，没有考虑到外在事物的差异性。因此，仁还必须有客观性的一面，即知、义、学、敬。要实现自我，首先得知人、知言、知书、知礼、知事、知物、知天命。重建中国哲学，必须对中国的历史文化和现实社会有所知。知来自学习，如不学习，思想就是空洞的、不落实的，就无法获得深刻确凿的知识。在仁的客观方面，孔子很强调意义上的分辨和知识上的认知。学知的目的在于实现仁爱，仁爱不是一种施舍。因此，爱人就必须尊敬人，人的尊严也就是孔子仁学的人性的基础。

仁是在主体和客体之间、主体内部诸要素和客体内部诸要素之间的一体两元的相互整合、相互作用的实践关系和过程中实现的。仁就是要扬弃主客之间的对立关系，建立个体与个体之间的相互沟通，实现一个新的整体和谐秩序，此即谓礼。因此，不仅在诚与敬、仁与知之间，而且在仁与礼、知与礼之间，都是一体二元的关系。这也就是仁的实践关系和过程。孔子的整个道德哲学因而就显出了整体的一致、内部的一致和内外之间相互定位的和谐。

总而言之，孔子的道德哲学隐藏着一种本体哲学，一种思维方式。而这种思维方式是与《易经》哲学相互一致的。除了《易经》哲学的内在逻辑外，没有哪种逻辑能够说明这种部分与部分之间、整体与部分之间相互决定的整体思维方式。孔子哲学一方面是对《易经》哲学的继承，另一方面又是一个理想价值整体的阐扬和实现。它是把《易经》的思维方式用在孔子当时的问题上所开启出来的一套人生、社会和道德哲学。孔子哲学中还有许多方面都显示了《易经》哲学的思维方式。例如，孔子说"无可无不可""和而不同"等语，就包含了《易经》的思想义理。孔子所谓的"无可无不可"，就是因时、因地、因情况而做出最适当的判断和抉择。这并非放弃原则，而是灵活地应用原则。孔子所谓的"和而不同"，就是说，对差异性的事物不需要化约为一个纯粹的同一，而只需对差异作适度的调整，让差异不但能并行不悖，而且又能融化在一个整体之中，形成一个整体沟通的秩序。这种秩序就是一个礼乐世界，一个和而不同的世界。

孔子的政治哲学和社会哲学强调和的重要，但又把和建立在"均"（平均、均衡）、安（安宁、安定）的基础上，并要达到"均和、乐利"的目标。均与安都有整体性，它们必须与和乐相互决定，形成一个整体系统。均与安必须以物质需要（如衣足饭饱）的满足为前提，有了均、安方可以追求"和"、"乐"的社会目标。孔子认为，"同而不和"是目光短浅的表现，"和而不同"才是远大的目光。这自然具有《易经》哲学宇宙本体论上的意义，是《易经》哲学在政治哲学和社会哲学上的应用。这也在思维方式上表现了《易经》哲学的方法论和本体论。

在重建中国哲学的过程中，我们可以把西方哲学的重要意涵吸收进来，借以彰显中国哲学中重要观念的本体论与方法论的内涵。我们曾经作过这样的重建，例如，把仁解释为"互为主体性"。这是基于现代存在主义哲学、诠释哲学中的"主体相互关系性"和"主体性"所做的重建。把主体性转化为"互为主体性"，这就是仁，这就显示出仁的观念的一个重要意涵。仁既是整体关系，也是沟通关系。今天，我们对中国哲学的重建，在展现其重建的命题时，不但可以用西方哲学的概念来说明中国哲学，而且也可以用中国哲学的概念来说明西方哲学，然后再引西方哲学为中国哲学之用。因此，我们可以用仁来说明"相互主体性"，再用"主体相互性"来诠释仁。这也表示中西哲学可以互相阐明。在这种阐明之下，中国哲学变成了一套具有现代哲学的语言和思想，可以直接地或间接地与当代西方哲学作一个平等的沟通，同时也将丰富现代人的哲学语汇。

在现代世界哲学讨论中，道这个概念已成为哲学语言的一部分。道固然无法通过翻译而得到正确表达。但它却与许多西方形上学概念相互诠释，从而确立了其独特的地位和意义。同样，仁也会成为像道那样的独特的概念。仁本身的意义必须通过对它的形象的多层面、多角度的诠释来表达。只有对它进行分析重建的诠释，它才能在整体哲学关系中占据一定的地位。若不重建它，便会使它被"翻译掉"。翻译是一种化约和取消，基于此，我们可说，中国哲学的重建，将对世界哲学理论的充实、方法的提升、语言的丰富、境界的开发做出重大的贡献，并将因此而具有重大意义。当然，要重建中国哲学，首先必须接受和掌握整个现代哲学的网络，掌握现代西方哲学中活的智慧和活的语言。要跳出哲学史的思考，走向哲学的思考，走向整体化的本体思考和方法思考。

第五节　中国哲学的世界化

人类文化发展到今日，已面临许多问题，并遭受到极大的危机；要克服这些问题，要消弭这些危机，就不能不对人类的基本价值作深刻的思考和反省，不能不对人类的生命活动作一个检讨。

从过去几千年中国哲学的发展历史来看，它的确具有重要的价值。这不仅说明了中国文化之所以源远流长，而且也说明了中国文化在遭受困难和危机的关头，仍然能排除万难，以自强不息的精神，创造出一条美好光明的道路。哲学是人类文化的理论基础；中国哲学当然是中国文化的理论基础，不仅如此，中国哲学甚至可以为当前世界文化的发展提供一个崭新的方向，这不但将是中国文化对世界文化的新贡献，而且也将是中国哲学对人类的前途、价值取向和文化发展的贡献。这种贡献自然具有非常重大深远的意义。因此，中国哲学在今后世界文化的潮流中必然占有一席重要的地位，这是毋庸置疑的。

一、中国哲学在世界文化潮流中的地位

中国文化和中国哲学在 19 世纪末期 20 世纪初期曾受到西方文化和西方哲学的冲击，西方人称之为"西方对中国的冲击"。然而，现在我却要指出：20 世纪到 21 世纪中国文化和中国哲学也将造成对西方文化与西方哲学的冲击；换句话说，我们即将面临一个新

时代——一个中国文化和中国哲学对西方文化和西方哲学冲击的新时代。这是一个必然的趋势。这一趋势一方面是在西方文化遭受危机，必须求出路的情况下显露出来；另一方面则在中国文化和中国哲学本身所独具的特性和优点中窥见端倪。不过，这一趋势的到来，仍需要人类自己的努力，更需要中国人以及作为中国思想的研究者、发扬者去充分地努力和充分地发挥，而后才能使中国哲学对西方哲学的冲击产生深广而有意义的影响。因为，任何一种文化或思想，在时间上都有其历史特殊性，在空间上也有其范围的限制。虽然今天人类所遭遇的危机是世界性的，但中国文化和哲学仍然不免有它的历史特殊性和空间限制。要想使它对世界文化产生振衰起弊的作用，如果不经创发性的突破，就无法达到目的。这种创发性的突破，可说是涵盖了两方面的工作：一方面是，深入中国历史的核心、根源，把中国的思想、经验、智慧挖掘出来，除了个别研究者做深入挖掘的工作之外，还要尽量在科技方面集合多人之力，深入地发掘中国哲学的智慧；另一方面是，必须把我们的哲学智慧和精神贯注于现代人的生活之中，实际地解决现代人所面临的无根无向的困扰，解决现实社会中专业化和机械化的种种问题，对于传统，不仅不能泛论空言，而且一定要指出其根据之所在，并使它具有可行性的现代意义，而发出真正的光和热。

孔子曾说："工欲善其事，必先利其器。"我们希望利用中国哲学来解决和突破西方文化的问题和危机，但究竟应先做哪些重要的工作？把握哪些重要的工具？假使我们缺乏良好的工具，就不足以阐发中国哲学的历史意义，甚至也无法肯定中国哲学之所以伟大、深刻和具有普遍性。就时间上言，由于中国哲学的智慧隐藏在中国的典籍之中，受古代文字的限制和各时代注释家的影响。因此，如何使中国哲学现代化，以满足现代人的需要，提供现代文化理论上的指针和理想的方向，是个亟须从方法上和观念上深入研讨的问题。当然，就空间上来说，加强开放的交流工作也相当重要。因为在闭关自守的情况下，中国哲学是不可能广泛流传、产生影响而成为世界哲学的主流的。

二、中国哲学对世界的影响

中国哲学对西方哲学究竟有何具体的影响？就近二十年而言，中国哲学施加给西方的影响基本上系通过禅学、《易经》哲学和道家哲学等迂回路线竟其功。专业哲学家中鲜有留意这一外来哲学之不起眼的影响。当然，此影响反映了当今西方文化及社会的弱点。如欲发掘此影响之所以产生的缘由，必先牢记此影响的主要着力处，是原先居于统御地位的传统及政治力量已大为削弱之所在。我们或可说，西方的法纪、秩序、宗教和传统已陷入危机，有待解救方能脱险。现代科学技术的兴起便是此危机之始作俑者。西方哲学的传统一向以强调个人的重要为基本主张。但是，当代的政治和社会环境却有意无意地演变成以反抗个人主义为时尚。这一现象反映了对理性的误用，不然就是对理性的褊狭使用。于是，西方传统的内在的冲突不和，恰恰足以为来自东方的影响铺路。由此观之，西方对中国道教、禅学、《易经》以及佛教的兴趣大增并非巧合，不过，此影响仍嫌不足。其作用恰可宽解个人主义的危机而满足其需要。但是，西方对中国思想的探索仍不得入其室，也未能以同等的立场与中国思想交流往返。此外，影响之所及，仍回之以被动消极的反应。在专业讨论中，仍未因此影响而对之进行主动积极的思考。西方社会的种种问题实不容任何消极的出路，积极地参与及解决方为上策，因此，积极主动的思考形式将不可或缺。

就哲学的观点而言，中国哲学的确有丰富的材料可供积极主动思考或再思之用。有两项基本观点值得一提。一是有关自然的本性。自然的本性是什么？是物体、实体，还是过程、活动？规律、法则，及必然性是否全然支配之？或其仍允许创造及自我超越？针对这些疑问，道家的自然观提示了有力的慧见。自然的本性不应仅以科技的观点为基础来了解，因为科技仅适用于人类控制和利用自然的唯一的目的。道家则采取诸般途径来探索自然。赏悟之、静观之、合而为一之。质言之，道家的自然观是生之流变观。无形无穷之生生之源，为道家所肯认。因此，自然实代表了一种万流归宗的观点，一套理想的参考架构，以及日新不已的排难解纷之根源。

中国哲学之贡献的第二项基本观念，是有关人的本性。人的本性为何？是否有一成文的宗教或礼制足以牢牢地钳制人的本性？否！人的本性乃是开放的系统，其中，理性与意志相互关联，而且可调和无间。人类具有无中生有，制造难题的能力。不过，人类也另有禀赋，即以修身的工夫完成自制及自省的努力，从而解决困难。儒家正是于日用人伦之中，揭示人的本性而见其重要。人不应仅以客观对象看待之，也不应在界定塑造自己的辩证过程中虚悬自身。错误和挫折不应阻碍人际交往之路。这个对人性内在的肯定，求索人类至善之信仰，正是儒家的真精神。寻求足以化解人类彼此或个人内在冲突之上策，正是古往今来儒者之宏愿。儒家之成就，乃在于其"和谐的辩证法"之开展。至于道家的成就，则是其无所不包的创造流行的本体学之开展。中国哲学之重建大业自然须收摄之。当然，人类新文化之重建，更须涵摄两者，方能有所成就。

三、现代化、本土化与世界化

上面，我们已就孔子哲学中的仁作了示范性的重建。在这个重建过程中，我们显示了如何掌握《易经》哲学的原理。重建的方法在于，把西方哲学、现代哲学与中国传统哲学进行相互诠释。若就孔子的道德哲学而言，我们既可以从孔子哲学来了解亚里士多德和康德的道德哲学，也可以从亚里士多德和康德的道德哲学来了解孔子的哲学。我们甚至可以用孔子哲学来解决现代西方道德哲学中责任论与目的论之间的冲突问题。这是对具有现代意义的哲学问题采取既有中国特色又有世界一般意义的哲学思考。只有了解了责任论和目的论在现代西方哲学中造成的冲击，我们才能看到儒家道德哲学的重要贡献。另一方面，也只有通过对现代哲学问题的掌握，我们才能看到儒家哲学内涵的丰富性和现代性，给它一个新的形式和活的内涵。这是要靠中西哲学两方面的相互诠释才能达成的。

任何哲学均不可走沙文主义路线。西方哲学需要从新的出发点和新的思考来突破它的狭隘和独断；中国哲学也同样需要汲取西方哲学的养料来恢复其活力，并用这种活力来反馈世界哲学的发展。这就是重建中国哲学的重大意义。这个重建既是中国哲学的世界化，也是世界哲学的中国化。在中国哲学与世界哲学相互诠释的过程中，趋向一个相互解决问题的思维方式。这就是世界哲学中国化和中国哲学世界化的一种表现。中国哲学的世界化和世界哲学的中国化，这是一个对一体两面的相互认同的过程，也就是把现代哲学更现代化，使之变成一个对人类更具普遍意义的思想活动，并把现代哲学推向一个更整体化的未来，为人类的理想和现实的问题做出建设性的贡献，促使人类走向和平、繁荣和幸福。

从实际工作来讲，中国哲学的世界化、世界哲学的中国化，以及世界哲学与中国哲学的同步发展等问题，还涉及教育制度等因素。换言之，现代人类的哲学思考应配合科学知识，配合人际沟通，配合社会发展和文化交流，才能做到。应把哲学变成一种活的价值、活的观念。唯有这样，才能发挥哲学的影响力量。在文化教育方面，在哲学沟通方面，尤其要维持一个高度的参与管道与沟通网络。如何建立一个系统性地表达中国哲学的方式，这是当前重建中国哲学的重要环节。西方哲学和世界哲学的中国化，更需要一个制度层面的肯认。世界哲学的中国化，应在中国化的环境下，配合中国哲学走向未来。

总而言之，中国哲学不仅要现代化，而且要世界化。人类需要理解才能继续维持生存，哲学亦然。各哲学传统亟欲沟通往返的冲动，促使哲学家持续贡献一己之心力。我们谨愿在下一世纪中，中国哲学与西方哲学这两大传统将相互提携和融合，为人类未来的光明远景提供坚实的基础和完美的归趋。语言对各哲学传统的重要性迄今尚未得到充分的讨论。中国哲学的再生对人际沟通和了解的语言将有所贡献。未来哲学家的重大课题，在于如何从一放诸四海而皆准的观点，来探讨、解释中国哲学及其他哲学的语言性和历史性。为了使此课题得到正视，我们特名之为"人类哲学再思的本体诠释学问题"。"本体诠释学"是以统一整合的思考之语言为其探索的对象，此思考语言的基础是集合来自对现象、结构、意义、辩论、用途等人类思考之各层面的正确理解。其中，当然也消弭了中国与西方的分野。

第六节　中国哲学走向现代世界何以可能

中国哲学不仅要面临当代西方哲学的挑战，不仅要在现代化的过程中得以重建，而且要逐渐地世界化，成为世界哲学中的重要组成部分，这可能吗？不少人提出这样的疑问。我们的回答显然是肯定的。当然，对其条件和可能性，亦应作充分的了解。

一、中国哲学走向现代世界的条件

要想达到中国哲学的现代化，并使中国哲学成为世界哲学主流的目标，至少应具备四个要件：

第一，必须对中国哲学有深刻的认识、体验以及坚定的信心。因为如果缺乏对中国哲学深刻的体验和了解，就不可能掌握中国哲学的精神。同样道理，如果对中国哲学没有坚定的信心，也就无法坚持中国哲学的立场。要想具备这一要件，不但要读古书，认真地研究中国古代哲学的思想，而且要进一步从高处、远处、深处去体会、综合先哲的智慧结晶，而绝不可拘泥于教条或文字。

第二，必须对西方哲学具备深厚的素养。西方哲学注重于思想的范畴性和思考的系统化，因此，它能够提供我们思想的初步形式，使我们能更完整、更清晰、更系统地表现许多思想。西方哲学虽然有它的缺点，但也有它的贡献，了解这些缺点和贡献，便可知道它的限制、弱点和问题之症结所在，从而也可了解中国哲学未能突破的限制何在。一则将使中国哲学在本质上更加丰富，再则可以通过中国哲学提出诚恳而具体的改良意见。基于这个看法，具备西方哲学的素养，这对于中国哲学的现代化与世界化来说，显得十分重要。它的价值是多重的，而且所涉及的面也相当复杂，无法一言以蔽之。一个对西方哲学缺乏深厚素养的人，是不可能赋予中国哲学以现代的形式，使其内容充实，把它的精神发挥出来，以适合现代中国人或现代西方人的需要的。总之，对西方哲学的研究，甚至对西方思想史或宗教的研究，可使我们的思路更清楚，对真理的判断更笃实，正所谓"他山之石，可以攻玉"。换言之，借助于对西方哲学的了解，将可以取西方哲学之长，来充实中国哲学的内涵，由此也更能够确定中国哲学现代化的方向，促使中国哲学成为世界文化的主流之一。

第三，必须使中国哲学在广泛的学术讨论中，具备可以了解或沟通的内容和形式。哲学若是画地为牢，或自命清高，而拒绝与其他学问或传统沟通，这是违反"沟通原则"的。一位哲学家可以达到一个很高的境界，然而这种境界在原则上必须让所有的人都能共同欣赏、共同享有，这才有意义。要达到这个目的，就必须经过媒介，加以传播。在欧美各地，哲学的大众传播近年来已屡见不鲜。譬如在美国，销路最广的《时代杂志》就经常报道哲学界的消息，介绍新潮流、新思想，这对于哲学知识的发展，多少尽了几分传播之功。反观中国的报章杂志，对于哲学的动态却少有报道，因而造成了一般社会大众对哲学的误解、曲解和错觉，甚至以讹传讹。

我们以为，要提倡和发扬中国哲学，就必须将中国哲学逐渐大众化，利用各种媒体，透过通俗的文字和观念加以介绍和分析；同时，也要与其他学科沟通，进行观点上的交换，提出问题和意见，使哲学的价值和功能受到普遍的认识和重视。

其次，在各种国际会议上，我们也必须将中国哲学以现代的形式陈述出来，争取国际的了解和注意。如果我们因为哲学的最高境界乃是所谓"欲辩已忘言"，或所谓"文字道断""言语路绝"，而不加以任何传播，那么，这种最高境界永远只能是"高处不胜寒"而已，不可能成为大众化的境界。境界不但要高，也要求其广；而要求其广，就必须经过传播；要传播，就必须讲究形式，使得有兴趣者能懂，使得一般人都知其所云。哲学工作者绝不可自视清高，而不屑于与大众或其他学科的人交往。这种自以为是的态度，只是知识上的狂妄与自满，正如道德上的狂妄与自满一样，终将成为社会进步和文化复兴的障碍。

第四，要有开放的心灵和广阔的胸襟。在哲学教育中，接受某一学派、某一思潮时，当然需要有主断性，否则真理难以显明。一个人对真理有决断的能力，这当然是进步的条件。但是，决断性却不包含固执和独断，也不应成为一种情绪上的痼疾，而是要具备"自我批评的精神"，能容纳别人的意见，以理论理，唯理是从，以事实断是非，而不能以个人主见垄断或压制其他意见，不能借重权威和权势，来作为推行自己意见的凭借。相反，绝对要以理性说服的方式来达到争取同意的目标，这即是理性主义，也是是非判断讨论过程中的合理要求。荀子要人一方面解除知识上的"蔽"，另一方面则要解除情意上的"私"。私心（私）和无知（蔽）往往是相连不解，互为因果的；正因为私心盘踞，所以造成知识上的蔽塞；正因为无知的蒙蔽，所以仅凭私心垄断一切。由此可知，欲除蔽、解蔽，首先必须去私，一方面要有开放的心灵、广阔的胸襟，另一方面也必须有批评、反省、审问的能力。因此，"去私"和"解蔽"是发展中国哲学的最重要先决条件之一。

因之，要发展中国哲学，同时需要有一种理性的和道德的修养，亦即是中国哲学中所讲求的"知行合一"。解除无知，就是一种知，去掉私心，就是一种行，两者兼备就是"知行合一"。如果没有"知行合一"的表现，没有知的工夫，也就没有行的实践，中国哲学便无由推广。因此，在推广中国哲学的过程中，我们非在这方面多下些工夫，多做些检讨不可。

以上所举的四个条件，都是中国哲学在现代化、世界化过程中所必备的条件。据此，中国哲学的智慧才能够真实而完整地呈现出来，使全人类都能接受它的滋润，享用它的好处。无疑，在现代化与世界化的过程中必然会遭遇到许多困难。无论是在经济方面、社会心理方面，甚或在知识权威方面，都可能有层层的阻力。比如，一般人提到哲学时，总认为它与促进社会与经济发展风马牛不相及。其实不然。因为，哲学本身乃是观念的思考和讨论。如果我们能从观念上彻底检讨各方面的问题，便同样可以对社会与经济发展有所贡献。何况，社会与经济的发展，也必须以观念作为基础，更需要在某些观念上谋求沟通。总之，哲学的检讨，对于观念的突破，是非常重要的。

现今西方哲学的发展有一有趣的现象，那就是，对现代科技文明提出哲学的批评与思考：比如，美国有一种新兴的学科叫作"工业技术哲学"，主要是研究工业技术的应用范围、发生来源、立足点、基础、限制、对人类价值的贡献和对生命、文化的影响，以及如何控制、如何发展等问题。事实上，一位自然科学或社会科学的研究者，如果能对生命的意义有深入的了解，并对生态、能源等问题有正确的认识，那么，在如何有效地并平衡地应用科学技术于人文和社会各方面建设上，必定能提出实际可行的方案，而产生极其有益的影响。至少，也可以作为引发追求一个完美观点的基础，使得社会科学、人文科学和自然科学不至于各行其是，而蔽于一端。

不可否认，西方哲学和东方哲学在现代文化中都面临相当的困境。在西方，由于过度专业化的结果，使得哲学也趋向于专业的研究，以致成为技术性的工具，不再能对全盘或深刻的问题提供创造性的意见。这是西方哲学在过度专业化之下所受到的限制。西方哲学界事实上也已注意到了这一缺憾，希望有所突破和补救。相对于西方哲学的专业化来说，中国哲学则失之于过分地局限化，或可以说，中国哲学是过分地疏离化和玄奥化，于是和现代的社会、生活以及当前的问题脱节，乃至被社会大众所误解、所漠视。这都是非常不幸的事！不管是在东方或是在西方，我们当然都不希望看到哲学的没落和文化的衰败。只有健康的哲学活力，人类才能拥有健康的文化，才能迈向更健全的社会之路。

我们非常希望：今后哲学不但能够从专业技术研究的胡同走出来，而且也能从一个缥缈高远的境界中走下来，走向社会大众，走向文化各部门，去刺激、引导文化的发展，促成人类文化的新的突破，促使人类所面临的困难和危机能获得满意的出路和解决。而中国哲学由于它深厚的智慧和生活经验，必定能在这方面做出较大的贡献。

二、中国哲学走向现代世界的可能性

中国哲学的现代化和世界化是否仅止于空谈呢？回答是否定的。十多年来，曾有不少中西哲学家从各种不同的角度，以哲学分析及重建的眼光，对中国哲学的各个层面进行若干理论的建设工作，并在中国、美国和加拿大召开了数十次会议，对中国哲学的方法问题，以及中国哲学与西方哲学的比较问题，进行了相当广泛的讨论。所以，中国哲学的现代化和世界化并非空谈，而已成了海内外从事中西哲学研究的学者的实际活动。但是，我们深深体会到，中国哲学的现代化和世界化是一项艰巨浩大的工程。海内外的学者缺乏沟通与融会，彼此的努力没有汇整以求进展，实在令人遗憾。或许在今后，随着中国哲学的重建意识的提高，海内外的努力可基于共识和共信，通过适当的渠道，能获得前所未有的成果。

关于中国哲学的现代化和世界化，还有两方面的问题有待疏通。如果我们把当代西方哲学加以研讨，就可发觉，西方哲学近八十年来出现了若干重要思潮。若就哲学方法学的主要含义而言，我们可得而举之的有下列五项：（1）现象学；（2）结构主义；（3）诠释学；（4）辩证学；（5）实用主义。这里不容深入地介绍和说明这五大欧美思想潮流的主体，但须指出，我们若把它们视为方法学上的主张，则此五大思潮分别启示了五种不同的方法和程序。

第一，就现象学言。现象学是一种根据意义的直接体会而作的客观的、不着先见的理性的意识描述。这种描述也就是一种现象的呈现。所以，我们可以视之为摒除主见、去私移蔽的纯理性的知觉反映。将它应用于中国哲学，就是如何排除先有的偏见和误解，去正面地、理性地认知中国哲学的实际，为中国哲学"尽性致曲"。

第二，就结构主义言。结构主义强调、发掘并显示任何文化现象内涵所包含的理性思考结构，并借以了解和认知文化思想中包含的理性和思想意识。我们更可据此理性的认识，来进一步了解思想观念之间的结构所涵摄的关系。将它应用于中国哲学，我们可以对中国哲学传统和学派所孕育的观念，作一结构的分析，亦即逻辑的分析和关系的分析。

第三，就诠释学言。诠释学以历史传统、文化现象、知识体系或哲学系统作为对象，做出身临其境的意义的体现，并通过创造性的概念，来掌握对象主体所涵摄的生活经验和生命真实，以及其指向的本体。这一思维方式在现代欧洲诚然有不同的门派及缘起，但将它应用于中国哲学，则可通过客体与主体的交互理解，以扩大视野，寻求统一的本体。此乃前文所称"本体诠释学"的意义。"本体诠释学"强调传统整体和生活经验，并归之于本体认知。依此，方能将中国哲学的原始气象和生命活力加以恢复，达到现代化和世界化的目的。

第四，就辩证学言。辩证学的目的在于发现并说明概念、知识和社会事件在时间进程中变化的轨迹及趋势，分化并综合其潜能和限制。这种了解显然需有深厚的透视力和批判力，其目的在于掌握现实与概念间的动态关系，以及指导思想和社会的发展方向。将它应用于中国哲学，不但可借以说明中国哲学思想和社会历史的动态关联，而且可以阐明中国哲学内含的辩证性质，并在此辩证性质中发展新的辩证法则，以求突破人类思想之局限性，建立广阔周延的世界哲学体系和生活境界。

第五，就实用主义言。实用主义的主旨在于说明一个思想在行为和经验上的意义、影响及作用。实用主义哲学自皮尔士创始，经詹姆斯、杜威、刘易斯，到今日的奎因，已有相当的发展历史，并已将其观点赋予科学、逻辑、宗教、教育、知识系统和数学以新的解释和方向。将它应用在中国哲学的研究上，就足以启发中国哲学在个人行为和社会行为上的含义，并借以说明中国哲学的人生基础，以及对人生的影响。这可说是一种实用分析。

以上五种分析方法，正好代表了五种思维层次和阶段，可用于中国哲学的思维和研究。我们不妨先进行意识和意义的现象学分析，再进行逻辑和概念结构的分析，然后进行融合本体、逻辑、语言的诠释和分析，进而观察其动态的辩证性并分析之，最后相应于社会和个人行为，分析其实用价值及其实用性根源。这五个步骤可视为对前文所述之三个不同的解析和了解的扩展和延伸。前述三种不同的诠释，也可视为第三种诠释分析的内涵。

基于上述第五种分析，中国哲学的现代化和世界化，就自然面临了一种严峻的考验，即：中国哲学如何落实成为现实社会中生活和文化的种种活动。对于这个问题，我们的回答是：要实际地把中国哲学的智慧应用并灌注于生活和文化的各个层面，使我们的文化和生活直接受益。所以，我们倡导，中国哲学应与当前中国社会中的实际生活相结合，借以建立典范，解决问题，使中国的学术中国化，中国的生活具备独特的中国风格。

我们选择了五个社会生活和文化生活的重要层面，作为近代中国哲学的实用投射的炼石。兹简单分述如下：

第一，中国哲学应该在文化传播上落实应用。文化传播就是文化中知识的传播。中国哲学应该通过大众媒体发挥其指导性的影响，并为文化传播提供理论基础。在此基础上，促进东西文化交流和传播，使中国传统与现代生活发生密切有效的结合，以充实现代生活的根源感和创造性。

第二，中国哲学对社会经济的发展和管理哲学应有深入的考虑。中国哲学能实用于社会经济发展和管理制度的建立吗？中国哲学能提出一套根据中国人思维而发展出的经济哲学和管理哲学吗？回答是肯定的。关于社会经济发展的中国化问题，我们将另作讨论。关于管理思想和管理制度的中国化问题，我们则是从中国哲学的立场，倡导中国化管理哲学，并寻求建立现代化的中国管理模式。管理结构和效用问题是现代中国社会亟须解决的问题。不但在工商业发展方面，而且在公共行政及个人操守方面，势必要讲究管理方法。故当中国哲学落实到管理思想和行为，尤可见中国哲学对现代社会的贡献；而在现代社会管理的实用上，也可窥测中国哲学现代化的成绩。

第三，文化建设是整体的事，但文化建设的核心是思想建设，而思想建设自然不能不以哲学为指导，不能不以哲学为基础。中国文化的重建和复兴，也必然以中国哲学之再生为依归。故中国哲学在文化建设上的落实是必需的，也是我们研讨中国哲学之实用应该致力的事。至于文化建设中的精致文化，如艺术、文学等项目，也亟须用中国哲学来启发和激扬，才能开放出代表中国文化精神的奇葩。

第四，在国家体制及社会心态趋向民主与法治的过程中，中国哲学也应发挥其催化和助产的效用。分辨儒、道、法的政治思想和实行手段，当有助于我们憬悟理性的重要性，并促进我们对理性活动的认识。而建立独立思想的风范，也正是中国哲学的落实并且现代化的一个重要环节。

第五，中国一向有强烈的伦理意识，但自五四以后，中国的伦理秩序和信念受到了西方的冲击，不复具有传统的向心力。当前社会高速的科学化和商业化，物质生活的不断提升，遂使社会伦理和个人伦理失却重心而亟须调适。为了避免步入相对主义的致逸，也为了避免陷于保守主义的僵持，我们应该通过中国哲学而切实地检讨生活和社会的各种需求，从而重新肯定并建立一个合乎情理、不外乎传统也不囿于传统的伦理价值系统。这是中国哲学在落实过程中所从事的重要工作之一。在这种伦理建设中，如何培养良好的个人人格、国民性格以及社会风气，都是中国哲学应加以留意的事。

总括上述，中国哲学应就此五个生活和文化层次，经受考验。考验其创造力如何，考验其统合力如何，考验其效用性如何。这些考验既是中国哲学落实的考验，也是中国哲学现代化的考验。因为，现代化的内涵就是现代生活；而以上所述的传播、管理、文化建设、民主法治、伦理秩序和个人人格的发展，都是现代社会所必需的。中国哲学通过落实的过程，自然能收到中国哲学现代化的实效。我们更不妨指出，中国哲学现代化的先决条件，就是中国哲学在社会生活中的落实。因此，中国哲学现代化也就是中国哲学的落实化。

附录：深入西方哲学的核心

——我的哲学教育与哲学探索

一、楔子：哲学的定位和定性

世界上有两种人会走哲学的探索之道。

一种人是想追求宇宙的真实，想从知识上去掌握存在的真理；这种人探索哲学的动机是理性的、知性的。亚里士多德说："哲学起源于对知识的惊诧"，也许就是指这种哲学的冲动。

另一种人是基于对人生和社会的感遇，亦即基于某种存在境遇而引发对哲学的兴趣。这种人探索哲学的动机是实践的、生活的。《易·系辞》中所说"作易者，其有忧患乎"的"忧患"，可说是第二种人探索哲学的因缘。

两种哲学冲动可能引发两种不同的哲学：前者重知识，后者重价值。但哲学既然是一探索性的学问，那么，两者仍然隶属于同一家族，都是追求终极真理的学问。从一个后设的超级观点来看：前者是以知识决定价值为取向，并以知识作为真理的标准；而后者则以价值决定知识为取向，并以价值作为真理的标准。所谓知识，是指以客体事物作为指涉对象，为了要达到指涉事物的目的，而往往必须通过观念结构加以完成；而所谓价值，则是指一种主体心灵或自我所实现的满足和持守的体验状态，而不一定非有指涉的对象不可，也不一定非有指涉的架构不可。

但是，知识与价值不可完全分裂离析。因为，每一个知识系统都有一个隐含的价值结构，而每一个价值系统也都有一套隐含的知识结构。这一说法的根据是：无论是知识还是价值，都来源于人之所以为人的整体经验。知（知识之动）和志（价值之动）都是人的原始经验，两者相互为用、相互依存。这种具含两者的原始整体经验，可称之为感，人处世中不能无感，即使日常所知觉的，都是一种"感"，这一感或者呈现为知，或者呈现为志，或者是融合两者的"体悟"。人在睡眠中，虽然不知不觉，但亦非无所感，而是已有不知不觉之感，即对于知觉之心投射出某种知和志。感作为原始经验，从分析的眼光来看，可以因世而起，应时而生；故感可以应世（界）而感，应时（运）而感。感若是应，则有外缘；人能感，就能创造对世界存在的知识和意向。但若感时，则是对历史存在的知识和意向的一种开始。人生活在历史和世界交叉的网络中，同时承受世界和历史的压力，而不能不有所感。因为人不能不有所知，有所志。但人心亦能无所应而感，既无感于一特殊的世，亦无感于一特殊的时，而能卓然独立之自感。因为，发挥为卓然独立的自志，这可以说是一种综合的反省的自我意识，也可以说是对人类自我存在所开拓和实现的最高境界有一个了解。我们可以说明知和志。知识和价值实在是不可分离的，只是两者之间可以具有交融、交叉、互用、互动的不同情况和状态，同时，也具有不同的明显程度，而这些不同往往在人的行为中透露出来。事实上，人的行为取向的不同，乃至一个历史文化与一个社会国家的文物制度与价值规范的不同，均可由此得到解释和说明。值得注意的是：这种说明和解释并非唯心主义的，当然也不是唯物主义的，而是就心之所未成心、物之所未成物的感及感的网络（世与时）的关系来加以说明。也就是以一事、一物、一心的世界性（世）、历史性（时）以及"自我感觉性"（被动、主动、参与、互动、创造）来加以说明。

基于感的观念的提出，我们乃可说知与意既对立又相成。但这一知识化与价值化的过程各具有动力，并非必然及普遍获得平衡，亦非必然持续平衡地发展。故偏于知而失于志者，有之；偏于志而失于知者，亦有之；显于知而隐于志者，有之；隐于志而显于知者，亦有之。但是，其原始的整体性与终极性，也就是理想的整体性，却是人之为人、人生之为人生、社会之为社会、世界之为世界的基本性质，是不容否定的。

以上所提出的价值的知识论和知识的价值论的一个架构，有几个明显的要点：

（1）哲学之为哲学，永远不会定着在一个知识层面，也永远不会定着在一个价值层面。

哲学乃是缘知以求志、缘志以求知的过程。因而，哲学不同于科学。科学只问知识结论，只求知识价值，而不先确立价值前提以观知识。哲学也不同于宗教。宗教只问价值前提，而不问知识结论，亦即不先求知识结论以达到价值。科学理性是以追求经验和理论可用之知为鹄的，知识即价值；就价值立场而言，是使价值中立化。宗教信仰乃是超出经验以求可用之信仰为鹄的，信仰即知识；就知识立场而言，是使知识中立化。但是，基于宗教与科学均能致用于人生，亦即依人生之用之知与志所缘起，只不过，一个是运作知识致用，一个是坚持信仰（价值）致用。故就人生整体而言，均有理性的成分，理性即相对地掌握整体以致用的思考。故我们不仅可说科学理性，而且可说宗教理性或信仰理性（信仰知识化、哲理化乃是神学理性，不同于仅就信仰致用于人生社会的宗教理性）。哲学兼有科学和宗教的考虑，它必须穿梭于知识与价值之间，以求其互通互显，以及平衡相成。故从这一理想意义言之，哲学是宗教与科学的媒体，也是内在于知与志之间的过程化整体，而表现为一种永恒的追求，亦即人类不可停止地对知与志的探索。哲学既导向价值开拓知识，也导向知识开拓价值，使两者相互转化，互为基础，生生不息。

（2）以上的思考架构也提供了一个说明或进入哲学世界，探索哲学真理的缘起。

我既未走入科学，也未走入宗教，甚至也未走入我曾想走入的文学，乃在于我很早就领悟到知识灿烂和志的丰富，以及为两者错综复杂的关系所吸引。这一哲学的线索是由我所处的环境与时代、各种境遇，加上我个人的性向与能力所交织出来的。我走入哲学是偶然的。哲学既成了我的宗教、我的科学，但也成了我包含科学与宗教的生命网络。我了解的哲学因之有机缘性，也有普遍性；哲学对我是感，以及感所引起之知与志，是要把这两者再导向一个感悟的统一思考活动。因此，哲学成为我生命的展开，也足以影响了我的生命（人生）；哲学既成为我超越世界与历史的无形之翅，也成为我陷入世界与历史有形之梏（成为职业的哲学教授而为哲学奉献）；哲学既带来我的限制（相对一个人生现实），也带来我的解脱（相对其他人生现实）。我说的知和志彼此激荡，既造成了我的不安，也造成我的创造冲动；不仅使我层层上升，突破又突破，而且也使我经历无数冲突和无数烦恼，挣扎又挣扎。它使我憬悟到：如果人生达到了完美无缺的、灵明圆成的境界，那么，哲学之问题将无从发生，知与志中间也无障碍可言，知与志亦不自成障碍。如果人人都有这种灵明圆成的完美境界，那么，人与人之间当然也就能沟通无阻，一切论辩将不需要。这样，哲学将有何用呢？哲学将由何产生呢？故理想的哲学目的乃在于哲学的终止，而非为瞻瞻小知而不见人生之真，乃求因炎炎大知以实现实际人生的一切价值。从这个角度来看，哲学是世界之救济。因而，我走向哲学，亦即我对自我实现的追求。

（3）以上我描述的哲学思考本质架构，因其具备的知与志的背向同体性格，可以用来说明中西哲学传统取向的差异，以及两者在极端化情形下所呈现的特征。甚至其所导致的不谐与冲突，也呈现了如何因应以谋整合调和之道。

我们已指出，知识的灿烂蔚成西方哲学，知识的灿烂莫过于理性的方法所发展的观念系统。西方哲学走向观念系统化，并以此为哲学真理之所寄，并非偶然。此乃在其哲学的原本取向上，以知性为价值。故其知识性，即隐含了一种价值前提。但因价值具有片面性和概括性，故对整体的人生价值反而不能掌握，正如怀特海所称"延伸抽象"的结果。相反，中国的哲学传统，无论儒家，还是道家，均能以全体性及整体性为价值目标，并以价值之用为本。因为，它未能经过抽象分析以成独立之知，故其知识前提、知识结构及其内涵均不明显。虽然它有某种程度的显明逻辑（explicit logic），但更多的部分乃是不显明的隐含逻辑（implicit logic），须通过哲学的语言来表露。这是中西哲学之不同的重要分水岭，不可不察。

中国哲学的许多问题都是因为对知的分析不精而引起的，正如西方哲学的许多问题都是因对志的掌握不切而引起的一样。这种差异不但见之于个人行为、社会制度、价值规范，而且也造成中西文化传统历史性的对比。若能明白人类的知与志的内在统一性，以及原始统一性，那么就必定能突破后天限制，追溯内在的知与志交融互用的原始点，并能导向知与志相互批评，以达到相互补足、相互彰显的理想圆融境地。这就是中西哲学发展的方向，亦为人类走向未来世界，以世界性融合历史性的必然趋势。这将是哲学理性内在的必然发展。

（4）以上思考架构亦提供了分析中国哲学思想内在的辩证发展的线索，而能随着历史潮流，肯定中国哲学发展的自然趋势，以及其所面临的核心问题之所在。

仅以儒家哲学而论，倚志和倚知，造成了孟、荀之相左，亦造成陆、王和程、朱之互异；但从儒家之道的整体来看，两者原有同等的分量。故无法断定何者为真正主流和道统所在。君子必然循着整体的发展观念以了解其何以发生分歧与差异，以及如何提出批评与解救之道。

（5）最后必须指出的是，以上的思考架构亦透露了我多年研究哲学的一个重要收获——"本体诠释学"的开拓。

任何知识活动都是整体性本体的一个方面，并有其范围的局限性。同样，任何价值活动也将是整体性本体的一个方面，亦有其效果的局限性。因而，我们必须用知识来开拓价值，也必须用价值来开拓知识。知与志互照，方能体用不二、显微无间、定慧两全、主客交融、理气相生。如此，方能显示出整体性本体的统一性、丰富性和创造性。有关这一"本体诠释学"的认识，我在1982年评述伽达默尔《真理与方法》一书时已提出，并据此以解释朱熹哲学。这种"本体诠释学"观点，也可以说最早见之于《易传》所说"一阴一阳之谓道"。"一阴一阳"是既差异对立，又相生相成的；志与知也可说是一阴一阳之道，故是既差异对立，又相生相成的。这种对"本体诠释学"的了解，不仅导致了我们对哲学本体的重新思考，也导致了我们对不同哲学思考方法之间的辩证关系的了解。"本体诠释学"亦可说为"本体辩证学"或"辩证本体性"，因为它包含了多种对立互成的范畴，以及包含了时间发展性与空间包容性的统一前提。"本体诠释学"既可用来建立现代化的中国哲学，也可用来丰富现代化的西方哲学，使两者世界化，并交融为一体。

我的哲学探索起于哲学，也将终于哲学。基于以上第一项所述，从一个自我超越的立场来回顾我的生命和我的哲学探索交相影响的过程，我乃写出下列的一首《哲学之歌》以明志：

原吾心之所知兮，扬吾心之所志。
吾生性豁朗而豪直兮，喜飞龙之翱翔。
原吾知之有所昧兮，乃有性之省思。
遇狂飙之袭击兮，几魂失而神伤。
为探幽而入深谷兮，亦有探幽之胜义。

原吾生之不竭兮，神伤亦为知志之粮。

再生飞以览众宇兮，悲人寰之无常。

喜见天之曙光兮，吾心知止而能安。

效往圣之怀抱兮，愿有启乎后之来者。

二、家庭背景和青少年时代

家庭背景和孩提时代的环境，对一个人的性格和兴趣的形成，有着无形的影响力量。我从小就养成凡事喜欢打破砂锅问到底的习惯，这大概就是受到这种无形力量的影响吧！

我出生在一个"书香世家"，父亲成惕轩从小就在祖父炳南公鼓励下精读古书并治旧学。我的故乡湖北省阳新县龙港镇一带，丘陵环抱，有富河之水蜿蜒直达长江南岸。按照祠堂序谱，我的祖先可上溯周代，为文王姬姓之后，但因依封地取姓为成。秦代乱离南迁，不知经过多少代繁衍，迁至汉中云梦一带，阳新（清时名兴国府）成家在宋明时即已聚族成村。在我的祖父之前数代，都刻苦耐劳，是一个传统社会中的耕读之家。到我祖父时，手中有些积蓄，乃在故乡山间筑楼，作为我父亲专心读书之所（此楼在我父亲后来写的诗中称"藏山阁"。父亲并著有《藏山阁诗》一卷），那已是民国十多年间的事了。父亲后来离乡负笈南京，进新式学校，并通过国民政府全国第一届高等考试，在中央机关任职。

父亲在南京和我母亲徐文淑女士结婚，我也就在卢沟桥事变前两年，诞生于南京鼓楼中央医院。父亲为我取名为"中英"，显然有盼我成为中国之英华的意思。自我有记忆以来，我就记得父亲常常把卷读书，朗朗有声，心中不禁油然生出敬书、乐书、爱书的感情。抗日战争起，我们举家经湖北老家搬迁到四川重庆。于是，我的幼儿时代和小学时代初期，也就在四川重庆乡下嘉陵江上游的一个乡村庄院（名洪家榜）度过。

回顾我的童年和少年生活，我觉得对我发生影响的事可述的方面主要有：

1. 喜欢刨根究底

我喜欢探索到底的性格。据我母亲所说我从小就好奇多问，对天空尤其特有兴趣，许多新鲜的事物吸引我，我都要一探究竟，而且还乐于亲身经历。我记得 3 岁时，我与小同伴到田间捉蝌蚪，有一小同伴吞食了一二只小蝌蚪，我也毫不犹豫地一试，一口气也吞食了二三只，回来告诉母亲，让母亲大吃一惊。住在乡下，天天都接触到自然界的花木、草石、鸟蛇虫兽。我开始入学是到离家两里外的一个旧庙里，每天一早一晚都要穿过许多山径田坎小路，沿路上都会碰到虫蛇，有时还会听到豹子吼叫；我虽心怀恐惧，却又渐能习惯，并养成镇静观变的心态。更重要的是，与自然界如此密切的接近，这确是一种重要的体验，使我对大自然有一种亲切感。以后，我嗜好爬山，至今还喜欢到海中游泳。这都是受童年经验的影响所致。大自然中强烈的生命气息和多彩多姿的变化，不是经常与大自然为伍的人，是体会不到的。后来，怀特海和柏格森的哲学能对我有吸引力，也是根源于此。

我自己坚信，宇宙充满生机，大小生物息息相关，生命於穆不已。这也是我心灵深处的一种体验。我深信，中国哲学的开端必须以这种体验来了解。我所经历的自然虽有许多令我恐惧的事物，但却不足为害，也未造成巨大的威胁和灾难；一切经验中的变化对人的影响，也都是人力所能实际控制、防止或化解的；但这种控制、防止和化解，并非把自然奴役改装，更非与之隔绝，而是顺应配合，以求物我和谐并行。另一方面，大自然在我的体验中也未构成奇迹，这与处在沙漠地带或热带森林，或航行于汪洋大海的人的感受，应完全不一样。人确是要靠天吃饭，但天也必须可靠；如果天不可靠，那么人就必须自作发明，另谋出路。

中国人所体会的天，正是一个可信、可靠、友善的自然生命力，这与希伯来人在绝望中体验到的上帝和印度人在幻觉中憬悟到的大梵天，以及希腊人在奋斗中想象的宙斯大神毕竟不一样。这也许就反映了人对所处生活环境（生活世界）的不同体验；客观的自然能在不同的状况下，造成不同人的原始存在实体意识观念。从这一点出发，后来我提出了"文化意识原始取向"论，认为中、希、印三种文化取向的差异都来自原始的自然体验，以及相应而形成的自我意识。这一原始自然经验和自我意识，也就规范了后来发生的哲学思想，同时成为哲学理性化的对象和主体。这一了解的线索，不能不追溯到我自己从小对自然的感受。

2. 总是想知道真实

我童年中另一个重要经验就是听故事。小时常在庄院的院落里听邻居长辈们讲故事（四川人谓之为"摆龙门阵"），讲的人是津津有味，听的小孩也都聚精会神。故事的结果往往令人心中释然，也往往令人大失所望。但毕竟有一结果才能叫人心安，否则就叫人彷徨不安。我从小就喜欢听故事，我母亲也喜欢讲她小时候的事给我听。许多民间故事（包括许多鬼怪故事），我都是小时候听来的，所以在小学四年级就看了《封神榜》《西游记》之类的书，我听故事就想知道情节如何发展，最后如何结果。这一感受十分重要。我也不知道，究竟是喜欢听故事而引起我的好奇心，还是因好奇心而特别爱听故事；但这两者相互影响，相互促进，遂养成我喜欢打破砂锅问到底的习惯，即追寻真实是什么，以及为何如此这类问题。后来，我喜欢文学，一则是受我父亲影响，二则也是受这种爱听故事的心态所致。继而，又由喜爱文学而走向喜爱哲学，这仍然是同一心态的进一步发展。要从"是什么"问到"为什么"，并直至获得满意的回答为止。我想，这也许就是一个人的理性发展的自然线索吧！

3. 父母是我上进的动力

第三件值得一提的事是：我从小就得到父母的宠爱，加上从小因感染支气管炎而得气喘病，变得体弱多病，都靠母亲细心培护，并在家中教导，才能顺利完成小学学业，而且能够连跳几级而不落后，这在我所处的动乱时代，是十分难得的。记得我在四年级时，全家自乡下搬至重庆郊外三江村，学校常常因日军飞机轰炸而宣告辍课躲警，功课自然就耽搁很多，但我都从家中父母那里获得补充，不但不落后，反能名列前茅，这便造成我加倍努力向上的自信。这不能不归之于我父母之赐。父母对我的关怀数十年如一日，虽然有时曾造成对我的过分保护，但这种父母的关怀却是我永远向上追求的力量，以及对人性永怀信心的泉源。直到大学毕业后出国，我才脱出父母直接的保护，开始自己独立的生活。

我的父母并未特别期望我从事哪一门特殊学科。父亲虽然从事中国学问，却对子女的所学，丝毫不加主观的限制。相反，我倒觉得父亲有一个十分豁达开放的心胸。他自己一点也不热衷名利，完全是以培育和发掘人才为己任；他平时生活清廉俭朴，却孜孜不倦地写文章和教学。他对我们子女的要求也是如此。他在生活上对子女的管教是保守的，但在学问上对子女的鼓励却是先进的。他常常说，中国人一定要学会用中国文字表达意思，不论是文言或白话，文章好坏的道理也都一样，但即使要做到这一点，也非下工夫不可。他对我的文章特别关心，就怕我词不达意，每次看我的文章，总是提出许多修改意见，使我受益不浅。唯有我写哲学文章涉及义理，他却很谨慎地不愿轻予置评。我母亲更有一颗开朗包容的心，她对许多新的观念反比我父亲更能接受，她更有一颗慈祥的、永为他人设想而忘却自己的爱心，这也促使我后来对自己子女的教育倾注了很大的心血。父亲对学问的执着追求和生活的俭朴、母亲对世事的宽怀和仁爱，都构成了我探索智慧、力求上进的动力。我从选择文学到选择哲学，都得到父母精神和物质两方面的支持，这对我是多么的幸运。如果说我有什么成就的话，那么，首先应当归功于我父母的爱心。

4. 童年就喜欢文学

1945年抗日战争胜利了，父亲先离渝回南京，我和母亲及弟、妹也于1946年8月回到南京。当时我小学尚未毕业，但很快就考取了当时在南京的国立社教附中，后来改名为南京第六中学。回到南京，父亲鼓励我写一篇自重庆坐船沿长江而下到南京的旅行游记，我写了一篇投到了《中央日报》的《儿童周刊》，竟然发表了，这是我小学时代唯一发表的文字。

在南京第六中学只读了初中二年级，因时局动荡不安，不得不辍学，随家南迁了。在南京读书的两年里，最值得记述的是我开始接触到了西方翻译小说，如《侠隐记》《三剑客》之类。这使我跳出了阅读中国通俗小说的范围，而对西方翻译的文学作品怀有很大的兴趣。这个兴趣一直延伸到我进入高中，并导致我以后对文学创作有跃跃欲试的念头。我在小学四年级时，曾有一位很有才情的语文老师，在初中时，又有一位对文学艺术充满热情的图画老师。他们对我的文学创作兴趣有一定的影响。父亲虽是主持中国文学，可是除为我讲述古文外，并不特别鼓励我搞文学创作。另一位使我对西方文学发生兴趣的，是我举家搬到浙江金华时，我的一位家庭英文老师。我只记得他是浙大的学生，他教我读英文本的《天方夜谭》，又讲述英国文学中的故事。我还记得，他带我到金华的古城墙上为我讲课，我坐在城墙的石头上，听得津津有味。

初中时代，我也曾想到过我以后的理想是做一名开发中国的实业家，而没有一丝一毫要研究哲学的意向，更没有想到要通过哲学来促进中国文化的现代化与世界化。

5. 展开求知的岁月

1949 年 12 月，我和父亲自成都新津机场乘坐飞机来到台湾。那是一个充满混乱和流离的时代。也许由于我从小就经历过颠沛流离，对于再一次的颠沛流离（虽然其性质完全不同）并没有太多不习惯。

我离开大陆时，初中尚未毕业，自金华迁居到广西梧州时，曾进入苍梧初中三年级，但不到数月，又再迁至重庆。考入重庆求精中学不久，就随父亲到了台湾。1950 年初，我考入建国中学高中一年级，以后就以全部的注意力来寻求自己的兴趣了。

高中时代的我是以知识的追求为导向的。我天性好奇，到了高中时又有一个安定的环境，这种好奇心就发展成为强烈的求知欲。我那时最热衷的求知对象大致可分为两类：一是天文、物理，二是西方翻译文学。对天文、物理的兴趣源自我对天上星辰的好奇，这也许是由于我幼时长于乡野，夜里天上的繁星引起我极大的注意之故。我常常一个人凝视天上的星星，想看透星星，但得来的却是更多的神秘感。后来，我读到希腊神话，更觉得星星有难以言状的吸引力。由于我对希腊神话故事怀有一种真实感，因而也对古代的希腊怀有一种真实感，这些都是星星带给我的想象。

但我的好奇毕竟还是理性的。随后，我开始阅读天文学的书籍。记得一开始就看了一本张沄写的《天文学》，并因此对球面几何产生了兴趣。我又在建国中学的图书馆里找到了介绍爱因斯坦相对论的一本书，仔细一读，便对"同时性""相对性"有了一些模糊的了解。可惜，我们那时的物理老师并不很强，未能把我对物理学的兴趣充分引发出来，倒是在数学课上，我反而获得了更多的激励。

6. 心灵成长的狂飙

我一方面对天文学有莫大的兴趣，另一方面又对文学加强了兴趣，而且创作的欲望也与日俱增。那时，中学的图书馆中就有许多五四时代的文学作品，一部分是翻译作品，我每周都借阅大量的文学作品，细细品味，看到好的句子就一看再看，有时还摘录下来。那时，我看得最多的文学作品都是五四时代作家翻译的俄国、法国作品，其中以雨果和屠格涅夫最令我心动，给我的启示也最多。从屠格涅夫的小说中，我看到了俄国革命前的青年人的幻想主义和虚无主义；从雨果的写实作品中，我看到了法国大革命时的真实写照。我的情感和想象力是属于丰富型的。这类小说自然使我对人类产生一种深沉的悲悯，也使我对人类抱着一种奇异的希望。可是，那时我年轻的心灵也为法国的浪漫主义的小说家如拉马丁所吸引，加上我看了一本五四时的散文诗作家唐弢写的《落帆集》，更想做一个散文诗人（我对新诗一直抱着一种批评的态度，也许是由于我接触旧诗较早，便认为，不讲究平仄声韵，就不能算诗）。虽然，我进入大学后也写新诗，却一直希望找到一个新诗的"有意义的形式"，为此对卞之琳、臧克家等五四前后的诗人还着过一阵子迷。于是，我开始自己创作。我把我的一些想象凝聚在一些小事物上，很快就写了三篇散文，一篇叫《小石》，一篇叫《红叶》，一篇叫《电线杆》，前两篇投稿到《新生报》副刊，居然登载出来了。我好高兴，那时觉得有无稿费都不重要，重要的是看到自己的散文变成整齐的铅印字。第三篇稿却遭到退稿的命运。我为了投稿，还为选择笔名而费了一番周章。那时，我已知孔子所说的"知者乐水，仁者乐山"的话，我问自己究竟是知者，还是仁者？最后我决定偏喜仁者，乃取笔名为"好山"。我想，这也是由于我在实际上好山的缘故，当时，我对于山远比对于水接近。我除了写散文外，也偷偷地写短篇小说，记得一共写了二个短篇，而且还计划写一个中篇，但都未投稿。如今这些小说也不知存放在哪里了。

从高中二年级上学期起，我就开始每天写日记，倒不是为了要记每日经历的事，而是为了要记自己心灵的感受。因为那时我看书很多，心中充满了情感和思想，也对身边的自然环境有极大的敏觉，几乎任何一件事物都能叫我写出一篇富有情感的文章。国文班上的一位刘老师也对我倍加奖励。这个习惯养成之后，我不但天天写我的"心灵"日记，持之以恒，一直到大学毕业入伍受训之前，而且把日记当作我写散文、作诗、发挥议论思想的媒体。后来，我回看我过去的这些日记，只见密密麻麻，都是"心灵"文字，有关的生活事件只轻轻带过，好像与时代脱节。不过，这也反映了我的"日记"时代（高中到大学）是在平静安稳的生活中度过的。虽然我的生活享受了家庭的温馨，但我的心灵却经历了成长的狂飙。

7. 理性与情感交战

我究竟是走入文学还是走入天文学？这将是我面临的方向问题。

我的兴趣一方面是纯知性的，对天文的好奇使我想学天文学。那时，我已学会看许多星座，夏天几乎夜夜要在看星星之后才去入睡。

可是，对文学的爱好，以及一种创作的冲动，却将我引到另一个世界——一个情感丰富的诗的世界。因之，我又想念文学，而且要念西方文学。我理性的选择是进入了高中二年级后分入理科，但我感情的选择却使我报考了台大外文系。当然，这也是由于当时台湾各大学并无天文系的缘故。

我报考台大，是以同等学力跳班一年应考，那时，我很想尽快接触西方文学，以便能自由地走向文学创作之道。但我并未能忘却天文学。我曾对自己承诺，进入台大外文系后，我仍然要保持对天文学的追求。就在这样一种冲突又妥协的双重兴趣下，在1952年我以高分考取了台大外文系，从而结束了充满憧憬的高中时代。

三、大学时代

大学时代是一个人思想和兴趣成型的时期。我正式接触哲学并进入哲学，也是从大学时代开始。

在大学中，启发我的哲学兴趣并引导我进入哲学堂奥的，是方东美先生，他讲授的"哲学概论"这门课，有如潜艇、飞船，把听者带到海底龙宫、云霄九天，去欣赏各种瑰宝珍藏，并领略银河繁星之美。他从知识论讲到形上学，从文化哲学讲到人生哲学。他既把人生的境界结晶为理念的系统，也把理念的系统点化为人生的境界。对初入门的一年级学生来说，若无一些慧根种子，确是无法跟上去的。也许基于我好奇的性格，也基于我对美好事物的向往，方师的"哲学概论"就成为我踏入哲学的门槛了。我记得，我曾把听方师课的笔记背得滚瓜烂熟，又到图书馆内尽情阅览各种方师提到的哲学著作，包括方师早期所著《科学、哲学与人生》一书。

现在回想起来觉得，方师对我的哲学启蒙有两大方面：一方面，方师哲学博大精深，包含面很广，故从方师那里，必能养成一种整体全面的思考习惯。在统之有宗、会之有元中，兼容并包，赅备海涵。另一方面，方师站在生命价值的立场，来评断古今中西哲学体系，无不一针见血、头头是道，表现了尼采所称的"欣赏的最大艺术"和"卑视的最大艺术"，开导了从学者强烈的价值情操。我受方师影响最大的莫过于这两方面。这两方面不是属于实质哲学，而是属于哲学的大方法和大态度的定位，就这两方面而言，在过去哲学家中，我还未见有出于其右者。

方师的实质哲学是本体的生命哲学、价值的完美主义和文化的多元发展主义。一般来说，他对西方哲学的态度是赞赏古希腊，而悲悯近代；他对中国哲学的态度则在于发扬原始儒道，而批评宋明理学。不过，方师的思想显然在后期也有改变。记得1969年，他到夏威夷大学出席第五届东西哲学家会议时，曾表示他想多了解当代语言哲学和逻辑哲学，并要我为他提出一些有用的书目。1972年，在夏威夷大学"阳明哲学讨论会"上，他提交《阳明哲学》一文，对王阳明却有正面的肯定。

1. 决心走上哲学之路

自大学一年级听了方师的"哲学概论"课以后，直到大学毕业，我没有一个学期不听方师之课，又兼听哲学系其他老师的课，其中对陈康先生讲的"洛克理解"及"亚里士多德形上学"最有兴趣。由于哲学的兴趣日增，于二年级后，我已有决心研讨哲学，把哲学当作我解决人生和兴趣问题的指南了。三年级以后，哲学系的课我无一不听，同时又选修黎烈文先生的法文课，并兼选周学普先生的德文课。

方师给我开的课程包括"中国人生哲学"和"西方人生哲学"，其中对我影响最大的是"柏拉图哲学"。但由于方师在讲述西方人生哲学时，特别强调柏格森和尼采，我也深受此影响。在图书馆中，我把可以找到的柏格森和尼采的书悉数细读。这当中，对我产生启发激励作用的是柏格森的《创化论》（张东苏译本），以及尼采的《悲剧的诞生》、《查拉图斯特拉如是说》（英文本）三书。由此三书，我认定，宇宙充满了创造力，而个人的意志力量就有提升世界的可能。又因为方师对儒家、道家的宇宙创化思想有所发挥，故使我对《易传》和《老子》有极深的感受。当我读到《老子》"道生之，德畜之"一句时，竟于二年级的日记中一口气写了两万多字的"感想"。柏拉图的理想主义也深深地影响了我，但影响我的并非他的二元论，而是"价值至善"的理论，以及一个自我进升、转化世界的智慧和意志信念。这些也许又是受惠于方师，但却切合我个人的性问。我自小生长于十分安稳的家庭，对善恶、是非的价值，只有理念的认识，而缺乏实际的体证。但却对一善一恶看得很重，常以"疾恶如仇、从善如流"自勉。后来，我以柏拉图哲学作为我考入台大哲学研究所的主修科目，对柏拉图中后期对话中的辩证的思想方法和本体认知方法，有着深刻的体会。

2. 我获得了一种调和

在大学中影响我的事物很多，而我自己的成长也屡有峰回路转的情形。如今回想起来，觉得很难一言以尽。最好是用现象学的方法一一呈现，但为节省空间，我还是以条陈方式简述。

首先，我必须说，我是一个具有强烈知识欲望的人，这是源于我理智的好奇心；但我也是一个能够重视情感和心灵感受的人，这也许是源于我的生活气质。这两者带给我极大的冲击甚至矛盾。我自高中起写日记，多少就是为了一种自我分析、自我反省，也是为了一种自我综合、自我克服。

我常自省，我的性向有倾向数学抽象的一面，因为，数学的严谨精确带给我一种超乎寻常的平静和安顿感。但我也有倾心于诗和文学的一面，因为，诗和文学的创造带给我一种奔放的激情，对自己有另一种肯定。我在大学一年级时，同时追求数学和文学（我在高中精于数学，考入大学学文学，却无法忘情于数学，以及理性的知识追求），除本学科学的课程外，还另选工学院的微积分课程，而且学得津津有味。但"数学"与"文学"毕竟代表了两种不同的心情，时时相互激荡。自从感受到哲学的整合力和渗透力以后，我获得了一些调和：我要以哲学思想来涵盖文学和数学，我也在一个更广大的平面上肯定理性和情感两者相互的定位。这从理论上来说，已涉及许多问题，但从实践来说，自然更不容易。

但从方师的"人生哲学"课中，我接触到了戴东原的思想，对他肯定人是才性气质而批评抽象的道德义理的观点感到极大兴趣。当时，我就想从戴东原哲学的角度来调和理气。

总之，哲学不仅带给我一个综合，更使我将文学和史学批评带入美学和形上学。当然，当时我并未放弃文学，我曾写诗、翻译英诗和法国莫泊桑的小说，自己偶尔也写诗、写文学批评的文章。但我的心志却无法不以哲学为"自我实现"的指归了。

3. 建立了体认基础

在大学里，我接触的哲学思想包括梁漱溟的《东西文化及其哲学》、熊十力的《新唯识论》等，遂对东西文化形态的比较、评估和认知（比量、现量与证量），有了一些初步的体认。

梁先生与熊先生都涉及印度哲学和佛教哲学。可惜，那时我没有机缘更深一层地接触佛学。因此，就未能进一步研讨佛教哲学的实际发展。后来，我发现，宋明学者先出入于道佛，再回到儒家而排斥佛老者，比比皆是。

我自己的哲学生命可说是缺少这一环节，因之，后来在定向于儒家形上哲学时，却对佛道思想反有另一种欣赏。在大学时，我也接触到存在主义哲学、逻辑实证论和分析哲学。当时我对主张实存哲学的萨特和海德格尔并无兴趣。近年来，我深入研究海德格尔，却是从另一番转折而来。

我对逻辑实证论和分析哲学有探索的兴趣，但当时讲授该课的殷海光先生，对此哲学取向却有强烈的臧否态度。他似乎认为，除了逻辑思考和语意分析外，其他一切别无是处。但我认为，这与通过经验以求知的方法并不相合，也与我已形成的开阔兼容的心态相悖。虽然基于好奇，我也去听殷先生的课，但在态度上却是悬疑的。记得在一次课上，殷先生带来唐君毅先生新出的《中国文化及其精神》一书，他在台上一面大步走，一面向听课的我们宣告，此书应投入茅厕。当时我为之感到十分震惊，后来反觉得殷先生的"狂言"也有其可爱的一面。孔子宁取"狂狷"而不屑"乡愿"，因为"狂狷"有一种道德勇气和知识良心，而"乡愿"则两者俱无。在另一次课上，殷先生带来一本数理逻辑的书（据说是俞大维先生及毛子水先生转赠的），告诉大家，他看不懂。这倒不是殷先生的谦虚，而是他的真诚，我后来通过班上的杨汉之同学向殷先生借来一阅，觉得并非完全看不懂，这大概与我当时念了不少数学有关（后来留美进修数量逻辑，发现此书原为数学家所写，而非逻辑学家所写，故定要有现代代数基础，才可以看懂）。当时，我心中已把数学看作现代知识的一个范型，故对逻辑分析追求精确性不仅不反对，反而十分赞成。但是，殷先生当时并不知道我有这个想法。

4. 良师净友与路向

在大学时代，我可说是关在书本的象牙塔里自作思考，对于当时的中国文化和哲学的传统价值论者，以及民主自由的现代知识论者这两种潮流，既不了解，也未接近。

据我后来所知，前者以钱穆、唐君毅、牟宗三、徐复观诸先生为代表，而后者以殷海光、张佛泉先生等为代表。当时除殷先生外，其余学者都未在台大讲课，我当时也未有机缘认识他们（到美以后反有机会见到他们了），对他们的著作也不尽熟悉。倒是因为殷先生反对唐先生的书的缘故，我偏偏买来一读。但唐先生在书中所肯定的那种中国的人文主义，也未能在哲学思想上影响我。我也看了牟宗三先生所著的《历史哲学》，对他对历史人物的评判极感兴趣，但他的哲学思想对我仍无影响。那时，我并未深入思考中国哲学和中国文化的发展问题，而把全部精力贯注在对西方哲学体系的认识上。

这里必须提到的是，在当时，我接触到不少五四时代及希腊时代的悲剧、史诗等文学作品。我心中呈现两个理想的时代，其特征是，人可以自由地追求理想价值、发挥个人的创造力，并且能得到环境中的人物的支持和鼓励。这两个时代充满着启蒙性、曙光性。这两个时代分别是希腊的伯里克利时代，以及我当时感觉中的五四时代。我之所以对伯里克利时代有相当真切的了解，是因为当时我对希腊历史研究得相当仔细，但对五四时代多少有一些理想化的趋向。奇怪的是，我一点也不醉心于胡适。当时有不少同学非常醉心于《胡适文存》，然而，我过目之后并无特殊之感情。甚至，有一次胡适先生从美回台，来台大演讲，讲的是培根和杜威的思想，我当时听了也不觉得激动。这也许是我跨越了胡适时代的"哲学"的缘故。对我来说，"五四"是一个充满元气的时代，是一种创造自由和追求理想的象征，但却不幸流产，未能孕育成一股文化启蒙的洪流。我对西方文艺复兴时代也有一种向往之情，故当我读到《诸神复活》这本讲述达文西一生的历史小说时，心灵不禁回到古希腊的悲剧英雄与命运搏斗的天地了。

我大学时代净友有刘述先、李银玻、朱诗繁等人。我和述先的性向及环境有所不同，但在文学和哲学感受上，往往有相契合之处。尤其是我们两人对方东美先生的哲学思想都有比较深入的了解，故在方师午睡后，我们常常结伴至牯岭街六十巷四号之方师家问道，每每到天黑才辞归。我在归途中常感到受益很深。有一次，我觉得应该模仿柏拉图记录他与苏格拉底的对话，便一口气写了两万多字和方师的对话，这段对话录至今仍保存在我的日记丛中。

1955年，我在台大毕业。我决心报考台大哲学研究所。由于我得到了方东美老师以及哲学系其他老师的支持，故被破例以外系毕业生身份报考哲学系，并从此开了外系毕业生可以报考哲学研究所的先例，并与刘述先、傅伟勋同时进了哲学研究所。但我于1956年年底，在研读研究所一学期未完前，我选择了出国求学奋斗之路。我的目标是，充实根植在我心中的哲学生命。

四、赴美留学

哲学的生命必须发自一个人生命深处的心灵，或曰心灵生命。虽然每个人都可以有心灵生命，但只有当心灵生命有一股持续生长的冲动，并不断要求吸取思想的养料，方可称之为哲学的生命。

哲学的生命正如春蚕成长的过程，往往要一眠再眠，脱皮再脱皮，方才成熟吐丝，化满腹绿桑为满腹明丝了；并且不吐不快，有条不紊地吐丝成茧，孕育未来的生命。从这个意义来说，哲学就是自我实现之学。

但是，哲学的生命还有另一层意义。它包含了人类文化和历史的生命（又名之为文化慧命）。但这种人类文化慧命，却是通过一种特殊的文化和历史传统来实现的。这一点是十分重要的。因为个人的哲学生命只有通过文化的慧命,才能发挥出更大的创造力和冲击力。但在另一方面,我们又不能不注意,在个人的哲学生命没有真正形成之前,就依附在文化和历史的传统上。它不仅不足以丰富及实现文化慧命的内涵,而且也不能充实自我,促进自我生命的发展,反而会走入形式主义或权威主义。

更有甚者,在自我的哲学生命与文化慧命结合一体时,哲学生命仍需面对不同的文化和历史传统,以求撷取精华、丰富自我,并借此丰富自我依傍的文化慧命。这种"他山之石,可以攻玉"的过程,是一个不可停止的过程。只有在这种开放的并勇于接受考验的过程中,文化慧命才能自强不息、历久弥新、扩大普扬,酝酿成一个世界文化的胚胎,并把已有的人类世界逐渐转化,达到更高一层次的文化境界。

1. 心中有种使命感

我于1956年赴美留学,并获得美国华盛顿大学奖学金。当时,我已深深自觉到,自己的哲学生命有一种内在的冲力,即切实地深入西方哲学的心脏,作为真正光大中国文化慧命和中国哲学的基础。那时,我也有一种使命感,即必须从西方哲学的灵魂深处,来肯定中国哲学的意义,尤其是普遍意义。这种使命感也是一种命运感,认为这样做,即使是一无所获,也是一种值得从事的尝试。所以,我毫不犹豫地决定去面对一种非常艰苦的留学生涯和一个完全陌生的异邦世界。

我出国之前,父亲特地去买了一套粹芬阁藏的五经读本,作为我留学的赠品。父亲在《诗经集传》首页上写道:"英儿毕业上庠更将深造,特购五经读本,命其阅览一过,俾知我先哲持躬淑世与夫治国平天下之至理要义也。民国丙申中秋后一日。"显然,父亲是怕我驰入西学而迷不知返,乃以此提醒。其实,我心中早有意思要重建中国哲学,使其立足于世界、嘉惠于全人类。这不仅是由于民族文化感情的作用,也是经过理智反省后的志向。

如今回想起当初出国时的心态,以与其他同时代以及现今留学者相比较,我觉得这是属于一种"后五四"的建设性的心态,即追求西方学术和哲学,以反哺中国传统,并重建中国传统。五四时代的学者反叛传统,谴责传统,做了一项极端破坏权威的工作。这既有积极意义,也有消极意义。其积极意义是破坏了传统权威,使传统断裂,以求建立新的知识权威,确立一个开端。其消极意义则是未能真正建立新的知识权威,从而导致了文化呆滞和思想真空。

"后五四"的文化心态亦有两种。一是继续倡导西学西化,并反对传统;二是回归传统,以谋传统之重建。这两者的交迭论争,是20世纪30年代到40年代学术界的特色。自50年代以后,渐有新的气象和新的心态出现——先求理解西方,再回头重建传统。我认为,这一气象与心态,可以方东美先生为代表。方师对西方哲学探索最深,对中国传统哲学的重建面也最广。这与熊十力先生立于传统之上,吸取西学不完全一样。

在我留学时代,一般说来,仍有嫌钻研西学不足之感。这既因过去的学者未能完成这种开拓事业，也因西学日新月异，故乃产生我"不入虎穴，焉得虎子"的留学心态。我的心态是"后五四建设性"，即我不愿走入纯学问之路，而仍以文化思想价值问题作为关心的对象——这是"五四"的。我以西学为专攻的对象，并要回头去重建中国传统——这即是"后五四建设性"的。这种心态因而也是认同于方先生，而与唐君毅、牟宗三两先生有所迥异的。如今，这两种心态再如何结合，这是思想文化沟通的一大课题。

我有志于继承这一项五四以来中国知识分子未能完成的事业。这自然非我一人所能完成，但我作为台湾第一个自费留学研读哲学者，自应有不可推卸的责任。从方法学的眼光来看，我走的路是先立乎哲学之生命，再以其生命来充实中国哲学传统的慧命。这也就是我以后提出的"中国哲学的重建"。这与先附丽于中国哲学传统，而无视哲学思考本身的问题的心态，在出发点上很不一样，五四建立了一种"出乎其外"的方法，但后来反五四的人的心态往往取"入乎其内"的方法。我在决定留学时的方法取向，便是"先出乎其外"而"后入乎其内"。我认为，唐君毅与牟宗三之不同在于，牟宗三更能采取这一方法。而方东美又比牟宗三更能采取这一方法。确实，为了使中国哲学重新建立起来，并成为世界主流之一，就必须不断地做"先出乎其外"而"后入乎其内"的工夫。

2. 研读当代英美哲学

1957 年初，我到美国西雅图华盛顿大学就读。由于申请时的限制，先读了一学季的英国文学，然后就顺利地转入哲学系攻读硕士学位。我自 1957 年春季开始，到翌年春季为止，共念了四学季的哲学课程，每学季均选四门课，我除了有限的睡眠和打工时间以外，将全副精力、时间均投注于哲学学业上。我念的课程以现代逻辑、科学哲学、分析哲学和知识论为主，就是说，我开始真正接触当代的英美哲学了。

哲学系中有三位教授直接影响了我，一位是斯玛廉（Arthur Smullyan）教授，另一位是麦尔登（I. A. Melden）教授，再一位是洛德（Meluin Rader）教授。斯玛廉教授与麦尔登教授分别代表了当代美国哲学中的两大主流：逻辑的分析哲学和语言的分析哲学。斯玛廉教授早年毕业于哈佛大学，以研究数理逻辑和模态逻辑出名；在知识论上他是一个现象主义论者。而麦尔登教授则是当代极著名的分析论理学家，他完全走后期维特根斯坦的语言分析路线，并特别重视"意向性（intentionality）的分析"。虽然我从麦尔登教授的课中学到了语言分析的思考方式，但我把重点仍放在逻辑解析和现代逻辑上。此外，洛德教授的美学课程也非常吸引我。他还把我的考卷评为第一，并在课堂上当众念出，反而叫我惊愧。我又选读了他的康德"第三批判"的讨论课。我对康德哲学的了解可说是从他的课开始，并且是从研读康德《判断力批判》开始。直到以后我进入哈佛大学，才选了康德的哲学课程，读了他的第一和第二批判。

我在华盛顿大学念哲学十分成功，每科均得 A，深得老师的爱护，纷纷鼓励我申请东岸常春藤大学攻读博士学位。于是我在第二年申请了哈佛、耶鲁、康奈尔大学，没想到，每校均来函给我全额奖学金。我在受宠若惊之余，几经思考，决定进哈佛大学。当初影响我选择"哈佛"的因素倒并非"哈佛"之名，而是我对逻辑和分析哲学深感兴趣的缘故，极想从学于执美国逻辑和分析哲学之牛耳的奎因（W. V. O. Quine）教授。

我在华盛顿大学第一年冬季，还选了当时访问教授哈特肖恩（Charles Hartshorne）主持的皮尔士和怀特海哲学的研究讨论课。我的一篇研究报告即是讨论"外在关系"，而对"内在关系"则采取了批评的态度。对此，哈特肖恩教授十分不同意，特地约我一谈。当时，他并未说服我对"内在关系"的观点。五年后，我在美国哲学学会西部年会上发表论文后，哈特肖恩教授还特别走上前，与我展开"外在关系"和"内在关系"问题的争论。那时，我告诉他，我已接受了"内在关系"的观点。我在华盛顿大学也选了访问教授卡夫曼（Kaufman）的尼采和黑格尔哲学的课程，并写了论"绝对精神"的研究报告。这些课程为我开拓了哲学的新领域。但我自己思考的问题却在知识论和逻辑分析上面。我从斯玛廉教授的硕士论文，论文题目是《有关早期摩尔（G. E. Moore）的理论：知觉和认知外物问题》。我说明早期摩尔的知识论，然后批评其现象主义的错误，认为对外物的认知有其客观的有效性。我记得斯玛廉教授完全不同意我的观点，但他仍然对我主张实在论的论文，给予很高的评价。

在我离开华盛顿大学之前，我在暑季选修了高等微积分和现代代数。基于对西方知识理论的了解，我愈来愈深信，数学代表了西方知识的理想模型，而科学也必以数学的语言为其典范；只有了解数学，才能了解数学与逻辑的争议所在，以及数学在知识论与形上学中扮演的重要角色。我必须说，只有通过柏拉图主义，才能把数学发展到精微高明的地步；而数学也有导向柏拉图主义的潜能。反观中国哲学中数的问题，数并未真正独立起来，而是受限于象或理，而为象数与理数。这大概也是由于缺乏柏拉图主义抽象的超越思考所然。

五、哈佛的哲学熏陶

哈佛大学的哲学系有其示范及影响美国哲学潮流的力量。更重要的是，哈佛哲学系真正可称为"美国哲学"的摇篮及源泉。自19世纪中叶，到20世纪的现在，美国的哲学名家可说大都出自哈佛，这就使哈佛哲学系成为一个入学竞争极为激烈的科系。

我进入哈佛之后，方知我的进入极为难得。哲学系学生有史以来获得学位者当时只不过三四位而已。我在哈佛共五年之久，其中有一年几乎完全沉浸在近代数学之中，五年中的前两年，我选读了所有博士班的课程，两年后通过博士班预试，做了两年助教，并选定了论文题目，获得通过后，即开始写论文。我于1963年5月完成论文，7月通过博士论文口试，获得哲学博士学位。

1. 把握机体论思考

我进入哈佛大学哲学系时，正是美国逻辑分析哲学鼎盛之时；而哈佛此时也正是分析哲学的首府重镇。这一重镇的主持者，即为奎因教授。奎因自己早年于哈佛大学毕业后，即赴维也纳大学游学，研究逻辑和分析哲学，深受罗素与卡尔纳普之影响。返回美国后，便在哈佛执教，于50年代即以论文集《从一个逻辑的观点看》一书而闻名全国。其中有两篇文章，一论"有什么存在"，一论"经验主义的两个教条"。这两篇文章直接和几乎全面影响了当时的美国哲学界。

奎因也是逻辑学家。他那时已出版了《数理逻辑》《演绎逻辑》两书。奎因教授"演绎逻辑"一课，另教"语言哲学"一课。当时，他就以其《语言与对象》一书的原稿作为授课资料。除了这两门课外，他在研究所开了语言哲学专题，以及现代逻辑和组合论等课程。我到哈佛，既然是以探索现代分析哲学为要务，就下决心选读所有奎因的课程。

两年内，我从上述课程中受益匪浅。我最大的收获可分为两方面，一是方法论，一是本体论。我从奎因哲学中获得分析哲学最严谨的逻辑分析方法。分析可以有不同程度的严谨性，但是重要的是具备一种严谨性的自觉，或严谨性的标准。否则，就无法做出自我理性的批评，严谨性就是形式理性的表现。更有甚者，由于从奎因的逻辑引申出来的本体论分析，对物理科学的机体论网络思考，使我更能把握机体论思考的原理，把这一思考用于本体论上，再融合于中国思想之中，就为中国思想找到了一个现代化的途径。同时，也能对现代西方哲学作一建设性的批评。

下面我再简述对奎因哲学的认知与评价。

2. 我对奎因的认知

现代逻辑一则融合了传统逻辑与现代数学，另则也开启了新的本体论。它不必依附于现象主义或感觉哲学或科学哲学，故逻辑分析哲学也不必等同于早期逻辑实证主义。

事实上，奎因乃是从逻辑分析立场清晰地批判了逻辑实证主义的化约主义（将外物化约为感觉材料）和二元论（将分析命题与经验命题分为二橛）。奎因的反化约主义和反二元论，也可以说是对逻辑实证论的"知识证实原则"，提出了新的见解，把狭义的、单向的以及孤立的经验意义观念，扩大到与经验意义相关的网络，不以一事一物作为意义的确定因素，而以全盘理论网络或系统作为意义的确定的依归。奎因就"意义""指涉"的分辨，更进一步把真理值的分配，看成不是单独命题可以决定的事，而是可以受制于全盘理论（可以两组相互依赖的理论命题作为代表）与全盘经验（可以一组相互依赖的经验命题作为代表）的平衡需要。这样，奎因实际上已突破了逻辑实证论的藩篱，而建立了一套机体网络论的自然哲学。

我对奎因哲学系统即做了这种机体网络论的解释，但奎因自己却不置可否。后来，我发现他原来是怀特海的学生，因而受怀特海的影响是不可避免的事，就如同杜威早期在缅因大学曾受黑格尔哲学影响一样。奎因受怀特海哲学的影响，也许他本身并不自觉，但他所表现的思想方式以及取向，却有怀特海机体网络论的蛛丝马迹可寻。我认为，奎因也把怀特海的机体网络论的观点，以及对意义和真理值的思想，发展为语言哲学和知识哲学，并在语言哲学的发生和语意指涉的"层级上升"方面，提出了完整的理论，在语言的意义和指涉的发生方面，提出了一套典范，并做了一套具有典范性的逻辑分析。这可说是奎因对现代分析哲学的最大贡献之一。

奎因又提出了"翻译意义的不定论"。此论也蕴涵了"语言意义的不定论""语言指涉和真理值的不定论"。这一论说影响极巨。从50年代到80年代，分析哲学的重要论文有一半以上都直接或间接地受此论点影响。我针对这一论点，于60年代和70年代提出了自己的看法，写了一篇《论指涉性的条件》的论文，发表于《罗特丹形式逻辑季刊》。我在这篇论文中指出：相对的翻译可造成翻译的不定，但是在既定的一个翻译当中，意义仍然有其既定的确定标准。因此，我们不能忽视相对系统的不定性与既定系统的确定性之间的差异。

奎因后来又发表《自然化的知识论》《本体相对性》两文，都是对意义和指涉问题所作的进一步发挥。在此基础上，奎因建立了自然主义的语言哲学，既融合了科学哲学，又解释了科学哲学。他在数理逻辑研究上，采取了多元论的立场，来讨论组合论系统，并就本体指涉的标准，以及需要标准，来评价不同的组合系统。这在他的组合论及数理逻辑的研讨课中，发挥得很充分。从这个意义上看，他也是一个实用主义者。也许我们可以称他为逻辑的实用主义者。

总结奎因对我的影响，那就是：他的哲学思想坚实了我的思考方法，以及深化了我对语言、数学及科学的理性认识；同时，也使我真正地了解了美国实用主义哲学在科学和现代逻辑思考中的地位，及其影响所在。我对奎因的哲学思想有浓厚的兴趣。离开哈佛之后，我教授语言哲学、逻辑哲学和数学逻辑，基本上是以奎因为起点为范式，然后求其歧异，求其发展，求其突破。我后来发展出来的"本体诠释学"，也可说是基于对奎因思想的批评反省，融合中国哲学以及欧洲诠释学的传统，而发展出来的。在这一点上，我认为自己已突破了也扩大了奎因的哲学体系。举例来说，奎因只谈到本体论的相对性，我却解释了相对性的本体根源。我把奎因当作美国当代哲学大师，可是，他却未能对其哲学中的本体论形上学思想加以发挥（奎因自觉地反对形上学，在这一点上，他是古典实证论者），未能对价值问题加以论评，这些都甚为可惜。在这方面，奎因与我熟悉的其他两位美国哲学家皮尔士和刘易斯则大不相同。

3. 另外四位重要的教授

1958年，哈佛大学哲学系的老师，除奎因为一大师外，尚有数位极负盛名的哲学家及哲学学者。他们对我的哲学生命也有直接充实及启导。

首先我必须提到的是唐纳德·威廉姆斯（Donald Williams）教授。他年长于奎因，是 40 年代批评实在论者的仅存者。他开的"形上学"与"归纳逻辑"两门课，深为我所喜爱，后者尤其对我有决定性的影响。后来我决定不写纯粹数理逻辑论文，而以科学哲学为思考中心，并以"归纳逻辑及其理论"作为我论文主题，因而与威廉姆斯教授建立了密切的师生关系。他坚信，归纳逻辑可以演绎化，因而提出了归纳法有效性的直接证明。这一论点对我有吸引力，于是，我在以后的论文中，也提出了同类的，但却更完整的数理证明。威廉姆斯教授也精于时间与空间哲学，对我所写《四度时空中超时间性》的讨论文章，提出三大页评语，又与我一再析论，使我对哲学批评的细致性有更深刻的体会。他是在忙碌的现代学者中很少见的一位。

另一位影响我的老师是当时的系主任罗德雷克·福斯（Roderick Firth）教授。他是忠实的笛卡儿知识论的重建者。他的"Cartesian Enterprise"，即是指知识的重建。他走的显然是接受了刘易斯的路线。他与刘易斯的另一高足罗德雷克·齐索姆（Roderick Chisholm）教授相较，更偏重于现象主义（phenomenalism），而齐索姆教授则更偏向于实在主义。1970 年，我参加 Amherst 学院举行的现代知识论研讨会，曾与齐索姆教授有所讨论。我在进入哈佛后，即选了福斯的知识论课程。由于我在华盛顿大学已接触到现象主义的问题，并在硕士论文中对摩尔加以论评，故我用摩尔的批评方式，写了一篇《对现象主义的驳斥》的学期报告。谁知却惹出了一场大的风波。福斯教授在发还报告时，要我到他办公室一谈，我看报告上的评语也极为不利，认为过分地批评现象主义，且不该用确定冠词。我心中极为紧张，认为下年的奖学金可能无望，也许无法再留在哈佛了。我把我的担心告诉我当时的同学如斯乔德·摩尔（Stroud Moore）等，他们也都为我担心不已，认为我不该选此题目。我去见福斯教授时心中忐忑不安，可是，福斯却和颜悦色地和我讨论我的报告，并一再问清我的意思。最后，他似乎也了解我对实在论的信念，以及所持的论证（偏向素朴实在论批评的重建）；而我也进一步认清了现象论的论证力量，反使我与福斯教授变得非常接近。由于福斯教授的影响，我乃深入刘易斯的知识论及其价值哲学，并对其"可信度理论"加以研究，使之成为我博士论文的一部分。下半年，我也获得了极为荣誉的 Josiah Royce 全额奖学金。西方学者教授虚怀若谷，允许学生有"我爱吾师，我尤爱真理"的襟怀，令我有无限的感思，也使我以后对待我的学生抱着同等开放的气度。我要求学生同样要有理，不同意也要有理，学生只要言之成理，就能获得我的支持。这在后来，我对王晓波同学的论文指导上，就充分体现了这一原则。

哈佛大学哲学系还有两位教授对我也产生了或多或少的影响。一是亨利·爱肯（Hernry Aiken）教授，一是伊斯雷尔·谢菲（Israel Scheffer）教授。

爱肯教授主教伦理学、价值哲学、美学及实用主义。他是美国自然主义价值哲学家佩里（Perry）的嫡传高足。他讲课很有戏剧性，常常用手、脚敲讲台，以加强他的意思，所以，学生上他的课绝不会打瞌睡。我通过博士班预测后就成为他的美学与实用主义课的"课分人"（grader），和他有相当程度的接近。他对我的影响在于对休谟哲学的诠释。他站在休谟立场反驳康德，把一门他与威廉姆斯教授合开的"康德与休谟"的课，发挥得有声有色。我很喜欢这门课，爱肯教授与威廉姆斯教授分执两说，每课每人先讲述20分钟，另有20分钟各作答辩。威廉姆斯教授沉着，爱肯教授激动；威廉姆斯教授主康德，爱肯教授主休谟；但两人均据理为争，为学生做出了很好的论辩示范。据我所知，哈佛以后再未有如此有趣课程的安排。在爱肯教授的影响下，我细读休谟，倒觉得休谟哲学比康德哲学更接近孔子哲学，这一点在我后来的《儒家的人的形上学》一文中，特别提到。依此，我觉得，后来国内新儒家只以康德解释孔子，实未能尽孔子之学。我认为，孔子哲学必须通过多种西方哲学系统的诠释，方能见其全。最近，我写了论《孔子儒家哲学的目的论与责任论的两面一体》一文，从亚里士多德和康德双管齐下的观点，同时分析了孔子的道德哲学，并反过来用孔子来诠释与调和亚氏与康氏。自五四以后，到今天，国内学人往往喜执一二家之说，以释中国传统学派之言，而不能不流于偏、失于偏。爱肯教授对罪恶及痛苦之起源，也有独到的见解。他对这个问题的看法，也促使我深刻地反思。

谢菲教授虽隶属于哈佛教育学院研究所，对教育哲学有极卓越的贡献，但他却是当时哲学系唯一教授科学哲学的教授。他的科学哲学重视科学定律的逻辑分析。更重要的是，他在《科学与主观性》一书中，对主观性的问题提出正面讨论，他是反现象论的，而极欲为科学寻找一个客观性实在论的基础。我在这点上，和他很接近。

4. 选择论文几经周折

以上所举五位教授中的奎因、威廉姆斯、福斯及谢菲教授，组成了我的博士学位论文委员会。由于我最后选了归纳逻辑理论问题为研究对象，乃由威廉姆斯教授为主要指导人，因而我与他有密切的联系。但我与奎因、福斯教授也经常接触，就我的论文题目向他们请教。

有关我如何选择我的论文题目，也有一段内心思考转折的过程。由于我对现代逻辑有浓厚的兴趣，并由于选修了所有系里有关逻辑的研讨课程，所以就发展出一个对现代逻辑研讨的专题：现代逻辑系统中决定性的推延问题（Extension of Decidability）。这个题目是我结合现代组合论、近代代数和回归函数论（Recursive Function Theory）而发展出来的。

这里，我要特别提出我在哈佛第三年的选课情形。第三年开始时，我已通过博士学位预试，但我仍然花了许多时间选读数学研究课程，并特别受到著名数学家泽雷斯克教授的影响。他的现代交换代数（Commutative Algebre）一课，讲得出神入化，尤其把Galois Theory（伽罗瓦理论）层层剥笋，清楚明白，令人有豁然贯通之体验，从而使我对数学理性如何成为西方知识理想模式和标准的问题，有了一个新的认识。我当时为了思考组合论中的逻辑吊诡问题，已对数学哲学中直觉主义的"建构原则"有极大的同情。在泽雷斯克的课中，我即感到"建构证明"的魅力，故拟用代数来反治逻辑问题，这是我思考写上述博士论文题目的原因。

可是此时却有两件事令我不得不重新衡量我的决定！一是奎因不治代数，二是当时对回归函数论有兴趣的德雷本（Dreben）教授却不精于回归函数论；而正处于一种未能证明 Lowënheim Lemma 的苦恼中。因此，除了我转入数学系之外，就无法合法地在哲学系写这一博士论文。这些，最后都因我放弃了这一论文题目，而不成为问题了。我当时固然对数学与逻辑有专好，但我对科学哲学和语言哲学的兴趣也日增。盘旋在我心中的，常常不外是科学知识的有效性和可信度问题。为此之故，我对归纳逻辑涉及的哲学理论问题，也特别关心，想有所突破。在数学逻辑论文题目未能落实之时，我即决定，先解决归纳逻辑的有效性问题。加上威廉姆斯教授、福斯教授的一再鼓励，遂决定以研究皮尔士及刘易斯的归纳理论为论文题目了。

此论文经过一年半时间完成了，对归纳有效性问题作了完整的考察，并基于皮尔士与刘易斯建立一个归纳推理统一性的观点，与奎因的知识论遥相呼应，成为我坚持机体论、方法论的一个有力观念证明。我的论文于 1963 年 6 月顺利通过，威廉姆斯教授特邀我去哈佛圆环喝传统高杯啤酒，以示庆祝。我在美多年，记忆中这还是我第一次喝这样的高杯啤酒。我的论文中的重要篇章，以后在数种美国哲学杂志中发表，最后，于 1967 年，在荷兰（Martinus Nijhoff）出版成书。

我在哈佛求学期间，有许多事情值得追忆。有关学术探索的，在此仅述一二，以志不忘。哈佛哲学系除上述教授的课程外，尚有许多非常有吸引力的课程，亦均为名家所开。那时有德莫斯（Demos）教授开"柏拉图哲学"；有牛津大学欧文（Owen）教授开"亚里士多德物理学"；有保罗·杰里奇（Paul Jillich）教授开"德国唯心主义"（杰里奇教授为神学家，在哈佛神学院主讲新神学）；有约翰·威尔（John Will）教授开"存在主义"，主讲"海德格尔"；有莫顿·怀特（Morton White）教授开"历史哲学"。后来，又有约翰·罗尔斯（John Rawls）教授主讲"伦理学与社会哲学"。这些课程，我或选修，或旁听，从中获得了一定程度的刺激力和启发力。

5. 未曾忘怀中国哲学

如果有人问我，当时我对中国哲学抱有何种态度？我的回答是："我一点也未曾忘怀中国哲学。"我的哲学生命在生长中，除了吸取西方哲学的精华以外，也努力在为中国哲学"培风"（庄子语）。事实上，我一直利用时间去发掘中国哲学的问题。

那时我最喜欢去的图书馆，除了 Lamont 外，就是哈佛燕京中文图书馆了（Widener 只有在查书时才去）。哈燕图书馆藏书之丰，名列全美第一或第二。因之，对中国哲学新出的书，我一直都能看到。有趣的是，对于"中国哲学"的研究，当时我并无可深谈的同好，哈佛远东语文系的中国同学都从事历史或思想史的研究。由于斯切沃茨（Schwartz）教授特别提倡中国思想史之研究，故引起了许多中国同学的兴趣，我也去听了半年斯切沃茨教授的课，就此与他相识，并时常与他讨论。斯切沃茨教授在大学本科学的是哲学，又兼通中文与俄文，实为当代不可多得之思想史家。但他是由史学、思想史学，最后渐进于中国哲学的。这似为西方现代汉学发展途径的缩写。

有关中国思想史的讨论，我当时对加州大学列文森（Levenson）教授写的《梁启超思想研究》一书有一些不同意见。列文森教授开宗明义即谓：现代中国知识论是对传统有情感的依附，但对于价值却有知性之承担，显然，这里的价值指的是西方（科学）文化。我当时就不同意这种说法，并与初到哈佛攻读中国历史博士学位的一两位同学加以讨论。后来，有一次，我到加州大学哲学系演讲，见到列文森教授，特别与他进行了辩论。可惜不久，列文森教授在度假时，翻船淹死，美国失去了一位极富想象力的中国思想史家。

我不同意列文森教授者乃是：对中国传统（尤其是中国哲学），传统学者的依持不仅是情感的，而且是知性的。我认为，梁启超本人就是一个最好的例子。就我自己而言，我会对中国文学（诗词）的传统产生情感的认同，但对于中国哲学我却不能不体会到一种知性的吸引；而这种知性的吸引，显然与科学、西方分析哲学所显示的知性不一样。我名之为"机体知性"（以别于分析知性、机械知性），我现在称之为"本体理性"或"本体知性"，它是以整体贯通的省悟作为实现的方法与目标。

6. 哲学诤友与课题

在哈佛期间，我也遇到许多涉及中国文史及思想方面的诤友，如张光直和余英时。他们都先我而到哈佛，并已处写论文阶段，在哈佛，我们时有聚会，共同讨论中国文化问题，获"他山之石，可以攻玉"之益。在我写论文的最后一年，又有杜维明及梅广两位到哈佛远东系，更为中国思想史的研究增添了一份活力。

我在哈佛读书期间，还经常写信给方东美老师，告诉他我的所学与成果，他也一再来信鼓励。每思及方师，即不忘鞭策自己，对中国哲学力作耕耘。在我写完博士论文的前半年，我决定也写一篇有关中国哲学的"第二博士"论文。我一直思考中国哲学中的"善"的问题，对早期读《孟子》公孙丑章（上）与告子章（上）时深刻的感受，常常作反省和体会的工夫。我觉得，我颇认同于孟子。又记得，在大学时代，我特别喜欢《楚辞·九章》中《抽思》的四句诗词："善不由外来兮，名不可以虚作。孰无施而有报兮，孰不实而有获？"我在哈佛时，即以此为座右铭。在这种感受下，我翻译了戴东原的《原善》一文，并加以注解；再对东原哲学作一整体的诠释。这篇稿子，与我的博士论文同时完成。但此稿直到1967年，才由东西文化中心正式出版。

我自1958年秋赴哈佛读书，到1963年夏通过博士口试，获得学位（因限期的关系，学位正式授予则在1964年春2月）。在哈佛的五年中，我的哲学生命受到了西方哲学最严格的陶冶和锻炼，不但使我深入西方哲学的核心，感到其心脏的脉动，而且也使我深深体会到哲学既不同于文史，也不同于科学，但却与这两者不离不杂，有其严肃的理知性格。无论在方法学上，还是在本体学上；无论在知识论上，还是在价值论上，我都找到了哲学思考的标准，使我以后的哲学生命的追求有一规范可循。但这也使我走上一条更孤峻的道路。我当时觉得，我可以奉献于中国哲学的就是这一颗哲学的赤子之心。

当然，我也感受到，要使中国哲学获得西方哲学家的理解、体会、欣赏（注意要先理解，而后体会而欣赏），却不是一件容易的事。中西哲学有其结构上的不同，西学犹如结晶玉石，中学犹如行云流水，两者如何才能融成一片？中学尚可包含西学，犹如流水之浸玉石，但玉石却又如何吸取流水？哈佛哲学家都是玉石型的，若不能把此等玉石碾碎重磨，又如何把中学灌入？而中学又何能真正孕化西学？这一碾磨融合的工夫，正是今后我的哲学生命和哲学生涯的重要课题，也是为我锲而不舍以求之者。

后 记

　　1987 年 5 月，我经王元化先生介绍，应中国上海华东师范大学哲学研究所之邀，在该校作了"当代西方哲学与中国哲学的发展"的专题讲演。

　　这次讲演的主题对当前中国的哲学的研究、发展是有重大意义的。中国哲学的发展在当代必须走精致、广博、开放、创造的道路。一方面要讲求理论论证，另一方面要重视实行实用；一方面要批评、更新中国传统，另一方面要理性地认知和评估西方传统。如何结合理论系统与实践系统，以及如何融和中国传统与西方传统，这是当前中国哲学界所面临的具有挑战性的两大课题。要有效地掌握这两大课题，并有效地做出回应，就必须考虑到方法和本体的关系问题，就必须对方法问题与本体问题进行深入反省——这也就是方法论与本体论的建立问题了。

　　因此，本次哲学专题讲演是以当代西方哲学和中国哲学的未来发展的讨论为经，而以方法论与本体论的讨论为纬。这也是我返华所做的第二次较长时期的哲学讲演①，以期能够对中国哲学界面临的重大问题，贡献出我的一管之见。

　　参加此次华东师大哲学讲习班的有四十余位来自中国成都、重庆、武汉、桂林、长春与厦门等地的青年学者，还有更多的上海各大学和研究所的教授和讲师。演讲的形式是讲课和讨论相结合，学者们满坐一堂，切磋学问，这种探讨研究的真诚态度，令我十分感动。

　　在我完成讲演离沪赴北京前，知识出版社的王国伟先生建议我将讲稿整理并扩充成一本专著，由该社出版。略经考虑，我即欣然同意。整理讲演的录音并非易事，但华东师大哲学系的李志林先生为此作了周到的安排，使录音得以整理成文。第一稿于演讲结束后即完成，由我带回美国。因教课及工作繁忙，直到翌年（1988 年 3 月）才修改完毕，托人转交王国伟先生，并又经李志林先生习导修改。1988 年 7 月，我赴北京讲学途经上海，拿到了第二稿。由于仍须赴加拿大开会，我便带上稿子，利用在加开会的空余

---

　　①　我曾于 1986 年 1 月应邀赴北京大学哲学系作了为期两周的哲学讲演，主题是"西方哲学与本体诠释学"。

时间进行校阅，并于同年 8 月自加返华到沪，交李志林先生再次进行加工。他还将我的答问记录以及我近年来在国际学术会议上的一些重要文稿改编成章节，整理成颇具规模的完整的专著。

本次讲演能够成书，首先要感谢华东师范大学哲学系和哲学研究所冯契教授、丁祯彦教授的邀请。李志林教授为修改讲稿、编排选文、整理成书，费了不少心血和时间，王国伟先生在确定主题、编排章节、审定全书的框架及促成此书的出版，花费了很大的精力。在此我也深表感谢。

成中英

1988 年 8 月

全球化背景下的中国传统哲学*

从历史的观点看，中国传统哲学的全部领域构成了一种全球化的背景，在其之下，百花齐放，百家争鸣。这些相互竞争的学派，其活动之活跃性以及生命力之强度，即使称不上胜过，至少也及得上当前存在于各西方哲学流派中的争论程度，抑或说胜过日益强烈的知名的东西哲学地位的争论。事实上，在今天的这种全球化背景中，我们很难达到在中国哲学的黄金时代所呈现的生机勃勃的争论局面，那种局面无可比拟。

相比之下，我们却看到，在现今的世界上，西方哲学作为主流文化为维护其权威，将之作为从未受过挑战也不可受到挑战的既定体系，具有或多或少的特权统治地位。似乎直到最近一段时间以来，还没有在各个领域为一种有效批评的产生提供机会，也没有为西方主流哲学所使用的范畴、方法、范例提供相对立的途径。这说明，在对比之下，现今的哲学争鸣也只能使自身全球化到如此程度，即它将允许从其他主要传统而来的哲学观点和类型哲学存在来为其赢得主张。当然，并非一定要对范例做较大的改变，但是无论如何有一点非常重要——那就是看到哲学的百花园中万类俱存、百花争妍、自由竞放的景象。或许在中国人看来，像司马迁和班固这样的历史学家，尽管持有不同的官方主张，但却能够把中国古典时期各不同流派的哲学归于同一个哲学源头。然而，对于现今全球化背景中的世界各哲学流派，却不能做到这一点。

我们可以看到在中国历史上的公元前 700 年至公元前 200 年间，不仅主要哲学派别相互竞争，而且每一流派都有其繁荣期，并且都在某一专门领域或不同的区域引起过关注。尤其在两个主要派别——儒家学派和墨家学派——之间，发生了一场具有重大影响的公平竞争和为真理进行的抗辩，最后，儒家逐渐由于政治和社会的需要而上升到独尊的地位。

我们今天面临的迫切问题毋宁说是相对于现代世界为中国传统哲学的全部领域所具有的真理与价值的相关性、相对性进行探讨，同时也要在超越我们已有水平和惯例的基

---

* 选自《成中英自选集》，59~71 页。王颖译。

础上理解相关问题及其答案。非常有趣的是，我们注意到，在我们从中国古典传统自身固有规范中所得的既有水平基础上，我们可以看出，作为现代人的我们，依据我们的哲学理解水平和政治的、社会的要求，在多大程度上与它们靠近。要在理解力和评价上做出比较，我们必须避免简单的定位和误解，并把错失的确定性降低到最低程度，还必须以自我省思和自我批评的态度去审视其研究方法和结论，为我们自身的利益和智力的提高而学习。

以下，我将从中国传统哲学对人类的全球性关联的角度讨论七到八个方面。我这里有两个假定，第一个假定是，历史上的哲学流派至今仍为人们的思考提供着资源，并始终保持活跃而从来没有真正消亡。我认为，即使 1919 年的五四运动和 1966~1976 年间的"文化大革命"对这些哲学流派进行了否定，但它们仍然潜藏于中国人的深层意识中。我的第二个假定是，我们作为现代人应该学习和挖掘中国传统哲学中的见识与智慧，因为我们需要发展一种关系人文学（philosophy of inter-humanity）和协和人文学（philosophy of co-humanity），为人种的繁衍和文化的发展解决危机，也为人类生活质量的提高和人类共同生活价值的丰富提供资源。基于以上所有原因，我主张，中国传统哲学在最大程度上关联着人类文明的复兴，而非只是不同位置与层面间的世界性的相互理解与相互对话。

首先，关于儒家思想我想说明三点，这对于理解作为人类和正在成长的社会及世界共同体成员的我们自己来说至为重要和必要。第一，如果一个人知道他如何使自己提高修养和正确行动，他将是一个"吾性自足"的存在，这一点儒家阐明得很清楚。如果人不培养德性，则一个社会无法存在，个人也无法存活，因为在寻求一个集体中人们的共同利益的意义上，是美德把个人和集体紧密联系起来，使二者都能发展壮大，来共同创造和享受一种文明状态的价值体系——文化。政府的目标是宣称对这种社会的维护可以使人类享受成长和发展的更为优越的环境。依照这一点，传统儒家观点的第二点是，人类权利的现代概念中如果缺乏人类德性将会变得空虚。如果人们都失去了美德，我们还如何谈人类权利？这与动物权利、植物权利将没有什么区别。权利从这种意义上讲是认识人类的工具和手段，而非人类追求的结果。

我以为，儒家思想所理解的权利最为本质的一点是，我们在自觉谈论人类权利之前，应该营造一种平等和自由的环境。因此，孔子主张"庶矣哉""富之""教之"（《论语·子路》），但这并不是说政府不应该尊重权利，而是说除了尊重权利，建立在人类美德基础上的具有尊严的人类应积极意识到权利的内容，政府应该提供这种条件。这或许与当代人类学伦理学家麦金太尔和泰勒所试图论证的有相似之处。

关于传统儒家思想的最后一点是，人出生于天地之间并与道分不开。这是说，我们不能把人降低到决定于科学和技术程度的状态，人类必须被当作整体存在物（holistic entity）来对待，其植根于整个宇宙，其未来向整个世界敞开。这就意味着，他必须过这样的生活——尽其努力服务于社会，并且以其族群的根源为荣。这种儒学主义的家庭伦理（family ethics）、社群伦理（communitarian ethics）、宇宙伦理（cosmic ethics）的网络结构将会为失落的、堕落的现代社会恢复活力，并提供全新的视野和有益的指引。

显而易见，今天的全球经济一体化将要求一种全球性的伦理去维护完全经济化和与之相关的政治化，以便于人们能维持其道德完整和精神自由。看来似乎儒学在面临这样的挑战之前，比其他任何类型的伦理更好，也更具独特功能。第一，儒学不与任何土生土长的宗教相结合而植根于本体宇宙论（onto-cosmology）中，它与以正在发展的现代物理学和生物学为基础的哲学相互呼应；第二，儒学有已被历史证实了的、已经较好发展了的社会伦理，它被普遍地、深刻地运用着，并且被扩展到用以覆盖义务伦理学（ethics of deontology）、功利主义和权利理论的广大范围。因为如上两个考虑，经济全球化的增长趋势及人类共同体中的文化交流使基于德性的儒家伦理成为迫切需要。

接下来，我谈谈道家。无须说，由老子和庄子开创的道家给现代人带来了新鲜活力、新生的解放理性和崭新身份。道不可定义，它只能通过与生物多样性（bioversity）的宏观本性相互作用并对宏观世界的事物进行思考的背景下才能体验到并理解它。道家思想在这一方面能给现代人以失去的思想之朴素、心之纯净及精神之超越。它还可以提供愈合伤口、重获力量的安全精神天堂。《道德经》开头就说："道可道，非常道。"这里说的不只是指向一个不可言说的持续的道（常道），而且意在表明普通事物都是在不断变化的，它们的变化可被表达成一种变化的道（变道）。因此，以道说明道理可以被看成一种事物创生变化的辩证法。

这种事物创生变化的辩证法也可看作常道的自身变化。在这种意义上，道家思想提供了一个创生性的本体宇宙论构架（an onto-cosmological framework of creativity）。正是这种创生性最能满足现代人的需要。它不仅依据非人类中心论生态学和生态伦理观点，而且表达了人们追求生命存在起源的渴望。我近年来访问过法国和德国，并惊异地发现几乎所有的汉学学者都痴狂于新近发现的马王堆和郭店的道家史料，我想这不仅是单纯地为其治学方法注入生命力的标志，而且是渴求道的真谛的象征，这与欧洲的绿色生态运动（the Green Movement）相一致。

据以上所说，我们是否因此可得出中国人的精神与道的情感相一致并体现着道，不同事物因同属于道而具有共同的相似性和差异性，道不需要对事物赋予个性就使所有事物显示出个性和独特性？如果是这样，这一定是一种笼统的理解，甚至是对道的一种错误陈述。对道的真正理解是：道生万物，其中的每一事物都具有存在的自由和生命的活力，因为每一事物具有的特殊性享受着与道的同一现实性，它作为生命的起源及持续存在，具有活动的自由性与创生性。因此，我们可以证明老子和庄子的观点——一个个体的形成完全依赖或在很大程度上相关于事物在创生过程中的相互作用和发展，同时也在自发性的感应中实现和表现全体性的和谐。这一点在体现变化哲学的《易经》一书中可以得到进一步的解释说明。

在过去 30 年中，美国和欧洲出现了对《易经》的丰富的、各种各样的翻译，注意到这一点是十分有趣的。因为詹姆斯·理雅各和理查德·卫礼贤的两个《易经》版本一直存在于过去的 60 年中，所以这种现象的出现毕竟太突然也太令人惊奇。当然，《易经》作为风行一时的东西无法保证其对易的真正意义有正确的理解，无论是对现代学者还是对普通路人。但这也是明确的，由于《易经》哲学中关于事物的起源及变化都是由于阴阳的交替作用而实现的，它提供了一种创生性的本体宇宙论（a creative onto-cosmology）和有益的自我组织（self-organizing）和自我诠释（self-interpreting）体系，并使自我预测的应用和自我理解能同时完成。没有其他任何一种哲学理论在这一点上能与之匹敌。这说明了对于易的哲学，理论与实践的紧密交织给予人的生命以活力，而不只是对于人的心理而言。所以，本体论和宇宙论的交织都把存在物及其变化与非存在物的关系看作关于现实的内部体验，它一面使创生性和超验性得到体现，一面又沉浸于存在物当中。因此，一寓于多，多寓于一，静寓于动，动寓于静，这种有机联系的现实性是充实个性的基础，亦是自主的根源和自由的良好支持。

在我看来，道家思想和《易经》哲学满足了现代人探寻本体宇宙学的本根、原因、创造性发展及个性自由的需要。世界愈日益全球化，就愈需要这种类型的哲学。形成这种状况的原因之一，在于道和易的本体宇宙论从综合性观点的长期实践中体现了存在物的真义。

如果道家思想和《易经》哲学为物质的个别性及普遍性提供了有机现实性，那么它如何在形式方面呈现它自己呢？为了说明这一点，我必须认真地借用沃尔夫（Benjamin Whorf）的论点：在中国人的想法中，那种思想哲学的基础应该在日常的语言运用中得到持续的显明。正如人们可以说思想和语言总体上是一个东西，但这并不是说人们所思考的和所体验的都必须由现有的语言来表达。假定表达的多个层面和关于语言自身的创造性能被提供，那么所有思考的都可以用语言表达出来，所有不能在绝对意义上表达的也不能被思考——人们可以把没有经过思考的这种状态看作思想的局限性，因而也可看作被动地体验到了语言的局限性和人给予自身的超验性。这意在说明，如果道不能被正确地理解和用汉语准确地描述，那么基于汉语的中国思想就无法产生出道的理论。

依据这种理解，陈汉生（Chad Hansen）把汉语表达成一种物质性的质料语词（mass term），目的在于以中国的思维方式理解道。这种做法具有特别性。首先，没有必要为道的理解而将语言作为一个质料语词，因为人们可以依据句子和词的意思而非必须经过语言形式的推演才能获得对道的理解。其次，认为汉语基本处于质料语词的层面上，或者在所有事物及性质分别在质料语词作为本体论要素的条件下被使用，这一点是不真实的。我们应该首先指出，汉语的用法，像其他任何一种语言的用法一样，都是建立在句子的基础上，我们是通过句子的用法和体验的实际相关状况来学习和领会语言的意义的。但是，当我们用汉语句子来陈述一个真实的主张或者表达我们的目的时，我们可以反思词或短语在句中的所指。由此，汉语的辞书产生了。

依据东汉许慎的观点，汉字的形成有六大基本原则，有两条是十分基础的：就是形象的说明（象形）和事物的指称（指事）。关于第一条原则，有许多汉字就是依据世上事物的可见形象而简单发明的。这样，一座山依据视觉就被描绘为"山"，马被视觉性地描绘为"马"。

这样，一个字就成为一个事物的"标志"（icon），如果用皮尔士（Peirce）的话说就是这样。关于第二条原则，一些汉字表明被指示物的功能和作用，或者仍然用皮尔士的话说，是世界事物的指称符号（index）。第三条原则是形声，是与第一条原则中形式构形相对应的声音构形。第四条原则是以字的对照、含义的理解为依据（会意），这对于使符号化的表征扩展到完满的空间是极其重要的。这样，我们如何来理解"武"这个字（在形式上是放下武器之意）就需要我们正确地解释这个词意欲的指向，并且在这种情形下，它具有一种实质力量，能够通过战争来维护和平。这类型的词语在皮尔士的符号理论中属于象征符号（symbol）范畴。许多汉语的复合词语都是依据这种原则以标志和指标为基础建立起来的象征性符号。但是我们必须清楚，只有当使用这些词语的语境足够充分时，此项原则才能解释其所有的特殊用法。

后两条原则，形式的借用（假借）和共有的注解（转注），提供了汉字构成的另外几种情况。显而易见，这两条原则的确都建立在第四条原则——象征性理解——的基础上，如果没有它，词语的假借及转注都无从实现。另外，可以明显地看到，它们都是在语义的及造句法存在的条件下才得以实现。只有这样，进行正确的阅读和参考才有可能。

我的关于汉字构成形式的六条原则的讨论，意在消除关于汉字及其语句的过于简单化、绝对化的用法和指涉。这些原则是在给定的情境和文本的语境中对意义和指涉理解的情况下适用的。从而，没有任何一个汉语词语能够完全孤立地独立于文本和其上下文而被理解的。当然，一个人可以想象是以上理解之道提供了我们理解事物和状况的最终情境和背景，因而对于词语和句子的理解代表或指向了事物和状况，但是，这并不是说，汉语在没有针对性的所指及其使用的特例的意义上必须是道的，或者说，在有目的的指涉中被纯粹地理解也必须是道的。

在这里，做这样的区分是至关重要的，即区别全体性、事物在类似道的作用（dao-like process）下的相关性以及事物的个性，因为，对在个别意义下词的理解和用法也是道的创生性作用的结果。我们无法简单地通过前者来解释后者，相反，我们应该意识到道的创生性包含有两个方面的作用：使全体个别事物联合在一起的概括性和把个体事物分作单一实体的分殊性。对中国人的思维方式仅作道的理解，会把复杂但又具体的汉语功能和对于现实性部分的形而上学式的理解混为一谈，它将导致前面所说的对道与哲学的创生性的误解。我们必须认识道的理解之外尚有理的理解。

需要说明的是，对事物进行指称的原理中的指称观（指观），在许多中国传统哲学家那里用来解释他们在理解现实时的哲学立场。我打算介绍三种关于"指"的基本方法和手段。第一种是儒家陈述的。儒家主张正名的原则，据此，名称要依据事实性进行指称意义上的校正，事实性亦需要根据名称的正确用法而被指称①。这样，父亲便因他应尽父亲的职责、培养做父亲的德行而成为父亲。相似地，儿子、统治者、大臣也同样如此。基于这样的道德现实主义，我们可以看出名称是怎样依据其分解性注释和个别性而被使用和理解的。这样，道德品质可以被认为是那些被命名的个体在相互关系的条件下的结果。

在《易传·系辞》篇中，对运气和不幸的征兆的解释也是从指称的原则下获得的。辞（条件）和形式（卦）有些相像，但在暗示性上有所不同，因为作为各种术语的指称是对在其理解下的指称物的指称（"辞也者，名指其所指"）。这是语言学现实主义的立场。它建立在对于事物和名称的分别指涉和特殊性的正确结合的基础上，这种情况下的命名使得各个术语既非一般也非个别，既不具体也不抽象。

与语言学现实主义相关的一个问题是涉及语义量词的用法的，如"一个""一只""一条""一群""一块"等。关于这些量词，我曾指出应该区分个别指称类型和形容描述类型。当我们说"一块肉"时，我们是把一个质料语词用"一块"这个量词个体化为一种分解的指称物；但当我们说"一个人""一头牛""一匹马""一条鱼"时，我们仅仅是描述了一个已经被分解指称了的人、牛、马、鱼。这种描述类型之所以可能，是因为我们有形式构架的第一条原则作为引导，这样，关于怎样把一个具体事物在文体上被描述的问题，依据我们被提供给这个事物时首先由视觉而构想到的便可解决。因此，你只可以说"一条鱼"，而不能说"一条人"；我们只能说"一个苹果"，而不能说"一件苹果"；你可以说"一件衣服"，却不能说"一个衣服"。

所有这些量词的用法与将名称的分解性注释的个体化无关，与这些名称相对应的所指物早已在被注释时分解了，或由于在上下文中语言的作用下被个体化了，还有可能在与儒家所主张的具体现实主义哲学背景相对的名称本体论的条件下被个体化了。

第二种是道家的观点。对于这一观点，用庄子在其《齐物论》中的一句话来描述就颇为典型："天地一指也，万物一马也。"（天和地只有一个性质，而万物都与马没有分别。）这在领会了将万事万物都统摄于"道"之下的说法与"道通为一"的精神之下的说法之后是不难理解的。我们必须从道的动态的及总体的认识方面去实践和体现它，以便于事物之间的所有的不同都可以在"道"这一统摄下消解。这样，事物除了道的性质没有其他性质，事物的指称除了道的指称没有其他指称。

———————————

① 名实相符。——译者注

在这种理解下，我们仿佛觉得道是对所有事物及思想的意义的阐明，但是它只是强调了道的两个方面的其中之一，即使在庄子那里，也还有道的另一方面的含义。在这种含义下，大多数事物仍然保留着它们的个体性和自主性，并且享受着其作为独特事物而具有的内在性态，比如说庄子所赞叹的"鱼之乐"即为一例。

第三种是名家或辩者的观点，我将公孙龙作为这个学派的代表人物。在以前的 20 年中，我对公孙龙的纯学术现实主义或柏拉图式的现实主义性阐明做了研究，即我发现他的抽象本体论和抽象实体的本体论的阐释立场，的确是从对其传世的五篇论文（除了关于其事迹的第一篇）的分析理解中获得的。对于公孙龙的著名论断"白马非马"应作何解释？从公孙龙的论述中明确看出：白和马除了分别指明一种色和一种形之外，还被看作抽象的属性。

基于这种抽象本体论的理解，我们能很容易地看出，白马为什么不是马，是因为"是"表明类型的同一性和事实的等同性，而非种类成员的资格。公孙龙进一步论证说"马"并没有定在"白马"所具有的白色上，这表明所有的属性都是不定的，这样，定或固定对于识别物是什么和物是哪一个时就十分必要。这就是说，在确定的基础上新的身份被建立起来，如没有确定，一个名称只能是一事物具有的简单属性的指明或提及。对于这一点的理解可参看公孙龙在其《坚白论》中的有关论述。

这样，我们可以较容易地理解那篇难懂的《指物论》（与庄子的《齐物论》相对）。这篇文章我曾经在这 20 年中数次讨论过，并将其翻译成英文后形式化为逻辑的语言（"物莫非指，而指非指"）。

依据语言本体论的这三种观点，我们可将其有效地应用于汉语言本体论（因其可看作源自汉语本体论的阐释），从而形成儒家、道家和名家关于汉语和哲学的观点。显而易见，儒家的观点产生的是一种强调确定性使用的实践现实主义，而道家的观点产生的是一种整体理解基础上的生机本体论，这二者并没有矛盾，但二者均根本不同于名家的抽象属性本体论。但只有在这里（名家观点）我们才能看到一种综合的可能性，即抽象属性本体论可以被看作指称原则和名称校正原则运用的基本逻辑延伸，它可用作对概念构成和话语形成的阐明和批评。

因为语言的实际效用和不同场合的不同理解，汉语本体论的正确解释一定集中于儒家的观点，而道家和名家的理解方式只能作为在特定哲学推理过程的条件下进行论证的事例。

不论在后期墨家哲学还是在荀子那里，儒家对语言的实际的、确定的、现实的理解方式都得到了加强和详尽的描述。指出这一点也是很重要的。在这基础上，后期墨家和荀子都对道家和名家的观点进行了批评，关于这一点，我不打算在这里详细阐述。但是我却想指出，荀子在其《正名》一文中对于"三乱"的批评并不是针对后期墨家的逻辑而言的，却是指向墨家学派的一个分支——他们总乐于把不同语境中名称的使用解释为不同的意义，而不注意这些词的常规用法，如对"杀人""杀盗"的解释。

以上，我谈到了中国传统哲学的四大学派，即儒家、道家、《易经》哲学、名家及汉语的构成和与之相关的领域。我还想进一步补充墨家学派，并指出其理想或信条功利主义（code-utilitarianism）原则"交相利，兼相爱"在当时的意义和重要性，这个含义的重要性在于对普遍关切下的功利伦理学和道德伦理学的结合重新审视的需要。现在我还可以补充孙武和孙膑的兵家学派和关于作战及取胜的战略战术原则的系统阐述，这个学派在研究战略和战术上对现当代商业理论和实践领域都提供了思考的模型。甚至纵横家关于合纵、连横的策略对于政治力量和在全球化背景下国家民族之间的平衡、抑制、约束、对抗政策的使用都有启发作用。

综上所述，依据中国传统哲学的重要的全球性参考和全球性性质，它的每一部分内容都对我们具有重要的意义，不仅是在对当代世界的哲学式理解的方向上，还是在智力和实践方面的问题的规范化估价和导向上。

"德""法"互补：一个儒家——
康德式的反思（上、下）*

引　论

对于儒学一般的理解是，它致力于人类社会生活的伦理说教，关注以仁德为根基的个人之道德培养。尽管孔子被公认曾努力塑造过依附于家族之上的国家以及依附于人性之上的家族模式，但他并未制定出明确的有别于个人道德原则和家族伦理规范的独立的治国法则。在中国新近出版的著作中有一种称为"政治儒学"的观点认为，儒学中存在着一套独立于德行学说之外的治国政论。① 对此，另一种观点指出，就德性理论而言，儒学能够包含人权，发展国家的民主化，并且能够有效地执行保护人权的方案，这与政府权威许可下的经济自由和社会利益是有所不同的。换句话说，将民本价值转换为民主价值对儒学的现代化而言仍然是一个具有挑战性的问题。

当代新儒家最重要的代表人物牟宗三，主张儒学通过人类道德良知坎陷开出科学。②

　＊　原载《齐鲁学刊》，2009 年第 3、4 期。

　①　见蒋庆：《从心性儒学走向政治儒学》，《当代新儒学论文集（外王篇）》，153～178 页，台北，文津出版社，1991。蒋庆极力主张其所谓的"政治儒学"的研究和发展，"政治儒学"的主旨在于为国家及整个社会建立政治制度和社会规范。他对于荀子的强调与我本人关于荀子———一个制度上的儒家先哲的考察和评价不谋而合。但蒋庆没有进一步探究如何建立社会和政治规范、准则的问题以及儒教的政治层面（外王层面）如何与形而上的道德层面（内圣层面）整合的问题。

　②　见牟宗三：《现象与物自身》，第 4 卷，123～124 页，台北，学生书局，1996。牟宗三认为"坎陷"是一种依自由意志而来的"执着"，但他没有解释这一形式的"执着"及由此造成的"蒙蔽"（荀子所说的"弊"）是否会由于外界环境的干扰，使人的内心陷入困境。我则提倡科学和价值之间对应的交互式平衡，因为我们的大脑具有非线性的动态的组织和发展能力，此处的"发展"，包括创造性的作为超越与广泛包容之形式的提升。因此，所谓的"坎陷"，如果可能的话，必须被视为科学和价值间整合过程情景中的一部分，唯有如此，"坎陷"活动才具有辩证的合理性。

但这正如我批评牟宗三时所指出的，它已经导致了道德科学二元论。① 出于同样的动机，或许有人建议，由民本主义到民主主义的转化可以看作或者需要作为一种道德良知的扬弃行为，从而不仅使事物的客体性被验证，而且人类的客体性方面的主体性也应该被确认。但类似的失败同样会出现，即是说，如何协调统治者及个人的主体性和人类的主体性之间的关系，将会是一个难题。既然如此，为了避免难以理解的具有差别性和多样性的后现代观念，以考察"人性"的人性论作为解决方案似乎更为妥切：通过内省，我们能够认识到外在迹象（在行为和语言应用中的）可作为内在思想和感觉显现的相关性质。然而，面临儒学价值的重构，我们仍存有普遍的怀疑，因为我们不知道儒学真正代表何种价值以及这些价值如何与当代社会、政治和法律问题相关联。或许我们的怀疑在于，任何关于儒学价值的重构，充其量只体现了将儒学当作维持意识形态权威和现存体制现状的手段的一种努力。我们甚至会引用 20 世纪 80 年代新加坡政府发起的儒家伦理的引介计划为例，证明基于政治意图之上的政治儒学的可操作性。②

最后，还有一个关于传统法家在何种程度上与现代化及中国政治发展中的法治相关联的问题。当然，这一问题以如何辨别法家的法观念和西方民主的法理念为前提。虽然法家与儒家间的对立众所周知，但现代和西方意义上的法治与儒家的德性和人治观应当如何协调？由此，又引发了一个基本的涉及法治与德治、人治相对抗的问题。③

本文的主旨在于说明，对儒学而言，德与法是同等重要的，这体现在由孔子的德性说到孟子的仁政说再到荀子的隐含着法精神的"礼"制说的发展过程之中。遗憾的是，荀子之后至今没有任何哲学家关注这一重要的发展，更不用说整合这一发展的各个阶段及各种因素以求新的认识和发展。学者们反而只领会到孟子和荀子间的对立性，这导致了他们在理论和实际之间的难以调和的矛盾，即是说，或是赞同孟子却仍在实际上遵循荀子，或是将孟子和荀子一同否定。现在我们应当通过认同孟子和荀子对孔子经典思想所指向的一致性，来认识法律与德性间的统一。

为了理解和把握以上观点及本文主旨，我们尝试提出并解答以下问题：是什么原因导致了孔子的道德理论向孟子的政治理论的扩展？荀子能否以及在何种意义上被看作因批判孟子而合理地发展了儒学？荀子在儒学发展中究竟具有何种地位和意义？荀子为什么能够统合道德理论与政治理论？我们如何评价法家在儒学发展中的作用？如何估价

---

① 参见笔者的中文著作《合外内之道：儒家哲学论》（北京，中国社会科学出版社，2001）中的《现代新儒学建立的基础："仁学"与"人学"合一之道》《本体与实践：牟宗三与康德哲学》两文。

② 这一计划由新加坡前总理李光耀于 20 世纪 80 年代中期以政治利益为由而发起，但出于同样的政治原因，最终于 90 年代中期被废除。遗憾的是，这一转向的含义引发了大量的争论。

③ 正如鲁尔大学的 Konrad Wegmann 教授所指出的，在德国学术界，术语 "Legism" 和 "Legalism" 的含义有所不同，前者指对于法律基础的研究，后者指与法律一致的政策和决定的合法性需求。这里我使用 "legalism" 一词代表中国古典哲学中以韩非及其前辈为代表的，为了国家权力和国家统一利益，提倡和鼓励通过法律、规则、统治者的命令对社会和民众进行控制的法家学派。

"法"概念在儒家思想与法家思想发展中所具有的多重含义和多种用途？儒学发展过程中道德理论和政治理论的统一对现当代儒学地位的重建有什么重要意义？德（性）与法（律）统一的新儒学和其他形式的儒学相比，对于中国宪政、民主、人权发展的作用有何不同？全球化背景下的德（性）与法（律）统一将为中国提供怎样的发展模式？

我们采取何种理论视角进入这些论域呢？在某种意义上来说，我的研究方法是一种批判-综合法，即通过分析概念在各种语境及文脉中的蕴涵，探究涉及理解儒家地位及其演进的含义。我们将批判地分析有关德性和法律的术语以便确定其如何相关或不相关，但最终的目的是把所有的概念融会贯通成既符合事实又能更好地理解事实的一体化的观点和理论，并依此构建本文。在此融合过程中，我们倾向于经由哲学地反思西方道德、政治或法律学说以汲取某些概念和理论资源。具体地说，我们将集中探讨从亚里士多德到康德对道德与政治理论关系问题思考的转变。其中，为了关注道德利益与政治利益相协调中知识的角色，我们还会涉及苏格拉底。了解西方的这一转变，能够使我们开阔视野，以一种新的思路理解从孔子到孟子再到荀子对于儒家德、法理论的发展，从而赋予现当代语境中德治与法治结合以新的含义。

从亚里士多德到康德：理性与个性之分疏
——一种"西方式"哲学的问题处理方式

基于对人的性格与理智及其功能的两方面差别的考察，亚里士多德在其《尼各马可伦理学》一书中辨析并描述了道德德行和理性德行的差别。这一差别表明人类必须使用理智或理性以抉择行为。在此意义上，理性德行，例如实践智慧（phronesis），是道德德行的重要组成部分，而道德德行的目的在于使自己和他人获得善和幸福（eudaimonia），同时能够避免伤害。毫无疑问，道德德行涵盖了对于个人的情感和欲望以及某些特定情形等因素的考虑，因而能够相对所有因素而达致中庸之道，既代表最适当的行为选择，又体现个人和他人的真正幸福。值得注意的是，对于亚里士多德来说，伦理是政治理论的一部分，它应该虑及整个社团（polis，亚里士多德称"城邦"）的公共福利。

据此，当道德德行与源自并指向社区公共福利的实践智慧相结合时，它就成为取得整个社区幸福和正义的基础。此时，正是理智这一功能促使我们关注在维持政治公义或避免和矫正社会非正义方面应该如何去做。理智或理性不仅有助于道德美德和实际利益的践履，而且服务于其特有的内在终极目标，因为理性思虑本身可被看作个体利益（善）或幸福的最佳状态。不过，亚里士多德并未区分科学理论研究中对永恒客体的理性思虑与纯粹哲学精神上对永恒客体的玄思冥想之间的差别。他没有意识到科学知识也能有助于增进社团的福祉，从而以一种不同的方式促进社团其他个体道德美德的实现。

或许直到康德，一种理性的和先验的使亚里士多德区别道德德行和理性德行的基础才被建立起来，最终揭示了两类德行或支撑两类德行的智慧的两种功能结合的依据。①康德对实践理性和理论理性进行了区分，前者是自由意志的合理行使，以实现人的行为的善为目的，因而具体表达了人类自身善的意志；而后者作为智力的合理活动，是为了从人们对世界现象的体验中产生客观的知识。通过区分两种理性，可以说康德把亚里士多德学派的道德美德伦理改造为一种新型伦理，即康德学派的道德责任伦理，这种伦理将人的智力、性格、脾气和习性的具体情状的感性认识抽象化为意志和理性。依康德之见，纯粹意义上的伦理是实际应用中的理性（即实践理性），它应对合理的意志律以使行为趋善。它是关于人们应该做什么的法则，就像论证和调整人们实际认识的理论理性是某种法则一样——假如人们对经验世界有根本认识的话。②

值得注意的是，在康德《伦理学讲义》一书中的普遍的实践哲学的标题下，康德把伦理学与法学包括进去。③伦理学处理团体或社会中的个人相对他人应当如何行为的问题，而法学处理团体中的所有个体应当如何行为，以便维持行政官（而不是法律的独裁者）管理下的社会基本秩序和安全问题。

就道德作为涉及个人意志的律令而言，法律则从一客观的或代表团体公民个体意志之共识的视角规定了所有个体彼此间的律令。重要的是，对康德来说，一个社会的法律是先验的而不是超越的理性之产物，它还以团体个人各自的主观意识和意志支配着个体道德。④在这一意义上，最高的道德律如同国家法律那样保护社会免遭伤害，保持人们的安宁和自由。⑤由此看来，道德和法律、伦理和政治的统一是毫无疑问的，因为理性的反思使其成为一体，而理性的反思需要善的意志和普遍而必要的实践，理性的反思又提升了反映社会全体利益的社会共同目标。可见，在伦理与法律（或政治）统一问题上，康德理性比亚里士多德理性扮演着更为重要的角色。

依照康德，实践理性支配人的行为。因为人的行为既是个人的，也是公共的，所以实践理性与调节影响公众及他人行为的法令相关联。在此意义上，法律是为管理人们的行为关系以实现和谐秩序而创立的。对康德来说，如果一个人要与社会其他人建立关系，法律则为其规定必须面对和遵守的最起码的约束；另一方面，道德则规定了相对于

---

① 见康德的《道德形上学》，在名为"法律理论与德行理论"的标题下有两部分分别与亚里士多德将实践哲学划分为政治和伦理的部分相当。在《伦理学讲义》（tr. by Louis Infield. Indianapolis and Cambridge：Hackett Publishing Co., 1980, originally published in 1930）中，康德将法律和伦理作为两个方面包含在其"普遍的实践哲学"之内。

② 众所周知，这两个命题分别在康德的两个理性批判中得到检验，《纯粹理性批判》（1781—1787）用以验证科学理性的理论应用，而《实践理性批判》（1788）用以验证伦理或道德理性的实际应用。

③ 见康德的《伦理学讲义》中关于普遍的实践哲学区分的前两部分。

④ 当然有人可能会提出，个人如何与他人分享同样的观点或者找到共同的意识核心。有人也许会问，民主化是否是一种强有力的使人们彼此间能够持有一致或不同观点的方式？

⑤ 密尔主张，不干涉他人自由的自由是一个人在通过法律形式保护此种意义上的自由社会中所能够享受的真正的自由。

其他人的个人最大程度的自由，这一最大程度的自由，同样要在法律所许可的范围之内。所以，一个人必须生活在一个能够为其反思道德原则提供保障的国家里。在《伦理学讲义》中，康德明确提出，对他人权利的尊重是指向他人的伦理道德规范的最基本的要求，其能够在与所有其他人的关系中实践这些道德原则。这样，就人的自由行为而言，法律和道德是统一的。也可以说，道德以个体为中心，因为正是在个人身上，道德作为道德法则得到了具体体现和客观运用；而法律以社会为中心，因为正是在社会整体方面，法律作为合法道德获得了具体表达和普遍实现。正是由于法律，人类社会总体的共同意志和普遍理性有了明确的体现。

当然，这并不意味着任何情形下的法律从道德上讲已经是合理的或完美的，相反，经验社会的法律应该得到批判性的评价，以便改善至接近理想的理性形式和理想的公共道德内容。因此在普遍实践哲学指导下的道德和法律的统一中，我们看到理智和情感如何相互体现，理智或理性如何必须认可两种形式——个别形式和公共形式的自我实现，也就是说，道德和法律两者都显示了一种存在于至高完整实体人性之中的内在合理性。

然而，在亚里士多德和康德那里，个性和理性或者实践和理论间的差别，都导致了一种在人类存在问题上有分歧的二元论的实践观念。因而，整合两种差别成为后康德哲学和当代社会的一个颇具挑战性的难题，而这种分歧性和二元论是贯穿上个世纪至今的西方伦理学的重要特点。这一分歧的优势在于维护除特殊情况的法律实施之外的道德自律，但它的优势同时又是其缺陷：它造成了个性和理性或者实践和理论的分裂及彼此间的疏漏。①

简言之，从亚里士多德到康德的转变，在于对构成道德德行及其合理性的理性或理智功能的确认，即，认定不同的对象和条件以发展相应的具有不同层次或不同范围的道德德行；而理性或理智需要一个普遍适用的综合的道德原则体系，而且它使这些原则能够为最终应用于具体道德情形的道德行为规则或简律的形成提供根据。当然应当承认，即使在特殊情形下，实践理性或意志仍然要对道德评价提出要求，不管就道德原则和规则而言，还是就我们对于特殊情形下的客观环境的判断力而言。是什么使实践理性以如此的方式起作用？这需要洞察理论理性和实践理性的统一，或更进一步洞察理性的理论

---

① 这或许促使伦理领域中自然伦理与理性伦理的分离，前者试图从事实经验中衍生出责任和义务，后者固守着天赋的产生规范并使之应用于经验的道德立场。这样，最终的问题是：当天性产生内心的意识和认识时，意识和认识是否会导向意志从而控制、规范并促成正确的道德判断？我们也确实注意到意识通常兼有价值判断，而价值判断往往导致正确的或不正确的道德判断。至于对判断是否正确性的论证，我们可以从理解当代认识论领域称为"效能认识论"的命题中寻找到可能存在的答案：知识的可靠性或可信赖性建立在适度的认知能力基础之上。这里的"认知效能"概念被认为是源自"德性伦理"概念，在此范围内，人性中的道德品质及人的理解力（智力、思维能力）的形成和培养通常能够保证正确的判断，包括正确的道德判断和正确的认知判断。显而易见，在亚里士多德体系中，道德美德诸如节制（sophrosyne）、正义（dikaiosyne）、温和（praótes）、友善（philia）、勇敢（andreia）、诚实、自尊及慷慨的形成和发展必须得到普遍认可。而道德品性也必须相应地得到公认，以便作为认知信仰或认知判断之可靠性的根基，从而真正有助于这种信仰和判断的获得。

应用和实际应用的统一。亚里士多德和康德恰恰没有探究和意识到这一点。但重要的是我们对此有所了解，因为它是道德和知识成为人性之两方面的根本依托和最终来源，正如儒家人文哲学所认识的那样。

从亚里士多德到康德的演进中所获取的另一教益就是伦理和政治的整合。对亚里士多德来说，伦理是政治的一部分，因为如果没有一种政治架构为个体生活提供基本的发展条件，道德不可能充分发展。人类生活的目标必须在能够促进和保护人自身的道德发展的政治体系中得到满足。假如亚里士多德的道德理论成立，那么与道德发展最协调、最适宜甚至最有助于道德发展的最好的政府政治体制会是什么？亚里士多德认为，那是一个对寻求公共利益开放的政府，在这个政府中，所有公民（qualified people，有资格的人）都应该协商确立公共利益，所有公民都应该在参与发展对每个人之幸福皆有益的公共生活过程中享有平等的权利。这是一个政府的公正，是对所有人道德之培育的公开，以及所有人都要促进和保护的共同目标。很明显，亚里士多德希望国家或社会的正义与国家或社会中的个人的道德德行相互作用，而没有让国家处在一个特殊利益集团例如寡头政治集团的支配之下。

亚里士多德甚至认为民主政治是一个特殊利益集团的统治，也就是说，所有人只希望他们各自的基本愿望得到满足，而不考虑其他的利益例如发展一种道德品格。在这里我们看到亚里士多德如何在他的政治理论中蕴涵着与柏拉图相异的理想主义：他需要基本的平等，但要求人们具有美德。他要求道德上的民主来促进大多数人的法律，增强那些有能力发展道德的人的道德发展。由此可知道德理论是政治理论的一部分，政治理论又是道德理论的一部分。道德是社会正义的来源和目的，反之社会正义是道德的保障和基础。到了康德时，道德和法律再次统一于普遍的实践哲学之下，但其前提为人类情感本性（感性）和理性本性（理性）二元论。

联结两种观点：德行即知识与知识即德行

即便在亚里士多德把全部道德美德看作在两个极端间取"中道"时，他仍能明确提出与道德美德的形成有关的实践理性（phronesis）和理论理性（sophia）的功能的使用问题。因为，如果我们不具备理解世界的理论理性，我们怎么会拥有实践理性以思考我们行为的选择及选择的后果，进而根据实际的理性思考做出正确的抉择和努力以养成我们的品格（如果我们缺乏的话）？

依照亚里士多德的这一理解，我们可以重新检讨苏格拉底"德行即知识"主张的暗示。是什么激发苏格拉底做出这样一种断言？很明显是他对于作为完整实体的人自身的体验的理解和思考。如果人自身不被全盘理解，也不被充分理解为一个在社会生态学的环境下，在自我修养和交互修正的过程中，具备发展和改造潜能的实体，德行与知识的关系就不可能在一种理论中有如此简易清晰的理解和表达。把德行看作知识，意味着不仅发展德行需要完善的知识对事实做出估定，而且拥有完善的知识也需要批判的开阔头脑（从而形成有序的理性的思维）对目标和通向目标的路径做出适当的评价。如果德行和知识间没有如此内在的联结，我们就不能说具有了真正的知识或者说确实是有道德的。

这里，我们必须看到人的本质在于创造自身的可能性，因为人的理智本身包含了理解事实的可能性。当然，需要指出的是，知识有多种形式，道德和伦理是通常意义上的知识，是在日常生活中起重要作用的知识。所有形式的知识导致了我们关于在理智和德行间建立一种内在联系的可能性的反思，而理智、德行的联结显示了两者间某种潜在的统一，这种统一只有通过对人的存在意义和目的的整体反思才能够感受得到。

在这方面，我们或许会涉及宋代理学家程颐（1033—1107）。他曾极力主张，一个人不行善是因为他不知善，而他不知善是因为他所禀之气（vital force）阻塞了他的心。①程颐之所以能够认识到这一点，是由于他在世间万物的理（reason/order）气（vital energy/physical force）二元论的基础上对人的义理之性和气质之性进行了区分。通过义理之性，一个人将会自然地分辨出正义和善，但他的实际能力和欲望经常妨碍他关于自身存在的深层属性即义理之性的自觉。这就是人需要减少欲望、保存天理以进行自我修养的原因所在。

朱熹对此有同见。此外，他还非常重视"大学"：研究事物（格物）从中获得知识（致知），与真诚的心灵和正直的头脑（正心诚意）的培养结成一体，便产生道德美德。因此，德行可以说以知识为先决条件。如果没有知识，道德美德将完全不可能实现。这里，需要说明的是，我们所谈到的"知识（知）"不仅仅指现代意义上的涉及自然物体和事件的科学知识，而且指关于道德真理和人性的反思的知识。考虑到《论语》《大学》中原始儒家所使用的汉语单词"知"，我们必须承认存在着某种意义上的使两类知识相互作用以理解人类自身和外部世界的知识或"知"。《论语》中记载着孔子和他的门徒说过的"知物"（例如肉味、树叶凋零）、"知言"、"知人"、"知礼"、"知天命"和"自知"。除"知物"外，所有其他形式的"知"均包含了对人类和人自身的理解，这可使一个人的行为举止正确，即与他人及适宜自己的外部世界和谐共处。这意味着美德和道德的实现。

也许有人质疑，我们拥有的关于自身和外在世界的知识能否必然保证我们具备正确

---

① 在《二程集》（台北，里仁书店，1982）上卷中，程颐说："人之所以不知善者，气昏而塞之耳。"（第274页）对程颐而言，欲望是"气"的实质，因此他说："人之为不善，欲诱之也。"（第319页）程颐的意思是说，如果我们未被"浊"气或私欲（情欲）蒙蔽，我们的头脑将自然明晰，显露其天赋的"善"的知识。一旦天赋的"善"的知识彰显出来，"善"的实践也就自然形成。这一思想暗含了理论和实践的统一（知行合一），正如明代王阳明所认为的那样。

的行为能力。我们能否无须这类知识而做出正确的道德抉择？孔子的答案非常明确："不知命，无以为君子也；不知礼，无以立也；不知言，无以知人也。"

一个人需要经常学习的原因是他需要认知，而认知能保证决定的正确和行为的适当。这样的认知暗含某种实用性，它可与有意和这种实用性相脱离的知识——一种在任何场合都要求行为正确的意志或意图区分开来。不可否认此类知识（指类似亚里士多德的实践智慧那样的知识）在结构上是复杂的且最终形成一有机的系统，只有通过实践和自我反思、自我培养（自我条理、自我修正）才会达到精炼和完美。必须承认，在某种重要的和深远的意义上，这种实用性知识将会很自然地保证我们行为道德上的适当。

同样，通过反思，我们也可以说我们的道德行为，无论是过去的、现在的还是将来的，为了保持有效性，必须不断地要求关于自己和他人的知识及与此相关的如何行为的知识具有可用性。这两个方面都不可避免地需要我们深刻理解人性和人的思想，因为它们能为知识和道德两者间的内在的深层关系提供洞察力和正当化的理由。这样，最终的问题无非是：我们的特定的知识是否有助于我们做出足够的道德判断，我们的正直和善良的道德意识能否使我们展现或透露更深的知识形式或与此相应的更深的知识系统。在努力自我修养过程中，我们最终必须在知识和行为间建立一个充满活力、富于创造性的动态的循环系统：我们依据对形势的认识而行动，但我们的实用知识和道德经验将给予我们指导和规范，即便在我们对特定形势缺乏充足的知识之时。

基于这样的理解，我们看到苏格拉底的"德行即知识"的格言与程颐和朱熹的"知识即道德"的见解融合为一个统一体，一个知识和道德的统一体。

回到孔子：内与外的平衡

正是孔子发起了这样一种关于人存在的目的及人自身的知识与德行或理智与人格间的潜在统一性的全面思考。或许探讨儒学乃至中国哲学的主要特征，应该从认识人作为完整人的存在本质进而理解人的能力和人类美德的形成着手。这项任务经由从孔子到孟子包括《大学》《中庸》在内的儒家学派而完成。但假如我们既希望以理智和理性原则的形式使人的内在感性客观化，也希望外在的存在于人的感性中的理智和理性限制的形式内在化，我们同样认为这项任务应当得到进一步的扩展以便将荀子包含进去。这里我要提及一种用以理解人的整体存在的重要方法：即区分人的内在与外在，以便既可以从内在回顾的角度又可从外部观察的视角描述人类自身。

人的内在与外在的区别可以看作国家、地域或区域的内与外之间差别的延伸。例如，孔子说"四海之内皆兄弟"，孟子也说"四海之内"。这意味着四海之外还有区域存在。事实上，正如庄子在其《齐物论》中所言，"六合之外，圣人存而不论"，我们可以说六合（左右、前后、上下）之外存在什么，却不必去讨论。在《易经》中，我们看到八卦的位置如何依据他们在六线形中的相关排列而被确定为内或外，由此，我们可以像《象传》那样说内阳应外阴或内柔应外刚等等。① 问题在于，孔子的"仁"不仅表达任何的喜欢或爱之情，它还是一种对于人性本质的自我尽责式的认识，因为"仁"是一种指向所有人乃至所有事物并需要始终坚持的全面而根本的德行。另一方面，"仁"的体认也必须依不同关系和不同情形的考虑及时得到调节，以便在任何情况下都能产生和谐和正义。这说明不同的美德皆源自"仁"，它是对包含着不同联系与不同客体的不同情形及同一情形的不同程度的回应。而一个人对事物的不同性质所作的区分，仍然是根植于人性的内心感受的反映。但为了表达内部的情感，外在的感知必须顾及形式和场合的适当性。

在《大学》《中庸》中，内与外的区别就范围而言变得更为广阔。在《大学》中自我修养的方案被描述为八个步骤：前两步，事物的观察和知识的扩展（格物致知），显然是处理外部世界的事情；而接下去的两步，真诚意图的发展和心智头脑的整顿（诚意正心），明显的是处理内在的自我本性的问题。随后的四步，分别涉及人的行为、家庭的关系、国家的秩序和世界的和平（修齐治平），是他人能够体验和观测到的外在事务，尽管它们同样与人类自身的内在利害关系相关联。对儒家学者来说，"大学"之路是依据对客观世界的认知，促使人类头脑产生诚实的意向，并最终使这些意向获得适当的、正确的指导和应用。当然这并不意味着人类头脑中的那些只有依照客观知识才能贯彻实施的善的意志不可能包含天生的仁慈。在这一意义上，内与外代表了道德上的意图和对外界事物的认知。

显而易见，内与外必须相互结合以便在社会上产生正确的道德行为。儒家自我修养的纲目及其中庸学说，由此成为探寻世界知识以便使人善的意向能够在知识的传播媒介中获得恰当实现的事业。由于孟子相信人性中固有的善良体现在人的情感和意向之中，所以人类探索世界知识的愿望和能力可以被看作心智实现的工具。另一方面，不妨设想，理解和拥有外部世界的知识是作为纯粹理性之体的人类头脑的独立利益之所在，它无须源自人类头脑中的意志。若是那样的话，我们将会看到人类自身的认知利益和实践利益多么需要被协调，两者也显然需要相互提升各自的目标，即认知和践履，这仍可看作指向本源的基本统一和目标的预期统一。

《大学》《中庸》与孟子：统一内与外

或许我们可以把与事物的客观秩序有关的认知和理性看作头脑外部关注的问题，把

① 《象传》据说是孔子所作，用以解说相传出自文王之手的《周易》之六十四卦所得裁断的含义。它构成了对于《周易》这一天人合一体系隐藏的哲理之认识的核心，引发了《易经》其他各传的发展，并且充当了人类形而上学视野及道德行为的基石，正如宋明儒家哲人所理解的那样。

与理智的发展和训练有关的情感和意志看作头脑内在关注的问题。《易经·坤·文言》曰"君子敬以直内，义以方外"，这表明即使寻求理性和正义是涉及外部世界的问题，其动机仍旧根源于头脑之内。至此，我们已经清楚，外与内必须相互提升和发展，这样才能形成一个积极的、有益的统一模式。

《中庸》明言，尽己之性（最大限度地认识自己的本性）是个人的内在行为，反之，尽他人和全部事物之性是外部行为。内外之间这一区分的标准在于人们普遍认可，心和性存在于自身之内，而他人和事物存在于自我之外。但认知不仅仅是把事物看作认识的对象，而且也是对其感知的和充满情感的回应，从而使人们能够深刻认识到所有事物的互连性及其统一的基础。事物的互连性及其统一的基础都属于对天地创造性活动的理解，它引导我们参与到天地万物的创造性变化之中。由此我们看到，一个人自身的内在活动如何与外部世界的活动相延续，以及一个人如何以自我修养开始，朝着与世界万物普遍包融的方向努力，并最终促成天地创造力的最高实现。这就是被描述为合外内之道的内与外统一的实现。任何人在谈到内与外时都应当注意到，《中庸》已经显示了与《大学》间的连续性，《大学》认为寻求知识是自我修养过程的起点，《中庸》进一步主张"诚则明矣，明则诚矣"，则体现了对《大学》思想的深化。[①]

换一种方式讲，《中庸》认为，"诚"是自成之道，同时又是成物之道，因而不"诚"无物，即没有受自我认识熏陶的意义和价值的本体世界。《中庸》又说："成己，仁也；成物，知也。性之德也，合外内之道也，故时措之宜也。"[②] 由此可知，内外统一应当被理解为具有深远的形上学和实践性两方面的内涵和作用。这不是简单的内外互补的问题，而是人与万物互连的实践过程中内外统一的问题，是沟通自我与他人、万物以及自我与天地最高实在的问题。在这一意义上我们可以像《易经》所暗示的那样，在将人的两种能力发展为"仁"与"知"两种品德方面谈及天人合一的实践过程，我们甚至可以看到这一过程如何有助于阐明孟子关于人的德行从道德领域扩展到政治领域的建议和诉求。

孟子认为，任何人都必须扩展自身的四种美德以便涵盖和关照所有的而非仅仅切身的事物。但如何扩展？对孟子而言，"扩展"（推）的思想不会像他所极力反对的墨家兼爱学说那样毫无区别地对待事物。恰恰相反，"扩展"（推）的观念是在各种情况下皆能适用个人的感情和德行，并且依照"仁"和"知"的原则给予每种情况以应有的权益。关照人和事是"仁"，但依据其应得的权益分别而适当地对待他们则是"义"。在此，对

---

① 这一认识是极为重要的，因为它或许不仅暗含了《大学》与《中庸》间的共同根基，而且意味着《大学》是比《中庸》更早的儒家文献。由此说来，传统的观点即认为《大学》的作者是曾子，《中庸》的作者是子思，归根结底是有理可寻的。

② 值得注意的是，对《中庸》而言，内在本性的培养与本性指向外部世界的活动均是"道"的组成部分，是一个发展和成长的过程，正如《中庸》开头所暗示的那样。

人和事的理解和认识再次显现出相关性和重要性。

也许会有人指出，以人的感情为基础的道德理论转化为以人的理性为基础的政治理论可能要破坏仁爱的情感。所以，如果我们希望自身的情感扩展到他人或大多数人，我们也许要平等地对待他们，从而将儒家的个体道德感受还原为一种给予全部人同等关照的平均主义的方式，我们可能需要放弃不同的德性伦理并且以功利主义为理由考虑所有人的利益。毫无疑问这不是孔子和孟子所采取的立场。孔子和孟子认为，"仁"的道德原则具有的两种水准或维度必须得到认可和依照：横向原则，即由近至远的分等级的爱；垂直原则，即设置好的典范并将普遍的关心改写成符合人类利益的积极的政策。孟子正是基于对垂直原则的考虑而提出了他的幸福社会的蓝图。①

依据《大学》和《中庸》对内和外的引申理解，针对内和外相互关联，由内扩展到外，将外应用于内，最后在与最高实在间的创造性的包含和转化的和谐的统一体内融合内和外，我们可以设立四个准则：第一个准则是内在感受和外在知识，第二个准则是探求知识以实现意图的实在，第三个准则是运用"诚"以成物，第四个准则是广泛参与到世界和现实事务中去并努力使之达到动态的和谐化。有了这四个准则，我们可以像孟子那样整合"仁"和"义"，除此之外，我们还可能发现"仁"和"礼"在孔子和孟子那里已经是一体化的。同样，我们不用细究也能明白作为社会规则的"礼"一定要满足人类内心"仁"的情感，也一定要满足来自内外联系中的基于统一与和谐利益之上的知识需求。

"礼"的改革、创新和发展，是对全部因素包括受"仁""义"情感驱策的内外问题的深思熟虑，而"仁""义"事实上赋予"礼"的形式以某种内容。另一方面，"礼"作为一种根据"知"来解决"仁""义"间紧张状态的产物，是行动过程中富有同情心的道德人的完成。据此，我们不难看出由"仁"到孟子的"仁""义"，以及由"仁""义"到荀子的"礼"和"礼义"的必然运转，以及"格物致知"能经由圣人自然地导向"制礼作乐"，正如《荀子》所描述的那样。我们还可进一步在组织人事和整饬秩序方面谈到"制法"的过程。"法"的含义源自"礼"，因而"礼"在"法"概念中变得愈加客观和客观化，正如"仁"在"义"和"礼"概念中变得愈加客观和客观化一样。这一过程可被看作将内应用于外同时将外应用于内的问题。或许我们也能够看到在"礼"建立过程中将内应用于外与在"法"建立过程中将外应用于内这两者间的对比。

依据对内和外关系的分析，我们可以认识到孟子关于情感的"推及"程序应当与理性和知识的运用过程相互配合，以便为人类社会创造一个共同的世界。这是必需的，因为如果没有理性的反思以及对礼和法清晰而明确的表达，人们将不会意识到他们必须分

---

① 可参见《中国哲学百科全书》（*Encyclopedia of Chinese Philosophy*, edited by Antonio Cua, New York: Routledge Publishing, 2002）中我撰写的《孟子哲学体系》一文。

享什么，即便由于他们具有相同的道德天性而已经分享着。通过理性所表现出来的礼和法的外在清晰度成为一种定义和说明什么为人类所共享的方式，只有如此才能有助于世界的稳定与和平，因为它为人们将情感普遍地应用于人和万物之上以及把知识普遍地应用情感方面提供了一个稳定的理性架构。

由上可知，儒家关于德治和礼治的主张，对于说明现代政治中个体和群体维度上的道德和伦理的适当性具有重大的意义，不仅在政治规则和行政领导阶层的构成方面，而且在行政领导阶层针对合意的（如果不是理想的）政府组织形式的讨论方面。个体德性伦理的适当性在于允许并赋予个体适当的修养能力和价值眼光，以便使其做出关于公民或城邦幸福的正确决定；而群体伦理即"礼"的适当性在于允许并使群体中的个人，不论是政治领导还是普通公民能够以一种与现存社会秩序相调和的方式，以一种与维持或发展更高阶段的社会秩序及社会和谐的观点相一致的方式而行动。

荀子：由内到外的转化

正如孟子从尽心到知性再到知天，首次尝试使外内在化，荀子强调并经历了一个与之相反的使内外在化的过程，即从反思"道"到通过圣人使"礼"制度化，使具有道德启示意义的社交方式风俗化。这实际上引发出一个至为重要问题，即为了维护群体、社会和保护内在道德和价值的公共行为空间（基于公共的秩序、和平、安全和利益之上的公共道德空间）的利益，儒学是否应该在建立一种能够管理群体和政治语境中的个人行为的法律框架方面，或者在建立一种类似法律的"礼"体制方面有所扩展和完善。

很明显，荀子特别关心建立一个类似法治的礼治社会，以便在社会合作和分工方面发展人的共同权利，而且荀子如何求助圣贤以完成制礼作乐之任务也值得我们关注。但另一方面，在孟子为所有人发展贤明智慧的精神里，并不存在所有普通人都能参与制定法律或类似法律的"礼"规则的理由。显然，法律与"礼"或类似法律的"礼"的差别在于，它服务于预防严重影响人们基本权利和基本生活方式的不道德行为和犯罪行为之目的，而类似法律的"礼"是对举止行为的规范，旨在界定并导向秩序与协调、效率与公平（或正义）的公共世界的提升。最终，个人美德将促成共同利益的积极履行和发展从而在个体与群体中获得体现。

在此意义上，我认为必须以一种谨慎的态度修正我们对于儒家哲学的理解。通常，学者们把孟子看作儒家价值的正统范例，但另一方面，他们总是将荀子视为孟子的反对者而加以谴责、声讨，以至于未能认识到两人都是孔子所设想的具有完整人格的人的深层本性的根本的、合理的、正常的表现状态。这不是一种合理的认识。尽管荀子本人曾批判过孟子，但我们能否在理解发展的连续性方面以及在连续统一体的关联和深化层面看到两者间的互补性？

对此，我们可就所了解的儒家对政治自由主义的批判作如下的评论。政治自由主义，如罗尔斯所言，希望确保在其他的（政治的或经济的）利益得到分配之前，首先使所有公民享有平等的权利和自由。但它需要法律来保护这些权利和自由，从而在法律所许可的范围内为个人的行为留有最大程度的回旋余地（使个人可能行动的空间和范围保持开放，只要他们遵守法律）。在这一意义上，法律是一种保护公民权利、预防违反和侵害权利的犯罪行为的架构。这种政治组织架构只关心人权的促进和保护而不需要也无必要鼓励人们培养美德并关照任何形式的公共道德。但问题在于，人们的确犯过许多已知和未知的错误，也忽略过许多已知和未知的善事，然而它们作为对公民权利的直接侵犯却不可能得到法律的调节。人们也许还有未知的和无法证明的违背人权的行为，即便其并不触犯法律。

为了避免极端政治自由主义和利己主义的缺陷，我们有必要在一个有效的政治机制中使德行与知识相互结合，这体现了法（类似法律的礼）治和德（完整的人）治的统一和平衡，正如《孟子·离娄上》所言："离娄之明，公输子之巧，不以规矩，不能成方圆；师旷之聪，不以六律，不能正五音；尧舜之道，不以仁政，不能平治天下。今有仁心仁闻而民不被其泽，不可法于后世者，不行先王之道也。故曰：徒善不足以为政，徒法不能以自行。"这说明孟子已经意识到法律（手段）和德性（人格）的必要性和相关性，他并且指出为什么仅仅依靠道德或善行是不够的，正如仅仅依靠手段或法律是不够的一样，因此他说："徒善不足以为政，徒法不能以自行。"

孟子这一说法暗示着政治统治的双重相互依赖性：首先是个体的善心和善行与在手段和规则方面对正确行为的共同或全面规定的需求之间的交互依赖性；其次是方法和规则及其应用分别与激发它们的知识功能和关爱人们的情感功能之间的交互依赖性。这两种类型的互赖性体现了理智和情感，整体和部分，社会的现在与过去、将来之间的相互影响。

儒家与法家：使用"法"的意义

现在我们的问题是，"法"或法律如何被引进儒学从而成为儒家伦理的扩展部分，或者更确切地说，"法"如何被作为儒家道德或实践理性之构想的一部分？这需要首先理解"法"这一术语在自周代以来的古典文本中所使用过的多重含义。

显而易见，"法"在使用过程中所传达出来的基本含义有两层，即作为动词指"遵从"或"效法"和作为名词表示"法则"（不一定指刑法）。在《易经》中，可以看到《系辞》"法天地（乾坤）"的动词用法和《噬嗑·象传》"明罚敕法"的名词用法，《系辞》还把"法"定义为可以创造和运用的事物（"制而用之谓之法"）。对《易经》而言，没有什么东西比所要效法的天地更为重大的了。"法"的这些基本用法在儒家其他经典（包括《论语》《孟子》）和《韩非子》中都可找到例证。由此可见，"法"总是指效法以至于符合、遵从某种对象，而该对象既可以是自然的事物，也可以是人为的规则或命令。①

因此，在《论语》中孔子谈到"法语""法度"。通常情况下，统治者会制定一些法则以调节行为模式。同样，在上述引文中，当孟子提到仅仅利用"法"不够时，所谓的"法"代表一般意义上的法规或方法，而不是刑事法。尤其是，当孟子说君子遵"法"以待"天命"时，他再次提及法则和一般意义的法规。这表明即使是君子也必须遵守"法"，更不用说小人了。此外，孟子还使用作为动词的"法"以表示一种肯定的意义：效法或取法。

另外需要注意的是：孟子的"礼"具体表现了"义"的形式和内容，因而他经常"礼义"并举。可以说，无论是"礼"还是"礼义"都与"法"的第二层含义相一致。当然，"礼义"根植于人性并通过类推和实践得以扩展，从知性上讲，它们的确是导致并保持人们之间和谐的最好途径。它们由政治规则、社会礼仪标准和内心情感所构成，其履行并没有明确的政治统治上的压力，但它们却能够实现类似通过具有明确形式的法律所能实现的社会功能。由此可知，外在的（具有明确形式的）法律应当被视为保持其社会价值和实施途径发展的一个结果。实际上，对孟子而言，关系社会和谐最重要的事情是：所有个人必须珍惜他们的道德情操并且有意识地努力去扩充、发展和培养美德，从而使一个社会产生于对"礼"真诚的履行。

所以，包括那些强加于人的惩罚在内的"法"（规范和原则）具有不同的类型。我们可以进一步描述儒家文献特别是《荀子》文本中所指的三种类型的"法"或规范。第一种类型的"法"（规范）与政府行政管理和组织模式的制度化有关。例如，家族式的封建制（周代）就是一种"法"，称为"宗法"。这一意义上的"法"其实是"法制"，而且由于"宗法"被视为"礼"，所以它又称"礼制"。实际上，我们可以把"法"看作"礼"的形式，或者把"礼"看作"法"的形式，意在表明它们是具有不同内涵的同一符号，即，"礼"是指对祭典（祭祀规范、仪式）的重新演练，而"法"则是指为制定"礼"范式而采取的模式或方法。简言之，这是"法"的最宽泛的含义，它体现了作为一种方式的"法"，在调整和组织统治体制中各种关系、职责和义务方面所具有的作用（它体现了法作为一种协调和组织统治系统中各种关系、职能和义务的方式所具有的作用）。我们可以将其称之为"法"的组织含义。

"法"的第二层含义即"方法"，它反映在名为"变法"的所有政治改革的话语中。虽然它与制度上变革的"变法"称谓有关，但"方法"的意味的确突出，以至于这种变化被当成达到目的的工具和手段。正是在这一意义上，我们可以说"法"的好坏取决于

①　如《孟子·公孙丑上》中，孟子提到的税法——"法而不廛"。

它能否使人们实现目的。在《论语》和《孟子》中也能看到"法"的这种用法。由此而言,"法"是实现政治目的的筹划和工具。在中国历史上有许多著名的"变法"事例,如先秦时期的商鞅变法,北宋时期的王安石变法,以及近代光绪帝在 1898 年发动的失败的"戊戌变法"。

最后,必须认识到"法"最中肯的含义是,它作为刑事法典(刑法)适用于法规所严禁的行为。在这层意义上,"法"在一个由外部强加于违法者身上的规则和惩罚所支配的社会系统内,被赋予了一种明确、具体与特定的含义。由此,它可与同样作为社会控制系统的"礼"在对规则的内在化和自愿服从的期望方面作一对照。除了内在和外在的差别外,"法"和"礼"之间还有一种肯定(积极)和否定(消极)的区分。"法"的意图是通过权威性的强迫接受和命令控制并管理消极的行为,而"礼"的意图是通过说服和学习增强并认可积极的行为。这两类区别是重要的,因为它反映出一种历史和社会的变化:有的等级(阶层)由"法"所管理,有的等级(阶层)由"礼"所管理。因而《礼记》说,"礼不下庶人,刑不上大夫"。这大概是周代早期的惯例,但稍后它逐渐演化为针对"法"所禁止的行为与"礼"所要求的行为而进行的两类控制之间的区别。不管贵族或者平民是违反"法"还是服从"礼",他都要平等地接受"法"和"礼"的调控。"礼"可以显示贵族关系和等级,但"法"必须平等地对待所有受其控制的人。在这一意义上,"法"成为维持整个社会平等的力量。而中国第一部刑事法典《法经》恰恰体现了这方面的平等性,《法经》由战国时期魏国的李悝于公元前 407 年左右编撰而成。该刑事法典对所有人平等适用,反映了战国初期逐渐加强的中央集权的国家统治。

孟子对"法"术语的使用也表明,"法"主要指一种应该从经验和智慧发展而来的方法、技艺、规则和路径。换句话说,它必须是一种起因于整体考虑和不断摸索经历的经过检验的组织秩序系统。这是说,先哲或圣王已(为后人)提供了政府组织模式,这些模式被证明是有效的、具有建设性的,因而没有理由放弃它们。而且,如果我们深入考察这些模式,会发现它们其中隐藏的理性:它们捕捉到了人的内心情感和人类理智(智慧)的特性。在此,我们可以说正是明智的君王设立的政府规则体系,使得其政府充满效力和吸引力。

由上可知,孔子和孟子曾经在上述三种意义上使用过"法",虽然他们更愿意把"礼"作为统治方式。但直到荀子才明确提出儒家借助"礼"以包容"法"的三层含义。或者说,正是荀子有意识地使用"礼"来表达制度上的"法"和作为刑事代码的"法"。他并且提供了一个包括"法"的三层含义的"礼制"政治体系。然而荀子同样维护作为道德原则的"礼"。这意味着"礼"所覆及的社会管理大体具有几个层次:传统意义上的仪式和道德行为方式,即"礼"或"礼义"处于最高层面,法律和规则处于较低层面。一个人可以遵守法律并且通过服从"礼"来立志成为君子。但当我们谈及韩非，显而易见，"法"这一概念已简化成单纯以惩罚为目的并最终指向独裁统治的刑事代码，同时，"礼"遭到公然的抛弃和指责。

这主要是说，在谈论"法"的时候，人们已经偏离了思考人类自身这个自我修养和自我约束的创造性主体的初衷。人们开始将注意力集中于所要仿效的对象或者行为所要服从的法律，而不去反省纪律和自由之源泉的人类自身。在"法"的问题上，人们丧失了内在的自由和道德行为的自主。当然，我们仍然需要自主、自由而且也能够达到这种自主、自由，但前提是，"法"源自人们对于普遍的、必需的甚至是实际的原则和规范的反思，这些原则和规范能够支配人们的社会行为并最终导向人们作为个体应该期望和决意实现的"和谐"目标。这是儒家学者如何能不同于法学家的关键所在，正如我们将会看到的那样：对于儒家学者而言，法律必须起源于理性道德，但对于法学家而言，法律只反映规则的主宰而与个人内在的道德无关。

由此我们来看孟子的情况，孟子不仅指出了政体形式及对仁慈品德的承诺之间的平衡、互补和一致，而且进一步指出了两者间相互平衡、互补、依赖和统一的原因和理论基础，这为法律和德性间的平衡、相互补充、相互依赖和统一指明了方向。基于此，法律观念可以从方法和技能或者手段中获得，道德观念可以由善心和道德意愿扩展而成。由此我们还可以得出并吸取这样的教训：为什么单纯或主要依靠法律的政府会在个体的道德履行以及人与人之间密切、融洽的关系方面损失较大，而仅仅或主要依靠道德教化的政府则在实际功效和秩序的全面整饬方面损失较大。

这一教训尤其适用于当今这个全球化的世界，在这个世界里，任何人都必须面对并就包含文化与道德在内的政治统治或管理的艺术形式方面考虑一种政治上的多元论，使不同种族、宗教信仰和政见的人，能和平生活于同一社会理论之下。这种理论可与政治自由主义——笼统地赞成并期盼民主和人权原则能够获得支持的观点相对抗。因为单纯追随民主和人权原则代替不了政治统治艺术，它需要进一步遵循源自《中庸》所言的"合外内之道"的人类德行和人类智慧。这一点无疑暗示了"德治"与"法治"的统一。

荀子：法、德统一的儒家路径

由于荀子主张人性恶，所以自宋代以来，许多儒家学者都认为，与其说他是一位儒家的改革者，倒不如说他是一位赞成法家的哲学家。当代中国学者劳思光甚至认为，荀子在内在价值方面的欠缺，导向了外在政治统治中的权威主义。① 这样的评价是不妥当的，因为除了颇具争议性的性恶说外，荀子仍深深地沉浸于儒家重视周礼的传统之中，

---

① 见劳思光：《中国哲学史》第一卷，317、329 页，台北，三民书局，1981。

并且力求系统地将"礼"革新成为崇高的、理想的基于理性反思之上的政体原则和统治原则。正如我们将要看到的那样,尽管荀子曾激烈地批判孟子背离了先圣,但他的许多思想仍与孟子相一致。即便是荀子的人性理论,也无须将其同孟子(孟子与荀子的生卒年代有 30 多年的重合期)的人性学说进行对比而对其贬低。相反,正如陈大齐所言,如果我们仔细审视孟荀二人的分歧,就不难发现二人的论说其实是相通的。①

对孟子而言,人性主要建立在个体在其自身存在中所应该拥有的仁义理智的道德情感的潜在性之上。当然,基本的生理欲望也被孟子视为人性,但只作为一种必需性("命")而不是需要发展和实现的能力(与内在价值有关)。依照孟子,人类存在是一个创造力和必需性("命")的混合体,在这个混合体内,创造力代表道德情感的自然流露或道德情感之根源,而必需性("命")不过是人类存在本身固有的有待解释的身体或物质关系方面的局限性。对荀子而言,人性主要指人们作为物质实体不断体验到的贪婪、自私及感官欲望,同时,人们又具有能够认识理性和真实的"理"(principles of things)的头脑。每个人都可以通过反思体会到"理",乃至达到对"大理"——统摄全部原则的核心原则的理解。荀子之意无非是说,通过理性的反思我们可以揭示人在自身欲望中所隐藏的合理内核。在这一过程中,我们将会达至一个展现人性合理性的自我层面,并借此获得正义原则和人类协调行为原则的构建与发展。

依据这样的理解,我们实际上可以将两种关于人性的描述整合为一个强有力的令人信服的统一体,在此基础上发展一种复合式的儒家人性理论。我们可以把孟子所说的人性称为道德人性,而把荀子所说的人性称为自然人性。孟子所要声明的是,人的道德本性是人之为人的前提条件,而对于荀子而言,一个人的自然属性才是通常的、天然的存在,它并且在区分人的社会角色中发挥着重要作用。但孟子并不否认某种自然本性的存在,尽管他没有对其进行详细说明。他仅仅区分了道德本性和自然本性间的差别,称道德本性为"大体",自然本性为"小体"。另一方面,荀子认识到了一种潜在的合理的人性内核,它存在于人的意识中,我们必须努力去揭示它。如果道德可以像"礼""义"原则能够被学习一样,那么,人们必须学习道德的能力表明人们具有一种理性,这种理性是道德学习和道德建设的依据。

孟子和荀子间的分歧并非否定道德和肯定道德的问题,也不是道德是否根源于性的问题,他们都承认道德涉及人类存在的较深层面。他们之间真正的分歧是,孟子认为道德情感是人们内心的自然流露,而荀子认为道德以人们自身具有的理智为媒介,道德是理智规则而非价值情感。他们共同的目标是,在政治国家中谋求一个秩序与和平的世界。然而,这其中并无理由说明为什么理智的情感和理智的规则两者都是理解人类道德运作方式所需要的,也没有理由说明为什么价值情感不可能优先成为学习和构建道德理

---

① 见陈大齐的《孔子学说》(台北,正中书局,1964)中"孟子与荀子中的人性学说"。

性规则的基础，相反道德理性规则却能够用来保持并扩充我们的价值情感。在此意义上，情感和理智是相互补充、相互影响的，这使得人的自然本性能得到更好地训练和改造。如果把孟荀看作更大的有待发展的并且综合二人的道德体系的有机组成部分的话，我们可以在儒家哲学中看到下面几种人性层次以及由人性到道德的发展。借助这种方式，我们就有可能在道德本性和自然本性乃至理智和情感间的互补性内给予人性一个整体的思考。由此我们便可以提出下列有关儒家道德的复合结构：

孟子和荀子	生理（物质）欲望
孟子	道德情感
荀子	理性
儒家道德	道德情感+理性

下面我们将依据荀子的思想探讨理性如何能够从人的头脑中产生，然后进一步体会理性的思维如何会因此促使个人以及社会整体的道德和善良美德训练从而使之达至一个巨大的高度。

在《荀子·性恶》篇中，荀子认为人性所以为恶是因为人天生就是自私、妒忌和可恨的，人生来就偏爱利益并且寻求感官愉悦。如果一个人任其自然本性自由发展，那么他将违反所有的道德基准，破坏所有优秀的人类文化和良好的风俗习惯。因此他需要学习"礼""义"道德来约束自己，从而使其作为社会成员能够变得循规蹈矩。这是一个改造天性、唤醒道德规则感和道德价值感的过程，即"化性起伪"。值得注意的是，荀子称理智参与的学习和唤醒为"伪"（人为），显然他试图用"伪"字表达某种对人为的设计、干预或创造的看法。倘若如此，在谈及"伪"字并且以其代表全部存在的习惯和道德形式，尤其是建立在公认的"礼""义"主体之体内的道德形式时，就不含有任何的贬义。或许有人进而提出质疑：如果"礼""义"道德不是源自孟子所声称的人的先天德性，那么它究竟来自何处？

对此，荀子的回答是，它来自能够启示人们深入反省自身"礼义"德行根源的圣人的事迹和教诲。依据荀子，圣人能够反思人的先天秉性并能超越它们以形成理性思想，因而他能够通过立法或者建立"礼义"制度的方式教导人们去遵循礼义道德。实际上这样的圣人必须同时是一位圣王，因为他需要权威来迫使人们认真地接受他的教导并使之制度化。

也许有人会因此而认为荀子在道德方面具有权威主义倾向。但我们可以从更为宽容的视角来理解荀子。事实上，这种解释荀子关于"礼义"道德来源立场的宽广视角可以有充分的证据来支持：首先，荀子把"礼义"道德或仁义法正（principles of ren and yi as standards of rectitude［to be followed］）视为需要理性认可的客观法则，一旦人们意识到这些法则，就应当去遵循。其次，在其《解蔽》（removing obscurations）篇这一与

《性恶》篇同等重要的文章中，荀子认为人们的心智经常被欲望、偏见、片面印象及异端邪说所蒙蔽。而且，他列举了"蔽"的许多形式：

> 欲为蔽，恶为蔽，始为蔽，终为蔽，远为蔽，近为蔽，博为蔽，浅为蔽，古为蔽，今为蔽。[①]

这表明不同的视角、观点和好恶分别形成了各种不同的"蔽"，它使人的心智不能从整体上认识所有事物。荀子在该篇中说："凡人之患，蔽于一曲而暗于大理。"但是认识"大理"不是不可能的，因为人具有与生俱来的认识能力而所有事物又具有可供理解和认识的结构和原则。所以，接下来的问题自然就是一个人如何才能觉察其立场或者观点的片面性，他会再次意识到求教于已经认识世界的前人的重要性。因此，学习即是向历史和人类经验学习以发现"大理"。为此，人们必须意识到这样一种通过反思知识和经验而获得的理解。

或许，正如程颐和朱熹所指出的，如果一个人认真地研究事物甚至阅读书籍，那么他将获得一个突破口，从而借此清醒地意识到头脑中理性的活跃。一旦天生的理性在头脑中浮现，所有的蒙蔽即会被消除掉，这使人们从"蔽"的束缚中释放或解脱出来。以此方式，一个人就可以设想圣人或"礼义"之师是如何达到理性以及如何从整体上全面认识事物的。据此解释，人们就不必诉诸政府或者圣人的权威来建立供其遵循的"礼义"制度。相反，他们可以教育并且说服人们体察其内心，寻求遵循"礼义"的原因，进而更好地显示"礼义"原则。况且，"礼义"制度还可以由后世的圣贤之人、启蒙学者和教化之师所增益和完善。由此，我们可以看到与传统学者相比荀子实际上提出了更具独创性、更为本原的道德起源观。

对荀子而言，人能够认识作为最高原则（"大理"）的"道"。在《易经》的影响下，荀子认为"道"是一种恒常不变的制度系统，它能够应对所有的变化（"体常而尽变"）。那么，在这一意义上人是如何认识"道"的呢？尽管荀子没有给出明确的解释，但显而易见，人必须反思其偏见和"蔽"然后超越它们以了解其他的观点，同时也必须从经验中吸取教训。荀子曾列举评论过许多历史名人以便说明与他同时代的十二家著名哲学派别各有其"蔽"。

比如，他说庄子"蔽于天而不知人"，墨子"蔽于用而不知文"，这表明荀子是如何将超然的整体反思作为超越困扰而显示整全事实的一种重要方法的。荀子对于子思和孟子的批评尤其具有启发性：在他们身上可以看到一般地追随先圣先王的能力但无法看到近世圣王的组织原则。荀子进一步指出，子思和孟子有其粗略混杂的看法和虚构的理论学说，它们因缺乏解说而显得疏远，因缺乏辩论而显得模糊。这意味着人们认识"道"

[①] 此处及下文的《荀子》引文，见王先谦：《荀子集解》，台北，世界书局，1967。

（即"大理"）不仅需要超越一孔之见，而且必须对作为组织和整顿原则的整体进行理性的理解。①

事实上，荀子曾规定了理解"大理"或"道"的几个标准。第一个标准是与欲望分离而不被任何个别的观点所束缚。但这不是如后来的佛教徒般把欲望视为不相关的或是虚幻的、空无的，正相反，这是使其与现实中的不同事物一样得到完全展示，以便在它们当中建立诠释和衡量（"衡"）的标准。所以，《荀子·解蔽》篇中说："（心将）兼陈万物而中县衡焉。"或许，为了说明我们如何在不同事物中设立客观的标准，荀子宣称心有能力根据其"虚壹而静"的性质知"道"。但是这些性质同时包含了它们自身的对立面，因此也可以说心具有体现存在、多样和运动的功能，这些功能并不损害其"虚、壹、静"的基本性质。于是荀子解释说：

> 未得道而求道者，谓之虚壹而静，作之：则将须道者之虚则人，将事道者之壹则尽，尽将思道者静则察。知道察，知道行，体道者也。虚壹而静，谓之大清明。

值得注意的是，荀子认为，一旦一个人的内心达到这种"大清明"的境地，所有的事物看上去都是那么清晰、独特、有序并且位置适当。换句话说，一种具有差别性和组织性的合理秩序将起因于这一"大清明"的心境：

> 万物莫形而不见，莫见而不论，莫论而失位。坐于室而见四海，处于今而论久远，疏观万物而知其情，参稽治乱而通其度，经纬天地而材官万物，制割大理而宇宙里矣。

这里描述了蒙蔽如何消失以及秩序整体和原则如何显现，而秩序整体和秩序原则指示并规定了事物的秩序，同时又使我们能够为了人类的目的（它本身必须是合理的）以一种利用并且保持事物秩序的方式而行动。这些利用之一就是，可以促成就"礼"和"义"而言的道德体系的产生，以便使整个人类能够有所遵循从而达至繁荣昌盛。显然，这一合理性的原则既可被看作知识原则又可被视为实践原则，如同康德的理性哲学一样。然而荀子和康德间关于理论理性和实践理性存在着主要的决定性的区别。不用细究荀子在《正名》和《解蔽》篇中发展的认识论学说，也可以清楚地看到荀子的"理性"仅仅是一种能力或才能，它能够超越细节、特殊、具体，但必须通过对于经验和实践的经常性观察来建立一个语言或知识系统或"礼义"道德体系。这样的"理性"不含有综合的先验的内容。在这一意义上，"理性"是创造性的、批判性的、建设性的甚至是改造性的（关于历史上成功实践的），却从未是超越性的或先验性的。但对于康德而言，为了催生知识和道德，理性必须产生综合的先验的原则和观念。

---

① 这不是说荀子拒斥形而上学，而是指他更倾向于实证哲学。这表明荀子保留着既深刻又适用于经验的认知体系。

实际上，康德认为道德起因于综合的、先验的作为自由意志的理性立法。因此人们必须预先设定一个先验的超越的自我以便进行理性实践，从而明确表达无条件的绝对的道德指令。对荀子而言，合理地启发心脑必须照顾到长远的、普遍的社会利益和社会价值以设计或重新设计、发展或重新发展一种基于社会组织、制度、行为及实践目的的涉及价值规则和标准的框架和体系。由此我们可以说荀子的终极关怀是社会共同体（社群）的效用和统一问题。这就是他愿意诉诸作为社会大众内心的文化交流基石的"礼义"道德体系的原因之所在。

荀子和康德间还存在着另一个非常重要的差异：荀子通过具体的理性的"礼义"原则致力于构造一个道德社会和一个有美德的理想的国家或政府，康德则将注意力集中于经由人的自由意志的自我立法的方式而实现的个体人的道德行为之上。由此，一个以个体人的道德意志为目的的社会共同体将确保康德哲学体系中的理性的这一实际应用。但或许有人仍要提出疑问：个人的道德意志如何与作为目的王国的社会共同体协调相处？这个问题将引导我们深入考察康德哲学中的德法关系，据此，德与法两者可以说成为实践理性的应用，一方面适用于个人应当如何行为，另一方面适用于社会应该如何整顿和调控。这意味着德与法的统一或者实践理性中的自由与必然的统一，正如我们在本文的第二部分所解释的那样。就荀子而论，个人必须依照"礼义"道德原则行动，与此同时也可依据"仁"的原则行动，"仁"的原则是个人全部美德的根源，因此也是个人主观性的根源。有了"仁"的原则我们就会看到个人自由如何与人类社会的和谐相一致。对于自由的强调是康德哲学的首要原则，而对于社会的强调则是荀子思想的首要原则，由此康德和荀子间形成了显著的分歧和对照。但是荀子对于理性的发现也使我们能够了解德与法如何被整合并且统一于同一的实践理性之下，这一点我们不应该忽略。①

在《荀子·王制》篇中，荀子区分了五种类型的政府和统治。它们分别被称为"王"（king-type）、"霸"（hegemon-type）、"安存"（survival-type）、"危殆"（danger-type）和"灭亡"（perishing-type）。我们可以把第一种类型和第二种类型的区别看作"礼"和"仁"之治与法和权之治间的差别。"礼""仁"之治的突出特征在于人们自愿

---

① 在此，有必要提一下在"礼""义"道德起源和来源问题上荀子受到的严厉批判：荀子似乎承认人性反思基础上的个体道德的非主观性和非自主自律性。荀子确实没有发展出任何一种像孟子描绘的那样的独立个体形象。但事实上他也认为个人有能力进行自我理性反思，因而能够触及也许会被所有个体共享的理性。基于此，个人有理由构建自身的价值，决定自身的行为规则并且通过协商达成人类的共识。就荀子内心思考的社会秩序和政治整顿而论，他必定是一个社会或政治上的功利主义者，正如他论及的"礼""义"体系所示意的那样。"礼""义"体系正是构建于理性及社会和政治利益基础上的原则。除了有能力从事建设性和重构性的工作外，一个人具有的理性使其作为个体能够过一种安宁和平静的生活，在此意义上，荀子可以说是一个十足的隐藏的道家。他的理性主义导致了他对孟子关于天人间终极真理的超验性思维的质疑和批判。在此意义上，荀子是一个实证主义者，他没有过多时间考虑养"气"（the vital force）和"知天"之类的事情。笔者认为，这并不意味着荀子不可能展现儒家思想的重要方面或者儒家思想的特质，即理智地全面思考和估价本体的能力，这种能力可以很容易地与由直接经验而来的识见及发自内心深处的情感相结合，从而形成一个更为适当的关于人类自我的描述。

依据"礼"和"仁"行动从而使社会呈现有序状态，使作为管理媒介的政府能够从根本上行使职责以便在"礼""乐"及"法"方面教化百姓。当然，知"法"并不需要人们因为"法"的缘故而正确行为，相反人们因为尊重"礼"所创造的秩序才遵"法"并正确行为。作为行为准则的"礼"和"乐"不是从外部强加于人身上，而是通过谆谆教诲的方式渗入到人的内心。它们因此被看作人们自然珍爱的价值。荀子依此表达了对第一类型的"王"治的看法："贤能不待次而举，罢不能不待须而废，元恶不待教而诛，中庸不待政而化。"

重要的是，"王"治的基础是理性的"礼"行为规则体系的合理应用，因而有了知性的积极支持，人们将会受到教育或启迪而自觉守"法"。而且，他们不必担心法律的惩罚，因为他们能在实行"礼"的过程中管理自己。无疑，人们可以把"礼"的体制视为"法"的体制，把从事"礼"的教育视为一种或一类法律实施，但重要的是，人们感觉不到来自外部刑事法的强迫，他们希望做正当的事情而没有做不法事情的企图。这里的"法"很大程度上是一种制度上的抑制，以及为了使人们了解义务和权利而设立的规则。这是一种就民众和统治者而言的强烈的自我控制意识。除此之外，"王"治是在才能和德行方面平等的精神的指导下进行的，它不受世袭职位或身份等级所制约。因此"王制"（institutions of wang）是一种建立在遵循"礼"、奖励美德政策基础之上的精英领导制度。

作为儒家式政体的"王制"的另一特征是，政府负责照顾残疾人和患病之人，供给他们住所和维持生存所需的食物，使他们能够定居和安身。这是"仁"德的展示和实证。荀子说："选贤良，举笃敬，兴孝弟，收孤寡，补贫穷。如是，则庶人安政矣。"[1]这显示了荀子如何醒悟到富有理性的辩解，由此，他能够接管儒家全部的德行和价值并把它们安放至一个合理的管理体制之内，利用它们寻求社会秩序并以此证明它们具有正当性。这就是荀子称"王"治为"天德"的原因所在。

值得注意的是，荀子列举的"王"治政府所实施的关照百姓幸福的实际条款与孟子极其相似，以至于人们几乎都怀疑荀子对于孟子的追随。他们通过促进农业、林业、陶瓷制造业更加多产以及只征收十分之一土地税的方式而持有共同的"养民"（nourish people）目的。荀子说："故泽人足乎木，山人足乎鱼，农夫不斲削、不陶冶而足械用，工贾不耕田而足菽粟。"[2]（描述统治者如何能够在中国的四海之内生产出用于生活的货物。）将荀子之陈述与孟子所言进行比较："不违农时，谷不可胜食也；数罟不入洿池，鱼鳖不可胜食也；斧斤以时入山林，材术不可胜用也。谷与鱼鳖不可胜食，材木不可胜用，是使民养生丧死无憾也。养生丧死无憾，王道之始也。"[3] 在此，我们看到荀子和孟

---

[1][2] 《荀子·王制》篇。
[3] 《孟子·梁惠王上》。

子关于"王"治或"仁政"的设想是多么一致。不同的是，孟子建议恢复古老的井田制这一土地耕作制度，荀子对此则没有响应。相反，他强调货物和谷物的流通以促成国家的一体化。再者，孟子强调培养公民的孝心，荀子看重"礼""义"之教化。但荀子和孟子间的主要分歧在于，孟子采取仁爱的态度处理政体问题而没有明确强调法律惩罚的重要性，荀子则明确指出，由美德引发的积极行为将受到奖励，违背法律的行为将受到羞辱和惩罚。至此，我们有了更为全面的关于奉行"王"道的统治者如何运用仁政和法治两种手段达到人类幸福安宁的理想状态的印象。《王制》篇说：

> 王者之论：无德不贵，无能不官，无功不赏，无罪不罚。朝无幸位，民无幸生。尚贤使能，而等位不遗；析愿禁悍，而刑罚不过。

此外，在这种统治方式中荀子还谈到了统治者或贤明君主是百姓的父母，百姓将像一家人那样共同生活在"礼"和"义"的规范之下，"礼"和"义"原则与儒家"正名"的道德伦理观相吻合。

比较荀子和孟子的"王"道政治思想，不妨回顾一下孔子关于两种政府形式之差异的看法。《论语·为政》："道之以政，齐之以刑，民免而无耻；道之以德，齐之以礼，有耻且格。"这段话的意思是，有了"礼"，人们就能意识到自己的身份和尊严并自愿依此独立行为而无意借助法律的力量。但统治者是否也能这样做便不得而知。孔子此番分析的大致的语气似乎暗示了他对于"礼""德"之治的偏爱，但这即便在孔子所处时代也可能是不现实的，而且，为了有效地维持社会秩序，孔子是否认可大国或任何国家法治与"礼""德"之治双重方案，也是不确定的。

但很明显，孟子注意到了孔子箴言的"礼"治部分，并且努力宣扬他的作为"礼""德"之治的"仁政"而没有明确强调管理和惩罚的同等重要性。① 另一方面，荀子像是能够同时留意法治和德治，从而预见了一个更加有效率的政府和更具有法律意识的民众。在此过程中，荀子的态度不仅反映了他对于时代需要的正确估价，也反映了他对于孔子学说的合理的洞察。

从与君主制衡统治相对照的视角，我们会看到强大的霸权统治将如何导向一个迥异的国家的道德和政治方案。《荀子·王制》篇描述霸主如下：

> 辟田野，实仓廪，便备用，案谨募选阅材伎之士，然后渐庆赏以先之，严刑罚以纠之。存亡继绝，卫弱禁暴，而无兼并之心，则诸侯亲之矣。修友敌之道，以敬接诸侯，则诸侯说之矣。

显而易见，霸主通过法治实施其统治，他专注于国家的实力和财富而不是百姓的健

---

① 当然，孟子曾经说过统治者不应当诱陷百姓犯罪，因为他没有给予百姓生活的必需品。但这并不意味着必须向百姓讲明法律处罚的理由。

康福利和教育发展。但他也注意不轻易扰民以防止其阻碍他在国家之间追求霸权地位。实际上，霸主是基于自身利益而为其霸业征募士兵并镇压明确反抗他的人。除此之外，他希望亲近、扶助他的盟国而后与他的敌对国斗争，所有这一切都是为了他所象征的国家利益，这是成就霸主的首要条件。

也就是说，对霸主而言，在个体公民的发展中不可能存在人文学科领域中的人道主义者和人本主义者所谓的利益。霸主只是将臣民视为加强国家权利的工具。他让民众生存的主要目的是生产和作战而没有为个人道德上的自我修养留有任何的发展空间。或许在某种程度上，"礼"和"义"将仅仅作为支持法治及执行管理的政府的次要手段而得到促进。如果两种手段之间有任何的冲突，"礼"和"德"将被降格至毫无意义的地位。通过法律支配统治者头脑的不是别的，而是他的具有爱国性的功利主义，没有儒家学者谈及善与利的对抗或者权利与守法的对抗。

荀子详细地阐明了"王""霸"两种主要的统治类型后，又将其他三种较低等级的统治类型和统治情形简要地描述为"安存"（仅表现为谨慎、务实）、"危殆"（表现为随意、独断、反复无常、喜好逢迎、利用人民）和"灭亡"（表现为倾向暴力、具破坏性、阴险狡诈、玩弄权术、忽视根本）。所有三种统治类型既不包含德治也不包含法治。在三种统治类型中不存在实践理性的反映，不存在实现目标的有计划的努力，并且也完全没有为国家制定目标的必要。

关于德治与法治整合的总结

荀子对于解决道德和政治之间的关系所做出的贡献具有非常重要的意义。关于荀子对儒家传统中的个人与社会或公众的综合理论（可视为一种纳德治入法治框架的方案）的贡献，我们可以总结出以下几点：

第一，当面临法律和道德间的分歧和冲突时，荀子能够在人们关于什么是实现个人目的和国家或社会目的的最好途径或基准的理性反思中，寻找到一个接近两者并且整合两者的普遍的基础。荀子对于作为社会道德和政府之根本的"大本"的看法与儒家的德治方案相一致，并且在通过将德治纳入法治的方式而使德治和法治相结合的过程中超越了儒家的德治方案。德治受与其相比适用于更大领域的法治所保护，也就是说受包含着刑事惩罚的法治所保护。

第二，遵循法律的个人将有机会发展德行，这反过来又支持了法律。因为，为了追求由德治所达到并且体现于"礼""义"系统中的一种更高层次的社会和平和社会正义理想，每个人都愿意在法律的框架内锻炼自身的善的意志和自我克制。由此，没有必要担心法律和道德的冲突，因为法律将保护"礼""义"之道德，而且，也可以说正是为了"礼"和"义"的利益，法律才得以发展和促进。

第三，尽管德治可能被附加于法治之上，法治仍然可以通过提升其政策和理想的方式而仿效德治。当然，如果霸主不愿意这样做，他也没有必要反对"礼""义"的实施。此外，荀子还暗示在大国之内"礼"和"义"将作为政治统治的最终目的而得到维持，即便霸主有着一个在与他国竞争中获胜并且统一整个国家的实际目标。

第四，荀子和孟子关于管理上的养生规划的见解存在着连续性。但他们之间的不同或许在于孟子把人视为政治正义性的最终裁判者，而荀子则将圣王看作设计了作为至高标准即"大隆（隆正）"的"礼""义"体系的规范设立者和最终仲裁者。正如荀子所说："天地生君子，君子理天地。"[1]

第五，通过国家统治中的法律和德行的结合，荀子可以说在一个非线性的体系内在联系法律和道德方面接近孔子。不像孟子，强调单方面的接近及在"德"系统内以法治为代价而强调"仁""义"之治的重要性。这即使在他所处时代也是不切实际和不可适用的。

第六，荀子根据其经验认识论（关于事物多元、复杂性的感知）和反思理性为"礼""义"体系的构想和提议规定了一个基本标准，这使我们超越了成见和片面性，获得了一个理解"礼"（理性）的内在的知识和价值准则。

第七，作为至高准则的"礼"或理性原则的出现，不仅为法律和道德的一体化而且为法律和道德的适当性和相关性的判断提供了基础。事实上，正是基于对理性之"礼"的认识和理解，我们才会体验到世界事物及形势向我们展现出的内在和外在价值。在这一点上，荀子无疑是康德式的，或者说康德无疑是荀子式的。理性意味着公正和客观，但不是对于现实的超离。它确保利益的平等运用和公正分配。

第八，为了规则的正确表达，荀子谈及遵循先王并且也说到取法后王。《荀子·正论》（standards of correctness）篇说明人类如何必须具有除外在价值以外的内在价值。荀子关于"义"（righteousness）和"势"（situatedness）的区分表明"义"是人类行为的本质，"势"属于我们发现自我的形势，因此它与我们之间存在着外在的关系。这种区分应该在考虑所有的人类行为和人类所处境遇的相对差异的过程中形成。这是对人和事物各自适当的安置的承认。它应当被视为修正甚至超越传统的源泉以及构造新价值的源泉。[2]

---

[1] 《荀子·王制》篇。

[2] 孔子谈及"礼"时，他在内心视"礼"为一种表达和体现"文"或人类价值和文化价值的原则，以及一种根据周礼损益而成的礼仪体系。因此必须区分孔子本人所使用的术语"礼"的含义的细微差别。当他说"仁"的实质是克服自我重建"礼"制时，他指的是"礼"的双重含义，即作为社会和文化精神的"礼"及作为这一精神表现形式的"礼"。"仁"的情感使一个人能够超越"礼"的形式，去寻求"礼"的精神，从而使"礼"的精神获得新的表现形式或者说修正了的形式。在此意义上，"仁"构成了"礼"制演变、更新的推动力，"礼"则充当了"仁"之实现和表达的媒介。由此，我们看到荀子的"礼"如何在实际上成为出自情感偏爱，担任仁爱情感的普遍性基础的"礼""理"——理性原则的反映。关于"仁"和"礼"之间交互性关系的相关讨论，亦可参见 Kwong-loi Shun（信广来）所撰论文 "Ren and Li in the Analects", in *Confucius and the Analects*, edited by Bryan W. Van Norden, Oxford: Oxford University Press, 2002, 53~72。

第九，通过显示仁爱规则如果不利用惩罚"法"是多么无效的方式，荀子批评了孟子的仁爱观，如此便透露了荀子对于德治的短视性，以及德行和情感需要理性作为其实际的支持和有益的辩护工具的见识。反过来说，始于一个人自身情感的德行的扩展必须经由逻辑类推及理性和法则的富于想象力的使用而完成。

第十，荀子充分说明了"礼"和"义"如何可以被看作人类理性思考的结果。即使语言中的名称是约定俗成的，"礼"和"义"或许只是人脑的发明或建造，它们仍然得到设计和发展以便捕获人的感情，因此它们具有自身的价值。这种理性的实用主义和理智的现实主义，使荀子能够以理性反思和知识调查为媒介将"仁""义"美德转换成"礼""义"规则（在此意义上我们甚至可以谈及"理"和"义"以代替"礼"和"义"）。① 任何人都应当最终把"礼"治视为"礼"（理性）原则的体现，或者用康德的话说看作理性的实际使用。"义"是构成行为实体并且作为行为的社会表达的"礼"原则的特殊化。荀子以一种迂回的方式使作为德行本质的儒家之"仁"嵌入从总体上关照和调节人类利益的理性的全面的体系之中。这意味着"礼""义"体系依据理性和历史而形成的明确的表达。荀子也许不否认深深地根植于人性情感中的"仁"，但他的确主张"仁"必须在受法律体系保护的"礼""义"德行体系内获得明确表达和具体体现。

我们可以用下图重建和描绘德治在荀子所力主的"礼""义"之治中整合的逻辑程序：

道（the way）
礼（the pattern）→礼治（reason）
德治←仁+义→礼（the ritual）+义
法（method and law）→法治

附言：关于法家"法"之激进化的思考和批判

我们可能会提出这样的疑问：韩非的法家哲学是否起源于荀子"礼"或"礼"和"义"原则？我们可能问：这种来自"礼""义"系统的法律提取（从礼义到法的演化）如何影响政治改革进程进而如何影响中国历史的发展？为了回答第一个问题，我们必须承认，历史上每一次哲学思想的发展都包含或者暗示了一个哲学教训。韩非的法家学说

---

① 这里我们可以回想孟子曾经提到的理性——正当性意义上的"礼"和"义"以及"礼义"。他说，"礼（理）义"使我的内心感到愉悦（"理义之悦我心，犹刍豢之悦我口"），见 the Mencius，6a-7。值得注意的是，比照起来，荀子使用术语"理"近百次，孟子仅为7次，而《大学》0次，《中庸》2次，孔子在《论语》中甚至没有谈及"理"。就儒学而言，理性及寻求理性的意识显然是一种逐步浮起的现象。

的发展不仅仅受制于荀子对他的影响，正如我们从韩非对于信仰人性中恶性占支配地位的赞同中所能够看到的那样，因为韩非法家思想的发展也可被看作服从于韩非生活境遇中正起作用的历史力量和政治力量的紧迫性。韩非法家思想的发展所建议的完全依靠刑法的严密统治体系，是意识形态和历史两种力量相结合的产物。

作为一个对自己国家缺乏政治变革而极度失望的韩国贵族，韩非曾寻求从一个全面法律体系及其实施的缺失方面解释当时政治改革的失败，并且由此发展了他的作为政治改革的实际纲要，且指向以统一中国为目的的国家权力和财富的增强的法家哲学体系。战国后期的政治形势似乎需要这种形式的政治改革，因为当时有极多的迅速成功的机会，而且如果统治者未能进行卓有成效的政治改革，就将面临巨大的来自竞争环境的挑战。

但这种政治改革应该是什么？对韩非而言，它必须基于对排斥任何形式德治的完全法治的绝对采纳，以及随之而来的维护掌握在统治者手中的至关重要的权力利益，从而使统治者能够有权力通过法律的强制执行以保证"术"（tactics）在改革进行中的无情施用。因此，尽管韩非极其推崇商鞅朝着有利于更加富强的、武力整饬下的社会之制度上的法家式变革方向，以及变革在秦国所取得的功效，他仍然为这一变革的中断而深感遗憾，在其《定法》中他指出，商鞅"未尽于法也"。韩非的观点充满历史的辛酸和尖刻：希望改革并为改革预设法律和制度的统治者应当懂得如何利用这些变革手段。否则，改革的成果会被其他的勾结在一起密谋破坏改革、保护自身利益的当权群党所篡夺和践踏，从而最终导致变革的失败和变革计划发起者的覆亡，这就是降临在商鞅生命中的不幸。

根据历史和反思，"术"的使用所引发的问题更为严重，如果法制改革在维持社会公正、国家和民众利益方面卓有成效，"术"又会与这一改革精神相抵触。如果革新中的法律遭遇到道德上的社会进步目标，政治操纵的术将不可避免地在其不道德的、诡计多端的实施过程中消除这种道德目标。这导致了法家改革的第二个难题：作为政治变革途径的道德目标和德行的被排斥。历史上的事变和突发事件或许已经展示了孔子和孟子所处时代道德改革的无效。即使就荀子以"礼""义"为基准的改革提议而论，他对于"礼""乐"体系的参照看上去似乎太陈腐落伍，对于"义"的提及又好像太无用多余，以至于在当时也没有表现出任何的现实效用。因此，激进的排斥和消灭儒家学派言辞的措施被韩非视为集中于法律和制度方面的政治改革的先决条件。①

无疑，太多的激进做法引发了后代其他激进的举措。完全丢弃了孔子"仁"、孟子"仁"和"义"、荀子"礼"和"义"的道德规范之后，韩非不得不宣布他的以统治者

---

① 在《韩非子·五蠹》中，韩非谈到了五种蠹虫，儒家之徒（学者）是五种人之一，其余的四种人是到处游说的投机政客——纵横家（言古者）、游侠（带剑者）、逃避耕战依附豪门的人（患御者）、商工之民。

及其幕群的实际的政治规划为唯一根基的极权主义的法律体系。显然，在这一过程中，韩非切断了荀子全部的支持"礼"和"义"乃至"礼"和"道"的理由，从而缩小了其宏大的体系。他只采纳了体制上的作为实现政治目标之工具的法律途径。此外，他的法律概念也仅仅变成狭义的刑事奖惩代码。作为一种统治"术"，为了使通过预防而达到的绝对控制的效果最佳化，他甚至提倡轻罪重罚。这是极其危险的，因为它忽视了人性的完整，并且使法律的实施乃至改革家兼统治者常遭民众积聚的压抑和嫌恶的情感所侵袭，这在秦国以后的历史中得到了证实。

虽然韩非没有机会为了其雄心勃勃的变革而在秦国亲自应用他的法律哲学，但他的背信弃义的同窗李斯在窃取了他的哲学并将其处死之后做到了这一点。且不说"仁"和"道"，单就法家对于"礼"和"义"道德的蔑视而言，它最终导致了秦国悲剧性的毁灭。根据荀子的观点，秦国在采用了法家拒斥伦理道德规范的改革方案之时，即陷入了"危殆"并最终走向"灭亡"。

在《心度》篇中，韩非解释了刑事惩罚的法律之所以必需和重要的理由，即，人性是这样的：人们喜欢享乐，厌恶劳作。如果听任其寻欢作乐，他们将过着难以管理的生活。因此，抑制他们的天生的脾性并且在极为严苛的把沉重的刑罚和惩罚强加给任何一种犯罪的法律体系下改造他们是非常必要的。韩非设想：有了严苛的法律人们可以得到重新塑造以便实现促进公共事业以及消除自私欲望的政治意图。而且，值得注意的是，韩非促进绝对法治的决心是基于对百姓利益的考虑。他认为为了真正实现百姓的利益，必须实施法律和惩罚。他甚至声称这根源于对百姓的爱。他说："圣人之治民，度于本，不从其欲，期于利民而已，故其与之刑，非所以恶民，爱之本也。"他断言："故法者，王之本也；刑者，爱之自也。"这似乎是一种扭曲的爱。

问题是，如果不考虑完整人性和百姓全部的短期及长远利益，一个人可以在多大程度上证明惩罚意义上的绝对法律体系的合理性。惩罚的道德根基以及对其正当性的理性证明的确是一个悬而未决的问题。根据我们对社会需要和人性的理解，提供法治合理性的程度和范围是十分迫切和重要的。起因于不探究道德引入的未加证实的法律体系的政府的失败，是法家关于道德与法律综合的失败。这为严肃而认真的思考提供了永恒的主题。同时，它还将导向一种不断更新的回到德治及稍后时代法律和道德间的表面看来可能存在冲突的话题的兴趣。①

①　汉代初建时，于政治意识形态方面曾在法家体系与儒教之道德体系之间举棋不定。最后选定道家无为哲学作调停，据此儒家"仁义"实践与法家奖惩实践均被纳入"道"的综合体系内，两者并行不悖。见司马迁《史记》之《循吏列传》和《酷吏列传》。

以自我和社会之认知为中介的 "法" "德" 整合

下面我们将讨论人类自我与人类社会之知识调停下的德治和法治的整合以及这种整合和调停在现代社会——一个被道德中立，对知识贫乏的无视与理智上的短视政策，以及缺乏整体、理性证明的行为所逐渐腐化的世界中的重要意义。

我们必须在与德行如何得到系统阐述的对照中提出法律将如何得到正确表达的问题。法律和德行间的主要对比如下：

法律	德行
内在客观性/一般性的	内在主观性/特殊性的
外在的/彰显的	内在的/反思的
表象的平等	潜在的平等
以权力为根基	以意志为根基
强调结果	强调动机
呼吁效用/效率	呼吁人性/情感和理性
社会/目的导向与个体应用	个体/文化导向与社会扩展

法律和德行在许多方面都是对立的，我们可以把这种对立从根本上理解为"外"与"内"的对立。人类社会通常形成于外在原则和内在原则的基础之上。"外"是对于种族、性别、年龄、教育程度或宗教行为等因素之数量与差异的考虑；而"内"则是对于个人之自我认识、价值、动机、理性之情感与信仰的反思。"内"在性因追求和谐、创新的社会环境中人的潜能的实现而重视个体；"外"在性因寻求有效的管理和统治方式而重视大的社会。

"外"与"内"整合的目的在于创造一种稳定的、富有创造力的外部环境从而使政治统治能够在很长时期内保持不变。从理论上讲，为所有个体道德上的发展提供一个良好的环境是民主社会必需的，假如所有个体选定了这样的自我发展方式。依据儒家道德理论，我们可以把道德分为两个层面：社会秩序层面，在这一层面上法律与道德相吻合或者说接近吻合；发展理想人或圣贤的层面，这一层面隐含了个体所要成就的超出职责范围的善行。儒学的道德体系，不管是孔子的、孟子的或是荀子的都始终如一地体现了这种更高层面的目标。但现代西方的道德伦理规范，无论是责任伦理或是权利伦理抑或是实用伦理都无一例外地关注社会利益和社会控制，而不是个人的自我完善，虽然它们并不排斥个人的自我实现。

显然，在一个发展成长中的社会，外部规则和内在规则是同等必需的。经济是现代社会发展的根源和目的。它鼓励人们多产、竞争和导向自我利益。由此，它往往会忽视对于导致利润减损的行为的道德克制。这是腐败产生和蔓延的缘由，也是法律变得极其重要和有效的依据。但任何人都不可能仅仅依靠法律来制止这种归因于经济上的贪婪和自我利益的考虑的犯罪。因为法律不能够适用于或者充分而且均等地应用于违规行为。道德伦理规范，尤其是德行和责任伦理在此处是切合的、有重大意义的和必需的，因为当它使自我批评和价值准则相结合时，它首先会提供一个根本的预防性的控制，这对于人的自身存在是首要的和基本的，如同一个人为了成为一名成功的运动员所必须维持的基本健康。此外，道德美德更是为个体成为完整人和理想人提供了特定的动机。它给予个人一个探究人性和自我反省的机会，同时也为基于自我认识（自知）和理解他人（知人）之上的自我转化和自我超越提供了一个机会。

我们可以说德行-知识和知识-德行，以此表明知识和德行如何能够紧密相连乃至融为一体。显然，这是一个着力强调知识的现代性基准。同样，我们还可说"知识经济"，即应该依靠科学知识和技术而繁荣的经济。另一方面，我们能否依次类推说"知识法律""知识伦理"呢？在此范围内，"知识经济"（对知识经济的研究）是利用科学知识和技术发明新产品、创造新财富，"知识法律"也可被设想为符合我们对现代社会的认识及逐步进展的经济构架中的人们的需求的法律。这意味着一项立法需要彻底的调查和研究以及导向谨慎构思的知识。所以我们需要一个建立在人性认识和人类知识基础上的现代法律体系以便适应更新的经济环境。同样，我们也需要以仁爱情感、人类文化和人的潜能之认知为根基而非仅仅基于经济、科技以及法家式考虑之上的适合于整个人类的愈来愈完善的伦理道德规范。

由于知识与德行间的密切关系，我们可以说"知识法律"，这实际上是指知识和德性思考基础上的法律。另一方面，我们也可说"知识伦理"，也就是一种必须考虑到不同传统，例如中国、希腊以及现代欧洲传统中存在的生命和价值体验以便开启关于生态伦理或人类社会伦理的深入思考的伦理。显而易见，为了发展这样一种深刻的生态伦理和人类伦理生态学，我们需要以知识作为尽可能宽广、尽可能细微的根基，从而使全球化和不同文化背景中众多的伦理问题和伦理关系能够得到公开透露甚至解决。

道德——社会——政治世界的三个层面

或许我们可以将有关德治和法治间区别和联系的道德（伦理）——社会——政治世界确定为三个层面：

1. 法律层面
2. 公共道德层面
3. 个人道德层面

在道德（伦理）——社会——政治世界这三个层面中，最重要的是公共道德层面。它是一个个体道德和公共法律相遇甚或交迭的区域；是一个个体或个人的德行修养应当转变为自愿、自觉的权利意识的区域，此处的"权利"不是指别的而是指群体作为群体或社会作为社会所具有的权利；是群体权利或社会权利存在的区域，正如群体和社会的全体成员所共享和共同维护的公共空间那样。侵犯这种群体权利不需要立即受到法律控告，因为也许还没有（对这一侵犯行为）宣布禁令的法律。但是否侵犯这些权利，是否保护这些权利，往往既取决于个人的敏感性，又要依周围环境的设计和安置而定，而环境的设置能够或应该由团体或社会所创始，假如团体或社会被不同程度地组织起来。如果团体或社会根本没有被组织起来，毋庸置疑，群体中的个人有责任察觉这种未经系统阐释的权利并且努力去保护它们，不仅为了自我利益，而且为了群体中的每个人都会感受到的包含自我利益在内的群体利益（个人利益赖以生存的集群利益）。

在此意义上，公共道德层面就是一个公众和个体、德行和权利、自我和他人、整体内的部分（个体）之自我感觉和部分对于其所处整体的自觉性交集的领域。它是自我与社会相互适用（个人奉献群体和群体服务个人）的高度敏感的区域，因为这是利用才能和智慧扩充与投射个人之忧虑和关注情感的重要能力。它是以"理"为形式实现的儒家之"仁"。

根据孔子——孟子——荀子的思想构架，我们可以确定"礼""法"等价，因为通过禁止"礼"所反对的方式，"礼"可被转换为"法"，而不需要将"礼"所发扬的转换成"法"。"仁""义"美德实际上导致了对于调控人权和公民权所处公共空间的公共道德的理解：热爱群体并且克制自我从而使"礼"得以恢复。这即是孔子在回答什么是"仁"的问题时所说的"克己复礼"。有意思的是，"诚""智""信"皆可被视为个人（道德）层面，因为它们影响着道德精神和道德意向的形成，从而最终影响着社会或国家组织中的每个人的道德品格的形成。三个层面如何相互作用、相互影响是我们在生活中的每一个严肃场合代表每一个人尤其是政治领袖或政府官员所要提出并试图解决的一个重要问题。对政治领袖或政府官员而言，有必要加强个人道德修养以便抵制由于公共道德含义的不明确性所引起的诱惑。这里所谓的公共道德不明确性，是说政治领袖或政府官员可能认为公共道德中不存在法律或者公共道德中的法律可以被忽略。

我们可以留意下列三个层面间的相互交叉和相互重合关系（">"表示"包含"之意，"→"意思是"引起"）：

法律层面>公共道德层面>个人或个体道德层面→公共道德层面→法律层面

此处的"包含"概念意味着法律保护公共道德和个人道德两个独立的区域。任何人违背了公共道德和个人道德，无疑会受到法律制裁。另一方面，如果个人不求助法律来制裁违反公共道德的行为，法律本身不会自动就侵犯行为向法庭提起诉讼。在这种情形下，公共道德就如同民法，需要个人或组织对侵犯进行控诉。同样，法律应该保护个人道德，只要任何人都享有建立在自我价值基础上的个人信仰和行为的资格，只要这些信仰和行为不妨碍或侵害他人的信仰和行为自由。但任何对于个人道德的侵犯将服从法律的管制并且会遭受法律审判（但任何对侵犯私德行为的制裁都必须有法可依并依法判决）。同样道理，当我们说公共道德层面包含个人道德层面时，我们的意思是说，任何一种侵犯个人道德的行为即是对于公共道德的侵害，依据公共道德，它会受到公然的谴责。

而"引起"概念暗含着这样的观点：关于个人道德局限性的思考将产生一个两重意义的公共道德领域，由此公共区域中的行为超越了个人道德，因此应当得到法律的保护。同样，由于对公共道德局限性的思考，我们建立了法律层面以作为涵盖个人和公共道德层面及其他更多领域的中心性层面。

文化自觉与文明挑战*

冷战结束以后，世界上的政治、经济社会组织面临着解体与重组，这是人类在21世纪所面临的重大挑战。自亨廷顿1993年发表《文明的冲突?》以来，人们关心的是文明的冲突，而未能认识到文明的挑战。事实上，有了文明的挑战才可能有文明的冲突。但我认为，我们可以有文明的挑战，却不必非有文明的冲突与战争不可。也可以这样说，正因为有文明的挑战，我们才应该而且能够超越个别的文明，用和平的手段去实现文明的普遍性，而且是在个别的文明中去实现文明的普遍性，使文明的个别性或特殊性与文明的普遍性有效地与有机地结合起来，达到世界大同一体、人类多元并存的理想境地。但人类的难题是，如何去实现此一个理想境地，是否有理由相信我们可以实现这一理想境地？为了实现这一理想境地，我们应该克服些什么，应该认识些什么？

基于这些问题，我们必须说文明的挑战强烈地代表了人类社群发展的偏见：此一偏见来自过去，因为历史的积怨与不平、历史的傲慢与成见并不因新事件的发生而消失；此一偏见来自现在，因为现实的政策与状态趋向往往制造矛盾而非化解问题；此一偏见来自未来，因为人们对未来的恐惧大于希望、迷惑大于信念；此一偏见来自人类族群，因为人类族群基于生存竞争而互不协调；此一偏见来自外在环境，因为科技持续进步促使人类群体与个人行为大量冲击环境、破坏环境，环境也因之反弹、形成灾害；此一偏见来自人类心灵，因为人类心灵有的局限相对、各行其是，有的坚持己见、刚愎自用，有的迷信科技、不顾人性，有的放任自我、不顾他人……所有这一切，都可以说是文明挑战中的负面因素。

但是，我们也可以举出文明挑战中所包含的正面因素。文明挑战中所包含的正面的东西可称为文明的理性。每一种文明传统多有其所以建立与传承之道。此道即所谓生活与行为的价值目标与准则，也是一套思维方式与认知及评价方式。依此目标与准则，一个族群或社群可以生存、发展与繁荣下去；依此思维与知识方式，此一族群或社群因之

---

* 原载《文史哲》，2003年第3期。

形成一种具有特色的文化。当然，此类传承之道是逐渐发展出来的，是经过长期的经验由自然走向自觉的。在这个过程中，人类的理性透过一些族群的智慧与英雄人物（所谓圣贤与领导者）逐渐彰显与扩展开来，凝聚了一些民族，创造了一些文化，发出了人类文明的光芒。这个过程并导致一些思想集大成、行为树楷模的道德人物，一些担当重任、突破难关的领袖人物，一些界定价值理想与人生信念、指导人生意义的精神人物，或一些建立知识、启迪智慧的哲理人物的出现。这一切，都显示了人类本质上的基本需要是道德行为、生活改进、福祉提升、精神归依与智慧开发。

德国哲学家雅斯贝尔斯（Karl Jaspers）称历史上文明突放曙光的时代为轴心时代。这一时代是人类文明的大幅度提升与文明英雄人物出现的时代。在公元前6至前5世纪之间，中国出现了孔子，希腊出现了苏格拉底，印度出现了释迦牟尼。如果把中东文化的精神发展定位于世纪初，基督无疑是另一个伟大的人类精神导师。这四个文明中的杰出人物分别代表了道德、知识与精神的至高境界，并为这个至高境界提供了完美的典范。在这些文明之光的孕育下，新一代的宗教、哲学、文化、道德领袖人物也往往与时并起，或维护了旧的价值规范，或建立了新的价值标准。

有关这些规范、标准与境界，我们可以提供几个重要的考察：第一，在道德、知识、精神三者之间，不应该相互排斥。但在文明实际的发展中，它们之间的不同侧重，便构成了四种不同文明的发展特色：中国的道德文明，希腊的理性文明，印度的出世宗教精神文明，希伯来的超越宗教精神文明。第二，这四种文明传统的发展在源头上是相互融洽与依持的，四者在人性的基础上也是一体的。基于此，四者在现实的发展中也具有互补互动的可能，因而需要发挥四者和合的功能，以求得整体的人性与理性平衡发展的效果。第三，这四者各是文明理性发展的根本基础，故形成了一种统合的整体，促使文明向更大与更多的整合发展。不仅西方近代科学的发展可以看成希腊理性文明的直接成就，而且精神文明的发展也可以有不同的走向：有基督教超越上帝的设置，也有佛教空化人生的说明。对超越上帝的认识也有基督教三位一体之神与伊斯兰教独一无二之神的分别。故精神性的具体发展实具有无穷延展的空间，在文明理性中不必局限于人类历史经验的一端。此种可多样化、可延伸的性能自然也可以用在知识与伦理或道德上面。知识的发展显然已从物质客观的园地发展到社会群体的范围，现在更延伸及价值精神的现象。伦理更是如此：由传统的德性伦理进展到现代的理性责任伦理，再随着社会的发展进展到功利伦理，在20世纪最后发展到了整合个人与少数的权利伦理。第四，在历史的长河中，文明功能的混合与融合也是常常发生的事：在中国儒家道德就已形成了一种准宗教，是透过教育与政府行政来达到的，具有完全的精神安顿性。当然其本质仍在于教化与人文化成与知行合一，把传统的宗教化解为主观的精神境界。现代的科学也形成为一种制度与思维和判断决策的文化，具有取代传统宗教信仰的能力，也可看成一种对科学深刻信仰的宗教，或可名之为科学宗教。

在以上的分析中，我们可以看到人类当前的危机在于知识、精神与伦理的分离与分裂，这也是三者内部或内含的无法超越自身以见整体的危机，以至走向极端，形成对立与对抗。在重知识的传统中遗失或忽视精神与伦理，而在重伦理的传统中却又不看重知识，缺少探索精神空间与知识空间的双重动力；在精神传统中往往轻视人间的伦理关系、人文修养与知性的科学文化。这也就成为当今世界各大文明发展的瓶颈所在，也是人类文明之光的理性盲点。全球化的人类经济与社会是否能够进行上述三大领域的价值整合，并在自身的领域中进行相应的内部整合，正是对人类社会全球化与人类文明全球化的严峻考验，也是人类文明走向另一高峰与轴心时代的考验，更是整体观念的人性更进一步的提升的考验。

要经受这一考验，人类不得不自我反省以求自我批判与自我超越，这便是所谓"文化自觉"的问题。如果不进行自我反省，人类不足以认知自身以及自身之长与自身之短；如果不进行自我批判，人类不足以舍短取长，尤其不足以谦虚以学、开放以知；如果不进行自我超越，人类不足以发挥其存在于文化深处的创造力、亲和力与融合力。这三种能力是极为重要的，没有创造力如何推陈出新？没有亲和力如何沟通对方或第三者？又如何体认他者或第三者？没有融合力则如何吸收与转化差异，形成新的整合？这些都是文明对话的前提，也是文明视野交汇的条件。

从历史的角度看，人类文明的开始就是人类理性的启蒙，也可说人类理性的启蒙决定了人类文明的大体。至于文明发展的方向则受到诸多环境和人际关系、历史事件等因素的影响和制约。但即使如此，理性之光仍在文化的陈述中透露出来。就以上说的四大文明论之，无论是开物成务的设施，知识真理的追求，伦理楷模的建立，或精神依归的指标，都显示了人类文明的光辉。这也就说明了文明的理性是多元与多样的，它体现在生活与历史的具体发展与实践中。但我们也不能忽视多元的理性体现与实践仍然具有内在的规范性与应然性。此即为理性是价值而不只是知识，是理想品质而不只是现实成就，是整体而不只是分殊，是体验而不只是逻辑。因为理性最终要反映与体现整体的人性，而文明的多样性、综合性也正是要建立在这一整体的人性的基础上。

然而，人类历史的发展不一定遵循人性理想的轨迹。多元一体的人类文明的理性由于历史的因素而走进科学技术主导一切的途径。这是西方近代性自18世纪以来启蒙运动的结果。这也可以看成西方文明的知识真理的价值在18世纪以来的猛烈发展的结果。此一发展最初借助中东文明的宗教精神价值，较后则成为对精神文明实际的批判与挑战。科学的知识主义又引发了更成功的高科技工程，为人类世界进行了技术性的改造，并造成了人类生存环境的危机。这是利用科技开物成务的结果。在此一过程中，伦理楷模与价值综合的逐步失落与精神价值的迷失，已为人类社会带来了意想不到的冲击与前所未有的伤害。当前世界恐怖主义的发生与反恐主义的推行都显示了技术不能代替正义、科学不能代替伦理、物质文明不能代替精神文明、地区部分文明不能代替人类整体文明的明显事实与道理。

西方文化近代的科学启蒙主义导向了科学理性主导一切，规划一切。这是一种危机，一种人类文明的危机。这个危机的核心在求一元化的外在统合，而忘怀了人类文明内在的多样与多元所启示的丰富的多层面、多方面与多方位的价值整体性，也就是人性的整体性。科学启蒙以前，我们已看到东西方四大文明的个别文明价值。如今我们对科学理性的批判不是要放弃科学理性，走相对主义与现象主义的后现代的道路，而是要重新认识人类文明的价值的一体性与多元性。一体是指人性普遍存在的创造性的潜能与寻求整体的需求，或可名之为内在的德；多元是指人类历史所呈现的文明传统及成就，足以启发人性的理解与自觉，或可名之为外在的文。人类未来的希望就在于以德成文，以文启德。一体多元的人类文明需要人类文明传统合作共存的精神，更需要深入人心与人性的理解与对话智慧。

今天我们所面对的世界在这21世纪的开头，不能说是治世，不能说是太平。这是一个治乱之间的时代，是一个表面繁荣内藏危机的世界。一如"9·11"恐怖事件毫无预警的发生，人类文明的危机与堕落也可能是旦夕之间的事。作为现代人，能不追求生活的价值化、人生意义的整体化吗？能不在生活的每一瞬间实现生活的价值、人生整体的美善与真实吗？

人类文明系由多种不同文化积淀而成，各个民族的文化只有差异，没有优劣。当然，这样说并不意味着各个民族的文化都十全十美的，就像每个民族的文化都有自己的长处一样，也都有自己的不足或缺点。比如，世界上信仰基督教、天主教的人很多，他们相信上帝；世界上十亿人口之众的伊斯兰教有一个上帝式的"安拉"；而世界上的佛教信奉者心里也有个上帝式的"释迦牟尼"，等等。如此看来世界上的"上帝"也是多元的，就是说不是只有一个"上帝"。此外，当然还有众多的无神论者。这种复杂的信仰属于宗教文化，不能说好或不好，因为这是宗教，人们有信仰的自由。当然，不同民族的文化总会有不足或缺点，但要留给"自己"认识或评判，任何人都不能站在宗教"沙文主义"的立场上去对别人的宗教文化指手画脚。

文化自觉是一个历史过程。人类从不自觉到自觉，从自觉经过不自觉再到自觉，这其中会有许多曲折和反复，也往往会付出惨痛的代价。人类历史上的你杀我伐，那些非正义的侵略战争，无论是亚洲还是欧洲，无论是古代还是近代甚至现代两次世界大战，甚至当今的局部战事，或是到处存在的以强凌弱的事实，都是文化不自觉惹的祸。

这样说是不是把文化的作用看得太大了？事实上，世界的事由之根就是"文化"。对于一个人而言，不讲德不讲仁的时候，就是文化不自觉的时候；对于一个民族和国家来说，霸道的时候，就是文化不自觉在作怪的时候。贪婪，自私，霸道，都是文化不自觉的产物。费孝通教授曾经指出，中华文化自古以来就讲近王道而远霸道，主张以理服人，反对以力服人。"以力服人者霸，以理服人者王。"以理服人，就是用仁爱之心来处理自己与别人的关系，心中有我，也有别人。

从上个世纪末以来，经济"全球化"不仅是各国经济界餐桌上的"美味"，也成为各国文化人聚会时最喜欢的"佳肴"。人类在全力以赴地尝试"全球化"，并试图以此创造出文化上的"一体化"。经济"全球化"的前途在于文化的自觉，如果没有这个前提，这个"全球化"也会日暮途穷。

费孝通教授曾把21世纪比作一个世界性的"战国世纪"，是说这个格局中的前景应该是一个个分裂的文化集团联合起来，形成一个文化共同体，一个多元一体的国际社会。他认为，人类社会正处在世界文化统一体形成的前夕。虽然世界经济的一体化正日趋规范，但是，"文化统一体"却绝对是个难题。我认为21世纪或之耗费自然资源（森林首当其冲），其危害性更为严重。唐代诗人杜牧抨击秦始皇暴政的名篇《阿房宫赋》所云："蜀山兀，阿房出"，绝非一朝一代的特例。此外，战乱焚林毁堤的惨状，在古代中国也层出不穷。较为经常起作用而又少为人所谴责的，则是人口增加导致土地过度垦殖，使中国的生态在秦汉、唐宋、明清三个阶段恶化速度渐增，森林在黄河流域、长江流域大面积消失，曾经林木草场茂盛的黄河河套地区的沙漠化，都是突出表现。中国的自然生态严重破坏，特别值得一提的是秦汉以降，农耕人在河西走廊、天山南北两路开垦农田，造成森林、草场的毁坏，终致这些原本是"长亭外，古道边，芳草碧连天"的地带盐碱化和沙漠化。

如此说来，中国西北地区一系列绿洲终于被漫漫黄沙所淹没，并非始于工业文明时代。早在农业文明时期，主要是高度农业文明时期，生态的恶化已经愈益加快步伐。这提示我们：不要把产生"天人合一"理念的农业文明加以美化，那并不是一个"桃花源"式的黄金时代。那时的人类由于生产力落后和认识的局限，不可能克服对自然的盲目性，在愚昧和贫困两大病魔的逼迫下，自然生态的被破坏，已经频频发生，不过规模和力度不如现代而已。因此，某些"回归主义者"主张的退回前工业时代，绝非人类文明的正途。

就现代世界而言，也并非工业愈发达的地区环境问题愈严重。反之，第三世界地区由于人口压力和初级工业化滥用资源等因素的影响，生态环境正在急剧恶化，如拉丁美洲的墨西哥城、非洲的拉各斯、亚洲的加尔各答、北京、兰州等城市都存在着极其严重的污染问题，已引起全世界的关注。而发达国家在经历了工业化初期的生态恶化之后，时下的生态环境则进入良性转换阶段。如流经伦敦的泰晤士河，19世纪末20世纪初曾因工业污染而成为没有鱼类的河道；20世纪中叶以来，经过治理，泰晤士河变得洁净，两岸垂钓者每每能获得肥硕的鲑鱼。美国的老工业城市匹兹堡曾以空气污浊闻名，现在已是世界上生存条件最好的城市之一。这都说明，当现代人在理念上实行调整之后，便有可能将科学技术的伟力应用于构建良好的生态环境，使古代"天人合一"的美好理想，逐步转化为可操作的现实。

就人与人、人与社会层面而言，中华智慧重视人伦，主张道德自觉，形成一种对人生目标的公正概念、宽容和深思的精神和平，具有很高的德性价值和美学价值。这也是中华智慧吸引一些西方哲人之所在。中国固有的仁学传统承认人的独立意志，所谓"三军可夺帅也，匹夫不可夺志也"，所谓"富贵不能淫，贫贱不能移，威武不能屈"的"大丈夫"精神，以及在社会规范中主张的"民为贵，社稷次之，君为轻"等等，都闪烁着人本精神的光耀。然而，中华智慧并没有寻觅到普遍维护民众人格独立、社会公正的制度保障，社会长期运作的却是轻视人类，使其不成其为人的君主专制制度，在"君为臣纲，父为子纲，夫为妻纲"的"三纲"束缚下，广大民众的自由被剥夺，一些起码的生存权利也被禁绝。同时"尊尊""亲亲"的宗法积习又妨碍法制的推行，"官本位""任人唯亲"更成为沿袭至今的疾病。这些问题的克服，当然有赖中华智慧内部健康因素的发展，但尤其需要现代文明的强劲冲击，其间西方智慧的补助，也是必不可少的。就伦理层面而言，中华智慧中发扬道德义务及社会责任心，与西方强调个人权利、公平竞争原则，应当互补共存；中华伦理"成圣成贤"的修养论，需要西方文化注重权利与义务的公民意识的补正。

总之，那种无视中华智慧现实意义的认识自然有害，那种以为中华智慧可以提供克服现代病的现成灵丹妙药的认识也无济于事。而中华智慧与西方智慧的互补相济，古典文明与现代文明的友好对话，促成人类价值理性、工具理性的全面发展，方有可能创建一个较为美好的未来。从这一意义上讲，中国当代哲学有如张岱年"综合中西文化之长以创造新文化""主动吸取外来文化的成果，取精用宏，使民族文化更加壮大"的主张，方为可取的方略。

西方文化对中国文化之需要[*]

我在前些年多次谈论西方文化对中国文化之需要，本文拟从文化融合的视角进行总体的观照：一是外在的需要，可说是为了世界与人类的动态平衡、和谐发展引起的需要；一是内在的需要，可说是为了解决现代西方思想内在的矛盾的多元性引起的需要。关于前一需要，拟从近期亨廷顿的观点说起，关于后一需要拟从当代数种西方思想的根本形态说起。但中国文化如要面对这两项挑战并达到这两项使命就不能不积极奋进，把此一挑战与此一使命感当作自我提升与自我创造的契机。《易·乾卦·文言传》曰："君子体仁足以长人，嘉会足以合礼，利物足以合义，贞固足以干事。"一个人进德修业，欲及其时，一个文化的更新、发展与提升，不也要当其时或及其时吗？

西方文化能够超越西方历史吗？

美国政治学家亨廷顿（Samuel P. Huntington，1927—　）在其论文明的冲突的文章（"The Clash of Civilizations?"，*Foreign Affairs*，72/3，1993，22~49）中提出文明的冲突是未来世界政治形态发展的趋向。他提到西方世界或西方文明过去所经历的冲突是内部的冲突，表现在君权领土、民族国家与意识形态的对抗方面。这显然是就西方政治历史的发展立言的。换言之，亨氏的西方历史观是以政治权力发展及表现的方式为中心的。从这个角度看，西方历史应说为具有三个阶段的发展：近代民族国家发展之前的君权领土之争，近代民族国家主权之争，以及现代意识形态及社会制度之争。他忘记了在西方民族国家出现之前还有宗教权力之争以及宗教信仰之争。他也忘记指出这些过去西方历史的权力斗争都具有文化因素，甚至可说是西方文化发展的写照及自然过程，而且已经构成西方现代文明的"有效历史"（effective history），在某些条件下仍然会发生其内在的影响力。事实上，亨氏所谓西方文化或文明的冲突（cultural clashes）是离不开宗教信

　　* 原载《东方论坛·青岛大学学报》，2004 年第 5 期。

仰的冲突以及与之有关的社会价值、生活方式等方面的冲突的，不管是在内或是向外（有关与外在的冲突稍后再论）。而这些又是与不同的民族共生体有密切关系的。更有进者，它们最后还是要表现在霸权扩张（expansion of political power）与政治社会价值凌驾（domination in politico-social values）等权力方面的活动上面。换言之，西方的历史并不一定能够脱离其历史的动力和生命，而徒具一个文化或文明的面貌或形式，或发展成为一个纯是所谓文化而非权力的、非宗教的等等的存在。这在西方是不可能的，这在东方也是不可能的。人类社会可以超越历史到某一程度或某一部分，但不可能超越其全部。人类只能在一个长久的过程中逐渐改变与转化自己或逐渐学习改变与转化自己，以趋向一个理想的目标。历史是自我改变的基础，却也是自我改变的阻力。我们要学习历史，从历史中吸取营养，使我们能够庶几超越部分历史视角，展开世界眼光。

从上所论，亨廷顿提出未来世界文化的冲突问题已涉及了西方历史的过程成分问题以及西方文化具有什么本质及形式的问题。与这相关的是人类历史的发展本质以及人类文化的真实含义两个一般性问题，在这两类问题未能清楚了解前是很难了解亨廷顿所指的文化冲突究竟是什么冲突，从亨氏的行文中很难不说他们的历史观是很简陋的，而其文化观则是含糊不清的。先就一般历史观说：显然，历史是有不同的层次的，而不同的层次又是以不同的有效因果关系相互影响的。如果我们把自然历史看成是自然宇宙向人文世界发展的时间过程，而把人类的历史看成是人类基于其本性的活动及其活动引起的各种效果的总和与其自然组合，则人类的历史显然有其极自然的发展动力，这就是人类立于其本能需要求生存、求绵延、求繁荣以及求最大的自由与最大的自我实现的自然欲望。但人类这些欲望是错综复杂地联系在一起的，因而常常交织成十分复杂的行为与意向效果。这就是历史需要理性的分析和解释的理由。但理性的重要性还不止于此。人性的构造成分中就有理性的作用在，人可以主动地或被动地运用理性来理解事物来设计制度来发展知识以及做出决策，这些活动能力也就使人类历史更为错综复杂了。但也由于此，历史有其内在的方向与内在的逻辑：它一则受制于其自然的惰力，另则鼓舞于其理性的决策。表现为人的，一则要超越历史的拉力以突显自我，另则又要依据历史以安顿自我。

然而历史毕竟是连续的：人的借助理性的决策以超越历史也是离不开历史的。它往往只是给历史的实质一个理性的形式而已。当然，如果一个社会把注意力和重心放在这一个形式上面，这一个形式也许还能够成为历史的动力或着力点。日本明治改革的历史就是这一现象的最好说明。即使如此，我们仍然可以提出下面的问题：理性的形式固然能够改变一个民族或社会的兴衰命运，但它能在一段时间内改变一个民族或社会的传统性向与偏向吗？针对日本的近代史而言，我们因此可以问：明治维新改变了日本的历史命运，但它改变了日本民族的传统性向与思维偏向了吗？我们也可以问：西方历史所显示的西方社会内部的权力矛盾与强权意识历经了不同的发展阶段，难道已到了只能用文化来表达的状态了吗？而亨廷顿所说的这种意义的文化又是什么呢？

文化理念能够脱离意识形态吗？

一个正确的文化理念必须考虑文化中包含的各种因素以及它们之间的因果关系。首先我要指出：文化是一个动态的有机系统，体现在彼此相关的价值行为与活动中。这一系统也是逐渐发展起来的，它的发展与活动轨迹就是历史。这些轨迹的表征就是文明。我们必须区分文化与文明，这在中文中的"化"与"明"的意义的分别也是明显的："化"是动态的过程，"明"是认知的状态。但文化与文明是离不开的，有文化就有文明，文化可说包含着文明，有文明不一定表示文化的活动仍在，但却在一定条件下可以再造文化，如美国文化再造了西方的传统。又如中国的古文明也在现代的东亚各地区体现为当地的文化因质。至于文化系统构成的因素是什么呢？亨廷顿指出语言、历史、宗教、风俗、制度等因素，而没有说明它们的有机关系。他也没有说明文化的发展点是种族的共同生活经验。由于共同的生活经验各种相关的文化制作就逐渐发展出来，其中包括语言、风俗、宗教与社会经济、政治制度。这些制作的目的是多重的，有的是共同生活所必需的，有的却代表个人或集体的欲望与权力意志。所谓权力意志是指影响、控制、主宰物与人的自然欲望，也可说是一种非理性的、非利他的但却能够或意欲左右他人他物的自由，它可以为理性所抑制转化为理性的自由，如密尔所提出者。但它也可以假借理性之名以理性为工具以达到宰制的目的或行其宰制之实。这就是哈贝马斯所说的"宰制"（domination）现象的根由所在。

无疑，许多文化制作是针对群体共同的需要而发展的，但也有些文化制作只是为了宰制的目的而发展的。文化的制作成为一个人或以一群人对内宰制或对外侵凌的工具。在这个意义下，不但文化中的经济社会与政治制度可看成文化的产物，因而具有该文化的特征，而且政治制度、经济制度以及基于政治与经济考虑设计的社会制度、宗教信仰与意识形态都可以作为对外与对内的宰制工具。当然，我们也要承认文化中也有非宰制的目的性与价值性的制作，如文学艺术等，此可名之为纯文化。文化系统能够促进生活的目的和纯文化的创造，也可以反其道而行之。它有效的行为与信念的建立就是文化传统或名为生活方式或思维方式的建立。文化的主体是发展文化的人，人可以因不同的生活条件创造不同的文化。由于各种因素，人可以主动地或被动地学习、接受或吸取其他的文化，正如人可以学习、接受和吸取另一种语言一样，因之，一个文化可以传承，也可以流传，可以被动地被挖掘，也可以主动地去发扬。一个文化能不能成为一个人类普遍的文化乃在于它的优良的品质、实用的程度、提供非宰制人的自由与促进生产的能力。这自然假设了人之为人具有的公平与公正的判断能力与选择能力，但也假设了文化主体的人的向往与追求公平与公正的愿望与说明此愿望的能力是与生俱来的。

这里我们要做一个重要的分辨：基于生活经验的文化行为与基于反省思考的文化行为是不同的。前者是价值理性的，后者则是工具理性的。但反省思考还有另一项作用：那就是对价值与工具进行自我评价以维护或改变行为方式。在这种评价活动中文化主体往往会采取惰性保守的态度，不但不从事批评改良，且以过去的成功为绝对价值的表征，自以为是、自以为善。更有进者，在权力意志的伸展下，自我评价往往对内抬高自己，对外则无限地贬低异己，这就是"文化优越性"和"文化排除性"的产生过程。有了这样的自我评价，加上上述文化中的宰制行为，也就是工具理性化与制度化的权力意志，文化与文化间的冲突不仅是可能的而且是必然的。但在这里，我们也要清楚地分辨这种冲突的性质是什么，确定主动性或被动性的区别，一方欲宰制另一方而另一方抵制，或是两方互争权力以称霸的区别。简单言之，我们可以把文化冲突分为"宰制性的冲突"与"抵制性的冲突"两种，前者标示着权力意志，后者则标示着对权力意志的抗拒。两者是有很大差异的。差别在于：世界上也有文化系统不必具有强烈的权力意志或在自我反省思考中已转化了权力意志而取代之以一种德行意志，则此一文化是不会基于权力主动引发冲突的，但却仍能基于德行的正义感对侵略的权力文化予以强力抗争。这自然也是一种文化冲突，但在价值上是与宰制性的冲突有很大的不同的。

所谓"德行意志"（will to virtue）是指抑制自我以仁爱加惠他人并追求和谐与大同的生活态度，但也有刚健自强、不屈不挠、守正独立不阿的精神。这是中国文化意识中最主流的道德意识，在孔子哲学中已充分地发挥出来，而其在中国文化中的影响更是浩大无边的。基于此，孟子区分王道（文化）与霸道（文化）的意思就很清楚了。王道文化不一定没有抗争与反抗意识。事实上，诸子中的墨子一方面反对战争，另一方面却力主为正义而战。孟子的王道文化与墨子的义战思想都可说已成为中国文化中的潜在意识和有效性历史，反映在中国实际的历史行程中。对照来看，西方历史，尤其是自16世纪以来的西方历史，处处都是血迹斑斑的征服战争、扩土战争、移民战争与争权战争，完全是一部赤裸裸的权力意志冲动肆虐的写照。

基于以上的分析，我们可以分别两种文化：一是"冲突文化"，一是"融合文化"。前者是以权力意志为动力、以宰制驾驭为目标的文化，也就是以维护冲突、制造冲突或发现冲突为文化发展的主调。后者则是以德行意志为纪律、以融合沟通为目标的文化，也就是以维护和谐、创造和谐与发现和谐为文化发展的轨迹。在下节我将论证西方文化为"冲突文化"而中国文化为"融合文化"。这里我想指出的是：由于亨廷顿未能对文化外延与内涵作深入的分析，他的"文化冲突"的概念是不清楚的，而且还有误导的危险。基于我的分析，我们可以看到文化冲突的方式仍然不外是在政治上、经济上与意识形态或宗教信仰上的争权夺利。文化冲突的根源也就是政治冲突、经济冲突等的根源，是权力意志与宰制意识。消除了或溶化了这样的根源，文化间又如何会发生冲突呢？就上述的纯文化而言，文化间又哪有冲突呢？美国的摇摆乐与中国的京剧又怎能发生冲突呢？纯文化的创造愈多愈好，那会带来更多的精神空间与生活乐趣。但如果以美国的生活方式为优越并强加于人，那又如何不发生文化冲突呢？"文化的优越感"与"文化的排除性"就是一种文化的意识形态，最后也都表现为政治上的意识形态与政治宰制或迫害行为。一部现代美国电影《爆破者》，描述了一个有钱有势有头脑的社会人士精心设计了一套社会控制制度，一方面改变了社会生活方式，另一方面也宰制了另一社群，使之与其对抗。这也是包含着权力意志的文化意识发展为内在文化冲突的一个说明例子。

透过以上的分析，我们还可以看到亨廷顿说的儒家文化与伊斯兰文化未来可能联手起来对抗西方世界的可能性，这不是由于儒、伊有何文化上的相同点，而是由于儒、伊在近代史上共同受到西方强权新殖民主义的迫害，一直到今天仍感到西方的咄咄逼近与宰制，也就有共同点来做抵制性的对抗，显然因之构成了一种文化冲突。在西方文化中的宰制意识与权力意志的照耀下，亨廷顿惊觉东方兴起对西方的威胁，因而主张西方未雨绸缪先行部署抵制抗衡之道，这可说是激起了西方好胜之心，不分是非黑白，只求力保西方利益，这不是一种权力意志的现形么？亨廷顿在诸多文化发展的可能中看到了文化的冲突的现实性，难道不可说正是他的冲突意识在作祟么？当然他最后也提到了用理解沟通来缓解文化间的对立紧张，但他把这只看成是长程的计划而不强调其当前的重要性。这也不显示出亨氏的西方文化理念在今天也未能超越其原始的文化意识形态吗？

自由学者福山在其《历史之终结与最后的人》一书中提出西方的自由与民主是人类社会最后的形式，有其优点也有其缺点。他抽象地提出自由民主作为人类社会的理念和理想而未检查其内容，又只给它一个西方的形式，是其最大的缺失。自由民主的发展一方面是纯理性的要求，另一方面也与历史发展与文化实践密切相连。福山之从黑格尔的精神现象学来论证西方自由民主发展的必然性也是不够的，最后获得人的自我满足典型的反是一群既平凡又安于平凡的美国法学院念法律想赚钱的现代年轻人。如何解决西方民主自由与平等带来的人的精神之贫穷，以及如何面对与刻画人之为人的心灵结构仍是悬而未解的问题。而此问题的解决就不能只放在西方哲学的框架中去理解和处理。只谈自由民主而不谈社会正义问题更不可能是人类社会生活的最高境界。

冲突文化与融合文化：为什么西方文化需要中国文化？

我们可以举出下列中西文化的分析来说明何以西方文化具有冲突的因子，成为"冲突文化"的典型，而中国文化则不但不具有冲突因子且反具有中和因素，因而成为"融合文化"的实例。当然，此一比照正如许多中西文化的分析一样是拟议性的。它的根据是各种突出现象的综合以及对历史文化特征的透视。因之，它更是诠释与实践性的理解，而非普遍理性化的认知。再者，既然文化是动态的，在今天中西文化广泛的交流对话中新的文化变因也将在未来发生作用，甚至改变中西文化的气质。作为具有人性的人，我们有理由相信也有责任促使中西文化的融合带来更高品质的人类文化。

（1）西方文化具有强烈的上帝观和上帝意识：西方文化自希伯来时代以来就以信仰一位创造万物而又超出万物之外的真神上帝为突出的特征。自罗马皇帝君士坦丁于西元第四世纪皈依基督教迄至 19 世纪末尼采大胆宣布上帝已经死亡，上帝信仰已支配西方十六个世纪之久。但对西方人言，上帝真的死亡了吗？回答是否定的。现代的西方人要就有上帝意识，因之有强烈的使命感；要就没有，因之缺乏安顿感或蒙受失落感而有一种追求新奇与奇迹的迫切感。西方的宗教如基督教往往具有强烈的排他性，在历史上造成对外的宗教战争与对内的宗教迫害。相对西方而言，中国文化不具有超越的宗教之神的上帝观，而反具有强烈的自然观和与之相应的自然意识。中国人的自然观是深信人自自然中演化创生，因而属于自然，而其生命的变化是与自然的变化原理若合符节的。自然之动力来于自然，人能够深入理解自然的本体，就能理解到动态平衡、和谐转化与人生价值的意义及重要性，这就激发了人对生命和谐、生活和谐、人际和谐与天人和谐的追求。所谓自然对中国人来说就是在万物中看到的整体存有的变化过程，不另从人的意志或意识的模型（自由选择、设计与目的性）去作有关存在与创造的解释。这种自然观明显地表现在《周易》的太极思想与道家的道的思想上。也可说是由于这种自然观的自然意识，中国古代的上帝被转化为天，天又被转化为道，而道终归明于自然。《道德经》所说"人法地，地法天，天法道，道法自然"，可视为中国人自然意识的根本写照。

在这种自然意识下，人可以退而隐于自然，也可以进而创造人文世界，发挥人的潜能。这也就是儒家可以与道家相通而又必须与其有异的地方。由于这种深厚的自然意识，中国人也就能同时接受不同的宗教而把不同的宗教看成实现人的现实目标的不同手段或方式。也就是能用现实的道德来统一超现实的宗教而使之现实化。也由于这种未作精确概念界定的自然观，中国人能为多元的差异找寻动态的统一或在实践中求其统一。

（2）在西方的上帝意识与中国的自然意识的对照中，我们可以解释也可以推演出西方文化中的二元对立与中国人的整体一元的对照。上帝造人一部分用的是外物，一部分用的是他自己，故而产生人与上帝存在上的对立（超越与内在的对立），以及人与世界存在上的对立（主体与客体的对立），甚至人自身的身心对立以及理性与欲望的对立。这些对立也就导向了其他方面的对立，也因而产生了用否定消除的方法来肯定一方的真实性与价值性而否定另一方的真实性与价值性。这就是以绝对的绝对化为典范的西方选择排除逻辑的发用，而与以绝对的相对化为典范的中国并存互容逻辑强烈对照。形而上学地说，选择逻辑的产生是上帝意识中的意志自由的表现，而并存逻辑的发生也象征了自然意识的涵容体验。要解除西方文化中的二元对立以及避免否定消除主义，我们必须透视上帝形象背后的原始自然存有以及其蕴涵的原始生命创生活力。这也就是要深入中国的文化形上学所包含的自然意识，以融化及解除上帝意识蕴涵的冲突矛盾与狭隘的排除性。

（3）西方的上帝意识有其令人惊异的历史效果，给人类带来极大的成就，也为人类带来极大的危机。上帝意识在两方面给人带来成就：一是令人类站在上帝的主体性上面以自然万物为认知、探索、控制、利用及征服的对象。人类对自然的权威感由何而来？回答是来之于上帝。这种物化与冷视自然的态度造就了西方科学与各种技术，带来了工业化、现代化，解决了人类求生存、求福利的许多问题。但我们也不可忘记，人类为此付出的代价是很大的，科学与技术带来了环境污染、生态失衡和人自身的物化与意识失落，不但会造成人类的毁灭，也会造成人类的精神贫穷与死亡。这自然是现代文化的极大危机。

另一项上帝意识带来的成就是，人类站在上帝的对立面感受到自己的渺小以及不完美之性带来的罪恶感，因而激发起人内心中无限求成功、求荣誉、求肯认与求接受的欲望，意欲借以洗刷自己的罪恶。这是基督教新教伦理在上帝意识下所运作的深度心理机制，自16世纪开始就把西方导向资本主义的发展。从这个意义来说，西方资本主义的兴起与成功不是偶然的，而中国未能发展出西方这样的资本主义也不是偶然的。在这点上我是同意韦伯的。但韦伯并没有看到自然意识中所蕴涵的发展潜力，正像近代污染性的工业与科技并没有看到非污染性工业与科技的潜力。但后者的可能是建筑在人对自然本身以及自然与人的机体关系新的认识上，而这种新的认识并不一定要全盘否定原有的一些知识与目标。相反，它是在试验与学习的基础上作思想体系的改善与依此体系发明新的技术。由此我们也可以看出儒家伦理是否能作为东方工业化的精神基础与动力，其窍门乃在东方是否能从西方工业化领取教训而作改善与提升。在这个意义上，东方的工业伦理不一定全同于西方的工业伦理，而东方的工业化也不一定要走西方已走过的路。东方的工业可以是没有污染的后现代化的工业，正因为东方的工业伦理可以是基于自然意识发展出来的后现代的工业伦理。在这里我们可以注意到：所谓后现代或后现代化的含义必须来自对上帝意识所作的自然意识的批判，而不应只是对上帝死亡的宣告。于此，我们也就可以得出两项结论：一是中国文化中蕴涵的自然意识（见之于道家的道与儒家的仁）可以提供一个融合文化的模型以消除西方冲突文化的诸种冲突与自毁的倾向；二是中国文化中的自然意识也可以包容与改良上帝意识而使其发挥正面有益于整体生命的作用。这就是何以西方文化需要中国文化的一个重要理由。但这也附带说明了何以中国文化也需要西方文化以发挥其潜力的一个重要理由。能够认识两者的互补性以及理解这样一个互补思想的方式或方法的重要性才是一个最重要的后现代的思考态度。我们还要指出的是：西方的科技与资本主义是相得益彰的，这不但造成更坚持的侵略性的权力意志，形成所谓西方的"道德自大"，而且也带来主体欲望与理性客观的严重冲突，使人陷入两难或把人物化为纯粹的经济动物。

现代西方的四种思维偏向：
为什么西方思想需要中国哲学（第五种思维）？

以上我已在文化的平面上论述了中西的互补性并突出地表述了中国文化的融合性，现在我想从思想或思维的平面来论证与说明中西的互补性，同时也想彰明中国思维方式的包容性质以及其在当代可以发挥的作用。首先，我们可以在此提出当代西方本身发展出来的三种对真实真理与人类自我认识的思考方式。由于这三种思考方式并不足以解决或解除西方面临的内在与外在问题，基本上来自东方的第四种思考方式也逐渐在西方形成了一个暗潮。因此，我也讨论了这第四种思考方式，借以表现了当代西方人类思想意识的多元性与复杂性以及发展中的动态趋势。在这四种思考方式的冲击下，来自中国文化与思想深处的第五种思考方式也将应运而生，象征着未来人类更高一个层次的思想发展和依之而起的文化发展。

（1）以科学方法为典范的理性思维：虽然西方古代即发展了以几何学及形式逻辑为典范的理性思维，但改变了历史传统，凝积了希腊理性、希伯来宗教的超越精神与世俗生活的实用需要的是现代西方的科学与技术。现代科学的特点乃在其能用理性的语言重新解释世界事物与人类经验而取得可预测的实际成果，从而发展了实用的控制技术，实际地改变了世界与人群关系。不幸的是，科学却走上了科学万能主义以及科学霸权主义。这可说是当代科学发展的流弊。不但如此，科学本来是人类思想的工具，后来却逐渐成为物化人类生活的主导力量，把人的整体真实性都化略戡丧了。这是科学真理的普遍主义带来的不幸后果。

（2）以诠释传统为典范的历史思维：针对科学与技术泯灭人的整体性与原创力而提出批判的是海德格尔，他回到人的存在主体的内验来鉴定真实。这不仅批判了科学方法为客观的抽象的物体化，而且开启了伽达默尔个人主体的历史先有、先见与先解的传统权威的真理意识。在这种所谓有效历史的笼罩下，不但人回归到传统的网罗中，理性的方法也只是主体意识的一种失其自觉的延伸。人所能寻求的似乎只是历史与现实视野的交融一致。人并不能掌握理性的方法以有效地说明世界与控制人的主体。这是历史真理的主体主义针对科学万能主义发出的抗议声音。

（3）以绝对精神为典范的超越思维：在绝对的痛苦与绝望的体验之下，西方人建立了人的有限性与上帝的无限性的对比以及人对上帝最后的依持。这是超越思维的来源。但在现代西方，超越的上帝思维却经历了两种转变：一是上帝内在主体化为黑格尔的绝对精神，完全展示了上帝与世界与人的密切关联，但却把个体性的人完全抽象为非实体了。二是深切感受到现代经验的负面性，这就不得不跳越康德的不可知而仅如尼采宣告上帝已经死亡。上帝死亡并不代表人已真正回到了人间。相反地，它只代表人失去光明而沉沦在无边黑暗的深渊（abyss）里。人需要超越自己，可是却得不到一只拯救的手！这就是现代西方人的现代处境：积极拥抱上帝的思维或消极否定上帝的思维。如果现代人不能超越两者，找回人本初的精神根源与精神面貌，人的现代化就是与西方人同一命运。

（4）以空无清虚为典范的静止思维：在现代熙熙攘攘负担沉重的生活里，需要静止的空闲已是日常的体验。但我所说的静止思维是要摆脱生活的盲动烦恼、波折痛苦与恐惧，寻找一个永远的安宁。这就自然走向以佛教的思维为其理想的境界了。1950 年以后，在铃木大拙教授的大力宣传下，美国社会开始接触佛教禅宗，并逐渐接受了禅宗为一追求宗教精神生活的方式。禅宗之长在能同时净化与静化生活与思想，而不必与其他主流西方宗教有太多教义上的冲突。因而 60 年代以后，美国几乎所有大的城市都有禅宗中心的设立（其中洛杉矶的最大）。但西方对静止思维的追求还不止于此，因为在失落上帝、充满疑虑的清醒意识中，最最需要的还是上帝或一个可以摆脱心灵空虚的能够引起强烈情绪的信仰。这就是为什么在禅宗之外美国社会较年轻的一代又很快地投入到各种不同的东方宗教之中，甚至源于东方且具东方色彩的福音基督教之中。不管是印度的瑜伽教、印度教或超越静坐教或西藏喇嘛教等也都在这近二十年内开始流行。许多人是抱着尝试的态度，但更多的仍是寻找一种心灵安顿。这就造成了新兴宗教与原有主流宗教的各种冲突，宗教案件也就层出不穷。更具有显现西方社会精神空虚的是"迷信型教派"的流行，到目前在美国至少已发生了两起丧失数百生命的事件。在西方的东方哲学研究中，日本京都学派如西田等人的逐渐受到重视也可说是静止思维对西方的神秘吸引所致。

从思想与精神状态来说，现代的西方是上帝已宣告死亡的西方，因之是历史意识逐渐复苏的西方，是赤裸裸的权力意志蠢蠢欲动的西方，是科学工具理性力求做主称王的西方，是在无解脱中仍盼解脱的西方，是同时追求安顿及新奇的西方。因此现代的西方是在极端的保守和自持中怀抱着极端的空虚与空洞，也是在极端热情的历史回顾中极端热情地张望未来。从这个了解来看，现代西方一方面有诸神复活的多元杂陈带来的新活力，另一方面却有百病发生与水火不相容的混乱与矛盾。这正是一个需要重整思想秩序的时代，这也正是一个需要重新学习文化价值的时代。胡塞尔喊说："回到事物的本质！"但什么才是事物的本质呢？事物有没有本质呢？中国哲学以其深厚的对人的内在根源的了解以及对其转化潜力的理解，不正好提供一个纯真的人性的完整形象以作为事物的本质吗？中国文化以其优容自在的易学体系与变化意识，不正好在思想方式上提供一个涵容多端而统会成章的思维模型以作为思想自我创造提升的本质吗？中国哲学原始的整体变化思维可以补助甚至拯救西方的灵魂与内在生命正在于此。

基于此，我们可以理解何以我们能把"以通变合和为典范的创新思维"看作可以解救西方内在精神与思想矛盾纠结的方案与对症剂。

（5）以通变合和为典范的创新思维：《周易》的思维方式是把任何分歧看成属于一个整体，然后在这个整体中找寻并穷尽所有的关联，并对这些关联做深度的透视以了解其可能具有的相反相成、相生互制等动态关系，最后在时间过程中掌握其历史源流及追溯其本源，又在其现在存有的结构中透视其发展未来。这样的思维方式并不是抽象与先验的：它是自长远的广泛的宏观与微观经验中积累成认知的，因而它象征也直接呈献了时间本质的过程结构和结构过程。时间是非本质的，但其自然的结构就是其本质，而其过程就是其非本质。结构与过程为一体之两面，彼此相依而又彼此互换；这即表示了本质与非本质（如各种功能）也就是可以互换的。西方传统的本质主义只看到本质而排除非本质，而当代的解构主义则又只看到非本质而否定本质。在《周易》思维哲学中本质与非本质是同时存在的且又相互依存与互换的。由此了解，《周易》思维显然可以为西方提供两种作用：一是合和当代西方的四种思维；二是在合和的基础上导向新典范、新系统的创立，而此新典范、新系统应正是新的一代人类所需要的生产与发展凭借。这里所谓合和（来自《易经·乾卦·象传》"保合太和"之句）是指物之相依或相反是可以在一个太和的基础上合为一整体而逐渐消除其矛盾并进一步形成和谐的有机一体，创生和创造出新美与新好的事物与世界。这也就是一个从现实转向理想，从现在转向未来思想、未来文化的转化过程。

如果我们把这通变合和的《周易》思维用在上述四种思维上面，我们可以看到伽达默尔与哈贝马斯完全可以调和，不是不相反对，而是因其反对合和为一整体作为彼此相生的生活与思想内涵。历史内省与理性外观可以互补相成，因而相互推进并达到不同的人的生活与认知目标。这也正如主体与客体在开放的本体的系统中的关系。同样，绝对精神的上帝与绝对不可本质化的空无是相反而又相成的，只有在一个更深沉的层面上才可看到两者的互化。这也如太极与无极、有与无之能相互转化一样。在这一整体太和的基础上，显然我们看到西方思维方式的发展与中国《周易》思维方式的结合（conjugation）与融合（fusion）的可能性。它代表的是中国思维的深入西方，提供了一个"后设思维"（meta-thinking）的框架；同样，这也是西方思维的投入中国，把中国的思维内涵推向现代化了。前者是西方思维的中国化，而后者则是中国思维的现代化（以西方的思维内涵界定现代化）。合和两者而可称之为中国思维的世界化，构成中国文化的世界化的根本基础。

值得注意的是，说中国思维的世界化显然已包含了两种意义，即是中国思维的投入西方以及中国思维的承受西方，而不是单纯的中国思维的被接受或局部地发挥作用而已。它将是，也应是人类世界哲学与世界意识（也可称为全球意识）的一个发展的基础和过程。更值得注意的是：在《周易》思维的方式作用下，不但世界意识得到了肯认与发展，个别的历史传统与其根源意识也在一个一体多元的系统中获得了真正的定位与发展的天地。两者的共生性是与其对立性一起发展建立的。可是人们往往囿于狭隘的思维方式，只见其一而不见其二，两者之间又只见其反而不见其合。这也可以看出此一思维方式在今后世界意识的逐步发展、多元传统的冲突解决、历史主体有效性的建立方面都有莫大的重要性。无可讳言，中国人的哲学正是此一思维方式的源头活水。

在《周易》思维的基础上，中国哲学思想的主流儒家以及与之竞争联系的道家与中国佛学也都能顺理成章走向现代并与当代西方个别的传统交流与对话，借以发生创新的效果。透过个别的实践与长远的积淀，中国文化世界性的影响也就自然发生了。过去及一般讲儒家与道家或中国佛学（如禅宗）只是顺着西方个别的缺失与需要来发挥，如谓西方面临社会道德危机，故需要中国儒家以为补救，又如谓西方发生了环境生态危机，故需要中国道家以为补救，再如谓西方现代人陷入太多矛盾与烦恼，故需要中国佛学以为治疗。这些都会或多或少发挥相应的作用，但如果西方的思维方式不加改变或不取得一个更深的层面，新的思想只会带来更多的矛盾，而不能真正解决根本的问题。就儒家而言，也只有在儒家能够发挥《周易》思维的融合作用，提出一个融合各家道德哲学的系统及其可用性的标准，才能成为现代性的伦理思想。同样地，道家也只有把道家的道与自然的思想发展为一套自然生命伦理，融合进去现代环境科学，才能发挥广泛的影响作用。至于中国佛学（禅学等），显然，也只有把净静的思维方式动态地融合在现代人的生活之中，它才能发挥积极的转化提升影响作用。这些联系与应用的功能因之也都必须用《周易》的思维方式来实现与表现。

必须特别指明的是：西方的哲学思想在这个世纪已作了大幅度的内在转化。这种转化集中表现在两项对传统形而上学、古典物理学以及其思维方式的批判与扬弃，此即怀特海的过程哲学与海德格尔的存在哲学。两者都是对现代科学的反动和超越，以寻求一个新的动态宇宙以及新的人的世界。但两者又都受制于人的世界地位与人的主体的有限性的问题的挑战。这两个问题并没有得到解决。显然，当代西方哲学具备了需要及可以发展的潜力。而能带动这一发展的动力及目标不就可以说是中西思维方式相互融合而以融合为主体的发展吗？西方哲学的发展轨迹已为中国哲学预先保留了空间。还有一点必须提出的是：西方社会事实上已经开始了对中国或东方哲学的学习与吸收。就以《周易》来说，20世纪70年代以后，新出的对《周易》一书的翻译与介绍，已有数十种之多。这可说是一种突飞猛进。虽说多用于生活实用的决策上，但这也不可不说已为《周易》思维的理论提升与扩展打下了初步良好的基础。

在伽达默尔与哈贝马斯对真理性质的辩论中，伽达默尔把真理看成历史的经验的结晶，因而以具有权威性的成见方式表露，虽具有本体性，但却局限在历史的理解循环之中，如何取得理性的有效性的证明变成一个大问题；同样，哈贝马斯把真理看成理性批判意识形态的结果，具有基于沟通互为主观的经验基础和个人基于内在反省的思想普遍超越性，但我们是不是就可以不问其个体历史性的根源呢？显然，这是不可能的，因为至少其产生是脱离不了具体的历史因素的。一个真理必须同时满足历史根源性与空间普遍性的要求。也就是说，同时满足个体性与普遍性的要求才能获得稳定的保证。如何从个体的思想创造实现突破历史的普遍性既是一种历史的考验，又是一种理性的考验。至于突破历史的程度如何却仍有待历史的考验，而对此突破的努力乃正是哲学家的事业。回归到中国哲学对之作理性的重建就是这样一种努力。

如何发挥中国哲学的融合力最以转化西方并与之建立互补，我们就不能不考虑到中国哲学主体性与积极主动的创造力的发展。对此我将在《发扬中国哲学的融合力量与中国文化、哲学的现代化、世界化》一文中另论（将载《东方论坛》下一期）。

全球化中的东西方文化差异与交融[*]

1985 年，我第一次回到国内，在北大做演讲，做客座，同时又在当时的中国文化书院做教师。那时 92 岁高龄的梁漱溟先生跟我们一起，在军事学院、外交学院演讲，礼堂里有一千多人，当时的热情是非常令人吃惊的。20 年后的今天，中国和世界的经济、文化不断发展，人类更需要进行再三思考。尤其是在当今中国面对世界，世界面对中国这样一个大环境之下，更应该思考人类文明的重新定位、重新整合的问题。从这个角度看，这个题目是老生常谈，但它又是一个新的话题，因为它具有新的意义。今天要强调的另外的一个重要意义是：过去的 100 年来，基本上是西方人来界定中国——什么是中国的文化、中国的哲学、中国的社会，什么是中国人应该扮演的角色。也就是说，西方界定中国仍然是过去的一种基本态度。但今天应该扭转来看，中国也有理由和权利去界定西方。当然，中西方最终都需要界定，彼此界定是非常重要的——对于理解西方，理解中国，对于发展中西都能够面对、参与和接受的人类未来，一个真正全球化的人类的未来，是有重要意义的。所以，这是一个新的课题。

前几年，一位叫塞特的知名哲学家写了《东方主义》这本书。他严厉地批评了西方人从自身的角度来界定和评价东方，并制定政策或者方案来对付东方。当然，他并没有提出最好的解决办法。假若说西方人是用自己的眼光来看东方，今天的东方人并不满意，那么东方人应该如何处理这个问题？是否也应该有自己的西方主义的眼光？中国人是否要像西方人一样去面对西方，以自己的方式来了解西方？我认为，不管是东方人来界定西方，还是西方人来界定东方，都应该在彼此诠释、彼此认知的情况之下去找一个共同的世界、共同的认知。所以，不管今天探讨的是东西方的差异，还是交融，或者它们彼此的互动走向，都是非常严肃的话题。

要谈这个话题，不妨把全球化的概念先提出来。全球化的概念是从经济开始的。因为全球化要讨论基于经济的需要，达到一种经济互通有无、减少消耗、增加效益的状

* 原载《中国海洋大学学报（社会科学版）》，2004 年第 6 期。

态，让每个国家都能够参与，形成像 WTO 这样的组织。但在当今看来，全球化要达到理想境界还需要一段合作。据报纸刊登，在过去的一两年中，各地区就发生过 2 000 多件在全球化过程中的冲突问题，如果想达到彼此能接受的境界，还有一段路得走，冲突会是不断的。但是，若把经济延伸到政治，政治涉及倾销、贸易的公平等等，涉及中国的就有 300 多件。可见，实现全球化的终极理想还有很长一段路程。所谓终极理想是什么？从人类整体来说，人的行为是受观念和价值信仰决定的，人不可能一下子掌握所有的资讯和知识，因此人对他人的判断、对环境和文化的认识往往都是有限的。在这种情况之下，一方面人对全局的认识是有限的，另一方面还要顾全自己的利益，因此，有限的认识和对自己利益的重视造成的文化、族群之间的冲突或误解是不可避免的。同时，人具有某些共性，人在自觉或不自觉中具有共同的目标。基于这两者——人的共性和人的共同目标，人形成了一种取向——尽量达到相互了解、彼此支持而又共存互利的境界，这就是历史的发展方向。人的历史的发展，仍然是走向和，走向通。当然，要走向一个共通共和的世界，需要做出很大的努力，同时要依赖很多机制来避免错误，避免无意中所造成的伤害。一方面要更加努力，这是人的必然方向。人有共性，有潜在的共同愿望，就是成为人。所谓成为人，每个宗教和哲学都有不同的界定，但有一致性，即人需要进一步地去努力，所以必须要进一步地掌握自己，同时认知对象，认知他者，解决自己发展的问题，才能解决世界发展的问题。这在今天文化发展中必须要肯定的。在这种情况下，面对的一个现实就是，人需要有不断的自觉，人需要提高而不断地拓深意识。人的意识就是人对自己的了解，而人对自己的了解应该也包含对他人的了解，把对自己的了解和对他人的了解合为一体，叫作人的意识。在这一点上，我非常看重孔子。儒家之所以称之为儒家，是因为孔子很明确地提出，人之初有很多闭塞、愚蠢、自私以及顽固。一个君子，一个人，会受到很多环境因素的影响，包括教育、文化等，所以人所受的影响是多方面的。但人需要突破这些影响，把好的方面显露出来，所以要提高人的意识。我曾经诠释孔子的人的概念，即包括其他人在内的对人的了解。在这种对人的更深更广的理解中，才能够对人产生关切，因为关切别人就是关切自己，关切自己就是关切别人。所以，人不只是爱人，也要认知人、提高人的自觉。有这种自觉才能达到对人的理解，才能进一步掌握人与人的关系，而且这种人的自觉还可以扩大到天地、宇宙、万物，所以这最接近人的动态本质，即人发现自己是在一个过程当中而不是一下子就变成他自己，也不是人先天就已经规定了这样或那样一个存在的本质，他的本质是在过程当中自我实现的。假如一个人放弃他的本质，他就变成另外一种层次的存在，譬如说变成鸟兽，变成禽兽，变成一种有趣的人的存在。以上我主要说明一点，今天我们在走向全球化的需求当中，人的意识必须有更深层的提高，这更深一层的提高才能解决政治经济上的问题，才能真正面对文化的差异、思维的差异以及价值行为的差异或者说宗教信仰方面的差异。

再稍谈一下中西差异的起点。所谓文明的轴心时代（其实这个轴心时代的概念还可以推广），就是在人类文明最早的启蒙时代，人类基于进化，能够逐渐地把思考的能力、学习的能力、自我改进的能力、认知外物的能力激活在人的存在之中，在生理上就表现为人的智能细胞的发展和人的整体机能的发展。这使人到了一个临界点，在那一点上，人已经成为具有一定的人的意识的人。此时的人是否就是人类学上所说的站立人，或者思考人？我认为应该从思考人来看这个问题。当然，也可以从人类学来说。从工具的发明来看，新石器后期中国人已经具有一种面对天地、了解天地、了解自我的意识。西方也是如此。所以作为一个人种来看，人种的发展在整个进化当中是具有一致性或普遍性的，不一定只出现在某一个特殊地区。这里我偏向一种多元的人类起源的思考。从这一点来看，每一种环境、生态都可能对人的普遍性的内涵有所决定，但是也可能对人的特殊性的内涵有所决定。公元前 800—前 400 年这个阶段也称为轴心文明，在此之前，人类可能已经有了更早的前轴心时代。前轴心时代基本上确认为两个方向，这两个方向以西方文明的开始和中国文明的开始作为代表。最早的西方文明开始的时候，从埃及到希腊，从希腊再延伸到希伯来，这个阶段的人类文明，例如亚细亚的文明，基本上是以海洋、河流为基础，而最后归属在海洋的生态里面。所以它面对的是一种变化的物质世界，要求对物质世界进行明白清楚的掌握和认知，因此产生了浓厚的对象思维或对象的思考能力。这种思考能力是一种理性的思考能力，奠定了西方后来的主要传统。在中国，从新石器后期，在中国北方、中原的土地上，两河的文化（黄河和长江）已经跟天的运行结合在一起。这是一种以天地而不是以河海为对象的文化和生态，其重点在于讲求关系，而不是对象。但讲求关系和讲求对象并不相互排斥。关系很重要，它在于说明整个人和物、人和天地、人和人之间处在一个平衡和谐的状态。所以人的存在、人的发展在于如何去保存发展这种平衡与和谐。这与早期的西方的思维方式——如何去掌握对象、控制对象、认知对象——有很大差别。这就是两者的区别，是后期东西方文化的基本差别。但并不能因为这个差别就认为是不同的人，这种差异是因为现代环境所引起，是人的一种突出的需要，基于环境的需要而产生，所以它反映的是一种特殊性，在这种特殊性里就可以看出人的思维能力，也因此包含了某种共同性。

在西方后来的发展中，出现了三种精神，支撑起现代西方文明的架构。这三种精神与中国的文明发展形成鲜明的对比。首先，由于对物质世界的重视，掌握对象，从而产生一种理性的思考，产生理性主义。理性主义就是如何客观地认识事物、掌握事物的本质。为了掌握事物的本质，甚至无视或不重视现象、不重视外表的变化。掌握事物的本质，掌握事物内含的规律，这就是理性思维或者叫作理性主义。理性主义是西方最根本的思维方式。第二种思维方式是，由于对象化，对个人的崇拜、对祖先的崇拜、对人的精神本质的崇拜，而产生出一个超越的高高在上的人格神或人格上帝。这样的思维就叫作超越主义。超越主义就是把对象超越化，成为人可以信仰的精神对象。这个对象本身是一个主体，但对人讲是超越的、完美的，慢慢发展成为神学中的上帝。从中国来讲，中国当时也有这样的概念。因为上帝这个词在《诗经》和《尚书》中出现过。但中国人并没有让上帝脱离人的世界。上帝，在中国叫作天，是整个世界的一部分，虽然超出世界，但与世界相联系，不是孤立的。而且没有把他完全模糊化、人格化，天是一个模糊的概念。因此，中国从地的概念慢慢走向天的概念，从天的概念再走向道的概念。由此可见，中国是把上帝道化，而西方则把自然之道人格化、上帝化，实际上是追求对象的本质而产生的一种超越。当然这种超越还有许多因素引起，尤其在基督教的发展当中可以看出来。因为基于一种生存的理由，宗教是必需的。宗教团结一个族群，作为精神的信仰来支持生存奋斗。生存奋斗往往有很多困难，遭遇很多灾难，例如犹太人的命运。在这种情况之下，上帝就更作为一种需要，进一步地扩大、深化。从这个意义上讲，广义的西方把上帝的概念作为重点，即上帝的思维、上帝的主义，也就是上帝的宗教，是西方思维的重要核心。当然，上帝作为信仰的对象，发展成为不同的信仰传统。从犹太教到基督教，从基督教到伊斯兰教，都是如此。上帝，但作为哲学的对象，作为认知的对象，也是很重要的。它形成一种神学，成为人的知识的一种保障或者根源，也可以成为人的道德、人的精神的一种基础或来源。但在哲学思考当中，上帝正因为他无所不知，因而人对上帝很难把握，以至于康德说，我们不可能知道什么是事物的真相，当然也就无法知道什么是上帝。所以上帝只能信，不能知。但是上帝的概念还是存在的。既然上帝不能知只能信，因而人们必须更严格地遵循他，用各种制度保障这种信仰，用各种方法来推行这种信仰，使对上帝的信仰变成真，在某种意义上就是坚持提倡行为主义。行为主义在宗教上的应用就是人使它为真，人信仰它，以这种信仰作为人行为的基础。这种真不是主观的真，而是人使它变成一种客观的真。主观的自我信仰就创造了一个超越的上帝的信仰。这对西方而言是非常重要的，因为只有这样才可以自圆其说，产生一个完美的系统。由此可见，理性主义和超越主义密不可分。宣传超越主义，并没有脱离理性。超越的上帝、对象的物质世界都可以经过理性思维变成合理化的理论，即可以用一套论证来说明外在超越的世界是什么。这个外在的超越世界，从哲学上讲就是真理。所以真理的概念非常突出，但真理概念的界定也不是很明确。不同的真理界定基本上都具有对现象的超越性，具有对于自我对象的特殊性和外在性。这是西方很重要的一个概念。从这个概念就产生出第三种思维，叫作权力意志思维，或者意志主义。因为上帝无限大，人可以信仰他，人又可以利用自己的理性来合理化人的信仰，合理化人的道德，所以人显示出一种伟大和一种自我规范的能力。名义上人依靠上帝，实际上上帝依靠人。这种定律到了19世纪德意志的唯心哲学就特别突出。康德以后，从费尔巴哈到费希特到黑格尔，从黑格尔再到叔本华、尼采，尼采干脆就说上帝已经死了。他说上帝已经死了，实际上是说人就是上帝。人的意志可以决定一切，人应该有理由、权利和自由去追求人的价值。他一方面宣称上帝已经死亡，另一方面又宣称人已经可以成为超人，其意志主义非常突出。这实际是隐藏在西方文化当中深度的人的自觉。超越保证了人本身的存在。因此人可以模仿这种超越，成为意志上的人。从而以超越之名、以理性之名可以做出很多事情，譬如以自由之名可以反自由，以和平之名可以反和平，以上帝之名可以反上帝。这就是西方理性主义的一个特点。现在的西方实际是走过这条路的，原来的希腊是理性主义，很多问题没有解决。

理性主义和超越主义（也就是希腊文化和希伯来文化）的结合，就是基督教和西方文化的结合，这个结合就是把早期东方的宗教（把基督教、犹太教看作在东方产生）跟早期的西方即希腊密切地结合，从而产生了新的西方即罗马的天主教，它从第三世纪开始成为重大的力量。它之所以能够成为一支重大的力量，能够西方化，因为宗教本身具有凝聚人的力量，而理性具有说服人的力量。在情感方面能够理解人，在理论上能够说服人，因此当时的君士坦丁大帝在第三、四世纪就把基督教当作国教，建立了罗马人的统一的西方世界。在欧亚之交的君士坦丁，它的文化基础是基督教，有大教堂，外面虽是伊斯兰教的外廓，但里面有很多神坛，出土的物品上都是罗马字。后来奥斯曼帝国兴起，把它伊斯兰化之后，还没有把基督教完全销毁。现在刚好又把它突显出来。还有很多罗马人建立的地下宫在这个城市被发掘出来。这些可以体现基督教跟伊斯兰教之间的内在冲突，这涉及文明冲突的问题。简单来说，理性化的过程不断发展，当理性化达到极致的时候，就由超越主义来建立一个所谓意识化的行为，再把它理性化。因为超越化，人无法掌握上帝，上帝又不可知，那么人信仰上帝，就可以代替上帝说话。这是西方人在价值判断上的一种论点，是现代人的一种特殊、一种内在的转化。这三种取向结合在一起，就构成了西方人内外不一致的状态——内部民主、理性，外部强权、不民主。当初罗马人也没有完全把宗教理性化和意志化，虽然结合得更好，但还没等面对更多的问题就已经分裂了。罗马人以意志的权力掌握了世界的统一，最后也是打着上帝之名——罗马神圣帝国，神圣即是以上帝的名义，这一点就是政教合一的制度。到后来的民主国家化之后，产生地区化，又想到合起来，所以整个近代的西方往往构成三种力量的冲突——意志、理性和超越的上帝（信仰、宗教）。假如把意志当作道德的话，实际上就是道德、宗教和理性间的冲突，假如理性变成后来的科学，又成为道德、宗教、科学三者的冲突。怎样才能实现统一，这是西方文化内在的一种张力，也是其发展的一种动力，更是产生问题的一个来源。

从这个意义上讲，有两种组合，一种是欧洲主义的组合。欧洲经过两次世界大战，认为如果完全用强力、用罗马的方式、用一种自我意志来达到天下大同的话，会有很大的灾难。两次世界大战说明分不如合，所以产生了一种理性的思维，认为把欧洲变成一个共同体是明智选择。这是两次世界大战的教训。德国跟法国，一个战败，一个战胜。但是，战败后来变成战胜，也了解到只有合在一块才更理性、更合理、更能够面对外在世界的挑战。它代表的是一种不断进步的理性主义，因为理性的概念也是在变化的，理性是以科技知识的进步，也以个人经验的感知所得到的统一的人的意识来决定的。欧洲的理性主义是人文的理性主义、政治的理性主义以及经济的理性主义。举例来说，有的国家，包括德国，发行欧元，事实上对小的国家有帮助，对大的国家有损失。今年又有十个国家加入。明知道这样对欧洲会有很大的影响，但是还是愿意加入，说明其中有一种理性的思考和超越。面对整个世界的全球化，只有更大的扩充才能减少地区的紧张和冲突，才能面对更多的外来挑战，这就是欧洲人的理性主义。另一方面，美国本土没有经历过战争，美国人从一开始就接受西方，但是却把西方视为一套以理性、科技知识作为达到生存目标或重大生存意义的手段。我们称之为实用主义。

可以用理性知识说明欧洲文化，用实用主义来说明美国文化。我们必须把西方区分为这两种不同的状态。虽然它们都是西方，都有共同的根源，但是其宗教、道德和超越（意志、权力）三者的组合不同，即是把宗教、道德和理性或者科学进行组合，还是把理性、信仰和权力进行组合。欧洲是以理性为主，但美国人是以权力为主，把理性和宗教作为工具理性，认为只有扩大自己的权力，才能更好地保护自己。自己越强大，保护意识越强烈，尤其是受到攻击的时候，更要保护自己。美国先天自然环境优越，虽然来源不一定崇高。《与狼共舞》以及其他电影说明美洲的建立是在牺牲印第安文化的基础上实现的，而消灭印第安文化实质上也是继承了欧洲当初的霸权，也就是权力主义的发展。简单回顾历史，16世纪葡萄牙人称霸，麦哲伦航海；17世纪西班牙称霸，哥伦布发现美洲。17世纪是西班牙的世纪，18世纪则是法国人竭力称霸，后来被英国打败，所以才有19世纪英国不列颠帝国的建立。到20世纪，美国兴起，尤其在两次世界大战、冷战和苏联1991年解体之后表现更为突出。因为美国的工业化从20世纪初就开始，并不断进行各种改革，包括教育改革，从而吸取知识，发展科技，累积了世界第一的资本。在这样的优良条件之下，南北战争使其更好地统合国家资源，同时推进向西部大发展，形成了美国20世纪初的崛起。现在美国的工业基础是在20世纪20年代完成的，但到60年代、80年代、90年代产生危机，出现工业重组，如美国钢铁公司、福特公司、AT&T公司。重组就是利用反托拉斯法，利用各种方法变得更小、更分化，同时自由地发挥更大的竞争力。所以美国的经济发展、管理发展、教育发展在这一百年来具有很强的后劲。在历史的潮流中，它有相对优厚的自然资源，不断累积，还具有天然保护，没有经过战争，所以发展是惊人的。但美国也有自身的弱点。在这种优厚的条件之下，它更意识到保护自己的必要性，尤其是"9·11"事件发生之后。美国加强保护自己，建立更好的保全制度和军事力量，更积极面对世界，把太平洋和大西洋变为自己的内海，遥控欧洲，远控俄罗斯，平衡中国和东南亚。之所以如此，是因为美国人一向就是以保护自己为主。第一，他们认为自己的利益是天赐予的，所以相信上帝。第二，他们知道大家都倾向于这种利益，想利用美国，沾一点美国的边，所以就更想保护自己。这是一种人性的自然，但在保护的过程中却引起了出乎意料的后果，受到攻击。保护使其更不安全。原因何在？天之道，以反为重——道的作用。老子和庄子的结论是物理定律——越这样做，越会产生一种反动力量：越是防盗，盗贼越多；法律越多，就有越多打破法律的律师（美国就是先例）。因此，更多地保全很可能有更多的危险存在。这就涉及理性主义产生的问题——理性能不能够控制一切？理性作为一种控制的手段是必需的，但又是有限的，不能超越其限制。除了理性和知识，还需要有直接的经验、直接的融合，面对人类作为一个整体存在的各种情绪和状态。在这方面美国人是幼稚的，智商很高，情商很低，但仍然是比不上中国人——中国人情商很高，智商与美国人相比缺乏创造精神。迄今为止，美国人还在批评，认为中国的经济还是一种积累，一种靠廉价的劳动力的经济，并没有新的发明。每年《时间》杂志会总结一年中都有什么品牌出来，有什么发明，我看到里面有那么详细的列表，但中国人发明的东西很少。可能是因为不知道。回到国内也会看到有很多不错的东西，但中国人没有把它发扬、突显出来，所以没有得到承认或接受。恰恰相反，中国人是以美国为标准，存在一种依赖心态，从而更难掌握中国人发展的创造力。

总而言之，美国的这种保护也造成了自己的困境。所以美国现在只好使自己更强，更加保护自己，更加小心翼翼。就像耶鲁大学的历史学家甘奈迪在《强权的兴起与衰弱》中写道，美国将来的失败，在于它太强，负担太重——想管很多事情，到最后筋疲力尽，导致衰落。其他那些能够保存自己、多元的社会会出现，这正是美国未来的威胁。从这方面讲，美国的实用主义正方兴未艾，正处在新生的状态，但又处于一种危机之中，即美国文化的危机。这种危机反映出人类智慧、道德与信仰的组合是否适当的问题，也是对人类智慧的一种挑战。

人最好的状态是什么？是美国人、欧洲人，还是另外一种人？这里就说到中国。中国以关系作为思考重点来了解世界，甚至是从《周易》的观点——整个宇宙都是原始的太和而引起，太和作为起点就是太极，太极产生阴阳，阴阳互补。自然之中有阴阳，人要使自然阴阳的配合能够达到更好的状态，就必须了解自然之道，做出适当搭配，才能有更好的组合。人也必须超越自我的主观性，超越偏见，更深刻地了解和包容世界万物以及其他族类。所以，中国基本的逻辑思想是一种动态的和谐主义、包容主义。相比之下，西方基督教就偏向于以理性为中心的真理和是非判断，常常要判断真假。当把真和假对立起来的时候，宗教上就容易产生排他主义。中国人的思维与此不同，关系是真正的内涵，建立更好的关系、更大的关系、更包容的关系是人的需要。人在关系中成长，在关系中超越，在关系中满足、继承。这是一种生态哲学，它超越而又内在，理性而又情绪、情感，这种情感和意义我称之为"感通"。《易经》谈到两个很重要的卦。在此要特别强调，中国的知识论是儒家的知识论，有两个概念特别突出，一个是"观"的概念，例如观光，观就是中国的知识论。其中有个"观"卦，天下之大，万物之盛，就是要我们放眼来观天下，这种观就是整体的认识，认识整体，然后认识整体之间的关系，再来认识个别事物之间的细节，认识事物在整体当中的地位或角色。中国人是以大、以整体为主。例如，中国的姓名是姓在前名在后，姓比较大。再例如中国人写信，地址顺序是中国，山东，青岛，从大而小。西方人则相反，从小而大。他们看重细节，把大的摆在后面，先把握细节。有时太重细节，就忘掉了大的方面。西方人跟中国人不同，他们的思维是直线的、单向的。比如要读《淮南子》，把《淮南子》一章一节搞得非常清楚——文字、注释、句子，但是超过这个范围，便一无所知。中国人则全部要看，要通，就是重于通的概念。从观到通，这是重点，不但观而且要通。我在德国的大学做讲座的时候，有人问中国有没有知识论这个问题，我说中国有，就提到这两个字。最早的中国的知识论很简单，一个是观，认识整体。一个是感于内而行于外。《周易》里有一个卦，叫咸卦，咸卦是《周易》下经，也就是第三十一卦。咸者，感也。感就是感于心。人是理性的动物，也是感知的动物。人不只是理知，也是感知，知的来源可以从直接的感受中得到。感知论是指不但要感还要思考，还要反思。在感的时候才能决定自己是什么价值判断，所以感就是把外在观的材料变为内在的一种信念和理念。这就是中国人的知识论。但是要把它变成整体性的东西，你不但要观通，观其会通，这是观通，而且要感通——万物既然不动，然后你能够"疏通万物之故"——所以它感通，观通，最后是旁通一切，形成一个整体的宇宙观。可见，中国人与西方人不同，西方人的知识是各个击破，独立出来。而中国人是从整体来看世界，具有某种程度的人体现象学，从哲学上说这套知识论适合建立人的生活世界。把人的世界处理好的话，对人的发展，实现人的共同性和理想性极为有利，从而也就成为人的道德基础。有感而通，观而通就形成"德"，感跟观所形成的外面的世界就叫作"道"。所以道跟德同时能够统一起来，变成人的实现的一种方式。观和通具有本体的意涵。本就是根源，体就是体系，本体就是能够基于根源的宇宙而结合的外物的一种动力，所形成、展开一体的天地、宇宙，包含自我在内。这中间的一个过程就是观而感、感而观，到通而久的状态。

我的基本观点是，中国人跟西方人的理性主义不完全一样，是一种整体性的理性主义，不是分析的理性主义。中国人也有超越主义，不是超越的超越主义，而是内在的超越主义——超越之后还要内在，外在的东西还要内在地消化，还要反省，所以是内在的超越主义，不是超越的超越主义。它是一种道德的意志主义，不是权力的意志主义。西方是权力意志主义，因为我有一个超越的上帝，我有理性的本领，那就要去表达人存在的一种状态。我要学上帝，因为上帝是最好的人，所以最好的人就是以上帝为版本。美国的科学家也要做上帝，所以他们变成一种能够控制世界的科学家。一些宗教也是想要控制世界。还有企业家，变成资本家，资本家变成更大的资本家，也要统治世界，因为他们就是以上帝作为标准。这就跟中国的道德不同。中国的道德强调道跟德相互对应，从人自己去了解世界，世界永远跟人同时存在，同时重要，因为人靠世界来滋养，世界也靠人来滋养。这就是关系主义，人人为我，我为人人，我中有你，你中有我。中国人这一点很可爱，没有保护主义的看法，也没有必要人人自危。所以做君子，独立于天地之下，又何忧何惧呢？这个忧，是什么呢？君子谋道不谋时，是君子之忧跟君子之惧，他惧什么呢？他不是怕人家打击我或怕我怎么样，而是说，君子固穷，也不在乎。这是一种伟大的理想，基本上代表着人的意识的理想，配合道家，从自然，从德性，结合成道德的意志主义。人可以控制自己，人可以独立自由，人可以潇洒天地之间，人不能只靠物质来生活，永远不要企图靠完全控制世界来保护自己。中国人这方面的组合是另外一种组合——意志、道德与理性，其中以道德为主。西方以及美国是以意志和权力为主。欧洲经过两次世界大战，是以理性为主。它们构成世界上三种生活方式和状态。在这种环境下，三者应该一决胜负，还是应该彼此更好地组合，需要三者的沟通、了解和协力。也许人类的命运和中西文化发展的最佳成果，在于这三种传统的沟通和协力。当然这其中涉及宗教和文化的问题等等，在此不赘述。

可以得出这样的基本结论：人类的未来还是在于人类自己。在未来世界中，中国会扮演一个重要的角色。中国的未来在于中国是否了解西方，是否正确地界定西方，是否也让西方正确地认识中国，中国人是否能够掌握西方、认识西方，同时认识自己，更好地发挥自己的文化资源、领悟生存的历史状态和根源。我个人认为，世界文化的发展，中国文化应该扮演一个非常重要的融合的角色，一个更好的角色，一个新的创造文明的角色。这是中西文化研究、中西文化相互理解的最终目标。这一点对今后中国的人文教育的发展和比较文化的发展，具有非常重要的意义。

发扬中国哲学的融合力量与中国文化、哲学的现代化、世界化*
——东学西渐的途径探讨之一

　　我在《西方文化对中国文化之需要》（刊于《东方论坛》2004年第5期）一文中提出了西方文化对中国文化有两种需要。

　　首先是外在的需要，为了世界与人类的动态平衡、和谐发展，需要中国文化。西方文化具有强烈的上帝观和上帝意识，自希伯来时代以来就信仰一位创造万物而又超出万物之外的真神上帝。现代的西方人要么就有上帝意识，因之有强烈的使命感；要么就没有，因之缺乏安顿感或蒙受失落感而有一种追求新奇与奇迹的迫切感。西方的宗教如基督教往往具有强烈的排他性，在历史上造成对外的宗教战争与对内的宗教迫害。相对西方而言，中国文化不具有超越的宗教之神的上帝观，而反具有强烈的自然观和与之相应的自然意识。中国人的自然观是深信人自自然中演化创生，因而属于自然，而其生命的变化是与自然的变化原理若合符节的。自然之动力来于自然，人能够深入理解自然的本体，就能够理解到动态平衡、和谐转化与人生价值的意义及重要性。这就激发了人对生命和谐、生活和谐、人际和谐与天人和谐的追求。所谓自然，对中国人来说就是在万物中看到整体存有的变化过程，不另从人的意志或意识的模型（自由选择、设计与目的性）去作有关存在与创造的解释。这种自然观明显地表现在《周易》的太极思想与道家的道的思想上。也可说是由于这种自然观的自然意识，中国古代的上帝被转化为天，天又被转化为道，而道终归明于自然。《道德经》所说的"人法地，地法天，天法道，道法自然"可视为中国人自然意识的根本写照。

　　在这种自然意识下，人可以退而隐于自然，也可以进而创造人文世界，发挥人的潜能。这也是儒家可以与道家相通而又必须与其有异的地方。由于这种深厚的自然意识，中国人也就能同时接受不同的宗教而把不同的宗教看成实现人的现实目标的不同手段或

　　* 原载《东方论坛·青岛大学学报》，2004年第6期。

方式，也就是能用现实的道德来统一超现实的宗教而使之现实化。也由于这种未作精确概念界定的自然观，中国人能为多元的差异找寻动态的统一或在实践中求其统一。因此，我们可以得出两项结论：一是中国文化中蕴涵的自然意识（见之于道家的道与儒家的仁）可以提供一个融合文化的模型以消除西方冲突文化的诸种冲突与自毁的倾向；二是中国文化中的自然意识也可以包容与改良上帝意识而使其发挥正面有益于整体的生命作用。

其次是西方文化内在的需要，为了解决现代西方思想内在的矛盾的多元性，需要中国文化。

现代西方的思维方式可以归纳为四类：第一，以科学方法为典范的理性思维。然而，科学走上了科学万能主义以及科学霸权主义，逐渐成为物化人类生活的主导力量，把人的整体真实性都化略戡丧了。第二，以诠释传统为典范的历史思维。在这种思维下并不能掌握理性的方法以有效地说明世界与控制人的主体。第三，以绝对精神为典型的超越思维。上帝死亡并不代表人已真正回到了人间。相反地，它只代表人失去了光明而沉沦在无尽黑暗的深渊（abyss）里。第四，以空无清虚为典范的静止思维。在现代熙熙攘攘负担沉重的生活里，需要静止的永远的安宁。

从思想与精神状态来说，现代的西方是上帝已被宣告死亡的西方。因之是历史意识逐渐复苏的西方，是赤裸裸的权力意志蠢蠢欲动的西方，是科学工具理性力求做主称王的西方，是在无解脱中仍盼解脱的西方，是同时追求安顿及新奇的西方。因此，现代的西方是在极端保守和自持中怀抱着极端的空虚与空洞，也是在极端热情的历史回顾中极端热情地眼望未来。从这个了解来看，现代西方一方面有诸神复活带来的新活力，另一方面却有百病丛生与水火不相容的混乱与矛盾。这真是一个需要重整思想秩序的时代，这也正是一个需要重新学习文化价值的时代。胡塞尔喊说："回到事物本身！"回到事物本身，即回到事物本质。但什么才是事物的本质呢？事物有没有本质呢？中国哲学以其深厚地对人的内在根源的了解以及对其转化潜力的理解，不正好提供一个纯真的人性的完整形象以作为事物的本质吗？中国文化以其优容自在的易学体系与变化意识，不正好在思想方式上提供一个涵容多端而统会成章的思维模型以作为思想自我创造提升的本质吗？中国哲学原始的整体变化思维可以辅助甚至拯救西方的灵魂与内在生命正在此。然而中国文化怎样才能发扬融合力量转化西方文化并与之建立互补，那就必须讨论中国哲学的主体性与积极主动的创造力问题，进而讨论中国哲学的自强与现代高度上的重建问题，讨论中国思想的普遍性与普通化问题。

自我反思与提升：重建中国哲学理性

我在二十多年前就提出并倡导中国哲学的重建，其中就提出哲学思想与体验的内涵透过理性的反省以理性的形式再表现与再实现。当时只提到理性的形式是以现代的思维能力与现代生活为基础的，并未考虑到理性的形式本身的与时变化的问题，以及在一定的形式下理性的形式化的可行性问题。现在看来，我们必须强调理性形式的多元性和多重性（即使是纯粹逻辑也是以系统的方式表现而隶属于或是可归化于一个具有历史性的思考经验），同时我们也要考虑到理性形式的相对性与实用性问题，而这都是要求现实的条件为基础的。但我们并不必因此走入相对主义，我们需要认识的是在相对的基础上发展一个思想经验的普遍意涵，并赋之以理性的形式，且进一步说明其潜涵的普遍应用性（应用既是特殊的又是一般的，代表了相对与绝对的结合）。更重要的是，我们必须认识此一重建工作的创造性：它是一种创造活动，所谓创造活动就是在历史有限的经验中发掘人的存在的无限意涵（我们没有理由对此意涵设限，故我们可以谈"人的存在的有限性逻辑"一如海德格尔与伽达默尔所示，但我们也可以谈"人的存在意涵的无限性逻辑"一如《周易》与儒道哲学所强调）。因此，创造就是一种在历史中超越历史的活动，而其实践则是从理性世界中寻回到历史的活动，同样具有创造性。前者可名之为理论的创造性，后者可名之为实践的创造性。中国哲学的重建就包含着这两项创造性。

中国文化与中国哲学的发展在传统中是循着历史诠释路线进行的。这与西方文化与哲学循着超越理性或想象的路线进行是不一样的。尤其在现代西方，自文艺复兴以来，科学与理性的思考方式正是凌越历史与世界以寻求一个人类的理想知识价值，从思考反省的意义来说，是理性对传统历史的超越与批判，也是哈贝马斯所说的意识形态的建立。此理性方法意识形态的建立一直到马克思主义，发展可说已达到顶峰。马克思的目的是要在一个理性的平面上用一套思想（经济理性）说明历史、解释历史、控制历史、改变历史而超越历史。这就是他的意识形态。他的意识形态的确影响了历史。事实证明历史也为其意识形态提供了解释。这也说明理性是根植在历史之中而不可以完全脱离历史的。它必须与历史同步以求发挥它的有效性。《易经》说的"与时偕行"就是这个意思。对中国哲学的认识理解与发展和创造而言，我们自然应掌握这个历史性与理性交互为用的智慧，用历史性来克服理性的意识形态化，也要用理性来克服历史性的现实权威化。在1993年的第八届国际中国哲学会议的主题论文中，我曾提出同时进行着重历史性的"综合的创造"与着重理性的"创造的综合"的双行管道与方法以求达到中国哲学与中国文化的现代化与世界化，目的也就在于此。

思想的普遍性与普遍化问题

有关一个思想的普遍性问题，首先我们要肯定一个思想内涵的两面，即其经验的特殊性与其意义的一般性，而前者又有其本源的主体内在性，后者则有其指谓的客体外在性。在这种意义上，每一个思想都有其普遍性，所谓普遍性就是能够透射在性质相近的不同个体上。哪个思想能够透射的个体愈多，哪个思想的普遍性就愈大。应该指出的是，在这个意义上，一个思想能有的普遍性是与其根植主体性的深入度有密切的关系的，同时也是与其能引发其他的个体对其的解释性有密切关系的。也许一个思想的根植愈深，它就愈具有普遍性。这是为什么呢？道理很简单，所有个体存在的本体根源是共同一致的（这是基于对包含了历史性的本体性的理解，也可视为一种超越历史性的理解），愈能反本求源的经验（或体验）也就愈具有普遍性。因之，主体与特殊的深刻性就造就了思想的普遍性，也就是普遍的可用性。与此相关的一个认识是：一个思想愈能接受意义的解释也就愈具有丰富的内涵，而反之也真，亦即是：只有一个思想意涵愈丰富，其可解释性也就愈高。在此种情形下，固然产生歧义的可能性相当高，但借解释来取得普遍的可用性的可能性也相当高。

如何使一个思想具备丰富的解释性呢？除其纵深度的向限外，尚可举出其形成过程中与主体各种有关事物的关联以及与不同其他思想的关联。这两者可称为横向的意义网络，而前所说的纵深度则可称之为纵向的意义网络，我们得到的结论是，个体性不必是实现或表现一般性的阻碍，而可以是其实现的管道与起点。有关个体性与普遍性的关联，事实上，还可进行更多的讨论。怀特海就特别说明个体性与普遍性是逻辑的互涵，我们更可指出两者实际上是辩证的相连：思想与语言是个体向普遍运动的媒介与工具，也是普遍向个体落实的媒介与工具，因而动态地具有个体与普遍的双重性。

推动中国文化世界化与中国哲学现代化

我在二十年前的一次学术访谈中曾提到"文化中国"的概念，并提出中国不能只发展经济而不发展文化，我说经济成为大国而文化成为小国又有什么意思。我甚至在数次演讲中提到"科技输入、文化输出"的文化发展战略，主要的目的就是呼吁拿出魅力来建立第一流的国际人文科学与社会的研究中心，并对人文科学与社会科学的中国化问题做出贡献。显然，我们今天再谈一个所谓"文化中国"的发展，也必须面临如何建立一个中国文化发展的主体性问题，也离不开谁去发展中国文化，怎样才具有发展中国文化的动力，以及如何取得中国文化的高度自觉与认同问题。中国文化的发展应该是一个动态而整体的过程，文化中国也因之不可能是一个静态的个人王国。如何提升中国文化的自觉，如何促进及发展中国文化的知识分子的沟通与结合显然是真正发展中国文化的当务之急。中国文化的发展有赖于一个具有活力的中国文化社群的建立，而这种建设不应只是空谈而应表现为富有亲和力的奉献与实践。在这种建设中，所谓边缘和所谓中心都是同等重要的，两者的沟通与对话更为重要。

在这里我想重复强调，中国文化的发展就在中国文化的现代化与世界化这两种努力上，而这两种努力又各蕴涵着双重的意义：它是在了解西方、批判西方、吸取西方的过程中，透过自我理解与觉醒，在一个世界平面上把中国文化带到现代与后现代；它也是在促使西方了解中国文化与中国思想的世界性与深层性中奉献自身于世界以达到人类未来更好的发展和成长。简言之，中国文化必须在自己的主体性上自我提升与丰富，也必须在自己的主体性上积极奉献与参与：在时间的向度上就是现代化，在空间的向度上就是世界化。

基于中国文化的自强与自我奉献的要求，我提出下列几项重要的工作信条，作为发展中国文化使之现代化与世界化以因应 21 世纪人类之需求的基本条件：

（1）从事生息不断的中国哲学思想批判的重建，并在批判的重建的过程中力求中西哲学、哲学与历史、哲学与科学、哲学与宗教的双向沟通与彼此丰富。

（2）在中国哲学思想的基础上，发展人的哲学；同时也在中国历史、宗教与人文的研究的基础上，发展世界文化与世界历史人文世界的结构与过程研究，并使之成为双向的互为基础的研究，为人文与文化建设提出结构性的理想尺度或标准。

（3）开放内外社群的沟通、对话与交流，打破海内外知识分子的闭锁性与山头主义，谋求海内外中国学者社群的相互肯认与彼此合作，并进而在世界平面上讲求贡献与要求平等的参与和平的分享。我曾提出这样的口号来说明我对东西文化、学术相互学习的理想："平等汇通，相互增益"（equal access and mutual enrichment）。

（4）在理论与理想的架构上，把广泛的文化应用性与理念实践性建立起来，伽达默尔曾举出希腊文化与希腊思想中的五种知的概念的相关性，即是 episteme/techne/phronesis/sophia/nous，分别表明客观知识/技术知识/实践知识/整体知识/知识理性，共同构成一个有机性的整体。现在我更要强调它们之间的连锁性与互依性。所谓知行合一也可以从这个整体关系中去了解。在这个了解基础上，我们可以确定并建立五项重大的学术与文化应用实践领域，以作为东西或中西文化与学术"平等汇通，相互增益"的理论性与实用性融合的实际项目，并借以建立东西或中西文化集中凝聚与系统扩展的实际事业。这五项项目是：人文学（含哲学）、管理学（含决策科学）、政法学（含经济学）、健康学（含医药学）、资讯学（或名信息学，含语言学），这五项项目的选定是符合知行合一、东西互利的原则的，它们可以作为广泛的东西或中西文化与学术的交叉研究、互补研究及整合研究的基础与起点，也可以作为人类新文化建立的开始。

（5）世界性、跨国性高等教育体系的建立：在上述五项文化与学术研究的基础上，我们应该致力于国际化的东西大学体系的建立。很明显的是，文化与学术如果没有教育的推广与植根是难以广泛地传播与社会化的。现在的世界已是一个东西交流的世界，但世界意识的建立与实际世界意识共同体的建立却只是在起步阶段。我们缺乏一个真正的为东西方文化作广泛与平等研究的学术组织（那在 60 年代建立的夏威夷大学东西方文化中心算是一个开始），我们更缺乏一个真正的倡导东西方文化与学术平等汇通和相互增益的高等教育机构。1985 年我与前东西方文化中心主任康乃扬（Everet Kleinjanss）

博士发起组织的"远东高级研究学院"（Far Eastern Institutes of Advanced Studies）就是要为发展成为"国际东西大学"（International East-West University）做准备。

中国文化的现代化与世界化的中心思想是：自觉地融入世界，但却运转如道之恒动，动而愈出，以至于生而不有，为而不恃，长而不宰。这也是中国文化世界化的最深精义与最高境界。

图书在版编目（CIP）数据

成中英文集.第六卷，世纪之交的抉择：论中西哲学的会通与融合/成中英著.—北京：中国人民大学出版社，2017.5
ISBN 978-7-300-23716-9

Ⅰ.①成… Ⅱ.①成… Ⅲ.①哲学-文集②比较哲学-中国、西方国家-文集 Ⅳ.①B-53②B1-03

中国版本图书馆CIP数据核字（2016）第285577号

成中英文集·第六卷

世纪之交的抉择——论中西哲学的会通与融合

成中英 著

Shiji zhi Jiao de Jueze

出版发行	中国人民大学出版社			
社 址	北京中关村大街31号		邮政编码	100080
电 话	010－62511242（总编室）		010－62511770（质管部）	
	010－82501766（邮购部）		010－62514148（门市部）	
	010－62515195（发行公司）		010－62515275（盗版举报）	
网 址	http://www.crup.com.cn			
	http://www.ttrnet.com（人大教研网）			
经 销	新华书店			
印 刷	涿州市星河印刷有限公司			
规 格	185 mm×260 mm 16开本		**版 次**	2017年5月第1版
印 张	21.25 插页3		**印 次**	2017年5月第1次印刷
字 数	434 000		**定 价**	98.00元